城市轨道交通职业技能培训统编教材

城市轨道交通服务员

中国城市轨道交通协会　编

西南交通大学出版社
·成都·

图书在版编目（CIP）数据

城市轨道交通服务员／中国城市轨道交通协会编
．—成都：西南交通大学出版社，2018.7
ISBN 978-7-5643-6236-2

Ⅰ．①城… Ⅱ．①中… Ⅲ．①城市铁路－铁路运输－服务人员－教材 Ⅳ．①F530.9

中国版本图书馆 CIP 数据核字（2018）第 129725 号

城市轨道交通服务员 | 中国城市轨道交通协会　编

责任编辑　王　旻
特邀编辑　王玉珂
封面设计　何东琳设计工作室

印张：18　　字数：438 千
成品尺寸：185 mm × 260 mm
版次：2018 年 7 月第 1 版
印次：2018 年 7 月第 1 次
印刷：四川森林印务有限责任公司
书号：ISBN 978-7-5643-6236-2

出版发行：西南交通大学出版社
网址：http://www.xnjdcbs.com
地址：四川省成都市二环路北一段 111 号
西南交通大学创新大厦 21 楼
邮政编码：610031
发行部电话：028-87600564　028-87600533
定价：49.80 元

课件咨询电话：028-87600533

城市轨道交通职业技能培训统编教材

编委会

《城市轨道交通服务员》

编审人员

主　编　刘菊美（广州地铁集团有限公司）

副主编　王纪芳（广州地铁集团有限公司）

陈春华（广州地铁集团有限公司）

主　审　曾　良（深圳市地铁集团有限公司）

参　编　陈木明（广州地铁集团有限公司）

罗冬梅（广州地铁集团有限公司）

杨奇楼（广州地铁集团有限公司）

宋雨洁（广州地铁集团有限公司）

黄美清（广州地铁集团有限公司）

罗海雄（广州地铁集团有限公司）

牟颖琪（广州地铁集团有限公司）

朱　穆（广州地铁集团有限公司）

序

sequence

城市轨道交通职业技能培训统编教材终于同广大读者见面了。这套教材是城市轨道交通行业第一部技能人才培养的统编教材，填补了城市轨道交通行业的空白，满足了人才培训的急需，对于正处在大规模快速发展时期的城市轨道交通而言具有重要意义。

（一）

进入 21 世纪以来，得益于经济高速发展、城镇化快速推进、国家政策的规范和完善、实施装备国产化带来的建设成本下降和建设周期的缩短，我国城市轨道交通开始进入快速发展时期：21 世纪以来的头 15 年，每五年年均新建投运里程接连攀上 80 km、200 km、400 km；“十三五”期间的 2016 年迈过了 500 km，2017 年更是迈上 800 km 大台阶。到 2017 年年底，我国内地共有 34 个城市开通城市轨道交通，运营线路里程 5 033 km，客运量达到 180 亿人次，在建线路 6 200 多千米，62 个城市规划线路 7 300 多千米。运营、建设和规划城市轨道交通的城市之多、规模之大、线路之长，世界少有。

在城市轨道交通快速发展的同时，人才资源的问题始终困扰着该行业。其中既有人才供给不足的问题，又有人才能力欠缺的挑战。仅“十三五”期间，我国就预计五年需新增城市轨道交通从业人员 24 万人，而现有教育能力仅能满足一半左右。人才能力方面，我们面临的现实是：一方面，乘客提出人性化、个性化、多样化等更高的服务需求；另一方面，城市轨道交通发展提出网络化、智能化等更高的技术需求。这对从业者提出了全新的要求。因此，大力加强人才培养和储备，提供更多更优的管理人员、技术人员和生产人员，已经成为行业上下共同关注的重要课题。

值此城市轨道交通大发展之际、城市轨道交通人才紧缺之时，统编教材的出版可以说生逢其时，将拥有广阔的应用空间。

（二）

2015 年，国务院印发了《关于加快发展现代职业教育的决定》，将职业教育的重要性提升到了战略的高度。城市轨道交通技能型、操作型人才占整个人才队伍的 85%左右，是行业发展的基础性人才，是职业教育的主要对象。国家对职业教育的重视，为城市轨道交通人才培养提供了难得的机遇和环境。2017 年，国家发展和改革委员会、教育部、人力资源和社会保障部联合印发了《关于加强城市轨道交通人才建设的指导意见》，提出了加强城市轨道交通人才建设的总体思路和具体措施，是城市轨道交通人才队伍建设的纲领性、指导性文件，有力促进了行业人才培养工作的开展。中国城市轨道交通协会作为城市轨道交通行业唯一的国家一级协会，持续开展了行业人才培养的专题研究、规划制定、标准研制、师资培训等工作，夯实了工作基础，弥补了行业空白。这套教材就是协会人才培养工作的重要内容之一。北京、上海、广州、重庆、深圳等地的城市轨道交通业主单位，依据自身需求，建设了培训资源，摸索了工作体系，并培养了一批专业人才。北京交通大学、西南交通大学、广州城市轨道交通培训学院等教育机构纷纷设立城市轨道交通相关专业，以积极适应城市轨道交通快速发展的需要。

良好的政策环境和行业各方的高度重视，有效推动了城市轨道交通人才培养工作，也为统编教材的诞生奠定了坚实的基础。

（三）

这套统编教材由中国城市轨道交通协会组织，北京市地铁运营有限公司、上海申通地铁集团有限公司、广州地铁集团有限公司、重庆市轨道交通（集团）有限公司、深圳市地铁集团有限公司、苏州高新有轨电车有限公司等企业共同研究编制而成，最后由西南交通大学牵头统稿并出版，前后历时三年。这套教材立足实践，着眼行业，以各城市轨道交通企业优秀的专业岗位培训教材为蓝本，并广泛吸收高等院校、职业学校和培训机构的建议和意见，集各家之所长。

这套教材源于城市轨道交通一线实践，各项知识点、技能点的深度、难度、广度较好地匹配了企业的实际需求，具有较强的针对性。这套教材根据最新的国家技术标准和协会有关工种岗位标准编写内容，具有权威性、科学性、规范性。这套教材注重跟踪城市轨道交通最新发展趋势，内容包括了城市轨道交通新知识、新技术、新设备、新材料等方面的创新成果。这套教材针对技能型人才培养的特点，注重实践技能培养，做到了理论知识与技能训练一体化，能够有效满足初次上岗培训等的需要。

统编教材凝聚了编写组同志们的心血，是参编单位在协会统筹下，充分交流、分享、协同、共进的结果；是参编单位在协会大旗下，求同存异，在更高水平上实现规范统一的成果；是各家城市轨道交通企业人才培养优秀实践经验的凝练和总结。

最后，希望这套教材能够物尽其用，充分发挥好基础性、支撑性作用，促进城市轨道交通技能人才培养质量的提高，服务城市轨道交通持续健康发展。

包叙定

2018 年 5 月

前 言

PREFACE

近年以来，全国各个城市的轨道交通发展迅猛，在管理模式上各不相同，为了适应我国轨道交通的现状和发展趋势，为各个城市轨道交通的运营发展提供指导，中国城市轨道交通协会站在行业的高度，组织全国城市轨道交通企业共同开展“城市轨道交通人才培养职业标准、培训标准、认证标准的研究与编写”工作，本书是这套系列教材之一，为城市轨道交通服务员的培训教材。

本书结合全国城市轨道交通企业的运营特点，按系统章节进行内容的编排以培养学生系统思维；通过案例分析调动学生学习兴趣；通过实训操作培养学生的动手能力和创新意识。本书具有以下几个特点：

- 匹配性高、针对性强。本书是依据《城市轨道交通服务员职业标准》进行开发的，具有很强的针对性。
- 内容丰富、体系完备。本书全面讲解了从站务员到值班员层级的安全管理、行车组织、施工管理、客运服务、票务运作、应急处置全方位的内容，对从业人员有非常好的指导价值。
- 结构合理、讲解细致。本书结构由浅入深，对重点、难点进行了细致的讲解和举例分析，有利于读者自学，容易入门。
- 实践性强、案例经典。案例分析与基础资料紧密结合，分析丝丝入扣。同时结合实训，巩固读者的实际动手能力，真正做到学以致用。
- 课后习题丰富。本书每章末尾有复习思考题，书后附有答案，可帮助读者查漏补缺，巩固所学知识。

本书第一章为概论，简要介绍城市轨道交通的分类、发展阶段及城市轨道交通服务员的来源、定义；第二章安全基础知识，主要介绍了安全基础管理、消防安全、客伤管理、综合治理安全管理以及安全相关主要设备的操作；第三章行车及施工组织，介绍了行车概论、行车组织，并通过案例分析及实训详细讲解降级行车法组织行车的操作，以及施工管理请销点操作流程与施工系统的操作；第四章客运服务，主要介绍了服务标准，乘客事务办理，通过案例分析讲解客运组织的各个关键步骤；第五章票务运作，主要介绍了现金、车票管理及收益安全等；第六章应急管理，主要介绍了乘客事务类应急处理、设备故障类应急处理、外环境发生变化时的应对处理等。

本书既注重车站运作的基础理论和技能，尽量在适用性上融合全国各家地铁的相关做法，力争在总结管理实践经验的同时进行理论上的升华，内容翔实，通俗易懂，是城市轨道交通车站运作员工的重要学习参考书和岗位培训教材，也适合“交通运输”“城市轨道交通运营管理”等专业的大学、高职院校的师生阅读，并可供有关工程技术人员参考使用。

本书由刘菊美担任主编；王纪芳、陈春华担任副主编；由曾良担任主审；参编人员：陈木明、罗冬梅、杨奇楼、宋雨洁、黄美清、罗海雄、牟颖琪、朱穆。在本书编写过程中，编者参阅了大量专业书籍和实训手册。书末列出了参考文献，在此向所有文献作者表示衷心感谢。

由于编写时间仓促以及编者技术水平及实践经验的局限性，书中不足之处在所难免，欢迎读者提出批评和建议。

编　者

2018 年 5 月

目　录

CONTENTS

第一章　概　论

【学习目标】

1. 了解轨道交通的基本知识；
2. 了解国内轨道交通发展概况；
3. 了解轨道交通管理基本知识；
4. 掌握城市轨道交通服务员的定义、等级。

【知识要求与技能要求】

1. 轨道交通的定义、分类；
2. 轨道交通发展的阶段；
3. 城市轨道交通服务员的定义、等级。

一、城市轨道交通简介

城市中使用车辆在固定导轨上运行并主要用于城市客运的交通系统称为城市轨道交通。在我国国家标准《城市公共交通常用名词术语》中，将城市轨道交通定义为“通常以电能为动力，采取轮轨运输方式的快速大运量公共交通的总称”。

城市轨道交通是指具有固定线路，铺设固定轨道，配备运输车辆及服务设施等的公共交通设施。“城市轨道交通”是一个包含范围较大的概念，在国际上没有统一的定义。一般而言，广义的城市轨道交通是指以轨道运输方式为主要技术特征，是城市公共客运交通系统中具有中等以上运量的轨道交通系统（有别于道路交通），主要为城市内（有别于城际铁路，但可涵盖郊区及城市圈）公共客运服务，是一种在城市公共客运交通中起骨干作用的现代化立体交通系统。

我国城市轨道交通在发展过程中已形成多样化的轨道交通类型，根据《城市公共交通分类标准》，我国城市轨道交通可分为地铁系统、轻轨系统、有轨电车、市域快速轨道系统、单轨系统、磁浮系统、自动导向轨道系统。

城市轨道交通，其系统技术和外观形式繁多复杂，很多城市将境内所有非国铁性质的各种公共轨道交通统称为“轨道交通”，成立当地的轨道交通公司，如广州地铁集团有限公司、重庆轨道交通（集团）有限公司。因地铁系统在多数城市的公共轨道交通中占的比例最大，所以有的城市全部市内的轨道交通系统都被以“地铁”一词来进行概括。

截至 2017 年 12 月，我国内地建成投运地铁的城市已达 31 个，分别为：北京、天津、上海、广州、武汉、深圳、南京、成都、沈阳、佛山、重庆、西安、苏州、昆明、杭州、哈尔滨、郑州、长沙、宁波、无锡、大连、青岛、南昌、福州、东莞、南宁、合肥、石家庄、长春、贵阳、厦门；我国港澳台建成投运地铁的城市有 4 个，分别为：香港、台北、高雄、桃园，共计 169 条轨道交通线路开通运营（二期工程、支线和延伸线已合并计入线路主线），总里程达 5 082.83 km，车站 3 268 座（换乘站重复计算）。

二、国内轨道交通发展概况

相对于欧美、日本等地区和国家，我国的城市轨道交通起步较晚。1965 年 7 月 1 日我国第一条地铁线路在北京动工修建，全长 28.1 km，设 19 座车站，于 1969 年 10 月 1 日建成通车，从而结束了我国没有地铁的历史。自改革开放以来我国的城市轨道交通发展大致经历了以下 3 个阶段：

1. 第一阶段为开始建设阶段

该阶段从 20 世纪 80 年代末至 20 世纪 90 年代中期，以上海地铁 1 号线（21 km）、北京地铁复八线（13.6 km）、北京地铁 1 号线改造、广州地铁 1 号线（18.5 km）建设为标志，我国真正以交通为目的的地铁项目开始建设。包括沈阳、天津、南京、重庆、武汉、深圳在内的大批城市开始上报建设轨道交通项目，纷纷要求国家进行审批。

2. 第二阶段为调整整顿阶段

该阶段从 20 世纪 90 年代中期至 90 年代末期。我国的城市轨道交通在 20 世纪 60 年代起步后，由于种种原因，停滞了很长一段时间，而这也导致了相关技术发展缓慢，远落后于世界先进水平。20 世纪 90 年代前期，上海、广州等地开始修建地铁时，技术装备基本依赖进口，产生了造价高、建设周期长、维护费用高等负面影响。

另外，地方地铁建设迅猛发展的背后，往往忽视了当地经济的承受能力和社会发展的实际需要，带有很大盲目性。针对以上问题，1995 年 12 月，国务院发文宣布除北京、上海和广州的在建地铁项目继续施工外，其他所有地铁项目一律暂停审批。这一时期持续了近 3 年。

3. 第三阶段为蓬勃发展阶段

该阶段从 20 世纪 90 年代末期至今。1997 年年底，国家发改委研究了城市轨道设备国产化实施方案，提出深圳地铁 1 号、4 号线一期工程（19.5 km），上海明珠线（即现在的 3 号线 24.5 km），广州地铁 2 号线（23 km），南京地铁 1 号线（17 km）一期工程作为国产化的依托工程，于 1998 年批复立项，轨道交通项目重新开始启动。

在这一阶段，随着国家积极财政政策的实施，国家从资金上给予城市轨道交通建设以有力支持；同时通过技术引进，国际先进制造企业与国内企业合作，实现了城市轨道交通车辆与设备的本土化、国产化，使城市轨道交通工程的造价大为降低。我国的城市轨道交通建设迎来了蓬勃发展的春天。

三、城市轨道交通服务员岗位介绍

城市轨道交通运营管理是多专业、多工种的复合型管理，是多目标、多层次的综合性管理，作为准公益性的服务行业，其社会属性尤为重要，城市轨道交通相关服务也日益重要，给乘客提供最直接服务的就是车站的工作人员。根据最新版本的《中华人民共和国职业分类大典》的职业分类，对负责车站运营的站务员、值班员、值班站长等服务人员统称为城市轨道交通服务员。城市轨道交通服务员是指组织、指导、检查城市轨道交通车站的行车组织、客运服务、票务运作、应急事务处理等各项乘客运输服务工作的人员。共设 3 个等级：五级（初级）、四级（中级）、三级（高级）。

根据分级，“城市轨道交通服务员”初级等同于“站务员”，“城市轨道交通服务员”中级等同于“值班员”，“城市轨道交通服务员”高级等同于“值班站长”。本书后续的称呼参照目前各城市地铁公司比较统一的叫法，即站务员、值班员、值班站长。

城市轨道交通的管理主要有行车、票务、服务、客运、消防、综治、基础安全管理等基本模块，员工如果没有认真履行岗位职责，落实规则制度，执行劳动纪律、作业纪律，就容易导致安全事件、事故的发生。本书主要讲述城市轨道交通服务员初级及中级的内容。

第二章　安全基础知识

【学习目标】

1. 掌握安全基础管理基本知识；
2. 掌握安全生产事故（事件）的调查处理；
3. 掌握消防安全基本知识及设备设施的基本操作；
4. 掌握消防应急处置流程；
5. 掌握客伤管理的基本知识及客伤处理要求；
6. 掌握综合治理安全基本知识及综合治理事件的处理；
7. 掌握安全设备设施的操作。

【知识要求与技能要求】

1. 熟悉车站环境、隧道设备及车站备品的管理；
2. 熟悉生产安全事故（事件）调查处理规则；
3. 熟悉车站消防安全管理要求及消防设备设施；
4. 熟悉车站消防应急处置流程；
5. 熟悉客伤的定义、防范、汇报及处理流程；
6. 熟悉车站设备设施的权限、范围及巡视要求；
7. 熟悉联锁工作站、通信设备、环控设备、LCP 盘、综合后备盘（IBP）、门禁系统的基本功能及基本操作。

第一节　安全基础管理

安全生产管理就是针对人们在安全生产过程中的安全问题，运用有效的资源，发挥人们的智慧，通过人们的努力，进行有关决策、计划、组织和控制等活动，实现生产过程中人与机器设备、物料环境的和谐，达到安全生产的目标。

安全基础管理是安全生产管理的一部分。车站安全基础管理的目标主要为减少和控制危害，减少和控制事故，尽量避免生产过程中由于事故造成的人身伤害、财产损失、环境污染以及其他损失。

一、熟悉车站环境及隧道设备

车站值班人员应熟悉所属车站以下情况：

（1）车站道岔位置及状态（道岔钩锁情况）、信号机的位置、车挡、接触网终点、分界铁门、疏散平台情况。

（2）车站区间泵房、风亭、变电所位置及接触网/轨分区情况。

（3）车站手摇道岔行走路线。

（4）车站设备房间位置。

（5）车站消防蝶阀、民用水阀等位置。

二、车站通道门、站台门的作用及管理

1. 车站通道门、站台门的作用

车站通道门、站台门是将公共区和设备区分割开的重要屏障，若不严格管理会造成无关人员擅自进入设备区、轨行区的严重后果。

地铁站内通过车站通道门隔离开设备区及公共区。一般乘客均可进入的区域为公共区；站厅区域、站台两侧设有设备区，一般乘客不可进入；车站通道门设置门禁，地铁内部人员可刷卡进入。

地铁站台门是一项集建筑、机械、材料、电子和信息等学科于一体的高科技产品，使用于地铁站台。站台门将站台和列车运行区域隔开。地铁站台门分为封闭式、开式和半高式，其中开式和半高式通常被称为“安全门”，封闭式的通常被人们称为“站台门”，也是最常用的一种。

2. 车站通道门、站台门的管理

通道门管理：

（1）正常情况下，不得将门禁设备设置为“常开”及“常闭”状态。车站要定期检查门禁是否被设为“常开”及“常闭”状态；若因门禁有故障或非正常情况下把房门设为“常开”期间，车站必须做好防范工作，并应在当班情况登记表上备案，故障排除或恢复正常情况后及时复位。

（2）没有门禁权限的所有人员需经车站确认身份后在车站填写《来访人员进出车站登记表》，取得许可方可进入设备区。

站台门管理：

（1）运营时间进出站台门头尾端的端墙门必须取得车站人员允许。

（2）站务员（站台岗）有责任在工作期间巡视站台情况，发现异常情况（如站台门故障、站台门夹人、夹物等）马上采取相应措施。

（3）站台门的维修、保养由相应设备专业人员操作。

三、行车备品、应急备品、钥匙管理

1. 行车备品的种类

车站的行车备品主要包括信号灯、信号旗、车门故障纸、消防电话、消防战斗服、消防应急包、消防员呼叫器、防高温手套、探照灯/手电筒、荧光衣、隔离带、绝缘杆、封箱胶、站台门钥匙、扳手等。

2. 车站行车备品的检查

行车值班员在接班后应与上一班进行交接，并检查行车备品柜内备品，确保行车备品数量齐全、状态良好后方可接班，如发现行车备品数量缺失、状态不良的应立即补充或更换状态良好的行车备品。

3. 车站门禁卡、门禁/钥匙管理

日常使用钥匙：车站需在车站存放一套车站所有房间的钥匙，设立专柜存放，由行车值班员负责保管、交接和办理借用手续。钥匙在使用后必须及时放回固定位置，钥匙柜需上锁。

备用钥匙：由行车值班员负责保管和交接，原则上仅在应急情况下使用。

车站门禁卡存在车控室，由行车值班员负责保管和交接。备用门禁卡及应急卡由值班站长保管和交接，均设专用卡套本存放。

车站钥匙/门禁卡严禁擅自带离车站，特殊情况下必须经站长同意。

四、生产安全事故（事件）调查处理规则

1. 总　则

（1）为了落实《中华人民共和国安全生产法》，贯彻“安全第一、预防为主、综合治理”的安全工作方针，落实生产安全事故责任追究制度，及时正确处理生产安全事故（事件），维护生产秩序，全面提高安全管理水平。

（2）生产安全事故（事件）的管理贯彻“大安全”的管理理念和“铁腕治理、科技兴安”的管理思想，通过加大对事件苗头的管理力度，遏制严重违章行为，减少险性事件或一般事件，进而避免一般事故及以上事故的发生，实现地铁运营安全可控。

（3）发生生产安全事故（事件）时，要严格按《应急信息管理办法》立即报告，并按“先通后复”的原则，快报告、快处理、快开通，积极采取措施，尽快抢救伤员，尽快恢复运营和生产，尽量减少损失。信息报告应当做到及时、客观、真实，对迟报、谎报、瞒报、漏报者应予以严肃批评教育或纪律处分。

（4）处理事故（事件）要以事实为依据，以规章为准绳，按照“四不放过”原则（事故原因没有查清不放过，事故责任者没有严肃处理不放过，防范措施没有落实不放过，广大员工没有受到教育不放过）处理事故（事件），认真调查分析，查明原因，分清责任，吸取教训，制定对策，防止同类事故（事件）再次发生。

（5）对事故（事件）责任者，应根据事故（事件）性质和情节，予以批评教育、经济处罚、行政处分直至追究法律责任。事故（事件）性质、情节严重的，要按有关规定逐级追究领导责任。

（6）对事故（事件）的调查、分析、处理拖延、推脱责任、姑息纵容、隐瞒不报或不如实反映事故（事件）情况者，应予以严肃批评教育或纪律处分。

2. 生产安全事故（事件）分类

根据《生产安全事故报告和调查处理条例》，事故一般划分为特别重大事故、重大事故、较大事故和一般事故 4 个等级。

特别重大事故，是指造成 30 人以上死亡，或者 100 人以上重伤，或者 1 亿元以上直接经济损失的事故。

重大事故，是指造成 10 人以上 30 人以下死亡，或者 50 人以上 100 人以下重伤，或者 5 000 万元以上 1 亿元以下直接经济损失的事故。

较大事故，是指造成 3 人以上 10 人以下死亡，或者 10 人以上 50 人以下重伤，或者 1 000 万元以上 5 000 万元以下直接经济损失的事故。

一般事故，是指造成 3 人以下死亡，或者 10 人以下重伤，或者 1 000 万元以下直接经济损失的事故。

3. 事故（事件）责任判定的原则及分类

（1）事故（事件）责任判定的原则：以事实为依据，以规章为准绳。

（2）生产安全事故（事件）责任分类。

① 生产安全事故（事件）责任按责任程度分为全部责任、主要责任、次要责任、一定责任、同等责任和无责任等。

② 按责任关系分为直接责任、间接责任、管理责任、领导责任等。

4. 事故（事件）的责任划分

全部责任：负有事故（事件）损失及不良影响 100%的责任。

主要责任：负有事故（事件）损失及不良影响 50% ~ 99%的责任。

次要责任：负有事故（事件）损失及不良影响 20% ~ 49%的责任。

一定责任：负有事故（事件）损失及不良影响 1% ~ 19%的责任。

同等责任：各方均负有事故（事件）损失及不良影响的相同比例的责任。

若事故（事件）由多方原因造成，按各责任方承担责任比例进行划分。

第二节　消防安全

地铁运输系统是现代化城市综合运输系统的重要组成部分，承担着城市的大客流运输任务。然而地铁运输系统比地面交通系统相对封闭、人员密集。一旦发生爆炸、毒气、火灾等突发事件，若没有得到及时处理，将导致巨大的人员伤亡，造成社会损失将难以估计。影响地铁安全运营的因素众多，如通过地铁车站内部建筑结构的复杂性，机电设备种类多等，且火灾事故在地铁发生概率较其他事件而言相对较高。因此，消防安全对于地铁车站的重要性不言而喻。

一、地铁火灾特点

地铁建筑绝大部分是深埋地下的密闭空间，从建构分析区间隧道内设有各种电气线路、电缆等电器设备；车站内不仅设有通信、信号、环控系统等设备，更有变电站、蓄电池室等重点房间；运行列车设有电机电器、高压电缆。这些都是潜在的火灾因素。外加复杂的建筑结构、疏散困难，人员集中，通风照明条件差，一旦发生火灾，扑救任务将非常艰巨，往往会造成重大的人员伤亡和财产损失。因此掌握地铁火灾的特性对于有效地预防和扑灭火灾有积极的指导作用。地铁火灾具有以下几个危害性较大的特性：

1. 燃烧速度快

地铁隧道气流流动性大，火势极容易蔓延扩大，如 1983 年 8 月 16 日日本名古屋地铁发生火灾，瞬间就扩大到 3 000 m^2 范围。1987 年 11 月 18 日英国伦敦地铁国王十字车站发生火灾，由于当时列车正在运行，扰动气流，使火势迅速扩大。仅 9 min 大火就顺着自动扶梯烧到票房，燃烧面积迅速扩大，虽经消防队员奋力抢救，但仍造成 32 人死亡、180 人严重烧伤。

2. 氧含量急剧下降

地铁火灾发生后，由于地铁隧道内部的相对封闭性，大量的新鲜空气被燃烧消耗而难以补充，使得空气内部氧气含量急剧下降。空气中氧含量降至 6%～10%时，人即会晕倒，失去逃生能力；当空气中含氧量降到 5%以下时，人会立即晕倒或死亡。

3. 浓烟、毒气危害严重

地铁内有大量的电缆，发生火灾后产生大量的一氧化碳（CO）等有毒烟气，不仅使能见度降低，同时毒气重，加大了疏散人群窒息的可能性。

4. 火情侦查和扑救困难

地铁发生火灾时，由于地下空间限制，浓烟、高温、缺氧、有毒、视线不清、通信中断等原因，救援人员很难了解现场情况，对于火灾发生的部位，需要详细地查询和研究地下工程图，分析出可能发生火灾的部位和可能出现的情况，才能做出灭火方案。

5. 极易造成群死群伤

地铁人员集中，而且地下车站完全靠人工照明，一旦发生火灾，正常电源被切断，照明差，烟气多，人群根本无法有效逃离火场，极易造成群死群伤。

二、车站消防设备、设施简介

地铁车站配备有自动消防设施（火灾报警系统、气体灭火系统等）、设备监控系统、疏散导向、防火门、防火卷帘、消火栓、灭火器、空气呼吸器、防烟面具等消防设施。

（一）自动消防设施

1. 火灾报警系统（FAS）

火灾自动报警系统是由触发装置（如：烟感、温感、破玻按钮、手拉报警等）、火灾报警装置（如：警铃、警笛、门头指示灯等）以及具有其他辅助功能的装置组成的，它能在火灾初期，将燃烧产生的烟雾、热量、火焰等物理量，通过火灾探测器变成电信号，传输到火灾报警控制器，并同时显示出火灾发生的部位、时间等，使人们能够及时发现火灾，并及时采取有效措施，扑灭初期火灾，最大限度地减少因火灾造成的生命和财产的损失。

（1）FAS 的主要功能。

FAS 的主要功能包括火灾报警，监视报警，故障报警，控制消防设备，消防电话通信。

火灾报警：当监测到火灾情况时，进行声光报警。实现火灾自动报警功能的探测设备有：智能烟感、智能温感、感温电缆、对射探头、可燃气体探测器；实现手动报警功能的设备有：手动报警器。

监视报警：对其他系统设备，如防火阀、RP-1002、消防水泵、感温电缆、对射探头等通过连接的反馈模块进行监视。当设备动作或异常时，FAS 系统便产生监视报警，显示：××动作、××故障等。

故障报警：当 FAS 本身存在故障时，进行故障报警，如：智能烟感、智能温感、手动报警器异常，则报：××无应答、××脏等。

控制消防设备：当发生火灾，需要对某些消防设备进行控制时，FAS 可以通过控制模块（辅助继电器）对其他系统的某些消防设备进行强行启动，如：关闭防烟防火阀，启动消防水泵等。FAS 控制的设备有：防烟防火阀、消防水泵、水喷淋泵、消防广播等。

消防电话通信：通过电话插孔、挂壁电话使现场与车控室进行直接通话。

（2）车站 FAS 基本组成。

车站 FAS 由防灾报警系统控制盘（见图 2.1）、FAS 电脑主菜单（HMI）（见图 2.2）、消防联动控制盘（见图 2.3）及现场设备（包括：烟感探测器、温感探测器、对射式探头、手动报警器、控制模块、反馈模块、探测模块、感温电缆、警铃等）组成。

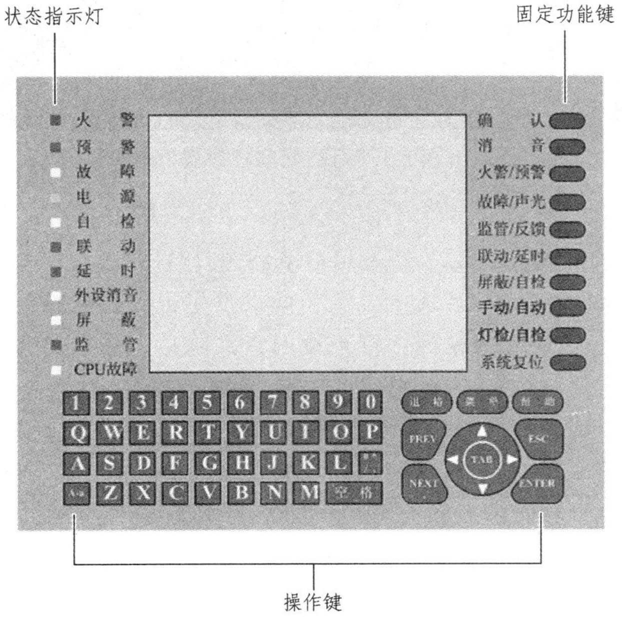

图 2.1　IFC-6060 控制盘操作面板示意图

图 2.2　FAS 电脑主菜单

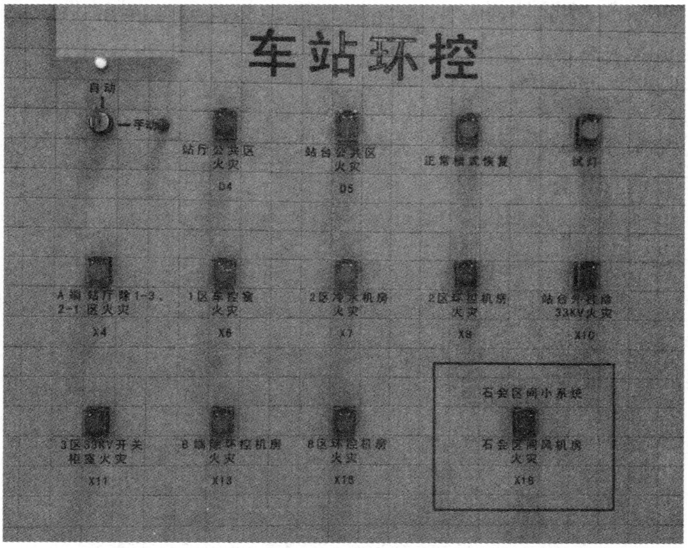

图 2.3　消防联动控制盘

（3）FAS 运作方式。

在系统正常运行的情况下，由车站人员对 FAS 进行日常巡视。当发生火灾报警时，应立即携带工具到报警现场确认是否发生火灾，如果发生火灾，应按照公司有关规定执行。如果是误报，则应调查清楚干扰原因，待干扰因素消除后，在消防火灾自动控制盘上进行复位。

自动启动：当同一防火分区的任两个烟感探测器都产生火灾报警时，火灾自动报警控制盘认为现场发生火灾的可能性较大，将自动启动火灾模式。

手动启动方式（半自动启动方式）：当一防火分区的任一个烟感探测器产生火灾报警时，值班人员到现场确认火灾情况。如果现场真的发生火灾，值班人员可触发设置在现场的任一个手动报警器（包括破玻报警器和手拉报警器）进行确认，系统控制盘接收到确认报警后，将自动启动火灾模式。

人工启动方式：当发现发生火灾时，利用通信工具通知消防控制室。消防控制室值班人员可直接在车控室的 IBP 控制盘上人工启动火灾模式和相应消防设备。

（4）车站消防联动盘操作。

① 正常运行状态。联动盘正常运行状态时，联动盘手动/自动选择开关应处于自动位，FAS 主机处于正常监视状态，HMI 计算机上各系统模式处于自动模式状态，设备处于自动状态。

② 自动火灾运行状态。在上述正常自动运行工况下，如果车站某处发生火灾，该区域某个烟感器接收到信号后，FAS 主机发出声音提示报警，如果同时有两个烟感器发出报警，FAS 主机通过接口自动向 EMCS 发出火灾模式信息，MCS 自动启动对应火灾模式。如果是公共区火灾，自动联动其他小系统进入停机模式，避免窜烟；如果是区间隧道火灾，则自动联动隧道消防水泵，自动联动照明和导向进入火灾模式。为了防止串烟造成多种模式启动，自动火灾模式只启动一次，根据需要可以通过 HMI 进行人工点动操作，也可以在计算机失控的情况下，通过联动盘操作。

③ HMI 上人工操作。在上述情况下，如果需要人工在画面上启动模式，在画面上切回操作控制权，将模式打在手动位进行点动操作，或将设备打在点动位操作，火灾结束后，在 HMI 上进行火灾后恢复，车站系统恢复正常运行工况。

④ 联动盘手动操作。联动盘具有最高优先权，操作时需先检查联动盘上是否有未恢复弹出状态的按钮，将联动盘上的自动/手动选择开关打在手动位，此时 FAS 主机、HMI、OCC 均不能对 EMCS 进行相关模式启动，人工在联动盘上按下对应按钮，启动相关模式，对应按钮指示灯快闪，再按一下按钮，恢复弹出状态，模式执行规定时间后，设备运行全部符合要求，则指示灯以常亮表示成功，否则慢闪表示故障。火灾结束后，检查按钮是否都恢复，按两个 A、B 恢复按钮，系统恢复正常运行模式，或打在自动位在 HMI 上进行火灾后恢复，将联动盘上的自动/手动选择开关打在自动位，检查所有按钮状态。

⑤ 站台火灾，隧道辅助排烟操作。自动状态下站台火灾，EMCS 自动启动站台大系统火灾模式，站务人员接收到 OCC 行调的指令后，将联动盘打在手动位，按联动盘上的站台门按钮，打开某侧站台门，通过联动盘启动相应隧道火灾模式，辅助排烟。火灾模式结束，恢复站台门，恢复联动盘到自动位，通过 HMI 恢复相关模式和设备。

2. 气体灭火系统

气体灭火系统是指平时灭火剂以液体、液化气体或气体状态存贮于压力容器内，灭火时灭火剂以气体（包括蒸气、气雾）状态喷射作为灭火介质的灭火系统。它能在防护区空间内形成各方向均一的气体浓度，而且至少能保持该灭火浓度达到规范规定的浸渍时间，扑灭该防护区的火灾。大部分地铁使用的气体灭火系统按使用的气体灭火剂分主要有二氧化碳、1301、烟烙烬、七氟丙烷、IG541 等。

（1）气体灭火系统灭火机理。

保护区内空气中氧气浓度为 21%左右，二氧化碳浓度小于 1%，此时氧气浓度能够支持物质燃烧，当环境中氧气浓度降至 15%以下时，大部分可燃物将停止燃烧。火灾时，灭火剂喷放至保护区内，将保护区内氧气浓度降低到约 12.5%，使可燃物停止燃烧。

（2）系统设备组成。

气体灭火系统的设备可以分成两大部分，即管网系统设备（药剂储存和喷放设备）、报警控制系统设备，其组合后系统示意图如图 2.4 所示。

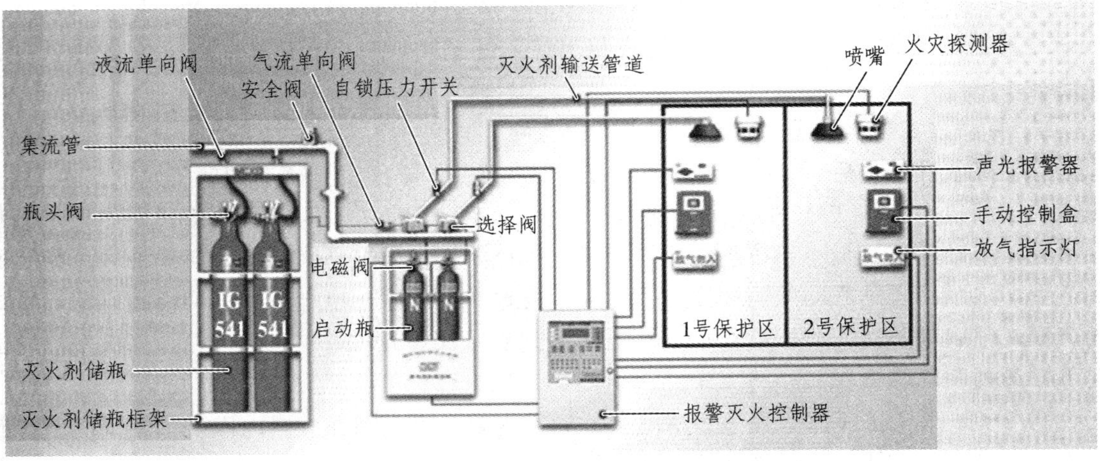

图 2.4　IG-541 气体灭火系统结构组成

① 管网系统设备，包括 90 L IG541 气瓶、4 L 氮气启动瓶、瓶头阀、电磁阀、气瓶固定框架、集流管、液流单向阀、安全阀、选择阀、气流单向阀、压力开关、灭火剂输送管道、喷嘴、减压装置等。

② 报警控制系统设备，包括气体主机（见图 2.5）、气体就地控制盘（见图 2.6，含手自动开关、紧急启动按钮、紧急停止按钮）、警铃、声光报警器、灭火指示灯、烟感探测器、温感探测器等。

注：在保护区域的每一个主要出入口的内外侧，都会设置一个声光报警器及闪灯，而警铃则设在每个出入口的内侧。

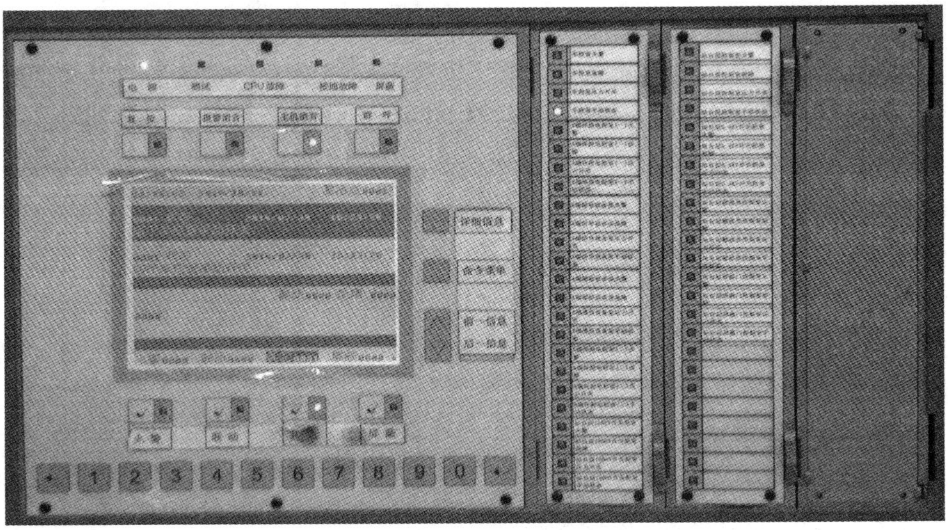

图 2.5　气体主机

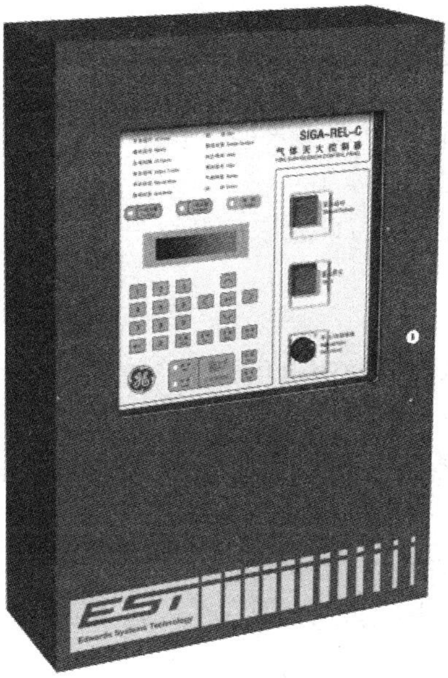

图 2.6 气体就地控制盘

（3）气体就地控制盘与气体主机面板。气体就地控制盘面板如图 2.7 所示。

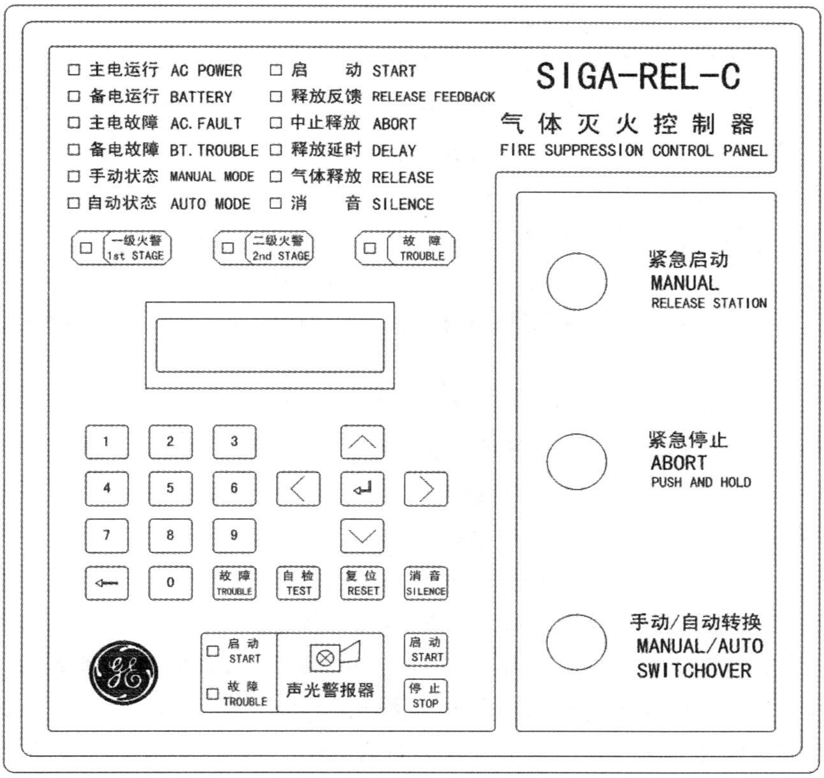

图 2.7 气体就地控制盘面板

① 紧急启动：按下紧急启动按钮后，气体灭火系统将不延时立即喷放。如在 30 s 倒计时过程中按下“紧急停止”后再按下“紧急启动”，可使倒计时从被中止时的时间值处继续倒计时。

② 紧急停止：此按钮只在系统处于自动状态下释放延时 30 s 倒计时的过程中起作用，除此以外任何情况下它都不起任何作用。

③ 手动/自动转换：按需要可将此开关旋转至所需要的手动或自动位置，使系统处于手动运行状态或自动运行状态。

④ 各指示灯含义。

主电运行：交流电源指示灯，交流电供给正常情况下指示灯常亮；交流电断开时指示灯熄灭。

备电运行：备用电源（蓄电池）指示灯，蓄电池正常供电情况下指示灯亮，蓄电池断开供电时指示灯熄灭。

主电故障：交流电断开时指示灯亮。

备电故障：蓄电池断开供电时指示灯亮。

手动状态：手动状态指示灯，系统处于手动状态时指示灯亮。

自动状态：自动状态指示灯，系统处于自动状态时指示灯亮。

启动：当系统开始喷放程序时指示灯亮。

释放反馈：当气体已经喷放，即灭火管道压力开关动作后指示灯亮。

中止释放：当系统处于延时 30 s 喷放阶段按下“紧急停止”时指示灯亮。

释放延时：当系统处于延时 30 s 延时喷放阶段时指示灯亮。

气体释放：如果气体成功喷放，会向控制器送回一个反馈信号，在收到该反馈信号前，指示灯会一直闪烁，收到反馈信号后就会长亮。

消音：当按下消音按钮后，指示灯亮。

一级火警：当该保护区烟感回路或温感回路的其中一个回路报火警时，指示灯亮。如直接按下“紧急启动”按钮，该指示灯亮。

二级火警：当该保护区烟感回路和温感回路两个回路同时报火警时，指示灯亮。如直接按下“紧急启动”按钮，该指示灯亮。

故障：当该控制盘存在故障时，指示灯亮。

（4）气体灭火系统的操作方式。气体灭火系统的操作方式有 3 种：自动控制、手动操作、机械式应急操作。3 种操作方式的操作过程如下：

① 自动控制。就地控制盘处于自动状态。

每个保护区域内都设置有烟感探测器或温感探测器两个独立的报警区域。发生火灾时，其中单一区域报警后，设在该保护区域内的警铃将动作，而当两个区域都报警后，设在该保护区域内外的声光报警器及闪灯将动作，在经过 30 s 延时，就地控制盘将动作 4 L 氮气启动瓶上的电磁阀，打开对应保护区域的启动瓶、选择阀和储气瓶（90 L IG541 气瓶），使 IG541 气体沿管道和喷头输送到对应的指定的保护区域灭火。一旦 IG541 气体释放后，设在管道上的压力开关会将药剂已经释放的信号送回控制盘或消防控制中心的火灾报警系统。而保护区域门外的释放指示灯，在灭火期间将一直工作，警告所有人员不能进入保护区域，直至确认火灾已经扑灭。

当 IG541 气体灭火系统的控制盘启动所有的警铃、声光报警器及闪灯后，在系统处于延时阶段，此时如发现是系统误动作，或确有火灾发生但仅使用手提式灭火器和其他移动式灭火设备即可扑灭火灾，可持续按下设在保护区域门外的“紧急停止”按钮（必须按下保持 1 s 以上），可以使系统暂时停止释放药剂。如需继续开启 IG541 气体灭火系统，则只需按下“紧急启动”按钮即可。

② 手动操作。一般情况下 IG541 气体灭火系统处于自动控制状态，当保护区内有人工作时，可将系统的控制转为手动控制状态。此处所说的手动控制，实际上为通过电气方式的手动控制。按下“紧急停止”按钮后，控制盘上应出现声、光报警号，并显示出是电气式启动器已动作。同时控制盘应输出信号，并引起如下的联动：

- 保护区内声光报警器及闪灯开始鸣叫并发出闪光。
- 输出干节点火警信号至消防报警系统总控制盘。

不经过延时直接启动电磁阀启动器，从而开启灭火剂储瓶和选择阀，系统向保护区范围内喷射 IG541 气体。设在气体输送管道上的压力开关动作后，同时输出干点信号至消防报警系统总控制盘。

③ 机械式应急操作。机械式应急操作实际上是机械方式的操作，只有当自动控制和手动控制均失灵即气体灭火控制系统失效时，才需要采用应急操作。操作方法如下：

在启动装置（即系统电磁阀和启动瓶气压均处于正常状态时）未失灵情况下：到达气瓶间找到对应保护区的启动气瓶，手拿钥匙环拔开插销，将手柄向上推至垂直状态，即可启动。

在启动装置失灵情况下：找到对于保护区的选择阀，按下机械手柄，拔起不锈钢手臂，使选择阀处于图 2.8 所示状态。

图 2.8　选择阀

找到对应选择阀所在的储气瓶组，扳动储气瓶瓶头阀后端的机械手柄（见图 2.9），气瓶数量按设计要求。

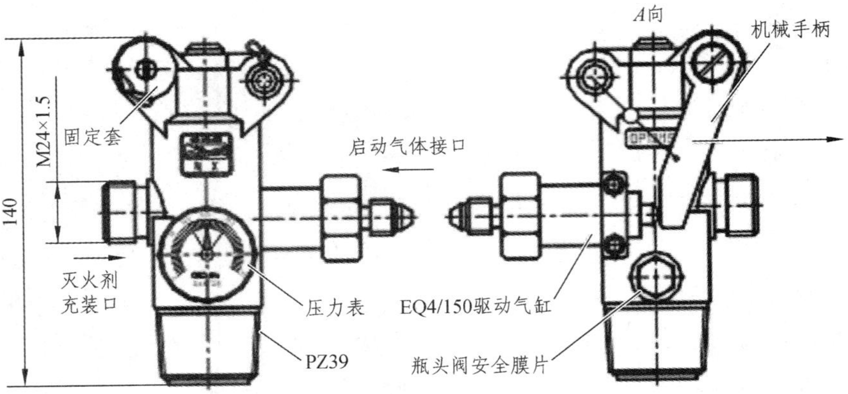

图 2.9　储气瓶

④ 常规操作。正常情况下系统处于自动状态，如有人员需进入保护区内需到就地控制盘将“手动/自动转换”开关旋转至手动状态，人员出来后将“手动/自动转换”开关旋转至自动状态。

（二）车站日常消防设备设施

1. 灭火器的介绍及使用

（1）灭火器的用途。灭火器是指能在其内部压力作用下，将所充装的灭火剂喷出以扑救火灾的一种灭火器具。

灭火器担负的任务是扑救初起火灾。一个质量合格的灭火器，如果使用得当，扑救及时，可将一切损失巨大的火灾扑灭在萌芽状态。因此，灭火器的作用是很重要的。

（2）灭火器的种类。灭火器的种类很多，按其移动方式可分为：手提式和推车式；按驱动灭火剂的动力来源可分为：储气瓶式、储压式、化学反应式；按所充装的灭火剂则又可分为：泡沫、干粉、卤代烷、二氧化碳、酸碱、清水等。目前地铁车站使用的灭火器主要有两种：干粉、二氧化碳。

（3）灭火器的使用方法。

第一：检查灭火器的有效期，一般灭火器的保质年限是 5 年，出厂日期标签张贴在瓶身。

第二：检查灭火器的压力，当瓶头压力表指针处于绿色（压力正常）位置时可以使用。压力指针处于红色区域时为压力不足，不能有效灭火；处于黄色为压力稍大，如图 2.10 所示。

图 2.10　检查灭火器的压力

第三：正反颠倒干粉灭火器 3 ~ 4 次，防止干粉灭火剂沉淀影响灭火效果。

第四：拔除瓶头保险插销，在火源 3 ~ 5 m 处，瞄准火源根部压下瓶头喷气压把进行左右扫射。注意：灭火时要站在上风位置，瞄准火源根部扫射，如图 2.11 所示。

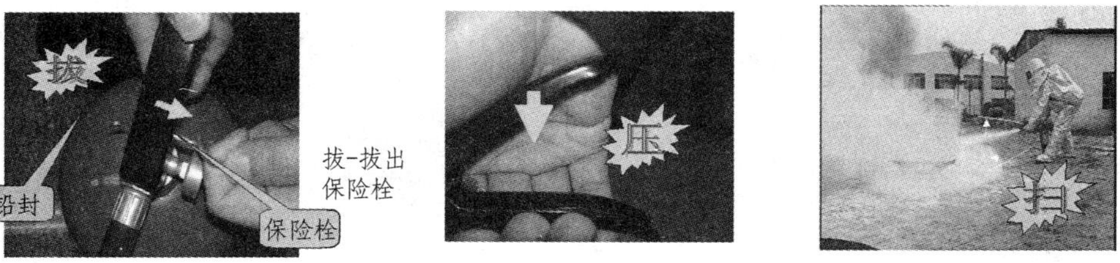

图 2.11 压下喷气压把

2. 防毒面具的介绍及使用

（1）防毒面具的介绍。

① 防毒面具是人员逃生自救和应急救援的有效装备，当地铁发生火灾，恐怖分子施放沙林毒气时，能有效地保护地铁司乘人员的生命安全。（防毒面具使用时间说明：从编号的最后两位数字可以知道该防毒面具的使用时间。如 XHZLC60 说明从打开真空密封包装开始算，该防毒面具在 60 min 内可以有效过滤有毒气体。）

② 防毒面具仅供一次性使用，不能用于工作保护，仅供个人逃生自救（限成人用）；本产品为存放型，一旦固定存放后，不能随意搬动，敲击，拆装，以免引起意外而失效。产品在备用状态时：环境温度应为 0 ~ 40 °C，周边无热源，易燃，易爆及腐蚀性物品，通风应良好，无雨淋及潮气侵蚀，该呼吸器不能在氧气浓度低于 17%的环境中使用。

（2）防毒面具使用。

① 拆开红色塑料外盒，撕开真空密封包装。注：使用前必须检查防毒面具的金属部件是否有锈蚀痕迹。有锈蚀马上停止使用，因为锈蚀会使防毒面具丧失气密性。

② 拔除防毒面具内外的密封胶塞。

③ 戴到头部，拉紧密封带。

整个过程如图 2.12 ~ 图 2.14 所示。

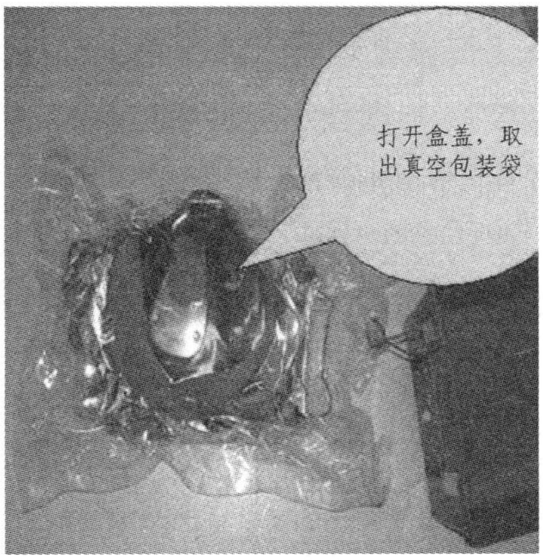

图 2.12 拆开包装

图 2.13　拔除密封胶塞

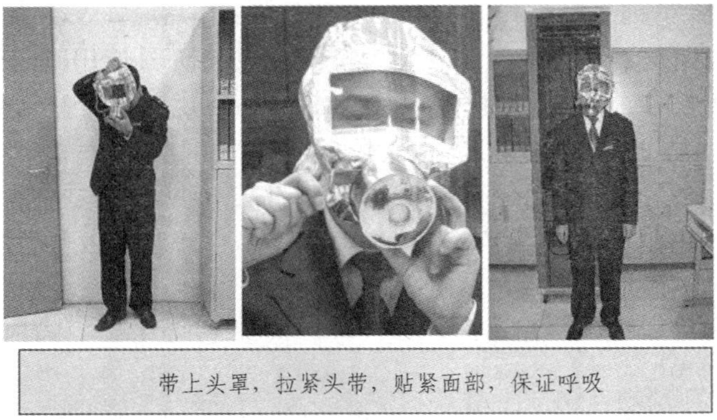

图 2.14　戴上防毒面具

3. 空气呼吸器的介绍及使用（以上海依格为例）

空气呼吸器是供使用者呼吸器官免受浓烟、高温、毒气、刺激性气体或缺氧伤害的一种自给开放式空气保护装备器具（所谓“自给”，就是人体呼吸系统和呼吸器供气系统都与外界大气相隔离，可不依赖环境气体而维持人体的正常呼吸；所谓“开放”就是人体呼出的浊气通过呼气阀直接排入大气）。根据使用时面罩内压力状况，分为负压式空气呼吸器和正压式空气呼吸器。在使用过程中，面罩内压力始终大于大气压力的空气呼吸器，称为正压式空气呼吸器，这种呼吸器在使用过程中，特别是吸气时，面罩内压力始终高于环境大气压力，所以即使由于面罩佩戴不正确导致漏气，环境中的有毒气体也不能进入面罩被人体吸入。

（1）空气呼吸器的组成。

空气呼吸器包括 5 个部件：面罩总成、供气阀总成、气瓶总成、减压器总成、背托总成，如图 2.15 所示。

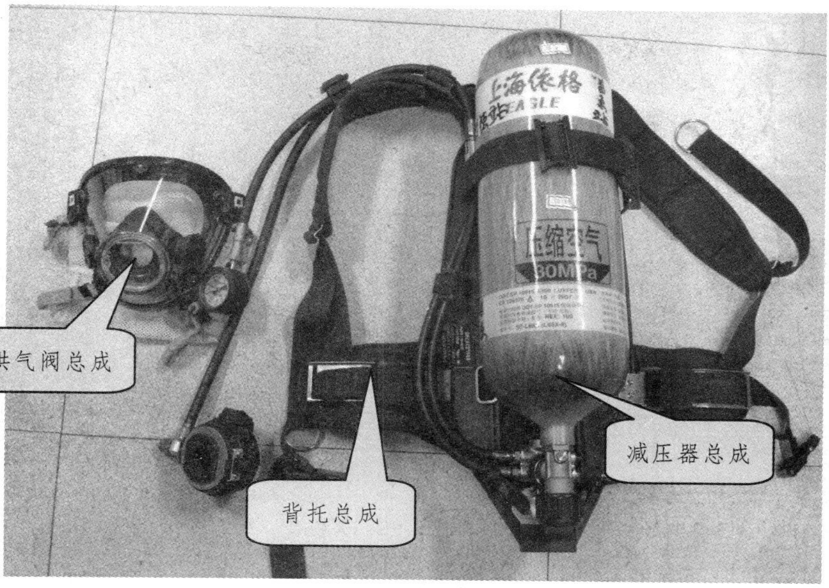

图 2.15　空气呼吸器的组成

① 面罩总成。面罩总成（面罩）是用来罩住脸部，隔绝有毒有害气体进入人体呼吸系统的装置，如图 2.16 所示。

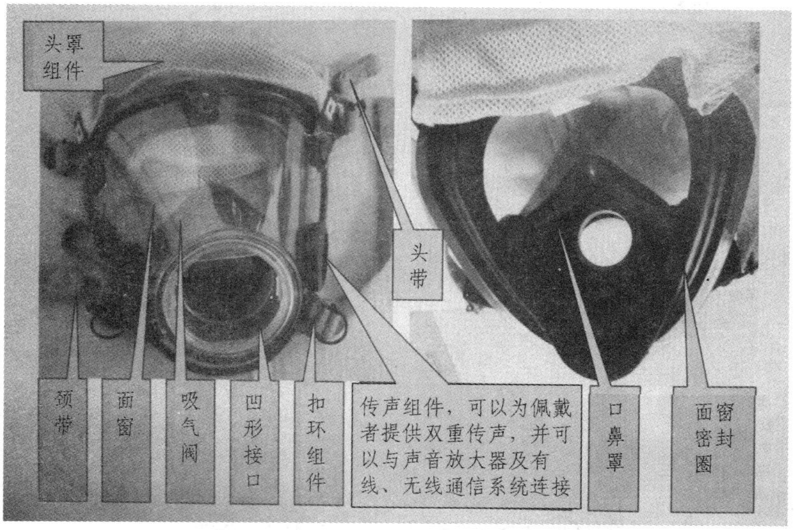

图 2.16　面罩总成

② 供气阀总成。节气开关是当面罩从脸部取下时，用大拇指按住橡胶罩中间部位，完全按下后，会伴有“嗒”声，即可关闭供气阀，停止供气，避免浪费瓶内空气。而重新将面罩戴在脸上保持密封并吸气时，供气阀将自动开启，供空气。应急冲泄阀是当供气阀意外发生

故障时，通过手动旋钮，按应急冲泄阀上指示的方向旋动 1/2 圈，可以提供每分钟至少 225 L 的恒定空气流量，允许空气直接流入面罩。除应急供气外，还可以利用流出的空气直接冲刷面罩、供气阀内部的灰尘和脏污，避免吸入体内。也可以在关闭瓶阀后，通过冲泄阀钮来排放系统管路中的剩余空气，如图 2.17 所示。

③ 气瓶总成，如图 2.18 所示。

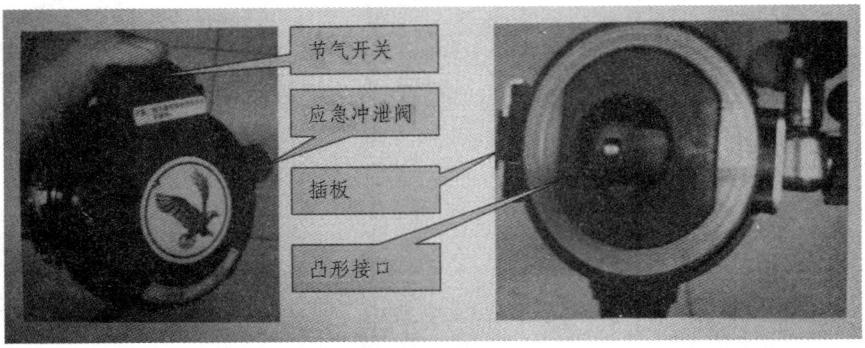

图 2.17　供气阀总成

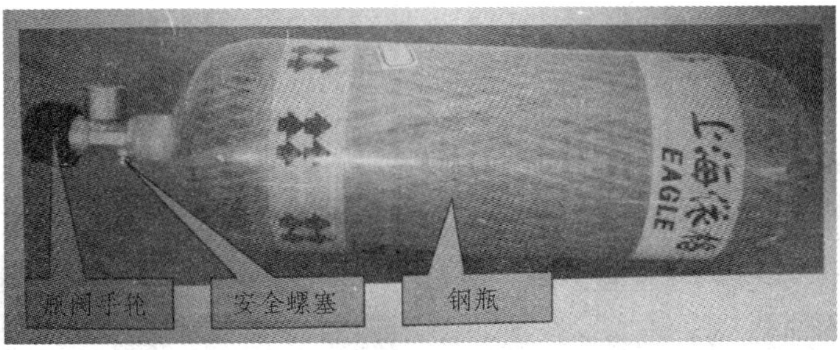

图 2.18　气瓶总成

④ 减压器总成，如图 2.19 所示。

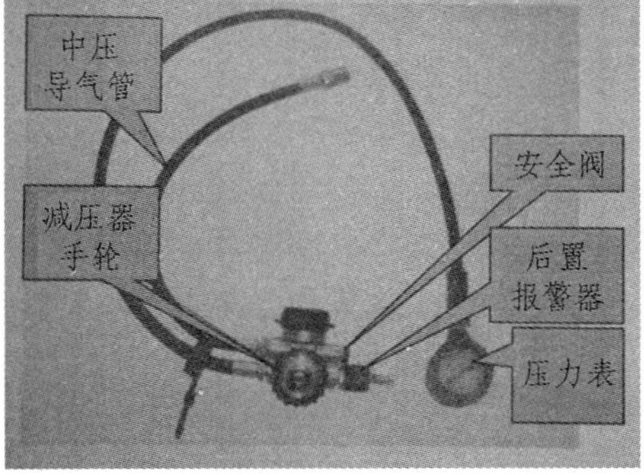

图 2.19　减压器总成

压力表可以方便地检查瓶内余压，并具有夜光显示功能，便于在光线不足的条件下观察。当气瓶压力降到（5.5 ± 0.5）Pa 时后置报警器开始报警，此时使用人员必须立刻撤离到一个不需要空气呼吸器保护的安全场所。报警器起鸣后将持续报警，直到气瓶压力小于 1 MPa 为止。

⑤ 背托总成，如图 2.20 所示。

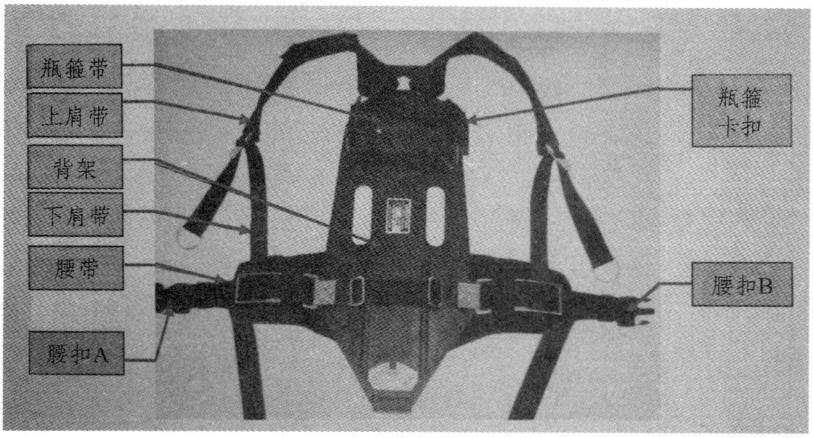

图 2.20 背托总成

（2）空气呼吸器的使用前检查。

① 检测报警器，其步骤如图 2.21 所示。

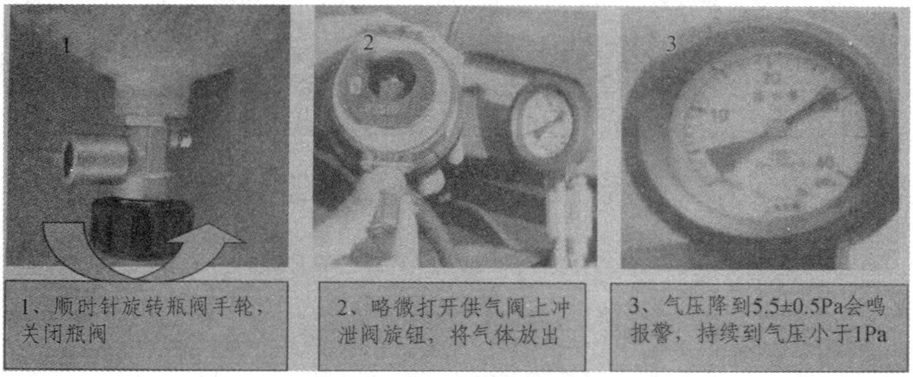

图 2.21 检测报警器的步骤

② 检查气瓶压力及系统气密性。

（3）空气呼吸器的使用，如图 2.22 所示。

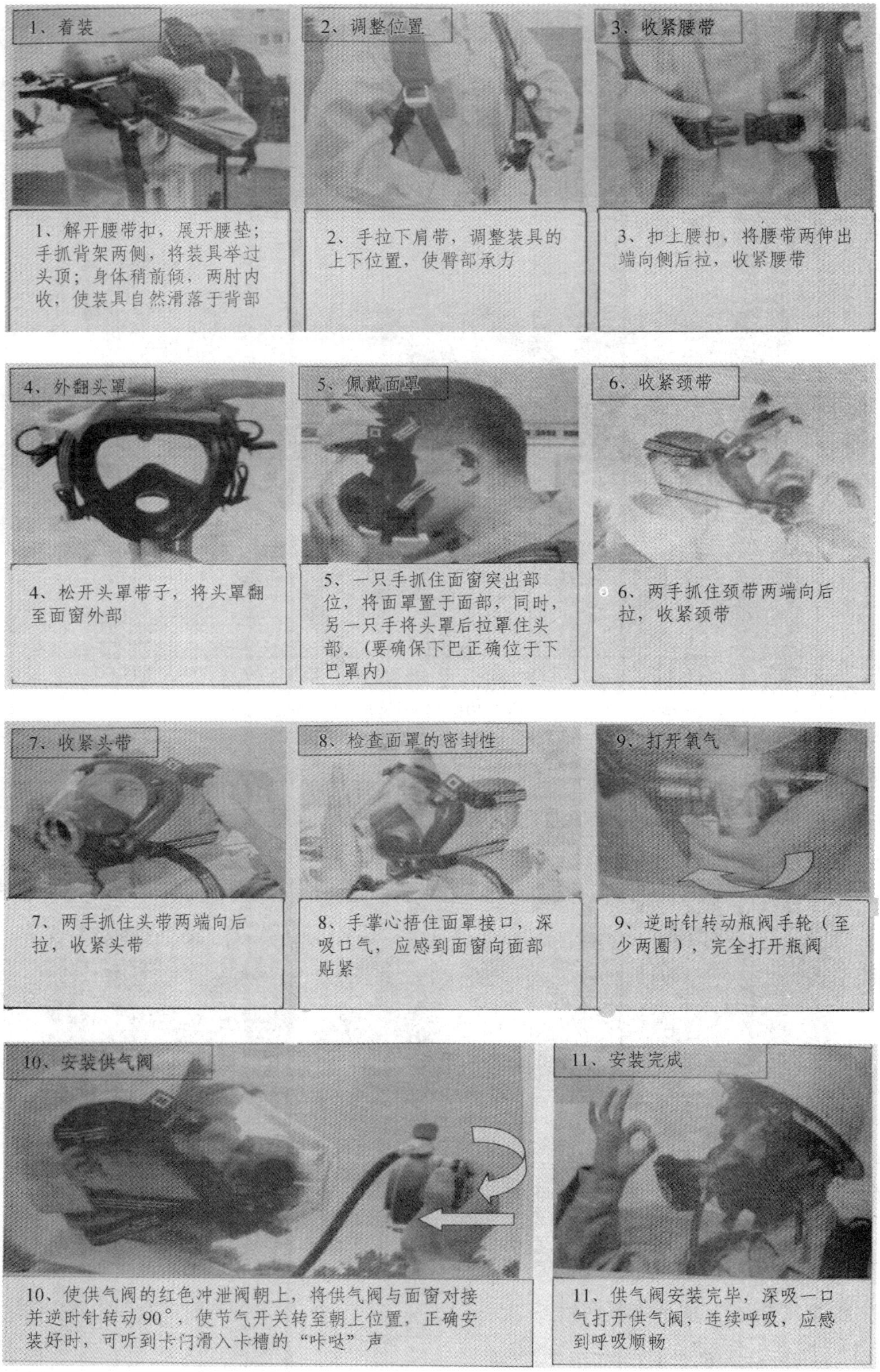

图 2.22　空气呼吸器的使用步骤

4. 消火栓的使用

消火栓的组成如图 2.23 所示。

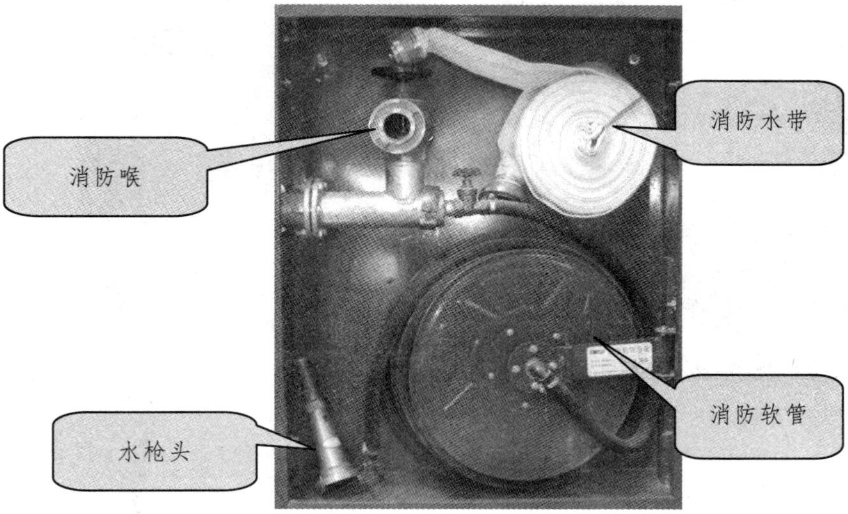

图 2.23　消火栓的组成

消火栓的使用步骤如图 2.24 ~ 图 2.26 所示。

（1）第一步：先将水带抛出。

（2）第二步：将水管与水龙头连接。

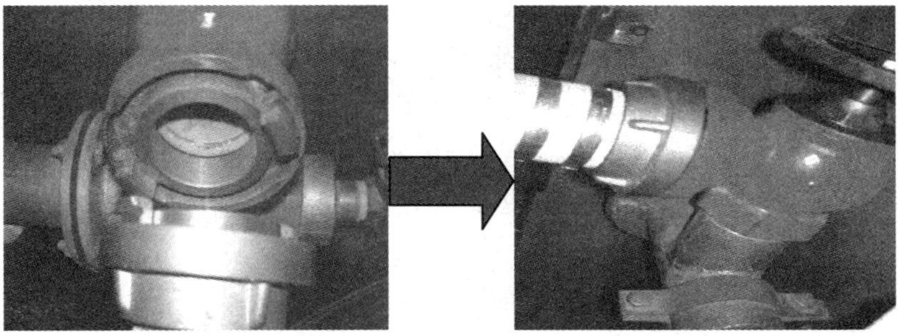

图 2.24　连接水管与水龙头

（3）第三步：一边赶往现场，一边将水枪头与水带连接。

图 2.25　连接水枪头与水带

（4）第四步：一人持水枪到现场，另一人开启水龙头。

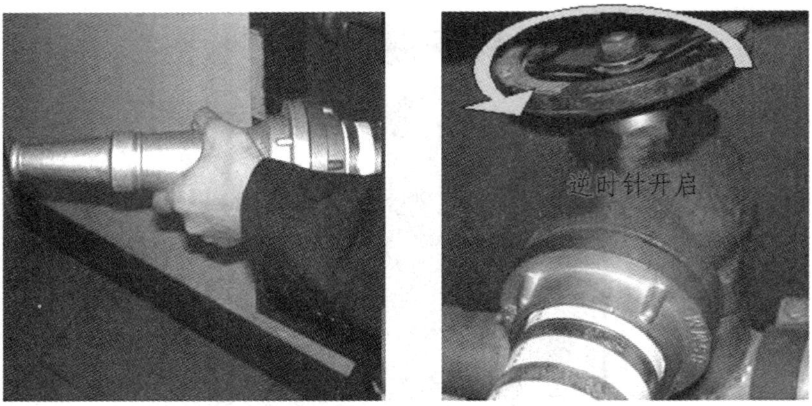

图 2.26　开启水龙头

（5）注意事项。

① 注意火场与消火栓的距离，车站内消防水带和消防软管均为 25 m。

② 用消火栓（水）灭火时注意着火物品是否带电，若属带电物品，必须先切断电源方可用水灭火。

③ 定期检查消火栓，确保消火栓水压正常，物品齐全。

5. 消防接合器的使用

当发生火灾时，建筑物内消防装置供水系统发生故障供水不足或水压低时，通过消防接合器将水输入建筑物内的消防管网中，从而解决火灾时供水和水压不足的问题，其使用如图 2.27 所示。

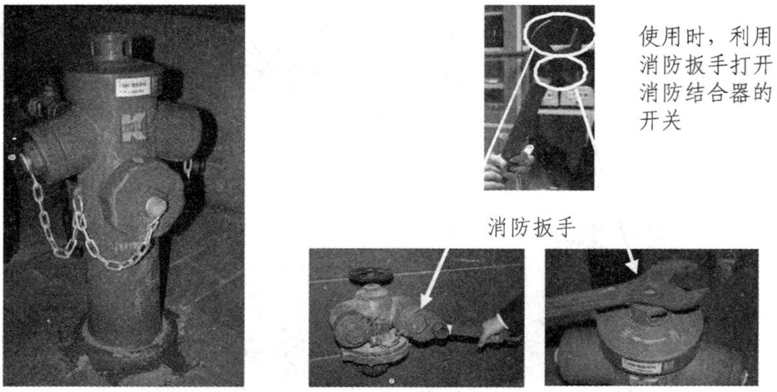

图 2.27　消防接合器的使用

6. 防火门

防火门是指在一定时间内能满足耐火稳定性、完整性和隔热性要求的门。它是设在防火分区间、疏散楼梯间、垂直竖井等具有一定耐火性的防火分隔物。日常，防火门需保持闭合状态。目前车站的通道门、设备房的门均为防火门。

7. 防火卷帘

（1）防火卷帘是平时卷放在门窗口上方（或侧面）的转轴箱内，火灾时，将其放下展开，用以阻止火势从门窗洞口蔓延。通常换乘疏散通道、合建口等设置有防火卷帘。

（2）防火卷帘注意事项。

① 防火卷帘门扇各连接处、导轨、卷筒等缝隙，应有防火、防烟措施，防止烟火窜入。

② 设在疏散走道的防火卷帘，应在卷帘的两侧设置启闭装置，并应能自动、手动和机械控制，保证应急时使用。

③ 防火卷帘下面不应摆放物品，以免火灾时阻挡卷帘门的下降。

（3）防火卷帘操作。其操作分自动、手动和机械控制。

① 自动：正常情况下，防火卷帘接入车站的 FAS 系统，触发相应火警信息时，该防火卷帘会自动下降。

② 手动：可按压向上、向下及停止按钮。

③ 机械操作：当自动、手动均不能操作时，可打开检修口机械操作刹车片松闸的方式将防火卷帘降下。有些单位会在刹车片位置装上挂钩，采用挂沙包的方式操作。应急时，工作人员在挂钩上挂上沙包，利用沙包的自重将防火卷帘慢慢降下，也给操作的人员留下撤离的时间。

（三）地铁车站主要消防设备、设施的维修保养要求

1. 灭火器管理

（1）车站负责站内公共区、设备区通道及车站管理用房的灭火器管理。

（2）车站管理范围内的灭火器由车站负责日常检查、维护保养。

（3）车站应对管辖范围内的灭火器设立台账，便于管理。

（4）目前使用的灭火器主要有干粉灭火器与二氧化碳灭火器。干粉灭火器的有效期为 5 年；二氧化碳灭火器的有效期为 10 年，第一次维修日期为 5 年，首次维修后每 2 年进行一次维修。

（5）车站每个月定期对管辖范围内的灭火器进行检查，发现压力不足、瓶身锈蚀、喷灌破裂、超过有效期等情况应及时报修，停止使用。

2. 防毒面具管理

（1）车站负责站内公共区、设备区通道及车站管理用房的防毒面具管理。

（2）车站管理范围内的防毒面具由车站负责日常检查、维护保养。

（3）车站应对管辖范围内的防毒面具设立台账，便于管理。

（4）车站每个月定期对管辖范围内的防毒面具进行检查，发现防毒面具真空包装涨袋、过期等情况应停止使用，立即更换新的防毒面具。

3. 空气呼吸器管理

（1）每个车站均配有两个空气呼吸器，存放在车控室，供应急使用，车站负责空气呼吸器的日常管理。

（2）车站每月定期检查空气呼吸器的状态（包括气压、系统气密性等），如气压不足、损坏等情况应及时报修，并做好记录。

4. 其他消防设施的管理

车站防火门、疏散导向、防火卷帘等属维修部门管理范围，车站人员负责日常巡视工作，发现损坏、状态不良等情况，及时报修，并做好记录。

（四）消防重点单位房间钥匙管理要求

（1）车站人员负责消防重点单位房间钥匙的日常管理工作，相关人员需要进出时在车控室行车值班员处借用钥匙，并做好登记，使用完毕后立即归还。

（2）行车值班员负责日常使用钥匙的保管与交接，值班站长负责备用钥匙的保管与交接。

（3）车站人员每月定期对车站钥匙进行盘点，并试开相关房间，防止钥匙丢失或应急情况下无法开启房间。

三、车站消防安全管理

（一）定　义

1. 消防安全重点单位

地铁车站、地铁控制中心、商业街等经市消防局核实，公安消防部门进行消防安全重点监督的单位。

2. 消防安全重点部位

容易发生火灾或一旦发生火灾可能严重危及人身和财产安全以及对消防安全有重大影响的部位确定为消防安全重点部位，如地铁车站内的变电所、蓄电池室、环控电控室、通信设备房、信号设备房、车站控制室等。

（二）消防组织

（1）公司一般设专职的消防安全管理人员，各子单位根据需要设专职或兼职的消防安全管理人员，负责本单位日常消防安全管理工作。

（2）各单位应根据需要成立志愿消防队组织，开展火灾自防自救工作。

（3）志愿消防队员编制：车站、OCC、商业街、仓库按在岗人数的100%建队，其他按20%建队。各单位应根据本单位特点确定志愿消防队的支数，每支义务消防队设队长、副队长各1名。

（4）志愿消防队建队后，应根据公司志愿消防队装备配置定额标准，配备相应种类、数量的消防器材或装备，并组织每半年进行一次消防培训及演练。

（5）志愿消防队是不脱产的消防队伍，由组建单位负责日常管理，在业务上接受上级管理部门和公安消防部门的指导。

（6）各单位志愿消防队建立、撤销情况，应报公司消防主管部门备案。

（三）消防安全管理

1. 消防安全教育和培训

（1）新员工（含调入人员），在上岗前必须进行消防安全教育，使他们懂得基本的消防安全知识。

（2）消防安全责任人、消防安全管理人、各级消防管理安监、消防控制室值班（操作）人员应当接受消防部门专门的培训，消防控制室值班（操作）人员必须持证上岗。

（3）各单位应通过多种形式开展经常性的消防安全宣传教育。宣传教育和培训内容应当包括：

① 有关消防法规、安全制度和保障消防安全的操作规程。

② 本岗位的火灾危险性和防火措施。

③ 有关消防设施的性能、灭火器材的使用方法。

④ 报火警、扑救初起火灾以及自救逃生的知识和技能。

（4）地铁商业街工作人员、商户的消防安全培训应至少每季度组织 1 次，车站一线员工的消防安全培训应当至少每半年进行 1 次，培训的应当包括消防知识技能和应急疏散预案等内容。其他员工的消防安全培训应当至少每年进行 1 次。

（5）在地铁车站内、地铁列车上，应当通过张贴图画、广播或闭路电视等向公众宣传防火、灭火、疏散逃生等常识。

2. 消防巡查

（1）用火、用电有无违章情况。

（2）安全出口、疏散通道是否畅通，安全疏散指示标志、应急照明是否完好。

（3）消防设施、器材和消防安全标志是否在位、完整。

（4）常闭式防火门是否处于关闭状态，防火卷帘下是否堆放物品影响使用。

（5）消防安全重点部位的人员在岗情况。

（6）其他潜在火源与可燃物情况。

（7）其他消防安全情况。

3. 消防设施（器材）维修保养

（1）消防责任区范围内的灭火器、空气呼吸器、防烟面具由本单位负责日常检查、维护保养、报废更换。

（2）空气呼吸器故障维修、呼吸器气瓶充气按轨道公司设备、设施维修接口有关规定由维修部门负责。

（3）消防设施应委托有相应资质（资格）的消防设施检测服务机构（单位）每年至少进行一次全面的检测，确保完好有效，并出具检测报告，存档备查。

4. 消防值班

（1）消防控制室必须安排双人 24 h 值班。

（2）消防值班人员应持证上岗，原则上应持有国家现行的《建（构）筑物消防员初级职业资格证书》。

四、车站消防应急处置

车站处置火灾关键步骤主要有：组织灭火、报告、疏散、排烟。

1. 组织灭火

火灾发生时，组织现场所有能够调动的员工赶赴现场灭火。

第一步：

（1）确认车站发生火灾，值班站长宣布执行对应区域火灾应急预案，并赶赴现场指挥各岗位处置。

（2）行车值班员通知各岗位及保安、护卫、维修、商铺人员等各方人员执行紧急预案，客运值班员安排现场能够调动的岗位人员立即到现场灭火、疏散乘客。

第二步：

（1）人员到达现场后，取就近的灭火器材进行灭火。

（2）参加灭火的人员需穿着消防服、佩戴防烟面具、空气呼吸器等防护用具，做好自身防护。

（3）必要时，铺设消防水带灭火（不能对带电设备直接喷水灭火）。

注意事项：

（1）列车及接触轨/网隧道起火需要使用喷水灭火的情况下必须停电处理。

（2）气体保护房间火灾，气体释放后，人员不能进入房间，等专业人员到现场处理。

（3）气体没有释放时，控制盘打手动后进入房间确认、灭火，人员出清房间后立即打回自动位。

（4）确认气体保护房间内有明火或浓烟时，立即通知所有人员撤出该房间，关好房门后按压喷气按钮。

（5）合建口发生火灾，确认防火卷帘关闭，报告环调改变车站通风模式，注意观察现场情况，及时报告信息。

（6）卷帘门无法电动关闭时，立即采用手动及机械操作刹车片松闸的方式将防火卷帘降下。

2. 报　告

火灾发生时，报告行调、环调及 119，110。

（1）119 火警电话接通后，应讲清楚着火单位，所在区域、街道、门牌的详细地址。

（2）要讲清起火部位是站厅、站台还是隧道，最好能讲清楚燃烧物质和燃烧情况。

（3）报警人要讲清自己姓名、工作单位和电话号码。

（4）报警后要派专人到街道或路口等候消防车到场，指引消防车前往火场，以便迅速、准确到达起火地点。

3. 疏 散

火灾发生时，按压 AFC 紧急按钮和释放相应门禁，播放应急疏散广播。

第一步：

（1）公共区发生火灾，按压 AFC 紧急按钮确认全部闸机全部打开，播放应急疏散广播疏散乘客。

（2）打开全部边门。

（3）释放门禁系统。

（4）释放相应门禁系统。

（5）检查液压梯无困人，关闭液压梯。

第二步：

（1）按压紧急按钮闸机不能打开时，现场关闭 AFC 电源箱电源或者关闭单台闸机电源。

（2）紧急疏散广播不能自动播放时，使用人工广播不间断播放，直至所有人员疏散完毕。

4. 排 烟

火灾发生时，按照环调命令开启相应火灾排烟环控模式。

第一步：

确认火灾模式是否执行。IBP 盘在“自动”位置时，系统会自动启动相应的火灾环控模式排烟。

第二步：

（1）如不能自动启动火灾排烟模式，则根据环调命令在 BAS 电脑上开启相应火灾排烟模式。

（2）如 BAS 电脑上执行不成功，在 IBP 盘上执行相应的火灾模式。

（3）如 BAS 电脑上不能开启风阀、风机时，根据环调命令，到环控电控室就地开启相应的风阀、风机。

注意事项：

（1）必要时，可以建议环调开启隧道风机排烟。

（2）打开站台门排烟时要注意人身安全，首先通过广播、现场引导等方式，使人员远离站台门后再打开，以防止人员掉下轨道。

五、商铺安全管理

1. 商铺现场管理的职责划分

（1）车站负责地铁车站商业（商铺、自助设备）现场经营秩序的日常巡查与规范管理，负属地管理责任。对于商业经营管理中发现的问题，车站进行现场纠偏与整改，反馈管理意见至商业管理部门。

（2）地铁车站商铺检查内容包括：营业情况、经营证照、营业人员、商铺形象、消防安全、用电安全、运货管理。

（3）地铁车站自助设备检查内容：设备形象、设备管理、设备安全、运货管理。

（4）遇故障与商户确认后报相关设备维保部。

（5）根据施工作业令的签发情况，配合现场施工作业。

2. 日常管理内容与频率

（1）每天安排车站对属地的商铺、自助设备进行日常巡查，包含现场综治等其他可能影响服务质量方面的检查。

（2）每天对商户的日常经营行为进行管理，并提供相关的配合和服务。

（3）每天规范商户的经营行为，现场巡检、纠偏、整改商业经营各种违章行为。

3. 地铁车站商铺检查内容

（1）营业情况。

（2）经营证照。

（3）营业人员。

（4）商铺形象。

（5）消防安全。

（6）用电安全。

第三节　客伤管理

地铁车站内的客伤管理与防范一直是地铁运营生产安全中的重要指标，这个指标的变化直接反映了地铁车站建设规划、设备设施管理、安全宣传、人为管控等诸多方面的水平。同时，有效避免客伤的发生，也是地铁站保障乘客生命财产安全的工作重点。

一、客伤的定义

1. 客运伤亡事故（事件）

客运伤亡事故（事件）是指地铁运营区域内发生的乘客或非当班地铁人员伤亡事故（事件），以及由伤亡事故（事件）引起的乘客或非当班地铁人员的财产损失。

2. 责任客运伤亡事故（事件）

责任客运伤亡事故（事件）是指地铁运营区域内因设备故障、人员操作不当、管理不善造成的客运伤亡事故（事件）。

3. 无过错客运伤亡事故（事件）

无过错客运伤亡事故（事件）是指地铁运营区域内非责任，但根据法律法规要求应承担经济赔偿责任的事故（事件）。

二、客伤的处理

1. 客伤的防范

（1）车站加强对站内地面状况的检查，主动处理问题，如发现地面有水渍油渍，及时设置“防滑标识牌”；设备故障放“暂停服务牌”；地面有脏物时及时联系保洁员工清理。

（2）加强对站台、站厅等公共区设备、设施的巡视，防止物品坠落。按照车站制订的岗位作业流程，巡视车站。

（3）大客流时，巡视岗要精神高度集中，及时进行客流疏导和控制；多通过广播提醒乘客不要推挤、追逐或打闹。

（4）接车时，站在扶梯/楼梯口处引导乘客往人较少处候车，避免乘客集中在扶梯/楼梯口附近；左右环视监控整个站台动态，当有乘客越过黄色安全线或乘客倚靠站台门等时，马上进行有效的提醒；列车进站停稳后，继续在扶梯/楼梯口处的车门旁立岗监控，面向站台，背部正对列车，左右环视监控整个站台动态；待列车出清站台后才能离开立岗处进行巡视。

（5）站台发现影响行车安全事件时，及时按压紧急停车按钮。

（6）扶梯运行前需检查扶梯踏板、扶手带、梳齿板、裙板和梯级间隙，清除异物；确认扶梯周围的安全设施（如栅栏、隔板等及防护网）有无破损等异状，警示标志是否齐全、完好，使用许可证齐全；确认紧急按钮是否处于正常状态。

（7）开启扶梯时确认扶梯上没有人，两端有人监控，防止乘客进入自动扶梯；开机检查自动扶梯的运行状态是否良好，有无异常声响或振动；确认手扶带是否正常运转，警铃是否正常鸣响。

（8）扶梯故障或异常时及时按压紧停，停住扶梯，设置故障防护及停止使用牌，同时通知维修人员检修。

（9）加强对自动扶梯等公共设备设施的检查、巡视；大客流时要进行引导控制；及时播放扶梯安全广播，提醒乘客站稳扶好。

（10）针对特定人群如老人、小孩或携带大件行李的乘客，要及时地进行安全提醒，加强扶梯口的客流引导、广播宣传和安全服务。

（11）指引乘客在黄色安全线内或不要靠近站台门候车。行车值班员在车控室密切观察闭路电视监控系统（Closed-Circuit Television，CCTV），在列车的间隙播放安全乘车广播；站台岗员工用手提广播宣传不要越出黄色安全线或靠近站台门候车。

2. 客运伤亡事故（事件）报告程序及内容

（1）发生客运伤亡事故（事件），由以下人员立即按程序报告：

① 在线路区间内，司机立即报告行调，由行调通知相关车站，并视情况报 120 及公安。

② 在车站内，值班站长或值班员报告行调，并视情况报 120 及公安。

③ 在车厂内，司机向车厂调度报告，由车厂调度员报告行调，并视情况报 120 及公安。

（2）具体报告程序执行参照《地铁应急信息管理规则》。

（3）发生事故（事件）时，应报告如下内容：

① 发生时间（月、日、时、分）。

② 发生地点（车站名；事发具体位置；上、下行线；设备编号；区间公里标、百米标或车厂等）。

③ 事故（事件）概况及原因：事故（事件）伤亡人数、姓名、性别、年龄、受伤原因、受伤情况、所采取的抢救措施、证据收集情况、陪同人员的姓名、部门、职位等。

④ 报告人姓名、所在部门、职位。

⑤ 其他需要说明内容。

3. 现场处理基本原则

（1）属地管辖、各负其责原则，由事发地的管辖部门负责指挥事故（事件）的现场处理工作，相关部门按照职责开展工作。

（2）优先抢救伤者原则，现场处理应当本着以人为本的原则，优先抢救伤者，及时联系120或征得当事人同意后联系120将伤者送医院救治。

（3）避免二次伤害原则，现场处理应当确保伤者、工作人员等相关人员的人身安全，避免发生二次伤害。

（4）尽快恢复运营原则，现场处理应当尽快出清线路或受影响区域、尽快检查相关设备、尽快恢复行车、尽快恢复运营。

（5）尽力获取证据原则，管辖部门的相关人员负责收集和保存事故的证据，挽留证人，并通过录音、拍照、摄像、书面记录等保存证据。

4. 客伤的应急处理

（1）客伤处理流程。客伤处理流程如图2.28所示。

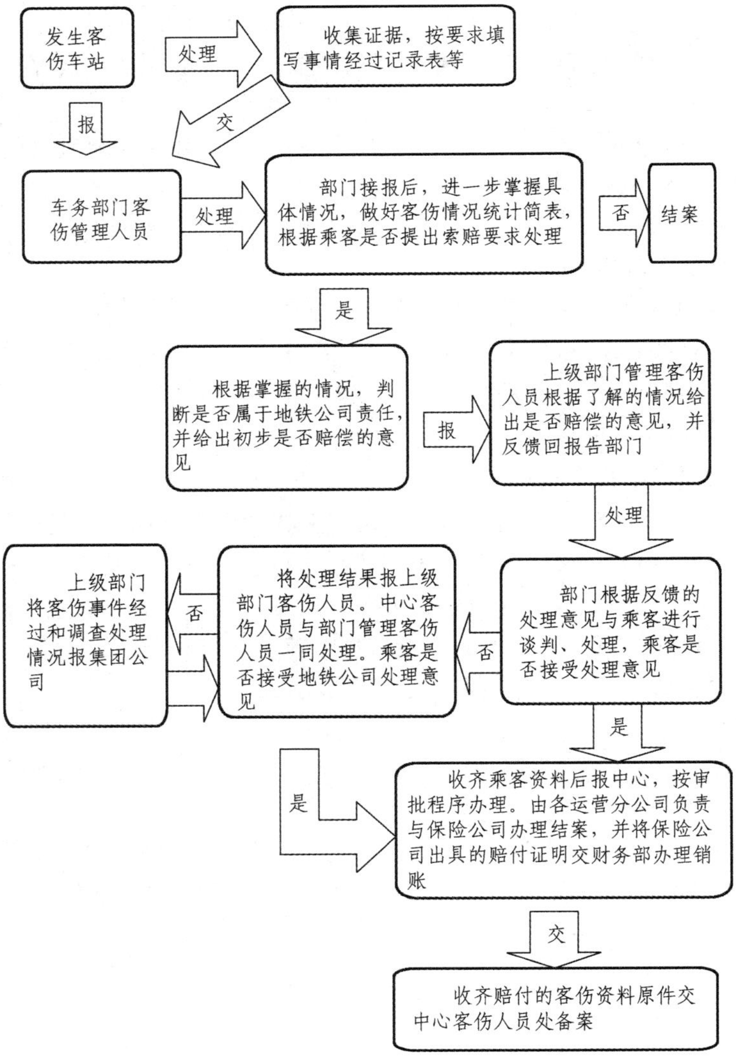

图2.28　客伤处理流程

（2）证据收集。

① 客伤发生后，车站工作人员应及时、全面、准确地收集证据，现场取证的种类包括：当事人陈述、证人证言、视听资料、书证、物证等。如发生地铁公安介入事件调查的情况，车站工作人员也要尽力、主动、及时地取证。收集证据过程中充分利用录音、拍照等技术做好证据保存。

② 目击证人至少挽留两名，证人尽量不为地铁员工、当事人的亲属，或有利害关系、其他关系的人，如果现场无合适证人只有当事人亲朋好友也需留下证词，并且应安排专人接洽现场挽留的证人。

③ 当事人、目击证人填写《事件经过记录表》时应注明详细、真实的联系方式、家庭地址、身份证号码等。

④ 车站工作人员及目击证人在记录事情经过时要完整，注意细节。例如，事件发生时周围的环境、设备状况；当事人所带行李及随行人员；是否由自身健康原因（如生病等）、第三者或其他外部因素引起造成受伤；当事人是主观故意还是过失；初步判断当事人受伤的部位、伤势情况；发生事件后采取的处理方式等。

⑤ 当事人书面陈述时因身体状况及其他客观因素必须由他人代写的，需经当事人同意，书写完毕由双方签名并用右手食指加盖指模确认。若其表示不愿意或因身体各方面原因不能加盖的，须在签名下备注。

⑥ 书面的证据尽量不得有涂改现象，一经涂改需在涂改处盖章或签名证明。填写《事情经过记录表》时要在结尾处注明“以上情况属实”，并由书写人签名确认。

⑦ 证据材料由事发车站保存。

⑧ 地铁工作人员不得擅自将目击证人的身份和资料泄漏给外部人员或媒体，不得擅自将事情经过、内容及相关情况告知无关人员。

第四节　综治安全

近年来，国内外暴恐事件时有发生。2014 年 3 月 1 日，昆明火车站发生歹徒砍人事件。2017 年 10 月 1 日，美国拉斯维加斯曼德勒酒店赌场外音乐节发生歹徒枪击事件，造成 59 人死亡，527 人受伤。地铁车站由于人员相对密集，发生综治安全事件对乘客的生命财产都会带来较大的损失，因此，综治安全也是车站管理的一个重要议题。

一、设备设施管理

1. 车站属地管理权限、范围

（1）对车站的保洁人员、商铺人员、施工人员等站内工作人员进行管理。

（2）对进入车站的乘客按本市《城市轨道交通管理条例》进行管理。

（3）车站管理地域范围：车站内部及出入口属地范围内，合建部分按管理协议划定。

2. 巡视设备、设施的范围及要求

1）各岗位巡视范围

（1）站长/副站长/站长助理：所辖各站。

（2）值班站长：设备区、管理用房、闸门以内商铺、站厅、站台、出入口（含通道，下同）、客服中心。

（3）客运值班员：客服中心、站厅、出入口。

（4）巡视岗：站台、站厅、出入口。

（5）站台岗：站台。

（6）售票岗兼巡视岗：客服中心所在站厅/站台。

2）巡视要求

（1）认真：巡视人必须以认真负责的态度去巡视所管辖范围的每个角落。

（2）细致：从细微处着手，做到防微杜渐，从看、摸、嗅、听四觉入手。

（3）周全：岗位内的设备、设施、告示牌、安全警示标志乃至螺丝都应检查。

（4）及时：巡视、记录汇报、处理及时。

（5）真实：填写台账必须真实，发现问题及时跟进，完成后签名确认。

3）运营时间内的巡视

（1）运营时间内，值班站长应定期巡视车站。

（2）原则上巡视岗每班定期巡视出入口、站厅一次，遇下雨天加密巡视出入口、站厅，相关情况应立即报车控室行车值班员，行车值班员将巡视情况做好记录。

（3）站台岗接发车间隙来回巡视站台，站台岗交接时接岗人员必须先巡视一遍再接岗。

4）非运营时间的巡视

关站后及运营开始前，必须巡视一遍全站，其他时间，视施工管理、消防管理需要巡视。

5）巡视员工安全防护

（1）巡视人员须持对讲机，并在巡视前和巡视后及时通知行车值班员，沿途注意做好人身安全防护。行车值班员做好巡视情况记录，对巡视员工的情况做好跟踪。

（2）对巡视发现的问题自身不能解决时，及时报告行车值班员，由行车值班员安排处理。

3. 车站可疑物品的管理

（1）车站员工要加强对墙角、垃圾桶、冲洗栓及边角等部位的检查，发现可疑物品及时报告车控室值班员。

（2）车控室值班员接到报告后立即通知警务站公安人员、值班站长到现场检查确认。如检查确认是爆炸品（或不能完全确认）时，要立即封锁现场，疏散乘客，由公安人员排除。

（3）车站对进站施工人员携带物品应检查有无易燃、易爆、有毒物品。施工许可使用的乙炔、氧气及易燃易爆物品不得在车站滞留，即当天施工完毕当天清走。

（4）车站要检查、督促保洁员工在运营时间将车站保洁冲洗栓、公共区保洁用房关闭上锁，不准其他人员寄放任何物品，桶内垃圾不过夜，及时清运，发现可疑物品及时报告车控室值班站长。

4. 应急信息报告和处理

（1）车站发生站内、站外设备设施被盗；乘客闹事；乘客财物被劫；车站员工和乘客的人身和财物受到侵害以及 8 h 以外车站员工发生治安等综治事件时，车站或员工立即向安全部门报告，同时向就近的地铁分局派出所报案。相关报案材料由办公室向派出所后补。

（2）车辆段、控制中心办公大楼发生地铁设备、办公设备被盗；公司员工和外来人员的人身和财物受到侵害以及 8 h 以外公司员工发生治安等综治事件时，由部门综治安全管理人员或员工直接报告上级安全管理部门，同时向就近的派出所报案。

（3）车站员工在车站拾获或通过其他途径获得被认定是邪教的传单及物品时，要立即上交地铁公安并报上级安全管理部门。

（4）在车辆段、控制中心办公大楼工作的员工拾获或通过其他途径获得的法轮功传单、法轮功物品，要立即封存上交部门分管综治工作的负责人并上交公安。

（5）员工接到反动宣传或恐怖活动信息宣传语音，应立即将电话挂断并将情况上报部门分管综合治理工作的负责人，由部门综合治理负责人以书面形式将情况和电话号码上报上级安全管理部门，再由上级安全管理部门将情况上报地铁公安、国家安全局和安全监察部门。

（6）各相关单位发生保卫综治事件时，事发单位组织分析会调查处理并落实整改措施，并提交报告报上级安全管理部门备案。

二、乘客综治事件的处理

地铁车站（含列车上）发生的乘客打架、醉酒闹事、聚众闹事、乘客与员工冲突、商贩与员工冲突以及车站举办群体活动中出现的治安事件处理原则及要求：

1. 原　则

及时发现，及早报告；人员可散不可聚，可顺不可激；矛盾可解不可结，教育疏导为主；稳定人心，平息事态。

2. 处理要求

（1）车站工作人员发现此类事件后，要保持镇定，做好公安人员未到现场的初期处理工作。

（2）车站要注意保护现场和留下 2 名目击证人，以便协助公安机关做好案件的查处工作。

（3）事故现场新闻报道及接待记者采访，由党群部门负责接待，其他人员应婉言谢绝采访。

第五节　安全类主要设备操作

一、联锁工作站操作

（一）信号系统基础知识

城市轨道交通信号系统通常由列车运行自动控制系统（ATC）和车辆段信号控制系统两大部分组成，用于列车进路控制、列车间隔控制、调度指挥、信息管理、设备工况监测及维护管理，由此构成一个高效综合自动化系统。

城市轨道交通信号系统是保证列车运行安全，实现行车指挥和列车运行现代化，提高运输效率的关键系统设备。

（二）信号系统基本功能

1. 列车自动监控子系统（ATS）

ATS系统由控制中心、车站、车厂以及车载设备组成。ATS系统在ATP系统的支持下完成对列车运行的自动监控，实现以下基本功能：

（1）通过ATS车站设备，能够采集轨旁及车载ATP提供的轨道占用状态、进路状态、列车运行状态以及信号设备故障等控制和监督列车运行的基础信息。

（2）根据联锁表、计划运行图及列车位置，自动生成输出进路控制命令，传送至车站联锁设备，设置列车进路、控制列车停站时分。

（3）列车识别跟踪、传递和显示功能。系统能自动完成正线区段内列车识别号（服务号、目的地号、车体号）跟踪，列车识别号可由中央ATS自动生成或调度员人工设定、修改，也可由列车经车-地通信向ATS发送识别号等信息。

（4）列车计划与实际运行图的比较和计算机辅助调度功能。能根据列车运行实际的偏离情况，自动生成调整计划供调度员参考或自动调整列车停站时分，控制发车时间。

（5）ATS中央故障情况下的降级处理，由调度员人工介入设置进路，对列车运行进行调整，由ATS车站完成自动进路或根据列车识别号进行自动信号控制，由车站人工进行进路控制。

（6）在计算机辅助下完成对列车基本运行图的编制及管理，并具有较强的人工介入能力。通过设在车辆段的终端，向车辆段管理及行车人员提供必要的信息，以便编制车辆运用计划和行车计划。

（7）列车运行显示屏及调度台显示器，能对轨道区段、道岔、信号机和在线运行列车等进行监视，能在行调工作站上给出设备故障报警及故障源提示。

（8）能在中央专用设备上提供模拟和演示功能，用于培训及参观。能自动进行运行报表统计，并根据要求进行显示打印。

（9）能在车站控制模式下与计算机联锁设备结合，将部分或所有信号机置于自动模式状态。

（10）向通信无线、广播、旅客向导系统提供必要的信息。

2. 列车自动防护子系统（ATP）

ATP 系统由地面设备、车载设备组成，监督列车在安全速度下运行，确保列车一旦超过规定速度，立即施行制动，主要实现以下功能：

（1）自动连续地对列车位置进行检测，并向列车发送必要的速度、距离、线路条件等信息，以确定列车运行的最大安全速度。提供列车速度保护，在列车超速时提供常用制动或紧急制动，保证前行与后续列车之间的安全间隔，满足正向行车时的设计行车间隔和折返间隔。对反向运行列车能进行 ATP 防护。

（2）确保列车进路正确及列车的运行安全。确保同一径路上的不同列车之间具有足够的安全距离，以及防止列车侧面冲撞等事故。

（3）防止列车超速运行，保证列车速度不超过线路、道岔、车辆等规定的允许速度。

（4）为列车车门的开启提供安全、可靠的信息。

（5）根据联锁设备提供的进路上轨道区间运行方向，确定相应轨道电路发码方向。

（6）任何车-地通信中断以及列车的非预期移动（含退行）、任何列车完整性电路的中断、列车超速（含临时限速）、车载设备故障等均将产生安全性制动。

（7）实现与 ATS 的接口和有关的交换信息。

（8）系统的自诊断、故障报警、记录。

（9）列车的实际速度、推荐速度、目标速度、目标距离等信息的记录和显示。具有人工或自动轮径磨耗补偿功能。

3. 列车自动驾驶子系统（ATO）

ATO 子系统是控制列车自动运行的设备，由车载设备和地面设备组成，在 ATP 系统的保护下，根据 ATS 的指令实现列车运行的自动驾驶、速度的自动调整、列车车门控制。

（1）自动完成对列车的启动、牵引、巡航、惰行和制动的控制，以较高的速度进行追踪运行和折返作业，确保达到设计间隔及旅行速度。

（2）在 ATS 监控范围的入口及各站停车区域（含折返线、停车线）进行车-地通信，将列车有关信息传送至 ATS 系统，以便于 ATS 系统对在线列车进行监控。

（3）控制列车按照运行图进行运行，达到节能及自动调整列车运行的目的。

（4）ATO 自动驾驶时实现车站站台定点停车控制、舒适度控制及节省能源控制。

（5）能根据停车站台的位置及停车精度，自动地对车门进行控制。

（6）与 ATS 和 ATP 结合，实现列车自动驾驶、有人或无人驾驶。

（三）地铁信号系统简介

1. 概　述

地铁信号系统一般按线路的规划，分为车辆段和正线两部分，各城市使用的信号系统不尽相同，主要有列车自动控制（ATC）信号系统、6502 电气集中联锁系统、微机联锁系统等。

2. 具体操作

下面以局域操作员工作站为例介绍地铁信号系统的具体操作。

（1）局域操作员工作站（LOW）的简介。LOW 的全称是：Local Operator Workstation，译成中文为：局域操作员工作站。LOW 是信号系统网络的区域终端设备，每个联锁站都有 1 套 LOW 设备。SICAS 联锁系统的本地操作和表示是通过 LOW 工作站来完成的。联锁等设备和行车状况（轨道占用、道岔位置和信号显示等）在彩色显示器上以站场图形式显示，使用鼠标和键盘，在命令对话窗口上可以实现常规命令及安全相关命令的联锁操作。所有安全相关命令的操作、操作员登录/退出操作、设备故障报警等信息将被记录存档。

（2）LOW 的组成（台式 PC）。LOW 是由 1 台主机，1 台显示器，1 台记录打印机，1 个键盘，1 只鼠标和 1 对音响组成。

显示器屏幕上由 3 个窗口组成，分别为基础窗口、主窗口和对话窗口，每个窗口的排列是固定的，如图 2.29 所示。

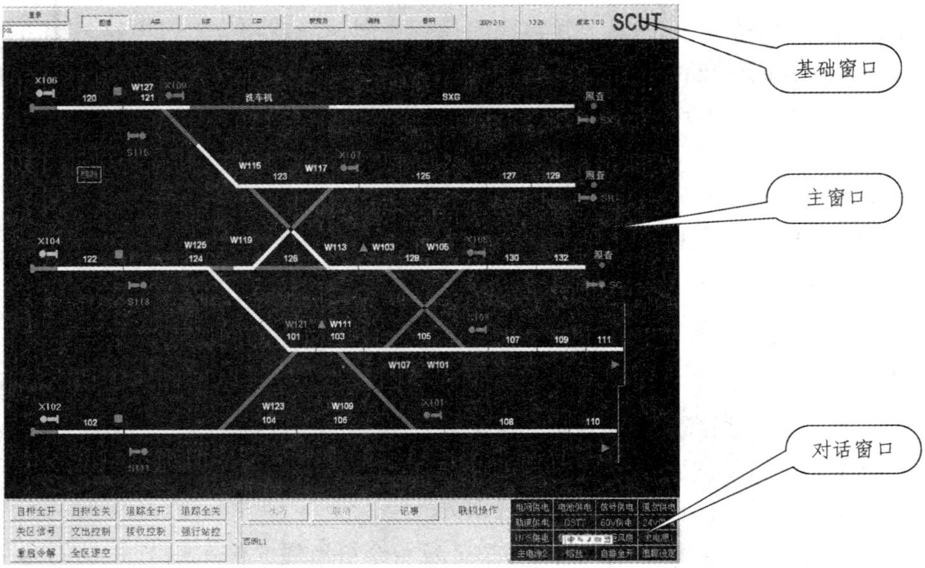

图 2.29　显示器屏幕

3. 信号系统的基本概念

（1）信号：是指挥列车运行的信息。用技术手段保证行车安全、提高行车效率的系统叫信号系统。

（2）进路：在车站范围及区间线路上列车由某一指定地点（始端信号机）运行到另一指定地点（终端信号机）所经过的路段。

（3）联锁：在信号机、道岔及进路之间建立的相互制约的关系。目的就是当一条进路建立后，防止其他进路进入该进路，保证该进路的行车安全。

（4）闭塞：按照一定的规律组织列车在区间内运行的方法。

（5）长进路：具有延时保护区段的进路，称为长进路。一般为跨联锁区之间的进路。

（6）短进路：具有非延时保护区段的进路，称为短进路。一般为本联锁区里的进路。

（7）联锁站：是指有 SICAS 联锁计算机设备的车站。

（8）设备站：是指有与现场信号机、道岔设备接口的联锁接口设备（不含联锁计算机）的车站。

4. SICAS 系统的基本设备

（1）室内设备。

① SICAS（西门子计算机辅助信号联锁系统）联锁计算机：实现联锁功能，主要工作为进路建立和进路解锁。

② STEKOP/DSTT 接口设备：协助 SICAS 联锁计算机用于接口处理（如：驱动现场设备并采集信息等。）。

③ LOW 局域操作员工作站：用于控制和监督信号机、道岔、进路及列车的运行。

（2）室外设备。

① 转辙机：是指可转换道岔至左位或右位的装置，用于列车换线、换向行驶。

② 信号机：用于指挥列车的运行，信号开放时允许列车通过进路，信号关闭时禁止列车通过进路。

③ 轨道电路：用于轨道区段空闲及占用监测，通过轨道区段可判断出列车的位置及运行情况。

5. LOW 上的操作

（1）LOW 上对轨道区段的操作（举例）。

对轨道区段进行操作，必须用鼠标的左键点击 LOW 主窗口（图像放大区）上的轨道元件或轨道元件编号，此时所选元件被打上灰色底色，然后在对话窗口中的命令显示栏（在 LOW 的左下角）用鼠标的左键点击所需的命令，最后用鼠标的左键点击对话窗口中的“执行”按钮即可。

（2）LOW 上对道岔的操作。

对道岔进行操作，必须用鼠标的左键点击 LOW 主窗口（图像放大区）上的道岔元件或道岔元件编号，此时所选元件被打上灰色底色，然后在对话窗口中的命令显示栏（在 LOW 的左下角）用鼠标的左键点击所需的命令，最后用鼠标的左键点击对话窗口中的“执行”按钮即可。

（3）LOW 上对信号机的操作。

对信号机进行操作，必须用鼠标的左键点击 LOW 主窗口（图像放大区）上的信号机元件或信号机元件编号，此时所选元件被打上灰色底色，然后在对话窗口中的命令显示栏（在 LOW 的左下角）用鼠标的左键点击所需的命令，最后用鼠标的左键点击对话窗口中的“执行”按钮即可。

地面信号机各灯位显示的含义是：

红灯：禁止越过。

绿灯：开通直股，允许越过。

黄灯：开通弯股，允许越过。

黄灯 + 红灯：引导信号，允许越过。

注解：①“主信号”表示绿灯或黄灯。

②“信号机关闭”表示信号机在红灯状态。

（4）LOW 上对进路的操作。

信号系统正常时，进路可自动排列。需要时，也可在 OCC 的 MMI 上或在 LOW 上排列进路。

二、通信设备操作的规定及注意事项

1. 通信设备简介

通信设备指通信无线车载台、无线手持台、无线调度台、无线车站电台、隧道/轨旁电话、站间行车电话、有线调度台、车站广播台、中心广播台、闭路电视控制键盘。

2. 车站通信设备操作及注意事项

（1）车站电台（以 MTM800E 无线车站电台为例），如图 2.30 所示。

图 2.30 车站电台

（2）无线手持台，如图 2.31 所示。

图 2.31 无线手持台

（3）站内及轨旁系统设备。

① 隧道/轨旁电话使用方法。

a. 隧道电话可以通过拨号呼叫所有内部公务电话，也可以通过延迟热线的方式自动接通就近的车控室电话。话机旁边标牌上有该话机的电话号码及所属的车站名称。

b. 打开隧道电话盖门，拿起话筒，在 5 s 后如果不拨号，将自动接通就近车站车控室的车站值班电话。

c. 打开隧道电话盖门，拿起话筒，在 5 s 内可以拨号，号码包括公司所有内部公务电话和特种电话 119。

② 站间行车电话使用方法。

a. 摘机，按下代表需要呼叫的站的可编程键（已预先存储该站的电话号码，按键旁边附有车站名称签）。

b. 听回铃声，对方摘机可通话。

c. 通话完毕，挂机即可。

（4）有线调度系统设备。

ZXD1000 数字智能调度台是 ZXD1000 系列调度机的外围设备，该设备专用于地铁通信调度系统。调度台作为地铁总站调度台使用时，与地铁专用 ZXD1000 调度机相连，主要对站内调度电话、其他调度台进行调度与联络。

ZXD1000 数字智能调度台不仅具备呼叫、应答、转接、代拨等普通话务接续功能，还具备完善的呼入按级别排队、插入、强拆、组呼、群呼（全呼）、座席间切换及并席等调度功能。另外系统监视，现场数据录入、修改，后台设置，中文主叫信息显示，区分紧急与普通呼叫等功能使维护操作简单方便。

ZXD1000 数字智能调度台分为 ISDN 及 RS232/RS422 两种接口类型，两种调度台除接口类型不同外其他均兼容，用户可根据需要选用合适的类型。

（5）广播系统设备。

车站广播操作台主要用于实现对广播的操作，包括广播音源和广播区的选择等。

（6）闭路电视设备。

① 单画面显示图像预览：直接按键盘的数字键选择相应通道的视频（注意小于 10 的通道需要加前置 0，即 01、02 等）。

② 多画面显示图像预览：按“多画面”键进行多画面显示，连续按以单画面、4 画面、9 画面、12 画面、16 画面循环显示。

③ 云台控制：每站的 01 及 02 通道为快球摄像机，选定后可进行 PTZ 操作。

三、环控设备操作及注意事项

（一）概念及功能简介

1. 概　念

地铁车站环境与设备监控系统（BAS）主要应用于对全线环控系统进行监控。并对全线车站的扶梯、给排水设备、应急电源进行监视报警，控制全线车站及区间的环控及其他机电设备安全、高效、协调的运行，保证地铁车站及区间环境的良好舒适，产生最佳的节能效果，并在突发事件（如火灾）时指挥环控设备转向特定模式，为地铁乘车环境提供安全保证。

2. BAS 系统主要功能

（1）监控并协调全线各车站及 OCC 大楼通风空调设备、冷水系统设备的运行。

（2）监控并协调全线区间隧道通风系统设备的运行。

（3）对车站机电设备故障进行报警，统计设备累积运行时间。

（4）对全线环境参数（温、湿度）及水系统运行参数进行检测、分析及报警。

（5）接收地铁防灾系统（FAS 系统）火灾接收报警信息并触发 BAS 系统的灾害运行模式，控制环控设备按灾害模式运行。

（6）通过与信号 ATS 接口接收区间堵车信息，控制相关环控设备执行相应命令。

（7）紧急状况下，可通过车站模拟屏控制环控设备执行相关命令。

（8）监视全线各站及隧道区间给排水、自动扶梯等机电设备的运行状态。

（9）管理资料并定期打印报表。

（10）与主时钟接口，保证 BAS 系统时钟同步。

（二）BAS 工作站及软件重启操作

（1）第一步：打开 IBP 应急操作台下方柜门，找到工作站主机前面红色的 RESET 按钮，按下即可重启工作站。

（2）开启软件第一步：双击 I/NET 软件图标，如图 2.32 所示。

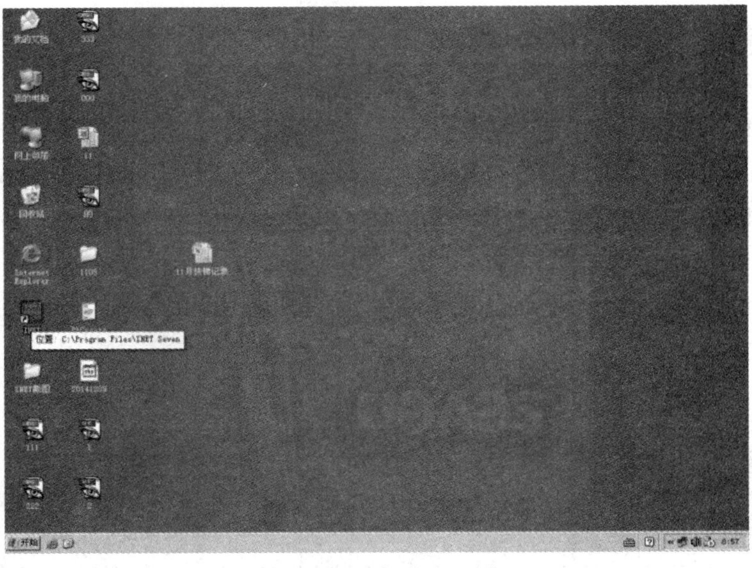

图 2.32　双击“I/NET”

（3）开启软件第二步：点击软件左上方“Log on”登录系统，如图 2.33 所示。

图 2.33　点击“Log on”

（4）输入用户名和密码，登录 I/NET 系统，如图 2.34 所示。

图 2.34　输入用户名和密码

（5）弹出车站各个系统的状态界面，如图 2.35 所示。

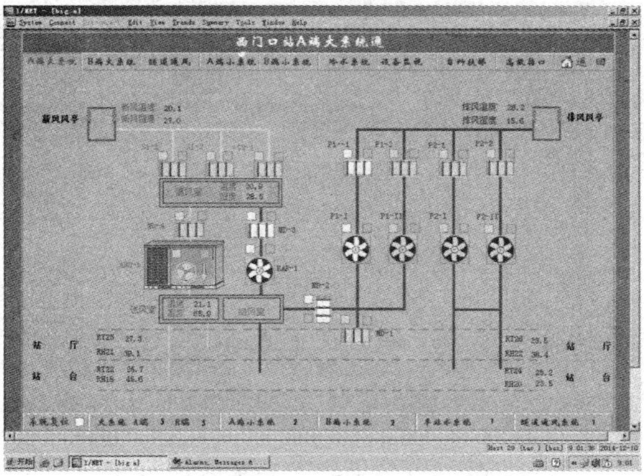

图 2.35　“状态界面”

（6）检查监控软件运行情况，是否可以正常监控到设备的状态，监控软件设备没有报故障，数值和模式号没有变问号等为正常。检查当前运行模式是否正常，设备动作是否和模式表要求开关状态一致。模式表中的设备现场反馈状态那一列黄色代表关闭，绿色代表开启，模式表要求的设备状态 K 代表开，G 代表关，设备动作与模式要求一致为正常。

（三）BAS 的操作步骤

1. 车站火灾模式的执行（以站厅火灾为例）

（1）点击左下角的大系统数字后进行双击，弹出对话窗口，如图 2.36 所示。

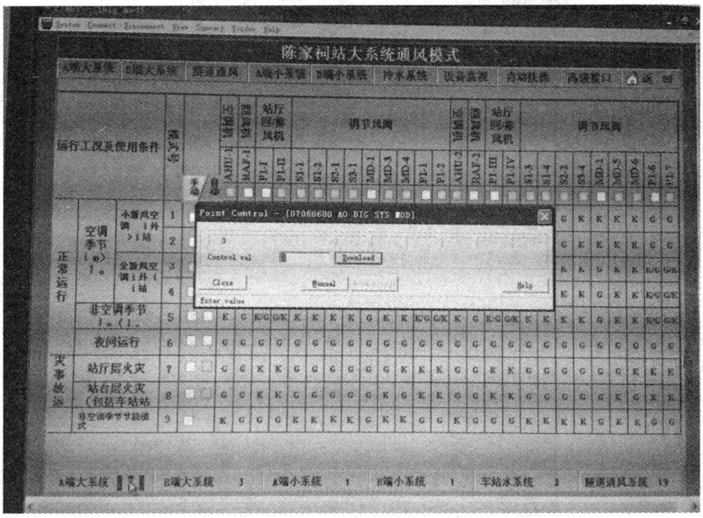

图 2.36　车站火灾模式执行对话框（一）

（2）输入站厅火灾模式 7（可通过双击左下角大/小系统文字查找相应的火灾模式），弹出对话窗口，如图 2.37 所示。

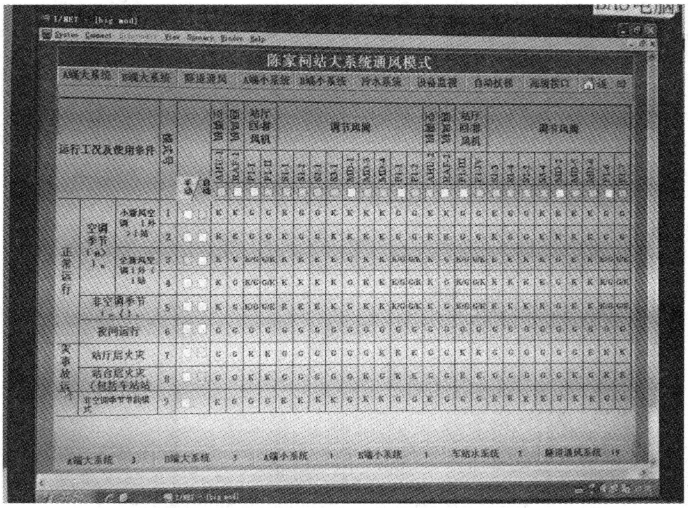

图 2.37　车站火灾模式执行对话框（二）

（3）选择 Manual（手动锁闭），点击 Download 执行。

（4）执行成功后相应火灾模式的图标及对应的开关按钮变为绿色。

2. 车站离心机的开启

（1）双击离心机的黄色图标弹出对话窗口。

（2）选择 Manual（手动锁闭），点击 Download 执行。

（3）执行成功后离心机的黄色图标变为绿色。

3. 车站活塞机的开启

（1）按照“阀—泵—塔—离心机”的顺序依次开启，关闭时则按相反的顺序操作。

（2）“阀—泵—塔—离心机”的操作参照离心机的步骤执行。

四、LCP 盘操作的规定及注意事项

1. 概念及功能简介

LCP 盘：在一些地铁旧线使用较多（见图 2.38），目前普遍已经用综合后备盘（IBP 盘）代替。常设于站控室内墙 LCP 控制盘上，需要扣车或取消时，按压按钮扣车或取消扣车，当站台的紧急停车按钮被按动时，在 LCP 上报警应按取消报警按钮。

功能：在 LCP 盘上设置有紧急停车、取消紧停、扣车、终止扣车、灯泡试验及取消报警等按钮及相应功能。

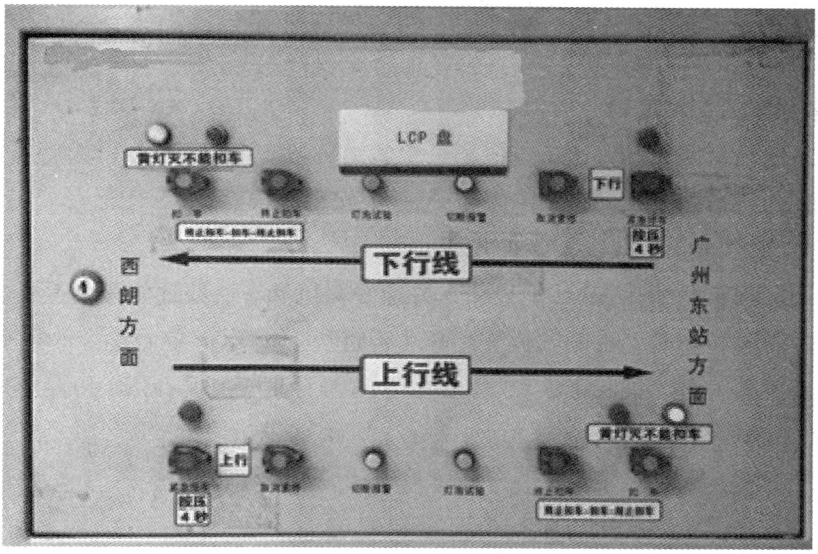

图 2.38 LCP 盘

2. LCP 盘操作的规定及注意事项

（1）站台发生紧急情况影响行车安全或列车因运行需要扣停时，才能操作 LCP 盘。

（2）LCP 操作程序如表 2.1 所示。

表 2.1　LCP 操作程序

操作		步骤	操作反应
紧急停车	设置紧急制动	1. 按压紧急停车按钮	紧急停车电铃响，紧急停车表示灯亮红灯
		2. 按下切断报警按钮	紧急停车电铃不响
	取消紧急制动	1. 按压取消紧急停车按钮	紧急停车表示灯灭灯，电铃响
		2. 再按下切断报警按钮	电铃不响
扣车	扣车	按下扣车按钮	如果发车时间表示器中断，扣车表示灯亮红灯。如果设置好停车点，运行停车点表示灯亮黄灯。（当行调扣车时，红色表示灯常亮，车站扣车时，红色表示灯闪亮。）
	取消扣车	1. 按下终止扣车按钮	
		2. 再按下扣车按钮	扣车表示灯闪光，运行停车点表示灯灭
		3. 再按下终止扣车按钮	扣车表示灯灭灯
灯泡试验		按压灯泡试验按钮	两个表示灯亮灯

（3）按压紧停/扣车等按钮操作时必须确认清楚上下行，手指口呼进行操作，防止按压错误。

（4）按压紧停时必须操作按压 4 s，确保按压成功。

（5）紧急停车的作用范围一般为：

① 车站站内轨道区段及其出站方向第一个轨道区段。

② 车站站内轨道区段及其进/出站方向第一个轨道区段。

（6）当发生事件或事故紧急扣车的规定：

① 当行调需扣车时，在 MMI 上操作，并通知司机和车站或通知车站操作。

② 当车站需要扣车时，由车站值班站长（值班员）按 LCP 控制盘上的扣车按钮。

③ 扣车后原则上是“谁扣谁放”，只有在 ATS 故障时，对原 MMI 扣停的列车，经行调授权后由相关车站放行。

五、综合后备盘（IBP）操作的规定及注意事项

综合后备盘（IBP）是一种人机接口装置，设置在每个车站的车站控制室，当在中央一级发生通信故障或在车站一级发生人机界面故障时，作为车站主控系统的后备设备，在紧急情况下将监控盘打到本地后，使用按键式模拟监控盘，实现继续监视和控制功能。IBP 盘一般分信号、门禁、PSD、AFC、BAS、FAS 等 6 个大盘面，每一个盘面在操作和控制上互不

相关，为操作员提供一个统一的硬件安装平台，使车控室整洁美观。马赛克盘面表面安装专业的后备操作按钮、状态指示灯、蜂鸣器等电气元件，并印刷必要的工艺图和文字说明。所有盘面都配备允许禁止按钮和指示灯明显区分，防止误操作。

缩略语分别是：行车信号系统（SIG）、安全门系统（PSD）、自动售检票系统（AFC）、门禁系统（ACS）、环境与设备监控系统（BAS）、火灾报警系统（FAS）。

其中环境与设备监控系统（BAS）的盘面包括了 IBP 控制及报警、隧道通风系统、设备管理用房及车站公共区、电扶梯、区间排水。

1. 行车信号系统

（1）行车信号系统概述。在所有车站，根据车站布置分上、下行线路分别设置有“紧急停车”按钮、“取消紧停”按钮、“报警切除”按钮、蜂鸣器报警器。

（2）非设备集中站的 IBP 盘的典型盘面布置，如图 2.39 所示。

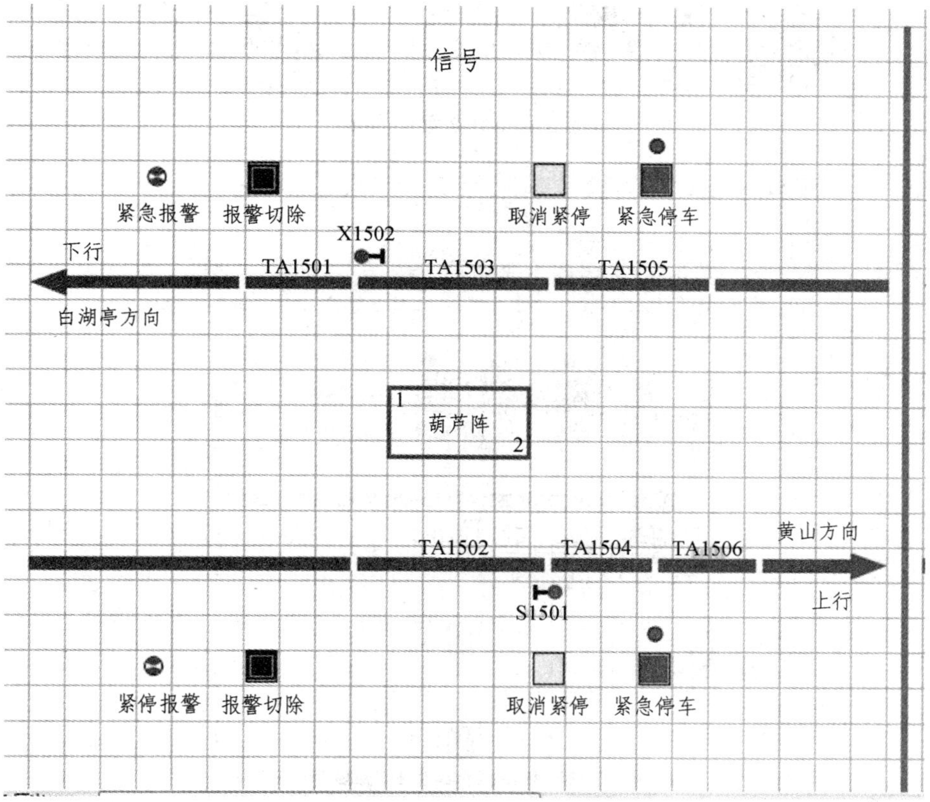

图 2.39　按钮指示灯对应表

紧急停车指示灯（红色）。

取消紧停按钮（黄色）采用自复式按钮。

报警切除按钮（绿色）采用自锁式按钮。

紧停报警蜂鸣器（蓝色）。

（3）设备集中站的 IBP 盘的典型盘面布置，如图 2.40 所示。

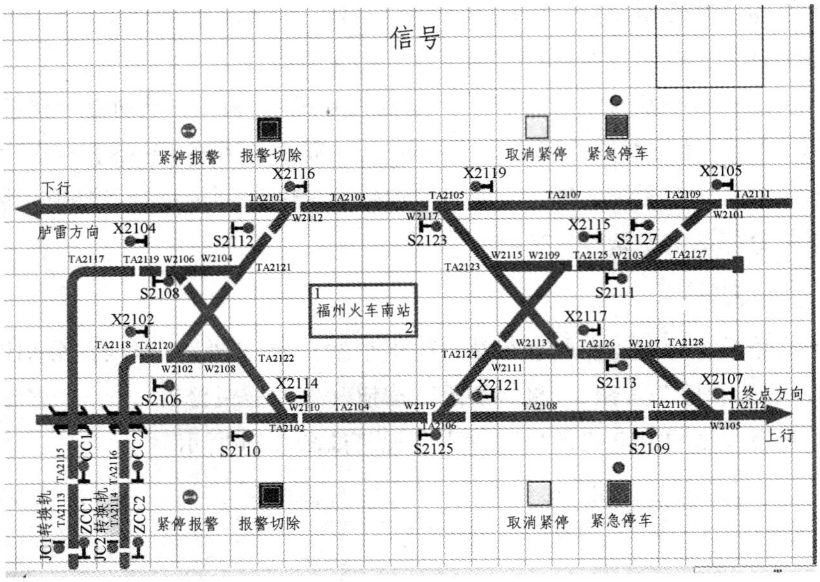

图 2.40　IBP 盘面布置

2. 站台门（PSD）（见图 2.41）

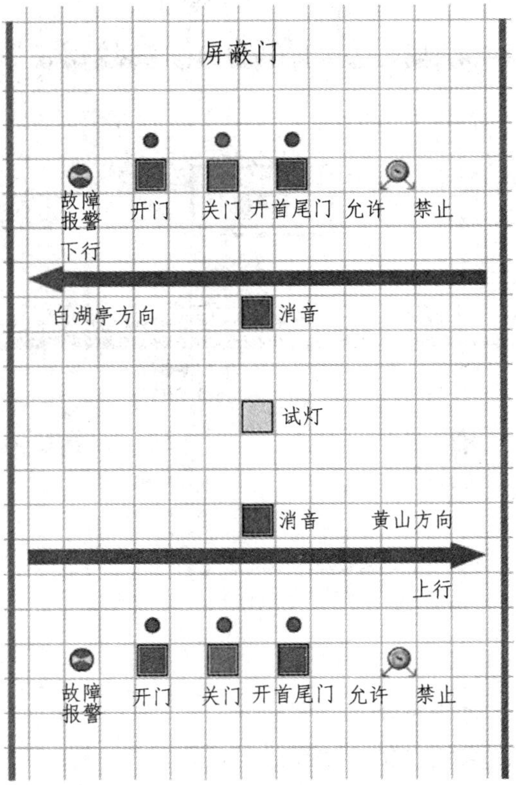

图 2.41　PSD 盘面布置

该盘面提供了站台门（PSD）的故障报警声光报警器、开门指示灯及按钮、关门指示灯及按钮、开首尾门指示灯及按钮、上下行消音按钮、试灯按钮、允许/禁止开关钥匙等的监控功能，盘面的控制只跟该系统有关，与其他系统无关。

（1）指示灯。

开门（红色）：显示一侧站台的所有站台门完全打开。

关门（绿色）：显示一侧站台的所有站台门单元的关闭和锁紧情况。开首尾门（红色）：显示一侧站台首尾门完全打开。

（2）按钮及开关。

试灯按钮（白色不带灯）：自复位式不带灯按钮，按下时各状态指示灯亮。

钥匙开关：站台门开关二位钥匙开关打到相应位置功能分别为（站台门操作禁止，站台门操作允许）。

消音按钮（红色不带灯）：自复位式按钮，按下时可消除报警声光蜂鸣声。

3. AFC 紧急释放盘（见图 2.42）

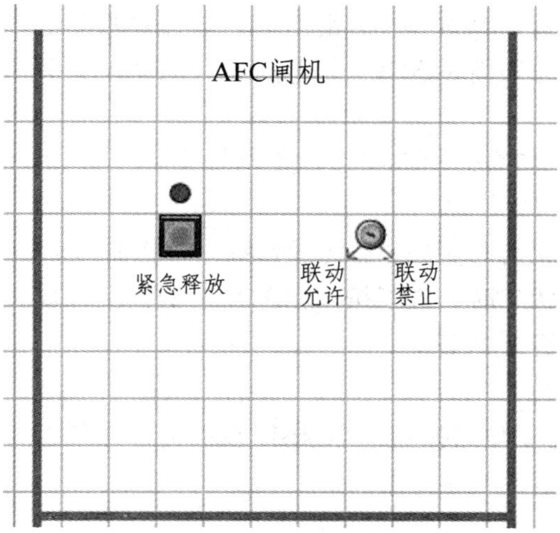

图 2.42　AFC 紧急释放盘

该盘面提供了自动售检票（AFC）的闸机联动允许/联动禁止、紧急释放状态、紧急释放按钮等监控功能，盘面的控制只跟该系统有关，与其他盘面系统无关。

（1）指示灯。

释放状态（红色）：闸机紧急释放状态，指示灯亮。

（2）联动允许/联动禁止钥匙开关。

选择是否与其他专业联动，钥匙开关在联动允许的情况下，FAS 系统可以直接联动 AFC 闸机紧急释放；钥匙开关在联动禁止的情况下，FAS 系统不可以直接联动 AFC 闸机紧急释放。

（3）按钮（紧急释放）。

紧急释放（红色）：非自复位式按钮，钥匙开关无论是在联动允许还是在联动禁止，IBP 盘紧急释放按钮均能起作用，均可通过操作此按钮实现对自动售检票（AFC）的闸机进行紧急释放。

4. 门禁系统（ACS）（见图 2.43）

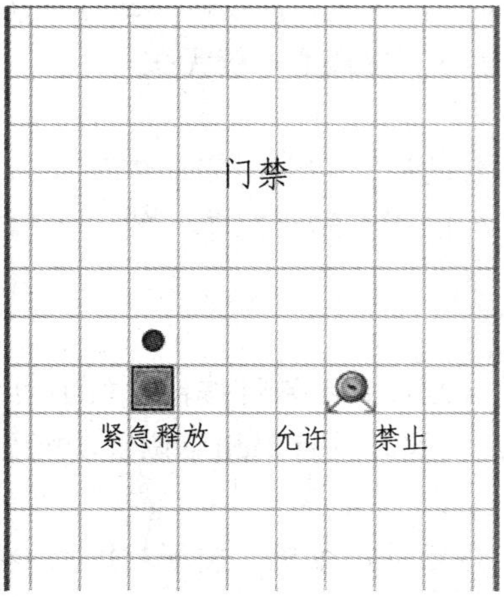

图 2.43　ACS 盘面布置

该盘面提供了门禁系统（ACS）的禁止/允许、紧急释放状态、紧急释放按钮及试灯按钮等监控功能，盘面的控制只跟该系统有关，与其他盘面系统无关。

（1）指示灯。

释放状态（红色）：门禁紧急释放状态，指示灯亮。

（2）禁止/允许钥匙开关。

禁止：当在“禁止”状态时，IBP 盘无操作权限，控制区域按钮不起作用。

允许：当在“允许”状态时，人工按下 IBP 盘上的紧急释放按钮，通过切断门禁控制器回路电源直接使门禁处于打开状态。

（3）按钮（紧急释放）。

紧急释放（红色）：自复位式按钮，当 IBP 在“允许”状态时，可通过操作此按钮实现对门禁系统（ACS）的门禁进行紧急释放。

5. 环境与设备监控系统（BAS）

环境与设备监控系统（BAS）的盘面包括了 IBP 控制及报警、隧道通风系统、车站环控（设备管理用房及车站公共区）、电扶梯、区间水泵（高水位报警）。

（1）IBP 控制及报警。IBP 控制及报警只关系到整个环境与设备监控系统（BAS）监控和部分联动功能的盘面，与其他盘面系统的监控无关。

（2）综合控制盘，如图 2.44 所示。

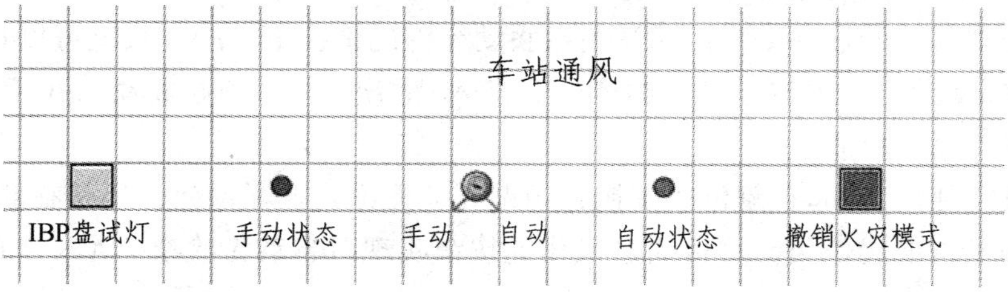

图 2.44　综合控制盘

① 指示灯。

（IBP）手动状态（红色）：当手动/自动钥匙开关在“手动”位置时，指示灯亮。

（IBP）自动状态（绿色）：当手动/自动钥匙开关在“自动”位置时，指示灯亮。

② 钥匙开关。

（IBP）手动/自动：钥匙开关打到“手动”，手动状态（红色）指示灯亮，环控设备控制权限交由 IBP 盘（可在盘面下发火灾，阻塞模式），人机界面无法控制环控设备；钥匙开关打到“自动”，自动状态（绿色）指示灯亮，环控设备控制权限交由人机界面，也可与 FAS 联动执行灾害模式。

③ 按钮。

IBP 试灯（白色带灯）：自复位式不带灯按钮，按下按钮，BAS 及信号系统内所有表示灯亮。撤销火灾模式（红色不带灯）：自复位式不带灯按钮，当（IBP）手动/自动钥匙开关在“手动”位置时，人工按下“火灾撤销模式”按钮，撤销车站灾害模式［隧道火灾或阻塞、车站环控（大系统及小系统）火灾］。

备注：正常情况下，IBP 控制及报警盘面的（IBP）手动/自动钥匙开关置于“自动”位置。

（3）电扶梯系统，如图 2.45 所示。

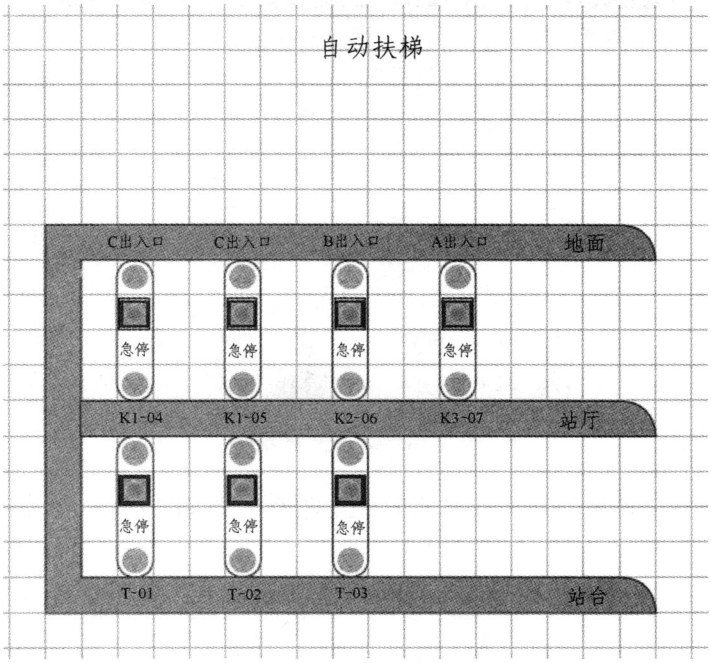

图 2.45 电扶梯系统

① 指示灯。

扶梯上行/下行指示灯（绿色）：上行指示灯亮，表示扶梯上行运行中；下行指示灯亮：表示扶梯下行运行中；上行、下行指示灯不亮的情况表示扶梯处于停梯状态。

② 按钮开关。

扶梯“急停”按钮：自锁式带灯按钮，按下“急停”按钮，该扶梯停止运行。

备注：扶梯“急停”按钮不受（IBP）手动/自动钥匙转换开关限制，即在“手动”或“自动”状态下均可进行扶梯“急停”操作。

③ 操作流程。

“急停”：当需要在 IBP 远程停梯时，在确定现场扶梯安全的情况下，按下“急停”按钮，该扶梯停止。

复位流程：当需要扶梯重新运行时，根据运营需要，需人员到现场开启扶梯的上行或下行。

（4）通风空调系统。隧道通风系统，如图 2.46 所示。

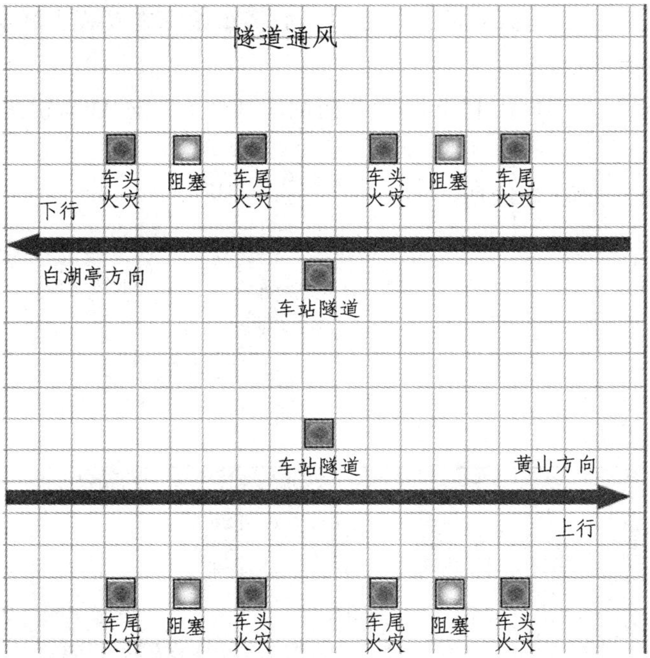

图 2.46　隧道通风系统

小系统（设备管理用房）和大系统（车站公共区），如图 2.47 所示。

① 按钮。

火灾模式按钮（红色带灯）：所有火灾模式按钮为自复位式带灯按钮，当（IBP）手动/自动钥匙开关在“手动”位置时，人工按下“模式”按钮，执行车站火灾模式。当触发火灾但未执行时，指示灯快闪（200 ms）；当在执行中时，指示灯慢闪（周期 1 s）；当执行成功时，指示灯常亮；当执行失败时，指示灯慢闪（周期 1.8 s）。[大、小系统以及隧道系统，同一时间仅能执行一个火灾模式（除“车站隧道”和“站台公共区”模式外），当在执行一个火灾模式时，按钮失效]。

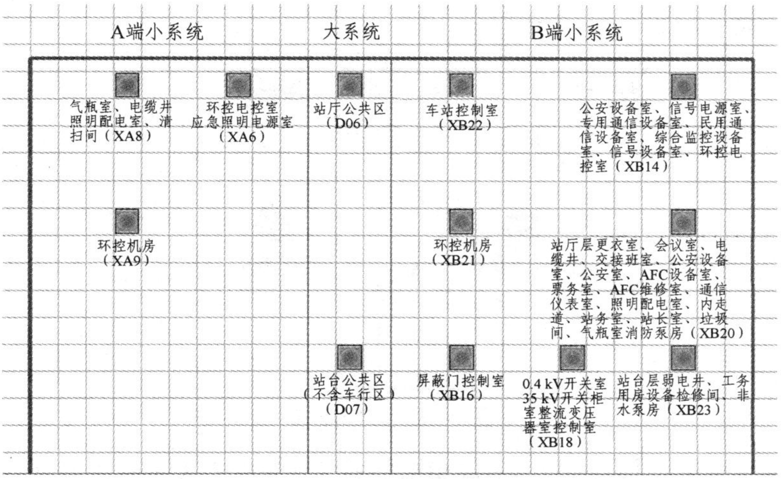

图 2.47　大小系统控制盘

阻塞模式按钮（黄色带灯）：所有阻塞模式按钮为自复位式带灯按钮，当（IBP）手动/自动钥匙开关在“手动”位置时，人工按下“模式”按钮，执行车站阻塞模式。当触发火灾但未执行时，指示灯快闪（200 ms）；当在执行中时，指示灯慢闪（周期 1 s）；当执行成功时，指示灯常亮；当执行失败时，指示灯慢闪（周期 1.8 s）。[大、小系统以及隧道系统，同一时间仅能执行一个火灾模式（除“车站隧道”和“站台公共区”模式外），当在执行一个火灾模式时，按钮失效]。

② 操作流程。

火灾或阻塞模式：当发生火灾或阻塞时，在确定火灾或阻塞位置后，紧急情况下在 IBP 控制及报警盘面上将（IBP）本地/远程钥匙置于（IBP）“本地”位置，按下相应模式按钮，按钮内指示灯亮，根据设计院提供的火灾模式，联动对应系统通风排烟风机风阀设备，及其他系统设备。

③ 复位流程。

当火警已经取消后，紧急情况下在 IBP 控制及报警盘面上将（IBP）手动/自动钥匙置于（IBP）“手动”位置，按下“撤销火灾模式”按钮，撤销车站灾害模式（隧道火灾、车站环控（设备管理用房及车站公共区）火灾）。或在 IBP 控制及报警盘面上将（IBP）手动/自动钥匙置于（IBP）“自动”位置，从人机界面退出对应系统灾害模式，同时将对应系统投入正常运行工况。

备注：同一时间，同一盘面仅能执行一个火灾模式（除“车站隧道”和“站台公共区”模式外）。当车站隧道发生火灾，由人工确认开启相应侧（上行或下行）的站台门，下发相应侧（上行或下行）“车站隧道”模式，直接联动“站台公共区”火灾模式辅助排烟；当站台公共区发生火灾，下发“站台公共区”火灾模式，由人工确认开启上行或下行站台门，并由人工确认下发相应侧（上行或下行）的“车站隧道”模式。

车站 IBP 盘火灾/阻塞模式，仅联动本车站环控 BAS 系统设备，启动相应通风设备。

撤销火灾模式按钮仅撤销火灾模式，不撤销阻塞和正常模式。当 IBP 盘已经执行阻塞模式的情况下，执行火灾模式按钮，则优先执行火灾模式；阻塞模式被顶替。

（5）区间水泵，如图 2.48 所示。

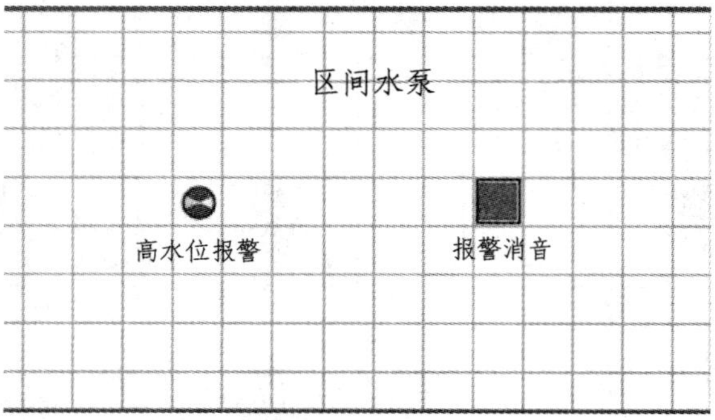

图 2.48　区间水泵

当区间水泵有高水位报警时，声光报警器会启动提示工作人员确认报警。“报警消音”按钮（绿色不带灯自复式）现场确认后可消除报警。

（6）IBP 联动操作流程，FAS 火灾联动。

① 当（IBP）手动/自动钥匙置于（IBP）“手动”位置，对应模式触发火灾时，火灾不自动执行，此时指示灯快闪（200 ms）；人员现场确认灾情后，确定需要执行哪个模式。

报警确认后，按下对应模式按钮，执行对应灾害模式。当在执行中时，指示灯慢闪（周期 1 s）；当执行成功时，指示灯常亮；当执行失败时，指示灯慢闪（周期 1.8 s）。

② 当（IBP）手动/自动钥匙置于（IBP）“自动”位置，对应模式触发火灾时，火灾自动执行，在执行中时，对应模式按钮内指示灯慢闪（周期 1 s）；当执行成功时，指示灯常亮；当执行失败时，指示灯慢闪（周期 1.8 s）。

（7）专用排烟风机和送风机，如图 2.49 所示。

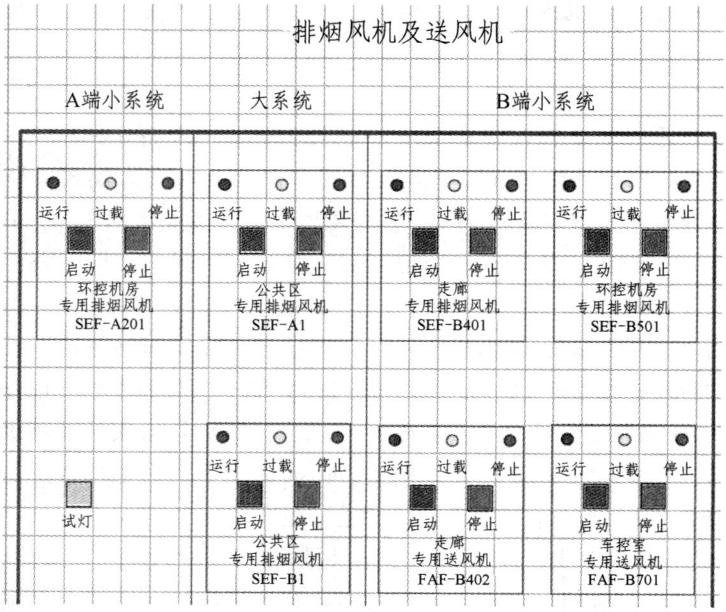

图 2.49　排烟风机及送风机

该盘面提供了 FAS 系统的专用排烟风机和送风机的运行状态（红色）、过载状态（黄色）、停止状态（绿色）、启动按钮（红色自复式不带灯）、停止按钮（绿色自复式不带灯）及试灯按钮等监控控制功能，盘面的控制只跟该系统有关，与其他盘面系统无关。

（8）消防水泵，如图 2.50 所示。

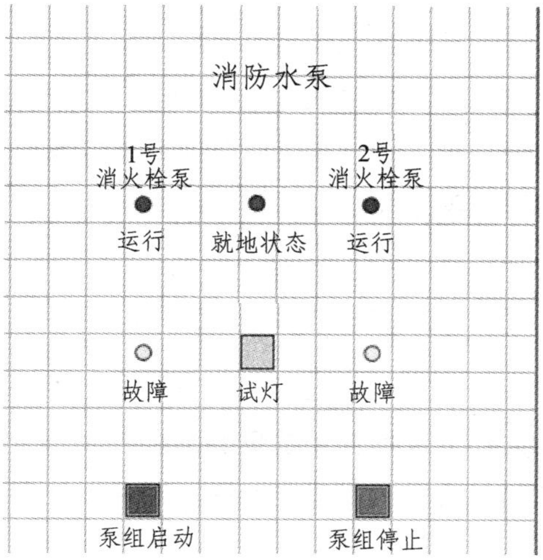

图 2.50　消防水泵

该盘面提供了消防水泵的运行状态（红色）、故障状态（黄色）、就地状态（红色）、泵组启动按钮（红色自复式不带灯）、泵组停止按钮（绿色自复式不带灯）及试灯按钮等监控控制功能，盘面的控制只跟该系统有关，与其他盘面系统无关。

注意事项：① 操作者必须经培训并取得消防设备操作证；② 未经车控室同意，其他无关人员严禁触碰环控设备；③ 错误执行了某个模式时，先将该按钮恢复，再将钥匙由手动转为自动后再打到手动，最后选择正确的按钮重新执行。

六、门禁系统操作

（一）门禁系统简介与基本操作

1. 门禁简介

地铁门禁系统是门禁系统设备通过计算机网络与车站服务器和中央级服务器连接组成的自动化控制系统。门禁系统包括了智能门禁控制、CCTV 视频监控、消防联控、电梯分层控制、综合报警、考勤及人员跟踪等多种功能。地铁的门禁系统由中央服务器、车站工作站、门禁控制器、读感器、电子锁、按钮等组成。

门禁控制卡（地铁员工票）需要由管理控制中心统一初始化，然后由授权管理中心作控制卡个人化授权后发行给使用者，使用者通过控制卡可以进入属于自己级别的房间。

2. 系统结构

（1）中央级门禁系统。中央级门禁系统主要由中央服务器、中央授权制卡终（授权工作站）端组成。

① 中央服务器：中央服务器是门禁系统中央集中部分，能实现对各车站系统内的所有门禁客户端的监控，具有系统运作、授权、设备监测与控制、网络管理、数据库管理、维修管理及系统数据的集中采集、统计、保存、查询等功能。

② 授权工作站：实现门禁卡（地铁员工票）的授权以及资料的录入等。

（2）车站级门禁管理系统。车站级门禁管理系统由车站服务器、系统控制器、现场控制器、读卡器、电子锁和开门按钮等组成。

（二）实时监视操作

1. 实时监视

实时监视是门禁系统 Macas2000 操作系统重要的组成部分，整个车站的门禁终端设备可以在实时监控的界面上被控制、监视和查看信息等，如图 2.51 所示。

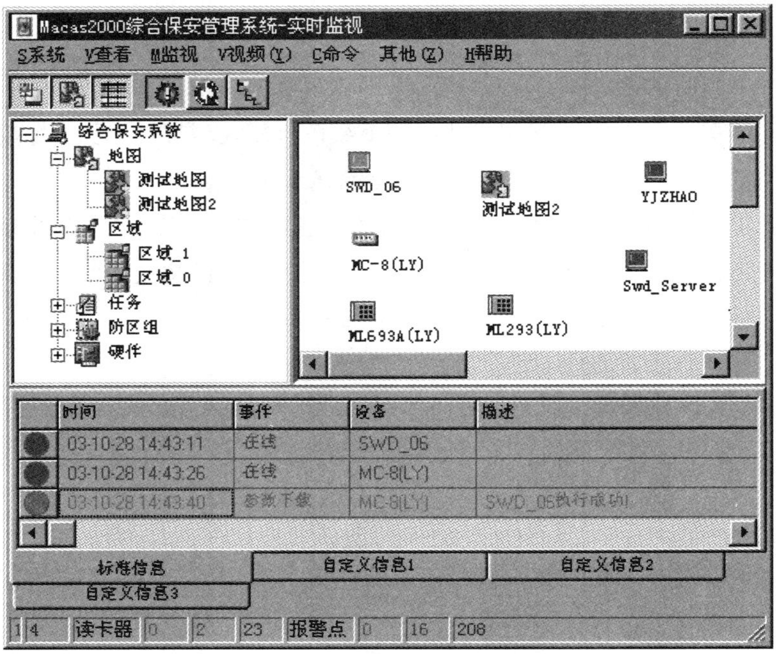

图 2.51　实时监视

2. 系统登录

操作人员必须是已经授权的用户，登录的用户分为几个级别，级别不同，可以操作门禁系统的对象也不同。

（三）门禁系统故障的紧急处理

（1）读卡器上的橙色指示灯闪烁，门打不开。处理方法：使用合法的员工卡刷卡，绿色指示灯闪亮后即可开门。

（2）用合法卡刷卡后，读卡器上的绿色指示灯闪亮，门打不开。处理方法：刷卡后先把门向里轻推一下，然后再拉门。

（3）门内无法开门。处理方法：按下门边的开门按钮后，即可开门。

（4）刷卡后读卡器没有任何反映，门打不开。处理方法：更换一张卡，然后重新刷卡，如果还没有反应，请与维修人员联系。

（5）刷卡后门禁控制器蜂鸣器鸣叫，门打不开。处理方法：打开门禁控制箱，拔下门禁机电源，门即可打开。

（6）出现紧急情况时，门打不开。处理方法：在门禁工作站上，设本站门禁锁全部常开，或者在配电房关闭门禁系统电源，本站门禁锁全部即可解开。

（四）门禁系统的使用规定及注意事项

1. 进门步骤

（1）使用员工卡放置在读卡器 5 cm 内，持续 2 s。

（2）读卡器上绿色指示灯闪亮。

（3）旋转门把手。

（4）进门。

（5）关门并确认关门。

2. 出门步骤

（1）出门时按下门内开门按钮。

（2）旋转门把手。

（3）开门。

（4）关门并确认关门后离开。

第六节　案例分析

一、犯罪分子进入车站设备区案例分析

案例描述

2011 年×月×日 18:10，一名身着白色 T 恤，约 30 岁左右的男子从××站 A 口进入站厅，

要求车控室开通道门（该男子自称是施工人员，但没有相关证件）。值班站长向其解释没有相关证件，不能开通道门后，该名男子慌张地往站厅B端临时票亭跑去。随后两名便衣警察进入站厅（A、B端各1名）向车站人员出示警官证后，向工作人员说明他们是某派出所公安，刚才那名男子是犯罪分子，随后公安将该男子带走。

案例分析

值班站长能够严格把关，按规定要求进出设备区人员出示证件，并在其无法出示证件时拒绝为其打开设备区通道门，防止了犯罪分子进入车站设备区，防止了可能发生的综治安全事件。

关键点指引

（1）各岗位员工提高个人安全意识，杜绝可能发生的综治安全事件。

（2）车站员工要严格按规定检查需要进出车站设备区通道人员的证件并进行登记，确保车站设备区安全。

二、乘客受伤案例分析

案例描述

2012年×月×日19:00，××站站台岗在巡视时发现B端向上扶梯前有乘客洒了花生油，立即报车控室并通知保洁到现场清理。车控室报环调同意关停扶梯，值班站长到现场利用铁马对有油的地方进行围蔽（围蔽范围长7 m，宽2 m），并摆放好“小心地滑”牌，在站台、站厅和该扶梯处安排人员引导乘客往站台中部楼梯或A端扶梯出站，同时提醒乘客小心地滑，注意行走。在引导期间，有一位年约40岁的女乘客在站台工作人员引导下到中部出站，当该乘客走到下行6#站台门对应通道处时，被地面油污滑倒，导致乘客右脚膝盖有红肿。站台岗立即过去将其扶起来，并问候其是否受伤，乘客当时只是问了原因，站台岗向其解释，并说明了已有保洁人员正在处理，乘客表示不满然后离开。

19:20，该乘客回到车站表示投诉，值班站长接到通知后到场处理，留下了事情经过及相关资料。之后，该乘客表示自行到医院检查，保留索赔权利。

存在问题

（1）车站员工发现地面洒了花生油后能够立即设置防护，但没有巡视其他地方是否还有油迹，导致乘客踩到油污摔倒。

（2）站台岗目击乘客摔倒，没有将信息报车控室，也没有通知值班站长到场处理。

（3）班值班站长对于此类事件敏感度不高，乘客表示有索赔意向时，没有及时查看录像，收集证据。

关键点指引

（1）车站加强现场巡视和污渍的清理，防止处理不及时造成人为客伤。

（2）车站收集证据要及时、准确、齐全，避免给之后处理乘客索赔工作造成被动。

（3）发生类似情况时，要立即进行围蔽防护，通知保洁尽快清理，安排人员做好乘客引导，同时需巡视一次公共区其他地方，确保乘客安全。

三、消防案例分析

1. 某站误操作火灾模式事件

案例描述

2012年×月×日6:15，××站客运值班员在接完首班车后回到车控室通过EMCS熟悉火灾模式。客运值班员在车控室EMCS前自行查看并学习EMCS操作界面，行车值班员在车控室监控行车，值班站长在站长室审核票务报表。

6:28，值班站长突然发现站长室的一般照明灭了，此时行车值班员和客运值班员发现整个站厅、站台的一般照明、广告照明全部熄灭。值班站长马上到车控室查看EMCS，发现"车站B端小系统工程XB1"画面的"环控电控室"名称呈红色，就马上问一旁的客运值班员是否执行了火灾模式（名称呈"红色"表示执行了火灾模式），客运值班员回答是不小心按了一次"模式运行"按钮（该按钮是在"手动"模式下才显示）。

6:30，值班站长确认是客运值班员误操作后，在EMCS上点击"火灾恢复"按钮，车站照明正常。

存在问题

（1）客运值班员在未经当班行车值班员、值班站长许可，未报环调的情况下，擅自操作影响运营的设备，并错误操作，是造成事件发生的主要原因。

（2）行车值班员对车控室的行车、环控设备监管不到位，是此次事件的次要原因。

关键点指引

（1）在非紧急状态或未得到环调同意情况下，车站不可将运行模式转换为"手动"状态（当EMCS上出现"模式运行"按钮时，表示设备已在"手动"状态，不可随意点击"模式运行"按钮）。

（2）车站行车值班员在当班期间必需监控好所辖范围内的设备设施，防止他人操作，需操作时应报相关调度。

2. ××站及时处理7-11商铺火灾报警事件

案例描述

2011年×月×日5:42，××站值班站长巡视站厅时闻到7-11便利店附近有烧焦味，便寻找焦味来源。

5:43，行车值班员通知值班站长："FAS电脑上显示7-11商铺烟感报火警。"

5:44，值班站长接到通知后，立即到7-11商铺并拍打卷闸门，但没有人员回应。

5:45，环控系统自动执行站厅火灾模式。

5:46，值班站长与 4 名站务人员带齐撬棍、消防斧头、灭火器、电筒等工具冲向商铺，一起撬开商铺卷闸门，发现蒸包子的蒸笼冒出大量浓烟，无明火。值班站长立即关闭商铺电源总闸，并使用灭火器喷射冒烟的蒸笼。

5:52，事件处理完毕，行车值班员经环调同意后在控制盘进行复位，照明、闸机恢复正常运作。

关键点指引

车站人员反应迅速，能及时进入商铺确认火情，并正确处理，防止了事件的进一步扩大。

四、综治案例分析

案例描述

2014 年×月×日 22:22，行调通知××站行车值班员下行 1819 次列车头端 B 车上有人围观，安排人员上车确认情况，确认安全后给司机“好了”信号动车。行车值班员立即通知站台岗到下行列车 B 车确认，确认安全后给司机“好了”信号。

22:23，站台岗发现 12#站台门处有较多乘客下车，于是询问乘客发生什么事，乘客答复：好像有人打架。站台岗立即通知车控室，并从 12#站台门上车确认，同时询问车厢内乘客，没有发现异常情况。

22:23，行调任命值班站长为事故处理主任，确认完毕给司机“好了”信号。行车值班员通知值班站长到下行站台，并安排 3 名站务员到站台协助。

22:24，站台岗确认安全后向司机显示“好了”信号，列车出清下行站台。同时，厅巡岗到站台了解情况，乘客反映好像是有人打架，具体情况也没看见。于是，厅巡岗将情况报值班站长和车控室。

22:25，值班站长到达站台，立即向乘客了解车上的情况，站台岗也将现场情况通知值班站长。

存在问题

（1）行车值班员信息传达不明确，导致站台岗错误到列车尾端 B 车确认，未第一时间发现当事乘客。

（2）当收到乘客反映车厢内有乘客打架事件，但未了解到具体情况时，值班站长未及时安排人员进行跟车。

关键点指引

（1）行车值班员要正确理解和执行行调命令，按规定复诵，并将信息准确传达给现场人员，确保信息传递准确有效。

（2）当发现列车上有异常情况或有乘客反映打架事件时，车站要及时安排人员到现场确认，了解现场情况，挽留目击证人，必要时留下乘客联系方式。当现场事件原因未查明时，应及时安排人员跟车处理。

复习思考题

1. 气体灭火系统有哪 3 种？
2. 简述客运伤亡事故（事件）报告程序及内容。
3. 车站人员日常巡视的要求有哪些？
4. 生产安全事故（事件）分哪几类？
5. 地铁车站商铺检查包含哪些内容？

第三章　行车及施工组织

【学习目标】

1. 掌握行车组织的基础知识；
2. 掌握站台安全管理关键点；
3. 掌握人工排列进路的操作及要求；
4. 掌握降级模式下的行车组织；
5. 掌握施工请销点组织及系统的应用。

【知识要求与技能要求】

1. 行车基础知识；
2. 行车组织规则；
3. 站台接发列车规定；
4. 手信号显示的类型、意义及有关规定；
5. 降级模式下的行车组织操作；
6. 施工调度管理系统操作。

第一节　行车知识概论

一、行车基础知识

（一）行车组织基础知识

城市轨道交通列车运行具有高速度、高密度等特点，组织列车运行时，一般都依靠先进的信号系统。行车组织是轨道交通运输核心的组成部分，是综合运用各种运输技术设备，组织协调运营生产活动的技术活动。

轨道交通运营企业的产品是乘客的位移，其运营生产是以提供列车运输服务形式进行的，凡与列车运行有关的各项作业和工作都属于行车组织的范畴。具体来说，轨道交通行车组织主要包括列车出入车辆段组织、列车正线运行组织、列车在折返站的折返组织以及列车在车辆段内的技术作业。

1. 列车运行图

列车运行图是运用坐标原理来描述列车运行的时间、空间关系，表示列车在线路各区间运行时间和在各个车站停车和通过时间的线条图。列车运行图的横坐标表示时间，纵坐标表示车站，斜线表示列车，斜线上的数字表示车次。根据用途不同，列车运行图按时间坐标可分为 2 分格运行图（即垂直线每格表示 2 min）、10 分格运行图（见图 3.1）和小时格运行图。

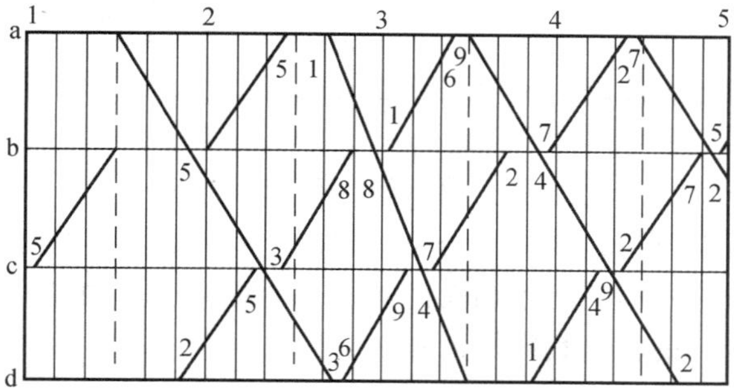

图 3.1　10 分格运行图

列车运行图是轨道交通运输工作中受多种因素制约、技术性很强的综合性计划，是轨道交通行车组织工作的基础，是列车运行的工作计划。它决定着列车占用各区间的顺序、列车在车站到达和出发（或通过）的时刻、列车在各区间的运行时分、列车在车站的停车时分等。

2. 列车时刻表

运营时刻表是列车在车站（车厂）出发 、到达（或通过）及折返时刻的集合，将运行图表格化，通过表格的形式来规定列车的始发、终到及在中间的停站时分，便于列车司机、车站值班员等查询。

（二）线路设备、车站专业设备简介

1. 线路设备

1）线路的类型

城市往往是中心区域建筑物林立，街道繁华，交通繁忙且比较拥挤；由中心城区向外，建筑、道路逐渐减少，空间逐渐开阔；到城市最外圈，一般都比较空旷。城市的这些特点决定了城市轨道交通线路的铺设主要有 3 大类型：地下线路（见图 3.2）、地面线路（见图 3.3）和高架线路（见图 3.4）。

图 3.2　地下线路

图 3.3　地面线路

图 3.4　高架线路

2）线路的基本结构

（1）钢轨。

① 钢轨的作用。钢轨是轨道的最重要组成部件，钢轨分轨头、轨腰和轨底 3 部分，它直接承受列车的载荷，依靠钢轨头部内侧面和机车车辆轮缘的相互作用，引导列车运行，依靠它本身的刚度和弹性把机车车辆载荷分布开来，传递给轨枕。钢轨横截面如图 3.5 所示。

② 钢轨的类型。钢轨按每米质量分类，可分为 75 kg 轨、60 kg 轨、50 kg 轨、43 kg 轨、38 kg 轨等。按单根钢轨的长度分类，可分为标准轨、缩短轨等，其中标准轨长度有 12.5 m 和 25 m 两种。一般 60 kg/m 及以上钢轨采用 25 m 标准轨，50 kg/m 及以下钢轨长度既有 25 m 标准轨，也有 12.5 m 标准轨。

（2）轨枕及扣件。轨枕的功能是支撑钢轨，保持轨距和方向，并将钢轨对它的各项压力传递到道床上。扣件是钢轨与轨枕或其他轨下基础之间的重要连接零件，它的作用是固定钢轨，阻止钢轨纵向和横向移动，防止钢轨倾斜，并能提供适当的弹性，将钢轨承受的力传递给轨枕或者道床承轨台。钢轨及其扣件如图 3.6 所示。

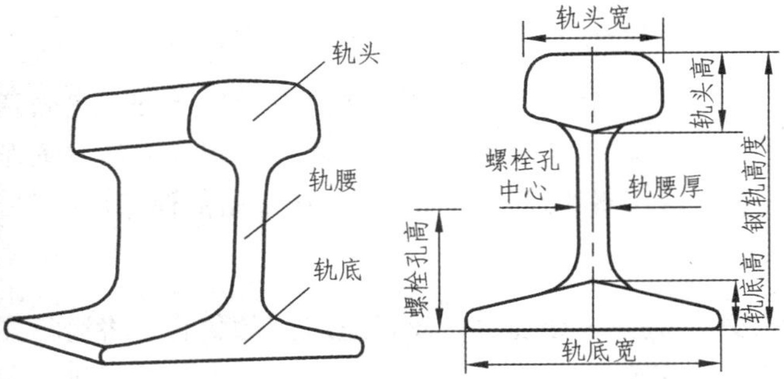

图 3.5　钢轨横截面

图 3.6　钢轨及其扣件

（3）道床。如图 3.7 所示，道床是铺设在路基之上、轨枕之下的结构层，它主要有承受并传递载荷、稳定钢轨结构的作用。道床从结构和形式上可以分为碎石道床和整体道床两种。

碎石道床由碎石、熔炉矿渣、筛选卵石、天然级配卵石以及粗砂和中砂等组成。

整体式道床也称无砟道床，其特点是整体性好，坚固、稳定、耐久。

（4）曲线。如图 3.8 所示曲线是轨道的薄弱环节之一。曲线按半径的数目可分为单曲线、复曲线。一般条件下，两相邻曲线间夹直线最小长度应不小于 50 m。城市轨道交通因受到城市空间限制，两曲线间的夹直线可放宽至不小于 30 m。

图 3.7　道床

图 3.8　线路曲线

（5）无缝线路。无缝线路按钢轨受力情况可分为温度应力式和放散温度应力式。

（6）挡车器类型及作用。挡车器的形式很多，城市轨道交通用挡车器要求性能优良、外形美观、安全可靠，目前主要有液压缓冲挡车器、滑移式缓冲挡车器、固定车挡、停车厂库内车挡和停车厂库外车挡等。

2. 地铁限界

限界指列车沿固定的轨道安全运行时，所需要的空间尺寸。限界主要分为车辆限界、设备限界、建筑限界、受电弓限界等，起控制作用的主要是设备限界和建筑限界。

（1）车辆限界。车辆限界是根据车辆的轮廓尺寸，考虑其弹簧挠度、各项间隙、磨耗、误差等技术参数的影响，对车辆在运行中可能出现的最大横向和竖向的偏移进行分析计算确定的。

（2）设备限界。设备限界是一条轮廓线，所有固定设备以及土木工程的任何部分都不得侵入此轮廓线内，它是保证城市轨道交通系统中的列车等移动设备在运行过程中的安全所需要的限界。

（3）建筑限界。建筑限界是指在行车隧道和高架桥等结构物的最小横断面所形成的有效内轮廓线基础上，考虑其施工误差、测量误差、结构变形等因素，为满足固定设备和管线安装的需要而必需的限界。

（4）受电弓限界。受电弓限界是根据车辆、轨道、接触网的触线、动态绝缘电间隙、各项公差等进行计算确定的。圆形隧道、设备及车辆限界如图 3.9 所示。

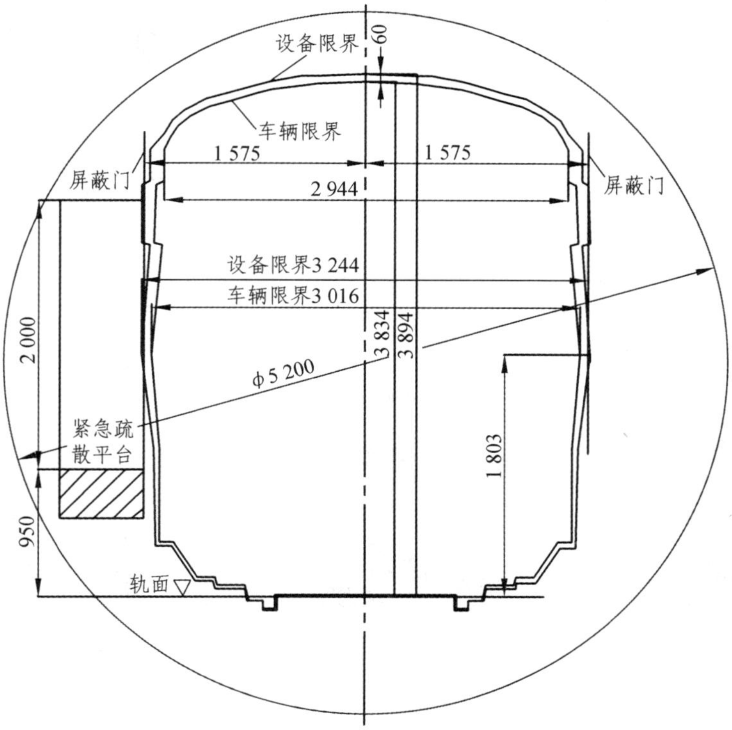

图 3.9 圆形隧道、设备及车辆限界

3. 线路标志和信号标志

线路标志是表明线路状态和位置的指示设备。线路标志有公里标、半公里标、百米标、曲线标、圆曲线和缓和曲线的始终点标、竖曲线始终点标、坡度标等。

信号标志是表示线路状态、道岔位置、站界、运行环境等的器具。信号标志有警冲标、站界标、司机鸣笛标、减速地点标、停车位置标等。

（1）车挡表示器。车挡表示器指在线路的尽头设置的一个表示线路终端的一个标记。提醒司机前方为线路终端，注意控制速度，如图 3.10 所示。

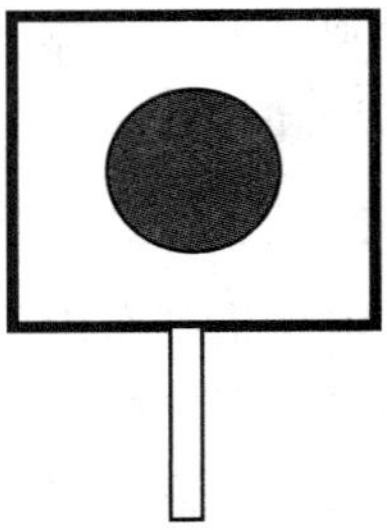
图 3.10　车挡表示器

（2）限速标。限速标指因线路设计或有其他要求时，列车从通过此标志起速度要控制在标志牌上标记的速度以下，直到通过解除限速标止，如图 3.11 所示。

（3）百米标。百米标指在一条线路上自起点按照一百米为界设置的一个位置标记，一般设置在列车运行方向的右侧。作用主要是确切地指明线路的位置，如图 3.12 所示。

图 3.11　限速标（注：限速 78 km/h）

图 3.12　百米标（表示：k25 + 600 m）

（4）预告标。预告标设置在接近车站 300 m、200 m 处，表示与车站中心线的距离，即将进入车站，如图 3.13、图 3.14 所示。

（5）站名标。站名标指设置于在接近车站 100 m 处，表示与车站中心线的距离为 100 m，提醒司机进入车站的站名，同时注意控制速度，如图 3.15 所示。

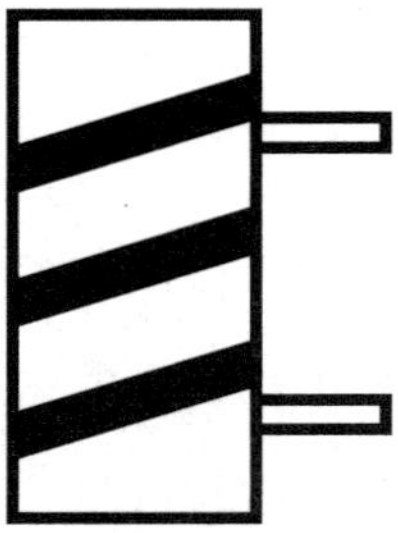
图 3.13　300 m 预告标

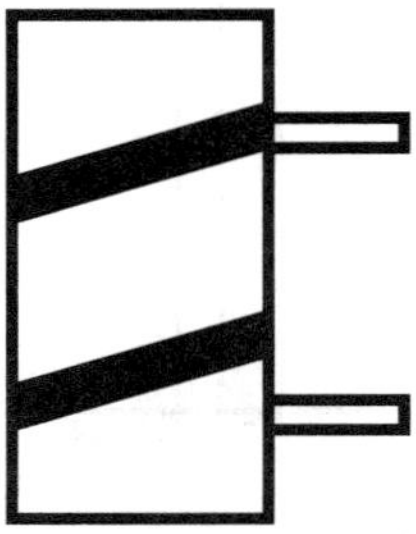
图 3.14　200 m 预告标

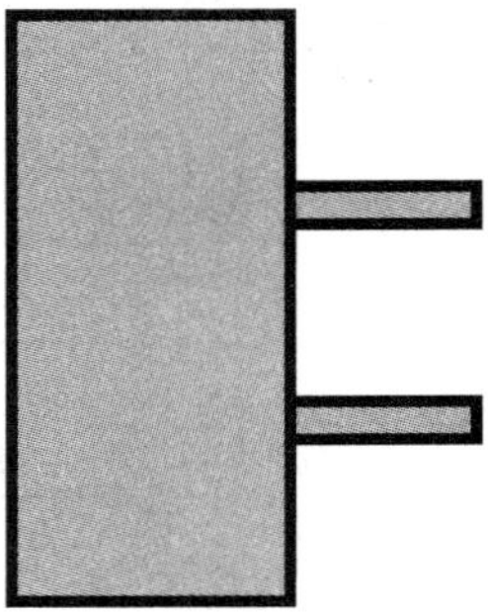
图 3.15　站名标

（6）停车标。停车标设于各车站站台端部对开的隧道壁位置和存车线、折返线、信号机前。作用是指示列车停车时不能越过或对齐的一个标志，如图 3.16 所示。

（7）一度停车标。一度停车标设于车厂与正线交界处（转换轨），车厂内平交道口处，进入材料库线路前等位置。作用是列车通过时需停车确认线路情况、信号开放情况等再通过，如图 3.17 所示。

图 3.16　停车标

图 3.17　一度停车标

4. 道　岔

（1）道岔的定义。道岔是引导车辆由一条线路转向另一条线路的过渡设备。道岔是轨道线路的重要组成部分。道岔构造复杂，也是线路的薄弱环节之一。

（2）道岔的类型。道岔按其用途和结构可分为：单开道岔、复式道岔、交分道岔等。

① 单开道岔：单开道岔的主线是直线（直股），侧线（侧股）由主线向右侧或左侧岔出，分为右开及左开两种形式。普通单开道岔（见图 3.18）由转辙器、连接部分（包括直轨和导曲线轨）、辙叉及护轨（包括辙叉心、翼轨和护轮轨）3 部分组成。

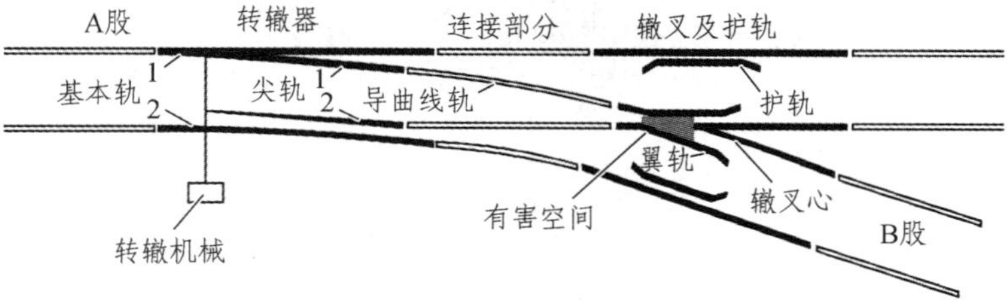

图 3.18　普通单开道岔示意图

② 复式道岔。复式道岔分为下列几种类型：复式对称道岔，又称三开道岔（见图 3.19）；复式异侧不对称道岔，又称不对称三开道岔。

图 3.19　三开道岔

③ 交分道岔。两条线路相互交叉，列车不仅能够沿着直线方向运行，而且能够由一直线转入另一直线，这种道岔叫交分道岔。两条线路相交，中间增添两副转辙器和一副连接曲线，列车沿某一侧由一条线路转入另一条线路，这种道岔叫单式交分道岔。两条线路相交，中间增添

4 副转辙器和两副连接曲线，列车能沿任何一侧由一条线路转入另一条线路，这种道岔叫复式交分道岔（见图 3.20）。

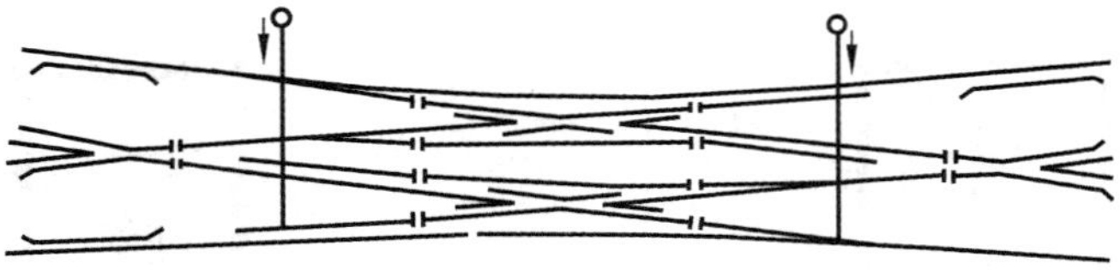

图 3.20　复式交分道岔

（3）道岔的组成。

① 转辙器。转辙器是引导车轮进入道岔不同方向的设备，其作用是将尖轨置于不同的位置时，使列车沿着直向或侧向运行。转辙器主要包括两根基本轨、两根尖轨、连接零件及跟部结构等。

② 连接部分。转辙部分和辙叉部分的连接轨道为连接部分。它包括四股钢轨，即两股直线钢轨和两股曲线（道岔曲股连接部分为导曲线）钢轨，重叠组成。

③ 辙叉部分，如图 3.21 所示。辙叉是道岔中两股线路相交处的设备，其作用是使列车能够按确定的行驶方向，跨越线路正常地通过道岔。护轨与辙叉的配合有以下两方面的作用：一方面是控制车轮的运行方向，使之正常通过"有害空间"而不错入轮缘槽；另一方面是保护辙叉尖端不被轮缘冲击撞伤。

图 3.21　辙叉

（4）道岔的操作方式。正常情况下的道岔操作为：遥控操作、电气锁闭；故障情况下的道岔操作为：现地手摇、人工锁闭。

5. 信号设备

（1）信号系统的定义和分类。在城市轨道交通信号系统中，已经普遍采用基于计算机实时控制的列车运行自动控制（ATC）系统。ATC 系统是自动控制技术、计算机技术和数据通信技术在信号系统中的集中体现，也可以说是现代化信息技术在城市轨道交通信号系统的综合应用。

信号系统随着信息技术的不断发展也产生了革命性的变化，尤其是近几年，基于无线通信的列车自动控制系统（CBTC），已在城市轨道交通信号系统中采用，为信号系统中摆脱传统的轨道电路和地面信号，为进一步缩短行车间隔，真正实现列车自动运行，奠定了基础。

（2）信号系统的作用。城市轨道交通信号系统的作用是：确保列车运行的安全，防止列车追尾或产生冲突；在保证安全的前提条件下，缩短行车间隔，提高列车运行效率；实现列车速度自动控制，实现列车运行的自动调整，保证程序定位停车的精度，从而实现列车运行的自动化。

（3）信号系统的构成。信号系统主要由闭塞、联锁、调度集中 3 个部分的设备组成，其中：

① 闭塞设备用以保证列车在区间运行的安全。

② 联锁设备用以保证列车在车站运行的安全。

③ 调度集中设备用于调度员或值班员对全线或集中站的控制和监督。

6. 供电系统

城市轨道交通供电系统是城市轨道交通的重要组成部分，它不但为列车提供牵引动力，还为轨道交通运营服务的辅助设施如照明、通风、空调、排水、通信、信号、防灾报警、自动扶梯等提供电力。

城市轨道交通供电系统由主变电站、牵引变电站、降压变电站、馈电线、接触网、走行轨、回流线、迷流防护系统和远动系统等部分组成。主变电站将市网的三相 110 kV 电压降为 33 kV 的电压，配送给轨道交通线路的牵引变电站和中心降压变电站。牵引变电站将 33 kV 的电压经整流变换成 1 500 V 直流电，再经馈线输送到接触网，提供给电动列车作为牵引电源。中心降压变电站经动力变压器电压降至 10 kV 后，以两路电源配送到各个降压变电站，降压变电站将电压降至 0.4 kV，配送给各车站用户。电力运动系统对变电站的供电设备进行实时监控和数据采集。

我国城市轨道交通供电系统的受电方式都为集中式供电。国外也有分散式，集中、分散混合的供电方式。集中供电方式是指供电系统网络由国家或城市的高压电网组成的供电系统在 2 ~ 3 个受电点集中供给。城市轨道交通供电系统属于国家电网中规定的一级负荷，每条线路都有独立的供电系统。每条线路一般有两个或两个以上的与上级电网的接口，各电力系统均由线路所属控制中心的电力调度统一管辖。

（1）变配电系统。城市轨道交通供电系统根据供电对象的重要性，将供电系统分为三级。

一级负荷：城市轨道交通电动列车、通信、信号设备、消防设备等用户，必须确保不间断供电，为此，必须采用两路电源供电，当任何一路电源失电后，应自动、迅速切换至另一路电源。

二级负荷：城市轨道交通空调、自动扶梯等用户，应确保连续供电，万一停电后会影响客运服务质量，但不影响列车运行安全，设计时可以采用一路供电。

三级负荷：城市轨道交通的商业用电、广告照明等用户，应确保其正常供电，这些用户并不直接影响客运服务质量，其用电可根据电网负荷情况进行调整。

车站按照站内设备的重要性将所有设备负荷分为以下 3 类：

一类负荷：消防用电、防灾报警、消防泵、车-地通信系统、列车信号系统、售检票机、事故照明。

二类负荷：一般风机、空调机组、各类排水泵、自动扶梯、升降电梯。

三类负荷：冷冻机组、冷冻冷却泵、广告照明、清洁用电。

（2）电力监控系统。电力监控系统（SCADA），又称数据采集与监控系统。电力监控系统由主站监控系统、子站系统和通信传输系统构成。

通过电力监控系统可以实现控制中心（OCC）对供电系统的集中管理和调度、实施控制和数据采集；及时掌握和处理供电系统的各种事故、报警事件；对系统运营的各种数据进行归档和统计。电力监控系统具有遥控、遥测、遥信、遥调、遥视的功能。

（3）接触网。牵引供电系统主要由牵引变电所、馈线、接触网、电动列车、轨道、回流线等构成。在整个闭合回路中，通常将馈线、接触网、轨道、回流线统称为牵引网。

接触网是牵引网的重要组成部分，是一个庞大的机械系统，它用零部件实现有序的连接和接续，连接成一个能传递电能并且有支持功能，同时具备相应强度的整体系统。接触网沿电动列车开行线路架设，通过电动列车受电弓（受流器）和接触网的滑动接触，向行进中或停站的电动列车供电。

架设在车顶上方的接触网称为悬挂架空式接触网；隧道架空式接触网分为柔性接触网与刚性接触网。室外露天线路因为受到室外大风、高温等因素的影响较大，一般均采用架空式柔性接触网；地下线路由于环境条件相对稳定，可以采用刚性接触网。铺设在车厢地板以下部位的接触网称为接触轨式接触网，也可称第三轨供电网。

7. 车辆设备

1）城市轨道交通车辆编组及分类

城市轨道交通车辆作为运送乘客的运输工具，必须具有良好的牵引、制动性能，能快速起动和停止，以保证车辆运行的安全、准时和快捷，同时还要有良好的乘客服务设施，使乘客感到舒适和方便。

（1）车辆编组。按照预期的目的，将各独立的车辆连接起来，成为一个运行体，就称为车辆编组。

车辆编组一般应考虑线路坡度、运营密度、站间距离、舒适度、安全可靠性、工程投资、客流量大小等因素。如必须满足单向高峰小时断面客流量的需要；兼顾信号系统设备所能达到的行车密度（或行车间隔），即系统设计能力；既满足高峰时的客流要求，又能提高平时的车辆满载率，达到节能和降低运营成本的效果；考虑编组对初、近、远期客流变化的适应能力；结合运行交路的设计，合理选择车辆编组，做到经济、合理、高效。

① 按车辆有无动力编组。根据列车编组中动车数量，编组又可分为全动车编组和动、拖混编两类。

全部由具有动力的车辆连接而成的列车成为全动车编组列车。这种编组的优点是摘编方便、编组灵活，可以充分利用黏着，以发挥再生制动或电阻制动的作用。减少基础起动和制动时间，有利于提高列车运行效率和运行图兑现。北京地铁就有全动车编组的运行列车。但是全动车编组的投资相对较高。

由具有动力的车辆和不具有动力的拖车混合连接而成的列车成为动、拖混编组列车。这种编组形式虽然由于动车数量减少而降低了列车的整体功率，但起动和制动的加、减速度仍能满足客运量及行车间隔的要求。换言之，动车数量的减少是以能满足客运组织要求为前提。由于动车数量的减少，可以有效节省投资、降低运行成本和维修费用。一般动、拖混编采用“四动加两拖”或“六动加两拖”的连接方式。

上海、北京、广州等城市轨道交通基本上都采用动、拖混编的列车编组方式。

② 按照车厢数量编组。一组能独立运行的列车编组至少应该包含满足客流的运载空间、足够的运行动力、驾驶控制室、列车受流器、制动系统等单元。目前，城市轨道交通大都采用 3 节以上的编组。

多节编组时，无论采用 8 节编组，还是 4 节编组，带驾驶室的拖车（Tc）始终编在列车的两端，其他车型在列车中的位置则可以互换。

（2）车辆的分类。

① 城市轨道交通车辆按有无动力分为动车和拖车两类：

动车（M）：带有牵引动力装置的车辆。动车又分为有受电弓的动车（Mp）和无受电弓的动车（M）。

拖车（T）：无牵引动力装置的车辆。拖车又分为有驾驶室的拖车（Tc）和无驾驶室的拖车（T）。

② 根据城市轨道交通线路客流特点、客流量、行进速度及线路条件的要求，可以采用不同的车辆，主要有以下类型：

地铁车辆：属于大客运量的城市轨道交通系统，是城市轨道交通的主要形式。

它可以运行在隧道线路，也可以运行于地面或高架线路。根据线路和客运规模的不同，可选用高客运量和大客运量的地铁车辆。

轻轨车辆：属于中运量的城市轨道交通系统，主要运行于城市地面线路；在增加列车的车辆编组或缩小运行间隔的情况下，轻轨车辆也可以承担大运量的输送任务；轻轨车辆也可以运行于隧道或高架线路，在线路都是标准轨距和线间距离允许的前提下，轻轨车辆也可以与地铁线路贯通运行。

单轨车辆：运行在特制轨道梁上的中等运量城市轨道交通系统，是车辆与专用轨道组合成一体的交通工具。根据车辆与轨道之间的关系可以将单轨交通分为跨坐式和悬挂式两种。

磁浮车辆：磁浮交通系统适用于城市人口超过 200 万人的特大城市之间或区域城市群之间的客运交通。因为磁浮车辆运行时具有无轮轨接触摩擦阻力、无机械振动、爬坡能力强、运行速度高、舒适性强等优点，磁浮交通系统被誉为 21 世纪的新型交通工具。

③ 特种车辆。城市轨道交通系统中的特种车辆是用于地铁线路及供电设备施工、维修的牵引动力设备，主要完成正线的列车救援及站场内的列车编组、解体、转线、摘挂、取送等相关作业。特种车辆的主要类型如下。

内燃机车（调机车）牵引功率大、运行稳定性好、造型美观、操纵维护方便、司乘条件好、安全防护设施齐全，主要用于地铁列车、运输车辆及无动力轨道车辆的牵引、调车或救援作业，是理想的首选动力设备。

轨道车运行稳定性好、造型美观、操纵轻便灵活、维护方便、司乘条件好、安全防护设备齐全，主要用于地铁线路及供电设备施工、维修的牵引动力设备，以及运输施工器材、人员。

2）城市轨道交通车辆检修制度

为了保证车辆运行和延长使用寿命，需预先制订车辆的日常检查、维护规范和车辆检修的各种技术规程，目前通常分为日检、均衡修、架修和大修。

二、行车组织规则

（一）行车组织原则

地铁运营工作，以安全运送乘客、规范列车服务、保证设备运作质量为目的，运营各部门在集中领导、统一指挥的原则下，按《运营时刻表》的规定，紧密配合、协调动作，完成各项工作任务，确保地铁运营行车安全和乘客安全。

地铁运营的行车组织指挥工作，必须坚持安全生产的方针，贯彻高度集中，统一指挥，逐级负责的原则。

《运营时刻表》是行车组织工作的基础，《运营时刻表》以运作命令或值班主任调度命令的形式发布执行。行车时间以北京时间为准，从零时起计算，实行 24 h 制。行车日期划分：以零时为界，零时以前办妥的行车手续，零时以后仍视为有效。

指挥列车在正线运行的命令只能由行调发布，列车司机必须严格遵照《运营时刻表》规定的时刻，按信号显示行车，并接受行调的指挥和命令。

所有车厂控制中心交付使用的列车，操纵权属司机，所有与列车相关的操作必须得到司机同意或授权。客车在运行中司机应在前端驾驶，如推进运行时由监控员/站台门操作员或引导员在前端驾驶室引导和监控客车运行。

在车厂范围内指挥列车或车厂调车的信号以地面信号和调车专用电台为主，手信号旗/灯为辅。

调度电话、站车无线电话用于行车工作联系，须使用标准用语。行车调度员应按照《运营时刻表》或列车运行图组织列车运行，并根据客车晚点情况及时采取措施，调整客车运行，实现按图行车。

在 ATC 系统正常情况下，客车以 ATO 模式驾驶，在 ATS 有计划运行图时，客车进入正线运行时自动接收班次号；在没有 ATS 计划运行图时，客车在正线运行时，行调需指派运行线。

（二）行车标准用语

车站人员与司机的联控必须使用规范的行车用语，并实行“呼唤应答”制度。

1. 行车规范用语定义（见表 3.1）

表 3.1 行车规范用语定义

用 语	定 义
全线各站/司机	表示向所有车站/司机发起通话
有	表示信息接收者已接收到呼叫并进行回应
请讲	表示已准备好接收信息
请重复	要求信息发送者再次复述信息
请回话	表示在信息完结时需要回话
请复诵	表示接收者必须复述信息，确保有正确的理解
稍等	表示在通话期间稍作停顿
通话测试	测试某通信台信号是否正常
通话清晰	表示在无线通话测试中，某通信台接收的信号正常
接收不清	表示信息接收时信号微弱，通话不清晰，或未得到完整确认
紧急呼叫	表示为紧急信息。 注：当听到“紧急呼叫”时，所有正在使用无线对讲（含行调无线电台、车站及司机对讲机）的人员应即时停止对话并留意发话人的信息
正确	表示信息已被正确接收
错误	表示信息接收错误
收到	表示已接收和清楚明白该信息
完毕	表示在信息完结后不需要回话

2. 行车用语规范

（1）呼叫规范。

① 通话的发起者应表明自己身份以及信息接收者的身份。

② 当通话发起方或接收方有两名及以上人员需要介入通话时，均应先表明当前介入通话者的身份，并确认对方明确当前的介入通话者身份后，介入通话者方可发布相关指令或提出相关建议。

（2）回应规范。信息接收者在听到通话发起者的呼叫后，应及时进行完整回应。

（3）通话规范。通话规范要求如表 3.2 所示。

（4）复诵要求。

① 行车指令及其他安全相关命令必须完整复诵，以达到让对方审核自己听到的信息是否准确的目的。

② 询问类信息可不复诵，只回应通话发起者的相关提问即可。

③ 通话双方必须认真核对对方复诵内容，严禁使用“明白”“好的”等词语代替复诵。

表 3.2　通话规范要求

规　范	要　求
时机要求	1. 每一次通话的发起者确认接收者身份或信息接收者回应及确认发令内容时均需以“请回话”作为继续通话的确认，行调及车站等相关行车岗位发布行车及相关安全指令时需以“请复诵”作为继续通话的确认，当信息接收不清时请以“请重复”要求信息发起者再次复述信息。 2. 正常情况下，必须待信息接收者回应之后再进行具体通话；紧急情况应使用紧急呼叫，可在信息接收者回应前直接发布对应紧急指令，再向接收者确认接收情况。 3. 通话双方不能互相抢话，需待对方“请讲”“请回话”“请复诵”或“请重复”等需自己回应的指令发出后方可陈述自己的内容或复述对方的命令
严谨	当通话发起者需要同时向多个接收者发布信息时，应指定其中一个信息接收者进行复诵，并确认所有接收者正确接收到指令后方可结束通话，避免信息遗漏
简洁	发令时，原则上使用“短句”，一次以 3～4 个短句为宜，在命令分段处用“请复诵”进行分段。发令时应尽量使用专业用语代替烦琐的命令内容
准确	1. 当受令者听到发令者的呼叫或回应不是同一个人时，应加倍警觉，对前后命令的一致性加以辨别，有前后命令不一致情况时及时向发令者提出，待发令者确认后按最终确认后下发的命令执行。 2. 当受令者复诵信息有误时，发令者在回话中应先使用“错误”做回应，并适当提高音量加以提醒，然后再将正确指令向受令者进行重述
完整	现场上报信息时，内容应包含以下基本要素：时间、地点、车次、事件概括、所采取的措施

3. 行车用语通话要求

（1）所有涉及列车运行的行车指令必须由行调发布或经行调授权后由车站现场相关人员发布。

（2）各岗位行车用语必须使用普通话，严禁使用其他方言，用语要文明，做到相互尊重，耐心沟通。

（3）行调与各相关岗位通话完毕时，确认受令者正确接收命令后以“正确 + 行调代码 + 完毕”作为结束语；司机岗位确认通话完毕时，需以“司机代码 + 完毕”作为结束语，车站岗位确认通话完毕时，需以“完毕”作为结束语。

（4）行车用语中数字的发音标准如表 3.3 所示。

表 3.3　数字的发音标准

数字	0	1	2	3	4
发音	dòng	yāo	liǎng	sān	sì
数字	5	6	7	8	9
发音	wǔ	liù	guǎi	bā	jiǔ

（5）车站身份识别规定如表 3.4 所示。

表 3.4　车站身份识别规定

通话发起者	通话对象	身份识别	备注
车站	行调	站名	站名及岗位可以以正常缩写称谓进行呼叫。如：行值（行车值班员）
	司机	站名＋岗位	
	车站（不同车站之间）	站名	
	车站（同一车站内部，不含换乘站）	岗位	
	车站（换乘站内部各岗位）	线别＋岗位	

（6）发起通话时呼叫用语规范如表 3.5 所示。

表 3.5　呼叫用语规范

通话发起者	通话对象	呼叫用语	备注
车站	行调	××站呼叫行调	—
	司机	××站××（岗位）呼叫××（地点）××方向列车司机	—
	车站	××站（本站）呼叫××站（需要通话的车站）	—
	车厂	××站（本站）呼叫××（车厂名）车厂××（岗位或处所）	岗位：车厂调度；处所：信号楼；派班室

（7）回应通话时回应用语规范如表 3.6 所示。

表 3.6　回应用语规范

回应者	回应对象	回应用语	备注
车站	行调	××站有，行调请讲	—
	司机	××站有，××地点××方向列车司机请讲	—
	车站	××站（被呼叫车站）有，××站（呼叫车站）请讲	—
	车厂	××站有，××（车厂名）车厂××（岗位或处所）请讲	岗位：车厂调度；处所：信号楼；派班室

（8）通话示例如表 3.7 ~ 表 3.9 所示。

表 3.7　车站向车站发起通话示例

信息发送者	信息内容
××站值班员	××站呼叫××站，请回话
××站值班员	××站有，××站请讲
××站值班员	0102 次在××上行待令，请复诵
××站值班员	0102 次在××上行待令，××站收到
××站值班员	完毕
××站值班员	完毕

表 3.8　车站向站台的列车发起通话示例

信息发送者	信息内容
××站值班员	××行值呼叫××站往××站方向列车司机，请回话
0101 次司机	××站台往××方向的 0101 次司机有，××站行值请讲
××站值班员	0101 次在××站台待令，请复诵
0101 次司机	0101 次在××站台待令，0101 次司机收到
××站值班员	完毕
0101 次司机	司机 0101，完毕

表 3.9　车站向区间的列车发起通话示例

信息发送者	信息内容
××站值班员	××行值呼叫××至××区间往××方向的 0102 次司机，请回话
0102 次司机	××至××区间往××方向的 0102 次司机有，××行值请讲
××站值班员	S0805 信号机引导信号已开放，司机凭引导信号动车，请复诵
0102 次司机	S0805 信号机引导信号已开放，司机凭引导信号动车，0102 次司机收到
××站值班员	完毕
0102 次司机	司机 0102，完毕

（三）行车组织方法

城市轨道交通是有轨交通，列车在区间行驶时，运行速度高、质量大、制动距离长、不能避让，为了确保列车运行安全，必须保证列车之间有足够的安全间隔。向区间（或闭塞分区）发车时，必须确认区间（或闭塞分区）内没有列车，并需遵循一定规律来组织行车，这种行车的方法一般称为行车闭塞法，或简称闭塞。通俗地讲，闭塞就是指把一段线路封闭起来，同一时间内只允许一列列车占用，列车进入闭塞分区后，闭塞分区两端都不再向这一区间发车，不准其他列车进入，以防止列车相撞或追尾。区间闭塞示意图如图 3.22 所示，若甲站和乙站间为一个闭塞分区，则甲站和乙站的上行线或下行线站间区间都只能有一列列车进入（轨道交通车站与区间的划分通常以站台端墙为界）。

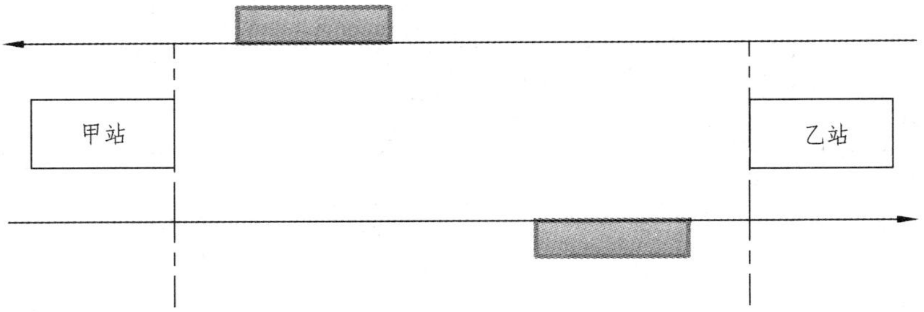

图 3.22　区间闭塞示意图

以上描述的闭塞是通过空间间隔来实现的，行车组织还可以通过时间间隔实现，即列车按照事先规定的时间由车站定时发车，使前行列车和追踪列车之间保持一定时间间隔。这种行车方法因追踪列车不能确切得到前行列车的位置，所以运行安全保障度较低。目前只有少数轨道交通企业在其信号系统出现故障时才采用。绝大多数轨道交通企业都采用空间间隔法（也称距离间隔法），把线路划分为若干区间或分区，在每个分区内同时只准许一列列车运行，使前行列车和追踪列车之间保持一定距离。这种行车方法有两个明显的优点：一是能严格地把列车分隔在不同的空间，有效防止列车追尾和正面碰撞事故的发生、确保列车运行安全；二是因在一个分区同一时间内只允许一列列车运行，列车可按规定的较高速度运行，提高效率，加速车辆运转。以下所说的“闭塞”都是指空间间隔法。

运行列车间必须保持的空间间隔至少应满足后车制动距离的需要，还要考虑适当的安全距离和确认信号、触发制动过程中列车的运行距离。

1. 自动闭塞

自动闭塞是由信号系统自动实现的闭塞，不需人工介入办理闭塞手续。根据列车控制系统采取的不同控制模式，会产生不同的闭塞制式，从闭塞制式的角度来看，闭塞可分为固定闭塞、准移动闭塞（含虚拟闭塞）和移动闭塞 3 类。

（1）固定闭塞。在轨道交通中，为保证列车运行安全，须保证列车间以一定的安全间隔运行。前面已经提到，线路通常被划分为若干闭塞分区，以不同的信号表示该分区或前方分区是否被列车占用。列车则根据信号显示运行。不论采取何种信号显示制式，列车间都必须有一定数量的空闲分区作为列车安全间隔。固定闭塞中运行列车间的空间间隔是若干个闭塞分区，如图 3.23 所示，闭塞分区数依划分的速度级别而定，固定闭塞的追踪目标点为前行列车所占用闭塞分区的始端，后行列车从最高速开始制动的计算点为要求开始减速的闭塞分区的始端，这两个点都是固定的，空间间隔的长度也是固定的，所以称为固定闭塞。固定闭塞制式下，系统无法知道列车在分区内的具体位置，因此列车制动的起点和终点总在某一分区的边界。为充分保证安全，必须在两列列车间增加一个防护区段，这使得列车间的安全间隔较大，影响了线路的使用效率。

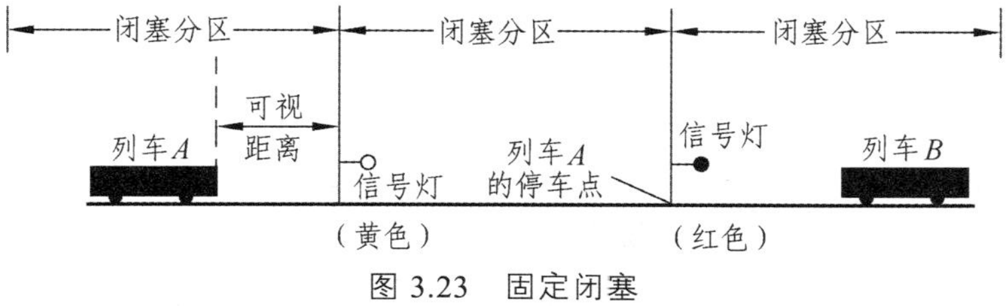

图 3.23 固定闭塞

（2）准移动闭塞。准移动闭塞方式的列车控制系统采取目标距离控制模式，又称连续式一次速度控制。目标距离控制模式根据目标距离、目标速度及列车本身的性能确定列车制动曲线，不设定每个闭塞分区速度等级，采用一次制动方式。准移动闭塞的追踪目标点是前行列车所占用闭塞分区的始端再加上一定的安全距离。列车从最高速开始制动的计算点是根据目标距离、目标速度及列车本身的性能计算决定的。目标点相对固定，在同一闭塞分区内不依前行列车的走行而变化，而制动的起始点是随线路参数和列车本身性能不同而变化的。显然其追踪运行间隔要比固定闭塞小一些。

一般情况下，闭塞分区是用轨道电路或计轴装置来划分的，它具有列车定位和占用轨道的检查功能。准移动闭塞在控制列车的安全间隔上比固定闭塞更加先进。它通过采用报文式轨道电路或环线来判断分区占用并传输信息，信息量大；可以告知后续列车继续前行的距离，后续列车可根据这一距离合理地采取减速或制动，列车制动的起点可延伸至保证其安全制动的地点，从而可改善列车速度控制、缩小列车安全间隔，提高线路利用效率。但准移动闭塞中后续列车的最大目标制动点仍必须在前行列车占用分区的外方，因此它并没有完全突破轨道电路的限制。

（3）移动闭塞。移动闭塞的线路取消了物理层次上的分区划分，而是将线路分成了若干个通过数据库预先定义的线路单元，每个单元长度从几米到十几米，移动闭塞分区即由一定数量的单元组成，单元的数目可随着列车的速度和位置变化，分区的长度也是动态变化的。

移动闭塞技术通过车载设备和轨旁设备连续的双向通信，可以根据列车实时的速度和位置动态计算列车的最大制动距离。列车的长度加上这一最大制动距离并在列车后方加上一定的防护距离，便组成了一个与列车同步移动的虚拟分区。由于保证了列车前、后的安全距离，两个相邻的移动闭塞分区就能以很小的间隔同时行进，这使列车能以较高的速度和较小的间隔运行，从而提高运营效率。

移动闭塞系统中列车和轨旁设备必须保持连续的双向通信。列车不间断地向轨旁控制器传输其标志、位置、方向和速度，轨旁控制器根据来自列车的信息计算和确定列车的安全行车间隔，并将相关信息（如先行列车位置、移动授权等）传递给列车，以控制列车运行。

目前，世界上诸多信号供应商均开发出了各自的闭塞技术并已在全球广泛应用。但由于城市轨道交通的特殊条件，对安全的要求更加严格，因此很有必要配备列车自动保护（ATP）系统。ATP 系统通过列车间的安全间隔、超速防护及车门控制来保证列车运行的安全。系统的地面设备以一定间隔或连续地向列车传递速度控制信息，该信息至少包含两部分，即分区内最高限速和目标速度（下一分区的限速）。列车根据接收到的信息和车载信息等进行计算并合理运行。速度控制代码可通过轨道电路、应答器、感应环线或无线通信等传输，不同的传递方式和介质也决定了不同列车控制系统的特点。

2. 代用行车法

城市轨道交通是有轨交通，列车在区间行驶时，有运行速度高、质量大、制动距离长、不能避让等特点，故须在自动闭塞系统内运行，且须具备列车自动保护功能（ ATP），目前国内外城市轨道交通企业基本上都是采用自动闭塞系统。当信号设备发生故障时，自动闭塞行车组织将无法实现。为了在自动闭塞设备发生故障时仍能维持运营，一般城市轨道交通的信号系统设计有降级后备功能，降级后备功能一般建立在轨道电路或计轴设备基础上，只具有基本的联锁功能，不具备列车自动保护功能（ATP）。

联锁是在信号机、道岔及进路之间建立的相互制约的关系，联锁进路建立后，可防止其他列车进入该进路，从而保证该进路的行车安全。只具备联锁后备功能时，一般需要车站值班员在设备上排列进路，司机驾驶列车按地面信号机的显示行车，因不具备准移动闭塞或移动闭塞功能及列车自动保护功能（ATP），列车运行的安全性和效率都大大降低。

当信号系统降级后备功能也发生故障时，为了保持轨道交通运营的持续性，各城市轨道交通企业通常还设计了一些应急的人工组织办法，以便在信号设备发生全面故障时也可维持运营，确保列车运行安全，这种行车组织方法称为代用行车法，它主要包括电话闭塞法、电话联系法和领航员行车法。代用行车法主要由车站值班员组织实施，是值班员岗位必须熟练掌握的业务技能。

（1）电话闭塞法。电话闭塞法是在信号自动控制系统（ATC）功能、联锁后备功能均发生故障的情况下，人工通过电话方式与邻站进行联系来确认区间空闲状况，使用路票作为列车行车凭证进入区间的一种行车组织办法。电话闭塞法一般以站间区间作为闭塞分区，属于固定闭塞法的一种，是空间间隔法。

① 采用电话闭塞法的原则。采用电话闭塞法组织行车时，列车进路通常需要人工来准备，即采用人工到现场手摇道岔的方式来准备。为了确保行车安全，采用电话闭塞法时通常需要遵循以下原则：

a. 行调向故障区内列车司机确认位置后，通知车站，由列车所在站与前方车站共同确认区段空闲后开始办理第一趟列车的发车手续。

b. 司机凭路票采用人工驾驶模式限速驾驶客车运行至前方站交接路票；交接路票车站人员，原则上由值班员及以上人员担任。

c. 车站人工办理接发列车进路，对进路上的道岔进行人工钩锁，用于折返的道岔只挂不锁。

d. 人工准备进路时，按由远到近（以列车为参照）的顺序依次排列。

e. 每一个区段（闭塞分区）内只允许一趟列车占用。

f. 路票允许占用的区段，进路防护信号机的显示不作为行车凭证，司机按路票行车，车站可将能够正常排列的信号进路作为办理闭塞进路的辅助手段使用。

g. 车站在准备好列车进路后，方可办理闭塞；在准备好本站接车进路后，方可同意闭塞。

h. 列车在区间停车，调度员通过时刻表、CCTV、区间停车的司机及前方站确认该站站台是否空闲，在确认所有列车位置后，原则上优先组织区间列车以人工驾驶模式限速进站。如运行进路中有道岔，行车调度员立即组织车站人员下线路，人工钩锁道岔后报告行调，由车站按调车方式组织区间列车进站。

i. 列车在两端站办理折返作业时，站内按调车方式办理转线，由车站自行办理进路，司机凭车站人员道岔开通信号动车。

j. 各岗位要在确保安全的前提下迅速地按程序完成本岗位的工作。行调发布采用电话闭塞法组织行车命令后，需人工现场办理发车进路的车站均视为有人，车站可直接携带备品下线路办理发车进路。此时，行调若组织列车后退或反方向运行，必须征得接车站同意后方可执行。各站接车进路需与行调确认区间列车位置，并征得行调同意后，方可组织人员下线路。

k. 办理行车闭塞/发车手续、行车凭证交接及列车驾驶 3 个环节严格执行“双确认”制度。

l. 行调在发布采用电话闭塞法组织行车命令后，优先通知相关办理接车进路车站进行办理。

m. 当信号系统恢复联锁条件后，行调在发布取消电话闭塞法命令前，必须与车站确认线路人员出清后，方可发布取消命令。

n. 采用电话闭塞法期间故障区段内的列车必须安排人员添乘，执行“双确认”。行调发布采用电话闭塞法/站间电话联系法的调度命令后，各站需安排站务员及以上人员登乘本站首趟列车协助司机进行“双确认”（可在非降级行车法的区段内下车，但须确保此期间降级行车法区段内所有列车均有人员添乘）。若列车除司机外已有监控人员，则车站可不安排人员登乘。

② 采用电话闭塞法的注意事项。采用电话闭塞法组织行车时，接发车作业是保证闭塞实现的关键程序，从以往轨道交通企业行车事故的经验教训来看，人工办理行车手续安全风险较高，故而作业过程中值班员要特别注意以下安全事项：

a. 发车时必须确认好前方区间空闲。当行车调度员发布“采用电话闭塞法组织行车”的命令后，车站需安排一名值班员及以上员工在车控室协助行车值班员办理闭塞/发车手续，对区间空闲确认、闭塞/发车条件判断、路票填写等关键作业进行“双确认”。值班员办理发出第一趟列车发车进路时，根据行车调度员的命令和行车日志，与前方站确认前方区间空闲；办理第二趟车的行车手续时，通过行车日志确认区段空闲。

b. 接到行车调度员发布各趟车的位置后，按运营时刻表的列车顺序，并结合区间的空闲情况，向行车调度员申请下线路人工排列进路。

c. 值班员要注意正确填写路票。路票填写完毕，值班员先自检，确认无误后交给发车人员检查，经两人复诵确认无误后方可交给司机。检查路票时要根据运营时刻表（核车次）和行车日志（核闭塞情况、区间、上下行）认真进行核对。

d. 为了避免路票交接失误，对同一列车，接路票、交路票、给发车信号的须为同一个人；列车到站但路票未办好时，车站须告知司机待令等候；列车到站也不得提前收路票（送路票时才能收路票）；作业程序不能颠倒；送路票人员回收路票并确认后应打叉作废，交新路票给司机。在司机核对无误关门后向司机显示发车信号，司机凭路票及发车信号动车。交接路票时注意核对的内容包括电话记录号、车次、到达站、日期、行车专用章和值班员姓名。

e. 车站与车厂间办理第一趟列车的闭塞时，车站与车厂乘务值班员共同确认第一趟发出的列车运行前方的区段空闲和进路准备妥当。

f. 站后折返清客时，司机确认车站清客“好了”信号先关站台门，具备行车条件后按调车方式办理，再关车门、动车。

g. 当行调通知取消电话闭塞法时信号系统又出现故障，行调再次通知继续使用电话闭塞法组织行车时，车站应回收已交给司机的路票取消本次闭塞，重新再办理闭塞手续。

采用电话闭塞法组织行车的接车作业程序如表 3.10 所示。

表 3.10　采用电话闭塞法组织行车的接车作业程序

项目	作业程序		
	值班员 1	值班站长	值班员 2
一、确认区间空闲	1. 向行车调度员询问接、发车顺序		1. 监控值班员 1 的作业
	2. 根据行车调度员的命令和行车日志，与前方站确认前方区段空闲		
二、准备进路	3. 申请下线路	1. 带齐工具，穿戴好防护用品到站台待令	
	4. 通知本站和邻站设置线路防护		
	5. 布置进路：“准备上/下行线接车进路”	2. 复诵“准备上/下行线接车进路”后下线路准备进路	
	6. 复诵“上/下行接车进路准备好”	3. 进路准备好并到达安全位置后，报车站控制室“上/下行接车进路准备好”	
三、承认闭塞	7. 接到闭塞请求后，发出电话记录“×时×分，同意××站××次闭塞，电话记录号为×号”		
	8. 听取复诵无误，填写行车日志		
四、接车	9. 听取发车站开车通知，复诵“×次×分×秒开”		
	10. 填写行车日志		
	11. 通知接车人员：“上/下行线接车”		2. 复诵“上/下行线接车”后到站台接车
	12. 复诵“上/下行线列车停稳”后填写行车日志		3. 列车停稳后，报车站控制室“上/下行线列车停稳”
	13. 向行车调度员报点		4. 向司机收回路票，并打叉作废

说明：值班员 1 为行车值班员，负责在车站控制室办理闭塞手续，填写路票，安排人员接发列车；值班员 2 为客运值班员或其他协助人员，负责监督值班员 1 的工作及送、收路票，在站台接发列车。

采用电话闭塞法组织行车的发车作业程序如表 3.11 所示。

（2）电话联系法。电话闭塞法所使用的行车凭证是路票，因办理手续、填写路票、交接路票等需要时间较多，对轨道交通的列车运行效率影响较大。为了相对提高效率，在一定的限制条件下，如限制列车的驾驶速度等情况下，车站办理好闭塞手续后，司机直接凭车站人员的发车手信号动车，不再使用路票。这种在电话闭塞法基础上简化的行车组织办法称为电话联系法。两者比较而言，采用电话闭塞法组织行车时车站作业时间较长，但手续严谨，运行速度可较高；电话联系法运行速度受限制（一般限制为司机瞭望到异常能随时停车的 25 km/h 左右），较适用于站间距离较短的市内线路上。

采用电话联系法组织行车时，为了保证每一个站间区间（即区间及与之相连的车站的站内线路）只有一趟列车占用，值班员须严格按程序接发列车。

表 3.11　采用电话闭塞法组织行车的发车作业程序

项目	作业程序		
	值班员 1	值班站长	值班员 2
一、确认区间空闲	1. 向行车调度员询问接、发车顺序		1. 监控值班员 1 的作业
	2. 根据行车调度员的命令和行车日志，与前方站确认前方区段空闲		
二、准备进路	3. 申请下线路	1. 带齐工具，穿戴好防护用品到站台待令	
	4. 通知本站和邻站设置线路防护		
	5. 布置进路："准备上/下行线接车进路"	2. 复诵"准备上/下行线接车进路"后下线路准备进路	
	6. 复诵"上/下行线接车进路准备好"	3. 进路准备好并到达安全位置后，报车站控制室"上/下行线接车进路准备好"	
三、请求闭塞	7. 向接车站请求闭塞："××站××次请求请求闭塞"		
	8. 接到同意闭塞后复诵："×时×分，同意××站××次闭塞，电话记录号为×号"		
	9. 填写行车日志		
四、填写路票	10. 根据行车日志填写路票		
	11. 与值班员 2 核对路票		2. 与值班员 1 核对路票
五、发车	12. 指示发车："上/下行线发车"		3. 复诵"上/下行线发车"
			4. 向司机递交路票，并核对路票
			5. 向司机显示发车信号
	13. 复诵"上/下行线出清"，并填写行车日志		6. 列车出清后，报车站控制室"上/下行线列车出清"
	14. 向前方站、后方站及行车调度员报开点		

① 注意的安全事项。采用电话联系法组织行车时，站间通过电话联系办理闭塞，接、发车人员按车站控制室值班员口头通知发车，安全风险相对较高，故而作业过程中值班员要特别注意以下安全事项：

a. 车站之间联系、值班员与发车人员联系时，必须使用行车标准用语，严格执行复诵制度，严防沟通错误而错办手续或错发列车。

b. 确认本站接车线路的头端墙（以接车时为准）至发车站发车线路的头端墙之间的线路空闲（以发车时为准），空闲时方可同意接车，区间是否空闲可通过行车日志确认。

c. 接车站值班员确认站内线路空闲后，同意发车站发车，发车站值班员接到接车站同意发车的通知后，确认乘客上下完毕、车门关好后向司机显示发车信号发车。

d. 当列车自本站出发（列车起动后），即先向前方站报开点，当出发列车出清站内线路后，再向后方站报回头点（列车开点），故障联锁站及故障两端站均要向行车调度员报点。

e. 为保证运输畅通，及时调整运行秩序，要求在组织列车运行的过程中，当列车自邻站出发时，后方站即可向前方站请求发车。

② 电话联系法需遵循的组织原则。

a. 排列进路原则：效率优先原则（原则上先排发车进路再排接车进路，特殊情况下车站可根据实际情况进行调整）。

b. 防护原则：现场就地防护与端墙防护原则结合（排列发车进路时红闪灯由现场人员就地设置；排列接车进路时红闪灯由发车站在端墙处设置，现场人员就地设置）。

c. 出清原则：撤除防护，现场避让出清线路（工具备品出清及人员在安全位置）。

d. 车站站内原则上使用无线调度电台进行行车联系。

③ 接发车办理及区间空闲确认方法。

a. 发车站和行调共同确认第一趟发出的列车运行前方的区间和车站空闲后，再与前方站办理发车（可通过行调发布的列车位置确认）。

b. 从第二趟列车开始，接车站确认站内接车线路及与发车站间的区间线路空闲后，才可以同意发车站的发车请求。发车站接到接车站同意发车请求的通知后，才可通知站台行车人员向司机显示发车指示信号。

c. 第一趟列车从发车站发出—到达接车站—出清接车站后，没有其他物品侵入轨行区或影响行车，即可视为发车站（不包括站内线路）至接车站（含站内线路）的线路空闲，可以办理第二趟列车的行车（此处发车站与接车站是对某条正线固定来说的，且为邻站）。

d. 此后的各趟列车进路空闲的确认按照以上方法类推。

e. 站台值班员/值班站长接到站控室同意发车的命令（要复诵），并确认列车已开门上下乘客后，向司机显示发车指示信号；司机接收到发车指示信号后，方可关门动车；动车前司机要鸣笛/对讲机回示，然后车站收回发车指示信号。

f. 发车指示信号显示地点原则上为靠列车前进方向第一个客室的第 2 个车门，特殊情况可靠前显示。

g. 车控室要通过 CCTV 加强对站台作业的监控，防止错误办理发车手续。

④ 办理发车进路条件和程序。

a. 接到行调发布的采用站间电话联系法组织行车的命令。

b. 车站就地防护，直接下线路排列进路，不需先向行调申请同意后再下线路（通知站台司机在站待令，并在排列进路前的来车方向 5 m 前设置红闪灯防护）。

c. 发车进路准备好后，撤除防护，现场避让出清线路，通知车控室行车值班员。行车值班员报行调线路出清情况。

⑤ 办理接车进路条件和程序。

a. 接到行调发布的采用站间电话联系法组织行车的命令。

b. 得到行调同意或已向行调确认列车的停留位置（车控室行车值班员职责）。

c. 发车站已做好防护（在列车运行方向站台头端墙处设置红闪灯防护，当行调通知采用站间电话联系法时该车站可提前设置防护，减少等待时间）。

d. 就地防护，进入接车线路排列进路，在排列进路的来车方向 5 m 前设置红闪灯防护。

e. 接车进路准备好后，撤除防护，现场避让出清线路，通知车控室行车值班员。行车值班员通知发车站撤除防护及报行调线路出清情况。

⑥ 接发列车条件。

a. 向邻站请求发车的条件。发车进路已准备好，线路出清（工具备品出清及人员在安全位置），防护已撤除；前方站前一列车已报出清点或区间空闲。

b. 向邻站同意接车的条件。接车进路已准备好，线路出清（工具备品出清及人员在安全位置），防护已撤除；接车站台区域出清。

c. 站台发车条件。已向邻站请求发车。

d. 邻站已同意接车。向司机显示发车手信号。（注意：采用站间电话联系行车法区域的两端车站只是单向采用站间电话联系法，不得向离开故障区的列车显示发车信号。）

⑦ 列车出清站内线路后，发车站立即先向前方站再向后方站分别报线路出清时间点。

a. 接车站接到发车站的列车开点（出清点）通知后，通知相应的站台注意接车；列车到达后，站控室及时命令站台显示发车指示信号。

b. 后方站接到前方站的列车出清点后，方可向前方站请求发车；在前方站同意发车请求后，及时办理发车。

c. 后方站没有接收到前方站的列车出清点时，不得提出发车请求，但可及时询问列车是否到达或发出。

d. 当后方站停有列车或已有列车发来、后续车站已请求发车时，在接到前发列车已从前方站发出的通知时，须即时向前方站请求下趟列车发车（均指同一方向的列车）。

⑧ 列车在折返站的行车。

a. 列车在终点站折返作业按照调车作业办理，凭办理折返进路人员的信号显示进行折返，此时车站不需在站台显示发车指示信号。

b. 折返道岔办理好进路后，办理人员及时在安全地带向司机显示“好了”信号，待列车通过显示地点后方可收回；司机未收到现场人员办理好折返进路的“好了”信号时，严禁动车。

c. 司机与现场人员加强信息沟通，确保行车安全和人身安全。

d. 折返进路办理原则。

若折返Ⅰ、折返Ⅱ道均空闲时，车站根据现场道岔位置选择转动道岔较少的股道办理折返进路。

若折返线Ⅰ道、折返线Ⅱ道其中之一有列车占用时，按下列原则办理：车站与行调确认列车状态良好，优先办理该车到上/下行线进行载客，后续列车利用该车所在的折返线进行折返；如行调有安排时，根据行调的指示办理。

⑨ 采用电话联系法组织行车的接车作业程序（中间站），如表 3.12 所示。

表 3.12　采用电话联系法组织行车的接车作业程序（中间站）

项目	作业标准	
	值班员	值班站长（站务员）
一、听取发车请求	1. 听取后方站发车请求，复诵“××站××次请求发车”	
	2. 根据行车日志确认站内线路空闲	
二、检查及准备进路	3. 布置值班站长（站务员）：“检查×道，准备××次（×道，上行或下行线）接车进路”	
		1. 复诵“检查×道，准备××次（×道，上行或下行线）接车进路”
		2. 检查线路，将进路上的道岔及防护道岔开通至正确位置并加锁。经确认线路空闲道岔位置正确后，向值班员报告“××次（×道，上行或下行线）接车进路好了，线路出清”
	4. 听取汇报后，复诵“××次（×道，上行或下行线）接车进路好了，线路出清”	
三、同意发车	5. 通知发车站“××站×点×分×秒同意××次发车”，填写行车日志，准备接车	
四、接车	6. 听取发车站的发车通知，填写行车日志，并向前方站请求发车	
	7. 通知值班站长（站务员）“××次开过来了，准备接车”	
		3. 复诵“××次开过来了，准备接车”
		4. 监视列车进站停车
五、开通区间	8. 复诵“××次到达”，填写行车日志（向行车调度员报点）	5. 列车对位停车后，向值班员报“××次到达”

⑩ 采用电话联系法组织行车的发车作业程序（中间站），如表 3.13 所示。

表 3.13　采用电话联系法组织行车的发车作业程序（中间站）

项目	作业标准	
	值班员	值班站长（站务员）
一、请求发车	1. 向前方站请求发车："××站××次×点×分请求发车"	
二、准备发车进路	2. 布置值班站长（站务员）："准备××次×道（上行或下行线）发车进路"	
		1. 复诵"准备××次×道(上行或下行线)发车进路"
		2. 将进路上的道岔开通至正确位置并加锁，经确认正确后，向值班员报告"××次×道（上行或下行线）发车进路好了，线路出清"
	3. 听取汇报，复诵"××站××次×道（上行或下行线）发车进路好了，线路出清"	
三、发车	4. 复诵："××站（接车站）同意××次发车"	
	5. 填写行车日志	
	6. 通知值班站长（站务员）"××次列车×道（上行或下行）可以发车"	
		3. 复诵"××次列车×道(上行或下行线)可以发车"
		4. 确认乘客上下完毕,列车车门关闭后向司机显示发车信号"
四、列车出发		5. 列车起动，向车站控制室报"××次列车出发"
	7. 复诵"××次列车出发"，填写行车日志	
	8. 列车出发后，向前方站（接车站）(行车调度员）报点，"××次××时××分××秒开"。当列车尾部越过站台头端墙后，向后方站报点，"××次××时××分×线秒开"	

⑪ 站间电话联系法组织终点站列车折返作业程序（终点站），如表 3.14 所示。

表 3.14 站间电话联系法组织列车折返作业程序（终点站）

程序	作业标准		
	行车值班员/值班站长	站务员	司机
一、接折返车	1. 确认折返线路空闲后，布置站务员："准备××次进×道的折返接车进路"	2. 复诵"准备××次进×道的折返接车进路"	
	4. 听取汇报，确认后复诵"××次进×道的折返接车进路好了"	3. 将进路上的折返道岔开通正确位置并挂锁，确认正确后，向行车值班员/值班站长报告"××次进×道的折返接车进路好了"	
	5. 出清线路，进入安全地带后，向折返列车司机显示"好了"信号	5. 出清线路，与行车值班员/值班站长进入安全地带	确认"好了"信号、动车安全后，人工折返，并加强对道岔位置的确认
二、发折返车	6. 列车进入折返线（站台）停稳后，呼 "××次列车折返线（站台）已停稳"	7. 确认后，复诵"××次列车折返线（站台）已停稳"	列车在站台开门后，与接班司机进行交接；列车进入折返线时的安全由交班司机负责，出折返线的安全由接班司机负责
	8. 设防护后，布置站务员："准备××次折返发车进路"	9. 复诵"准备××次折返发车进路"	
	11. 确认正确后，复诵"××次折返发车进路好了"	10. 将进路上的折返道岔开通正确位置并挂锁，确认正确后，向值班员报告"××次折返发车进路好了"	
	12. 出清线路，进入安全地带后，向折返列车司机显示"好了"信号	12. 出清线路，与行车值班员/值班站长进入安全地带	确认"好了"信号、动车安全后，人工折返，并加强对道岔位置的确认

⑫ 列车的行车凭证。

a. 行调发布"从××时起，×站至×站上/下行采用站间电话联系行车法组织行车"的调度命令（本站属于范围之内）。

b. 车站值班员或以上人员显示的"发车（指示）信号"（显示方式：端墙门内司机立岗处，在司机鸣笛回示后方可收回，展开的绿色信号旗上弧线向列车作圆形转动；没有信号旗时用绿色信号灯或徒手信号）。

c. 若折返站为故障区段时，车站现场排列好进路后，列车凭折返线内现场事故处理主任的动车指令和"道岔开通好了"信号进、出折返线。

⑬ 作业流程，如图 3.24 所示。

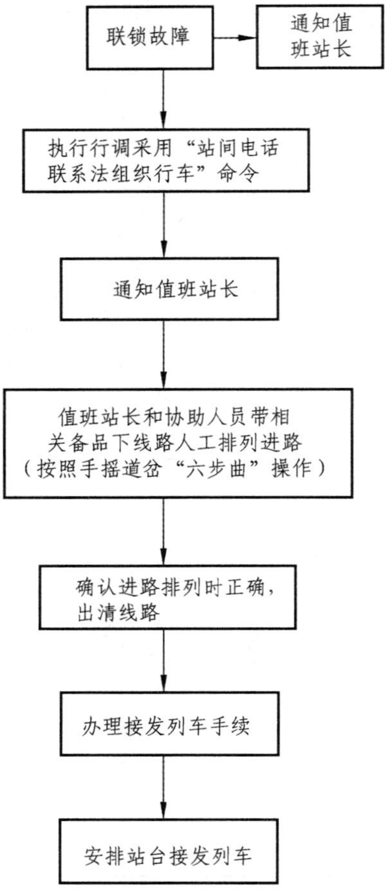

图 3.24　作业流程图

⑭ 站间联系及报点。

a. 车站在《行车日志》中记录/办理列车的车次（同一列车）以第一个站记录/办理的为准（第一个站应与司机联系确认），其后的车站在《行车日志》中记录或办理列车时均延续使用该车次。

b. 对各时间点以“××：××′××″”（即××时××分××秒，不同时的小时数第一次出现时必须记录，其后可不记录）的格式记录和通报；秒数四舍五入，取 10 的倍数。

c. 当 sicas/cbi 故障时，执行站间电话联系法的起止站和报点站须向行调报点（出清点），并同时向前方站报开点。

d. 实施站间电话联系法的车站，邻站之间需相互报点，并在《行车日志》上进行相应的记录。

e. 到达列车（以某一方向的行车为例，下同）。当本站站台线路空闲后，方可同意后方站的发车请求，并填写“同意后方站发车时分”；接到列车从后方站发出（出清站台）的通知后，本站相应地填写“后方站发出时分”；该列车到达本站后，填写“本站到达时分”。

f. 出发列车。前方站同意本站的发车请求后，填写“前方站同意发车时分”；列车从本站发出（出清站台）后，填写“本站发出时分”，并立即通知前方站，再通知后方站；当接到该趟列车从前方站发出时分的通知后，填写“前方站发出时分”。

g. 本站接到列车从前方站发出（即“前方站发出时分”）的通知后，方可向前方站请求发车（即，本站没有收到列车从前方站发出的通知时，本站不得向前方站请求发车，防止列车没有出清前方站时又向前方站发出列车）。相应地，列车没有从本站发出时，不得同意后方站的发车请求。

h. 终点站。到达的列车（准备折返的列车），当列车出清站台、进行折返时，终点站填写“出发”栏目的“本站发出时分”，同时通知后方站（后方站相应地填写“出发”栏目的“前方站发出时分”），后方站才可以请求发下一趟列车（此时，对终到列车终点站不用填写“出发”栏目的“前方站同意发车时分”）。

i. 出发列车（折返后准备发出的列车）。“到达”栏目的“同意后方站发车时分”“后方站发出时分”不用填写，当列车折返后进入站台停车时，直接记录“本站到达时分”，然后再根据情况向前方站办理发车。

（3）领航员行车法。领航员行车法属于时间间隔法，风险较大。在轨道交通列车运行高峰期发生信号系统故障时，采用人工办理空间闭塞往往不能满足高密度行车间隔的要求，可考虑选用领航员行车法。

具体操作程序为：由车站值班员及以上人员携带对讲机担任领航员，在采用领航员行车法的起始站登乘列车司机室，负责协助司机瞭望及指挥、监控列车限速运行，至领航员行车法的终止站，登乘相反方向列车继续担任领航员。在实施该办法的起始站，由一名值班站长担任放行员，每隔一定时间放行列车，可使行车间隔达 3 min 左右，以最大限度地满足客运服务要求。

（4）按调车方式办理。“按调车方式办理”指列车在行调管辖的线路上运行，列车有目的地由一条线路转到另一条线路时，在车站（车厂）不能直接向接车的车站（车厂）办理行车闭塞手续的情况下，按调车方式组织列车运行的一种行车组织办法。具体内容如下：

a. 列车在封锁区域内作业的，按调车办理。

b. 运营时间联络线联锁故障情况下，列车过线按调车办理。

c. 运营时间列车进行站后折返时，折返站发生联锁故障和道岔故障且影响到正常行车的，按调车方式办理折返。

d. 运营期间列车在区间运行，发生联锁及道岔故障，列车在道岔上停车或在道岔前停车时，行调组织车站对道岔进行钩锁后按调车方式组织列车运行。

e. 联锁故障遇长大区间，行调组织人员添乘空客车到区间现场确认进路并钩锁道岔，空客车按调车方式进入故障区域。

f. 非运营时间列车进出联络线、渡线、存车线、折返线的，按调车办理。

g. 车厂内列车从一个地点到另一地点有目的的移动（含试车线调试作业）。

h. 车厂联锁故障时，回厂车到转换轨后按调车方式组织列车进库；车厂按调车方式组织出车厂列车运行至转换轨信号机前待令。

i. 进出洗车线按调车办理。

（5）办理进路的规定如下：

a. 当能在信号工作站上排列进路时，由车站按照调车计划排列调车进路，司机凭地面信号和车站指令动车。

b. 当后备模式下不能在信号工作站上排列进路，而道岔可以在信号工作站上操作“转换道岔”命令，并对进路上的道岔钩锁，办理站确认进路上的所有道岔位置正确后，向司机发出进路准备好及动车的指令。

c. 当只能人工现场准备进路时，车站按照调车计划，人工办理进路并钩锁道岔，办理人员确认进路上的所有道岔位置正确后，向司机发出道岔开通手信号的动车指令。

第二节　行车运作

一、站台列车接发运作

1. 站台岗职责

站务员的站台作业主要是接发车与组织乘客乘降，工作重点是保证列车接发、乘客乘降的安全与效率。站台岗关于接发车的主要职责如下：

（1）按站台岗接发列车的作业标准接发列车，监视列车运行状态、监控乘客上下车，处理在接发列车过程中发生的突发事件。

（2）巡视站台，对站台候车秩序、卫生和乘客安全负责，确保站台门/安全门及以内区域的安全有序。

（3）车门故障时，协助司机处理，及时张贴故障贴纸。

（4）站台门/安全门故障时，按“先通后复”的原则进行处理，故障未恢复时，及时张贴故障贴纸。

（5）乘客的物品掉落轨道时，立即做好乘客安抚工作，通知值班站长到场处理。

（6）车门/站台门/安全门夹人时，应立即按压紧停按钮，并同时通知司机，再向车控室汇报事件具体内容。协助乘客离开车门/站台门/安全门，了解事件原因，若有人员受伤，寻找两名及以上目击证人，做好站台乘客的引导，防止乘客围观。

（7）收到列车需在本站临时清客的通知时，立即组织清客，引导车上的乘客到站台，维持站台乘客候车秩序，做好乘客的解释工作，清客完毕后向司机显示“好了”信号。

（8）负责维持站台乘客上下车秩序，提高乘客乘降效率。引导候车乘客按地面指示标志排队候车、列车到站开门后快上快下、上车后往车厢中部走。客流高峰期站台乘客无法一列车上完时，与司机做好联控，关门前做好乘客拦截。

2. 站台岗岗位流程

站台岗日常工作重点：监控乘客候车动态，防止乘客越出黄色安全线，同时引导乘客往人较少的地方候车；监控站台门状态，发现站台门异常动作等危及行车安全的情况时，立即按压紧停按钮并上报。

站务员上站台岗前，领取工作钥匙、对讲机、手提广播等备品，与前一班站台岗交接，认真巡视一遍站台，检查客运、行车设备和设施状态。站务员在站台接发列车时按“五步曲”步骤作业：

（1）列车进站前。列车进站前，站台岗人员应站于车站客流集中的站台一端靠近紧急停车按钮附近位置接车，手持手提广播，引导乘客往人较少的地方按标示标志排队候车，密切注视站台乘客动态，组织乘客排队候车，制止乘客拥挤、超越黄色安全线、依靠站台门（安全门）等动作。引导乘客先下后上，注意安全，发生影响进站列车行车安全的突发事件时应立即按压紧急停车按钮。见车头灯时，站台岗报告车控室“××方向列车进站”，车控室立即播放接车广播。

（2）列车停稳开门时。站台岗在扶梯口或楼梯口等人较多的地方，引导乘客按秩序先下后上。

（3）列车关门时。站台岗应站于站台扶梯口附近，阻止乘客在关门时往车上冲，维护站台秩序，监督司机关门，门关好后确保门关闭正常，注意有无人员、物品超越安全线，站台门与车门间的空隙无夹人、夹物情况等。

（4）列车关好门后。站台岗面向列车，观察站台门、车门是否关好，列车车门没有夹人夹物后，走到站台紧停处，发现危及行车或乘客人身安全情况时，立即按压紧停按钮，同时紧急呼叫司机“××方向司机不要动车、××方向司机不要动车”，如过程中列车开始起动则紧急呼叫“××方向司机停车、××方向司机停车”。司机回应后告诉司机列车夹物需要处理，同时报车控室情况，必要时请求支援。

（5）列车出站时。列车动车时，应站于靠近紧急停车按钮附近，遇突发紧急情况时立即按下紧急停车按钮，用对讲机呼叫司机停车，到现场给予妥善处理。列车出清站台区域 50 m 后，站台岗报告车控室“××方向列车出清”。

3. 列车接发作业程序

（1）正线接发列车线路的使用由行调决定，车厂线路的使用由车厂调度员决定，列车经出入车厂线进出车厂的线路使用情况，客车原则上按照《运营时刻表》、工程车按照《施工行车通告》的规定执行，无规定或临时需要变更进出车厂路径时，按照正线优先的原则由行调负责安排。

列车以规定速度进站，车站不显示接车信号。车站原则上不办理接发列车作业，遇特殊情况须接发列车时，车站接发列车人员应严格执行接发列车作业程序。

（2）列车进出车站时，车控室值班人员发现站台或站台门异常，立即用对讲机通知司机并及时处理。列车进出车站时，司机发现站台或站台门异常，立即用对讲机通知车控室值班人员并及时处理。

（3）正线遇特殊情况须接发列车时，接车应按照《运营时刻表》及行调命令，做好接车工作。

4. 车门/站台门夹人夹物的基本处理方法

（1）车门/站台门夹人夹物遇下列情况，须按本条款的要求停车处理。

① 车门与站台门间隙有乘客或物品滞留，车门、站台门已经正常关闭，且检测设备显示正常，车站人员发现时。

② 车门夹人夹物，车门、站台门已经正常关闭，且检测设备显示正常，车站人员发现，且列车尚未动车时。

③ 车门夹物，车门、站台门已经正常关闭，检测设备显示正常，列车已经动车，站台岗观察所夹物品影响行车时。

④ 对于列车因车门检测电路故障打了车门旁路，车站人员发现任何夹人夹物的情况时。（注：这种情况要求行调将旁路的列车车次、车底通知沿途各站，车站应特别关注此列车。）

⑤ 对于站台门出现故障打了互锁解除，车站人员发现任何夹人夹物的情况时。

（2）站台门与车门间滞留乘客的处理要点：

① 按压紧急停车按钮。

② 确认乘客位置。

③ 打开站台门把乘客带回站台。

④ 若列车已越过乘客且乘客掉落轨道，迅速按列车压人程序进行处理。

5. 乘客物品掉落轨道的处置

轨道交通车站站台常发生乘客携带的物品坠落轨道的事件，可分为物品不影响行车和物品影响行车两种情况。如果物品不影响行车，站务员应立即安抚乘客，报告车站控制室物品不影响行车，告知乘客将在运营结束后下轨道拾回物品，请乘客第二日到车站领回。若物品影响行车，站务员须马上按压紧停按钮或显示紧停信号暂停列车服务。或因特殊原因乘客强烈要求立即拾回时，站务员要报车站控制室值班员，由值班员向行车调度员报告，经行车调度员批准后方可下轨道拾回物品，涉及第三轨的，还需要考虑是否需要停电。具体处理流程如下：

（1）站台轨行区物品影响行车时。

① 站台人员发现站台轨行区有物品影响行车后，立即按下站台紧急停车按钮，同时报车控室（若乘客携带的物品掉下轨道时，车站还要做好乘客安抚工作，防止乘客自行采取行动，下同）。

② 值班员接报后，立即按压紧停并通知司机，随即报行调。

③ 报行调同意下线路处理后，值班站长马上赶往事发现场，指挥处理，确认做好安全防护后安排人员从落轨楼梯下线路处理。

④ 物品拾上来后，值班站长现场确认线路出清、不影响行车后，报行调。

⑤ 必要时，在专业维修人员到站前，安排人员监控，发现异常及时采取紧急措施。

（2）掉下轨道的物品不影响行车时。

① 站台人员立即安抚乘客，同时向车控室报告，说明物品不影响行车安全。

② 车控室值班员接到报告，确认后及时向行调汇报，并说明物品不影响行车安全。

（3）须马上拾回物品时的处理程序。

① 列车没有到站时，经行调同意，按压紧急停车按钮做好防护后使用绝缘棒拾起物品或使用落轨梯下轨道拾回物品，拾物品人员必须穿戴荧光衣。

② 列车在站台停稳时，待列车开离车站后，车站再向行调申请拾回。

③ 站台人员将物品拾上来后，确认出清线路，向车控室汇报，行车值班员取消紧急停车按钮并报行调。

二、行车台账、调度命令及行车工作交接

1. 行车台账的填写

（1）行车值班员应认真及时填写各类行车台账，做到填记正确，无缺漏，无缩减。

（2）填记字迹清晰，不得随意涂改。若需修改，在错误处画横线并加盖当班车站值班员印章（红色印泥）以示更改，并在边上填记正确的内容，注意不得用修正液。

（3）所有签名的地方均用钢笔或圆珠笔填写，不得使用印章。

（4）交接班图章加盖清晰（疏色印泥），在图章内相应空白处填好交接班车站值班员姓名、日期。图章与填记内容、图章与图章之间不得有空格。

行车值班员涉及的行车台账主要有：《调度命令登记本》《行车日志》。

2. 调度命令的执行

调度命令是行车调度员在调度指挥工作中对行车有关人员发出的要求其配合完成某些行动的指令。行车有关人员必须服从行调指挥，执行行调命令，行调应严格按《运营时刻表》指挥行车。指挥列车运行的命令和口头指示，只能由行调发布。发布命令前应详细了解现场情况，听取有关人员意见。

调度命令按照内容分为行车指令、施工命令和抢修命令。其中，行车指令按命令形式分为书面命令和口头命令。书面命令包括发布日期、发布时间、命令号码、命令处所、命令内容、受令人、复诵人和发令人共 8 个要素。

（1）书面调度命令。

① 书面命令发布前应由负责监护的运营调度员审核通过。审核内容应包括：书面命令内容正确，书面命令发布条件具备。

② 书面命令号应由 1 至 100 顺序循环使用，循环周期内应不漏号、不跳号、不重号。

③ 书面命令发布前必须核实受令人，并应指定人员进行复诵。

④ 下达至车辆段、车厂的书面命令，其受令处所应包含车辆段、车厂的运转值班室及信号楼。

⑤ 书面命令无法当场传达给司机时，应补交给司机。

⑥ 书面命令用于列车进出场时，应明确出入场线及采用的行车闭塞方式。

⑦ 施工计划中试车及开行其他车辆的书面命令，应明确动车列车性质；列车为电客车时，应明确车体号；同一车辆段/场发出的不同单位施工列车时，应写明列车所属单位。

⑧ 施工计划中试车及开行其他车辆的书面命令，列车应明确车次号。

⑨ 施工列车车次号命名规则。

a. 上行方向为双数，下行方向为单数。

b. 按顺序给予车次号，且起始时的车次在施工或试车完毕后以“1 对应 2，3 对应 4 的顺序”为原则一一对应折开车次。

c. 电客列车以试×次命名车次。

d. 工程车（轨道车、调机车）以轨×次命名车次。

e. 执行调车作业的列车以调×次命名车次。

f. 执行转线作业的列车以转×次命名车次。

⑩ 书面命令的使用范围：开行巡道车、限速命令、屏蔽（安全）门弃用/投用、手摇道岔变更折返模式、运营期间变更行车闭塞法、台风停运和变更交路、施工列车出入场、封闭区间、封锁区间、末班车后跟跑、列车转场、列车转线、多车试车演练、越出站界调车、出入场线禁用、人工类施工作业区段封锁、遇无线通信故障或无线录音设备故障时的口头命令、其他对运营产生影响的事件。

（2）口头调度命令。

① 口头命令发令时应用语规范、口齿清晰、语速中等。

② 口头命令号按日由 101 至 200 顺序循环使用，循环周期内应不漏号、不跳号、不重号；口头命令一般按日循环。

③ 发布口头命令时，应先告知受令者命令号；发令后，受令者应复诵，运营调度员确认受令者复诵正确。

④ 口头命令使用范围：列车切除 ATP 运行、列车以无 ATP 保护方式运行、列车切除安全相关旁路开关动车、载客通过、列车退行、列车清客、列车救援、列车反方向运行、列车单线双向运行、单列车临时限速、查找线路异物、人员进入区间、手摇道岔接发列车、控制中心计轴预复位、其他对运营产生影响的事件。

（3）抢修调度命令。

抢修命令号格式应为“线路号 + 命令号”，线路号对应所辖线路由 1 开始至 99，命令号由 01 至 99 循环使用，命令号循环期间应不漏号、不跳号、不重号。

车站行车值班员交接班时，接班值班员应及时查看上一班的调度命令，了解清楚上班的故障、施工和调度命令发布的情况。接班后必须立即登录调度命令发布系统。

调度命令发布系统未投入使用时：车站接收行调命令统一填写在《调度命令登记簿》上，须填写命令号码（口头命令统一在“号码”栏注明“口头命令”），值班站长及时签阅。填写交司机的调度命令使用《调度命令本》，填写时需要用复写纸及黑色圆珠笔填写，车站盖上行车专用章，值班站长值班员核对命令内容无误并签名后第一联交司机，复写联留存车站。

调度命令发布系统投入使用时：车站要随时监控调度命令发布系统的状态，及时接收行调发布的调度命令，并书面打印命令（书面命令保存 3 个月），交司机的调度命令车站从调度命令系统上打印，车站盖上行车专用章，值班站长值班员核对命令内容无误并签名后交司机。

三、电视监控系统（CCTV）操作规定的知识

电视监控系统（以下简称 CCTV）为控制中心调度人员、车站值班员、列车司机及站台监视亭值班员等对车站的站厅、站台、出入口等主要区域提供监视服务。

安装在车站的本地监视系统能满足车站工作人员的使用要求，保证车站工作人员可以实时监控本车站图像。

采用降级行车法组织行车时，车控室行车值班员需通过 CCTV 监控递交路票人员将路票送至正确的列车司机（确认上下行正确）；加强对站台作业的监控，防止错误办理发车手续。

站台岗发现站台、站台门、车门异常时，立即用对讲机通知司机并及时处理。站台岗加强对故障站台门的监控，维持好站台秩序，行车值班员通过 CCTV 加强对站台的监控。

当行车值班员通过 CCTV 监控发现站台发生异常情况，需司机协助处理时，必须立即用对讲机呼叫司机；如果发生通信盲点，由行车值班员立即将信息中转到站台岗由站台岗通知司机，车站随后报行调。行车值班员通过 CCTV 监控站台情况，清客期间发现乘客进入清客车厢时立即通知站台处理。

第三节　非正常情况下的行车组织

一、手信号介绍

当前轨道交通的列车控制和车站站台门（安全门）控制一般都实现了自动化，正常情况下站台站务员接发车工作以客运组织为主，不需要人工介入行车相关工作，只有在自动控制出现故障等异常情况下才需要站务员介入行车工作。站务员按照行车值班员命令，显示手信号，指挥列车在站台到发作业。

手信号是借助信号旗、信号灯或直接徒手显示的行车指挥号令，站务员需熟练掌握显示方法，严格按车站行车值班员的指令向司机显示正确信号。站务员需掌握的手信号一般包括停车信号、紧急停车信号、发车信号、引导信号以及“好了”信号等。

1. 手信号的定义

地铁手信号是行车人员通过直接采用信号旗或信号灯的方式下达指示列车行车的各种命令。

2. 手信号的适用范围

（1）电话闭塞法行车。

（2）列车站间运行时，站控状态下，道岔防护信号机无法开放。

（3）列车调车作业时，站控状态下，道岔防护信号机无法开放或调车信号机无法开放。

（4）发生危及行车安全情况时。

3. 手信号的分类

（1）发车手信号。

① 显示含义。指示列车发车，进入区间。

② 显示时机。确认发车条件具备。

③ 显示地点。站台发车端列车驾驶室侧窗旁安全位置。

④ 显示方式。右手持绿色信号灯/展开的绿色信号旗面对司机做顺时针圆形运动。

⑤ 收回时机。列车起动。

（2）停车手信号。

① 显示含义。指示列车在该停车信号前方停车。

② 显示时机。看见列车头部灯光。

③ 显示地点。来车方向站台发车端端头。

④ 显示方式。面向来车方向，手（轨道侧）持红色信号灯/展开的红色信号旗平举。

⑤ 收回时机。列车至规定停车位置挺稳。

（3）调车手信号。

① 显示含义。表示调车进路（含防护进路）准备妥当，道岔已至规定位置并锁闭，准许列车运行至调车作业终点停车位置。

② 显示时机。确认全进路办理完毕，动车条件具备。

③ 显示地点。调车进路首架信号机处安全位置。

④ 显示方式。面向来车方向，右手持黄（白）色信号灯/展开的黄色信号旗高举头上左右摇动。

⑤ 收回时机。列车头部越过显示地点。

（4）紧急停车手信号。

① 显示含义。紧急情况下指示列车或车辆立即停车，要求司机立即采取停车措施。

② 显示时机。发现危及行车安全的紧急情况时。

③ 显示地点。危及行车安全事发点处迎来车方向安全位置。

④ 显示方式。手持红色信号灯/展开的红色信号旗高举头顶左右急剧摇动；无信号灯/旗时两臂高举头顶左右交叉急剧摇动。

⑤ 收回时机。列车停稳。

4. 手信号显示规定

手信号作为指示列车运行的命令，具有严肃性，行车人员必须熟知手信号的作业标准，显示信号时必须确保动作规范、显示准确和显示时机正确及时。

地面车站、高架车站及停车厂手信号显示原则上昼间使用信号旗，夜间使用信号灯，行车人员可根据当日天气情况选择使用信号灯或信号旗。所有地下车站一律按夜间办理，统一使用信号灯。

凡昼间持有手信号旗的行车人员，在未显示手信号时，应将信号旗拢起，双手自然下垂，放于身体两侧，左手持红旗，右手持绿/黄旗。

行车人员需确保手信号显示时机满足后，方可显示手信号。行车人员需确保手信号收回时机满足后，方可收回手信号。

5. 特殊情况下接发列车时显示手信号的时机和地点

（1）接车时，在看见列车头部灯开始显示；显示地点为头端墙。

（2）通过列车，应待列车头部越过信号显示地点后方可收回；显示地点为：有站台门的车站在站台尾端墙（内方），没有站台门的车站在站台尾端墙靠近紧急停车按钮附近。

（3）停站列车，应待列车停车后方可收回。

（4）发车信号（或好了信号）显示，必须在司机鸣笛回示后方可收回；显示地点为站台端墙司机立岗位置处。

（5）引导手信号，待列车头部越过信号显示地点后方可收回；显示地点为：来车方向端墙。

特殊情况下，列车运行时有关人员应遵守下列手信号的显示，如表 3.15 所示。

表 3.15　手信号的显示方式与显示地点

序号	类别	作用	显示地点	显示方式	显示方式
				地面站昼间日光较强时	地下站、地面站夜间或昼间日光较弱时
1	停车信号	要求列车停车	停车点的前端驾驶室处	展开的红色信号旗，无红色信号旗时，两臂高举头上，向两侧急剧摇动	红色灯光，无红色灯光时，用白色灯光上、下急剧摇动
2	紧急停车信号	要求司机紧急停车	事发点与来车方向间	展开红旗下压数次，无信号旗时，两臂高举头上，向两侧急剧摇动	红色灯光下压数次，无红色灯光时，用白色灯上下急剧摇动
3	发车（指示）信号	要求司机发车	前进方向第一节车厢与第二个车门处	展开的绿色信号旗上弧线向列车方面作圆形转动	绿色灯光上弧线向列车方面作圆形转动
4	通过信号	准许列车通过车站	须通过的安全地点	展开的绿色信号旗	绿色灯光
5	引导信号	准许列车进入车站或车厂	进站端墙司机立岗处	展开黄色信号旗高举头上左右摇动	黄色灯光高举头上左右摇动
6	好了信号	进路开通、某项作业完成	作业完成点的安全位置	用拢起信号旗作圆形转动；徒手时，伸直手臂向行车股道划圆	白色灯光作圆形转动
7	减速信号	要求列车降低速度运行	—	展开的黄色信号旗，无黄色信号旗时，用绿色信号旗下压数次	黄色信号灯光，无黄色灯光时，用白色或绿色灯光下压数次
8	降弓信号	要求司机降弓	—	左臂垂直高举，右臂前伸并左右水平重复摇动	白色灯光上下左右重复摇动
9	升弓信号	要求司机升弓	—	左臂垂直高举，右臂前伸上下重复摇动	白色灯光作圆形转动

（6）调车手信号如表 3.16 所示。

调车手信号行车时，列车限速 20 km/h，如设备限速低于 20 km/h，按设备限速执行。

表 3.16　调车手信号显示表

序号	调车手信号	显示方式	
	类　别	昼　间	夜　间
1	停车信号	展开的红色信号旗，无红色信号旗时，两臂高举头上，向两侧急剧摇动	红色灯光，无红色灯光时，用白色灯光上、下急剧摇动
2	减速信号	展开的绿色信号旗下压数次	绿色灯光下压数次
3	指挥列车或车辆向显示人方向来的信号	展开的绿色信号旗在下方左右摇动	绿色灯光在下方左右摇动
4	指挥列车或车辆向显示人反方向去的信号	展开的绿色信号旗上、下摇动	绿色灯光上、下摇动

续表

序号	调车手信号	显示方式	
	类别	昼间	夜间
5	指挥列车或车辆向显示人方向稍行移动的信号(包括连挂)	左手拢起红色信号旗直立平举，右手展开的绿色信号旗在下方左右小摆动	绿色灯光下压数次后，再左右小动
6	指挥列车或车辆向显示人反方向稍行移动的信号(包括连挂)	左手拢起红色信号旗直立平举，右手展开的绿色信号旗在下方上、下小动	绿色灯光平举上、下小动
7	三、二、一车距离信号	右手展开的绿色信号旗下压三、二、一次	绿色灯光平举下压三、二、一次
8	连挂作业	两臂高举头上，拢起的手信号旗杆成水平末端相接	红、绿色灯光（无绿色灯用白色灯光代替）交互显示数次
9	试拉信号（连挂好后试拉）	按本表第 5 或第 6 项的信号显示，当列车起动后立即显示停车信号	
10	取消信号：通知前发信号取消	拢起的手信号旗，两臂于前下方交叉后，左右摇动数次	红色灯光作圆形转动后，上下摇动

（7）徒手信号显示如表 3.17 所示。

在日常运作中，调车员或管理人员及行车有关人员检查工作或遇列车救援、发生紧急情况，没有携带信号灯或信号旗时，可用下列徒手信号显示。

表 3.17　徒手信号显示表

序号	徒手信号类别	显示方式
1	紧急停车信号(含停车信号)	两手臂高举头上，向两侧急剧摇动
2	三、二、一车信号	单臂平伸后，小臂竖直往外下压，三次为三车，二次为二车，一次为一车
3	连挂信号	握紧两拳头高举上，拳心向里，两拳相碰数次
4	试拉信号	如本表第 5 或第 6 项，当列车刚起动马上给停车信号（第 1 项）
5	向显示人方向稍行移动	左手高举直伸，右手平伸小臂左右摇动
6	向显示人反方向稍行移动	左手高举直伸，右手向下斜，小臂上下摇动
7	发车(指示)信号(好了信号)	单臂向列车运行方向上弧圈作圆作转动

（8）试验列车自动制动机的手信号显示方式如下：

① 制动：

昼间——用拢起信号旗高举头上。

夜间——白色灯高举。

② 缓解：

昼间——用拢起信号旗在下部左右摇动。

夜间——白色灯光在下部左右摇动。

③ 试验完了（或其他作业完成的显示）：

昼间——用拢起信号旗作圆形转动。

夜间——白色灯光作圆形转动。

二、与司机联控及清客的要求

1. 站车联控

（1）ATO 正常情况下站车联控。客车在终点站清客时站车联控流程如下：

① 司机驾驶列车到达终到站停车开车门、站台门。

② 站台岗清客完毕后用对讲机呼："列车清客完毕"接着面向司机方向显示"好了"信号。

③ 司机凭"好了"信号关站台门、车门。

④ 有乘客再次进入车厢时，站台岗确认未动车，马上用对讲机通知司机；如已动车，则马上用对讲机通知司机，同时按压紧停按钮，尽量让列车停车处理。

（2）站台乘客不能一趟车上完时，执行站车联控。

① 司机须用对讲机与站台岗联系："××方向列车准备关门"。

② 站台岗立即做好乘客拦截并应答："××方向列车可以关门。"如果乘客未下完，通知司机："乘客还未下完，请稍等。"乘客下完及时通知司机关门。

③ 司机按程序关门。

④ 站台岗确认站台门、车门关好后，须协助司机确认自己立岗位置附近车门、车门与站台门空隙内无夹人、夹物情况。发现夹人、夹物等危及行车或人身安全的情况立即用对讲机呼叫"××方向列车停车"同时按压"紧急停车"按钮，然后报告车控室。

（3）站台大客流时执行站车联控的要求。

① 设置车门负责人。大客流时，尽量增加值守员工；每节车厢设置一名该车厢的负责人。当收到司机呼车门关闭时车厢负责人立即宣传"车门关闭，请等候下一趟车"并通知分管车厢的各岗位马上拦截乘客，将乘客控制在黄线之后。

② 设置上/下行站台负责人。设置每侧站台的中部岗位为该侧站台负责人，其余员工为协助岗位；在收到司机呼"××方向列车准备关门"时，各岗位立即向站台的乘客宣传"车门关闭，请等候下一趟车"，并拦截准备上车的乘客。如果乘客未下完时，通知司机："乘客还未下完，请稍等。"上/下行站台负责人在黄线与站台门之间确认没有乘客贴近站台门后回复司机"××方向列车可以关门"。在确认不了的情况下留意对讲机对话内容，如果有其他岗位向司机要求延时关门的信息，马上追问该岗位情况，在得到该岗位回复安全信息后回复司机"××方向列车可以关门"。

③ 车控室的信息控制。行车值班员在信号设备上发现行车间隔过疏或过密时，主动把行车情况告知上/下行站台负责人；行车值班员做好广播，发现本站列车还没关门而下一趟列车已经从邻站开出时，把后续列车情况告知站台岗；行车值班员保持与 OCC 联系，根据站台客流情况向 OCC 提出加车申请。

（4）站台发生紧急情况时的站车联控执行流程。

① 站台岗立即呼唤司机“××方向司机停车”并通知司机紧急事件具体情况；同时立即按压紧停按钮；再报告车控室紧急事件具体情况。

② 行车值班员通过监视 CCTV 或接站台/司机报告出现紧急情况后，根据具体事件应立即通知司机停车或按压紧停按钮并报告行调。

（5）执行站车联控的注意事项。

① 如车控室通信设备联系不了司机，有站台岗的车站通过站台中转，没有站台岗的车站视情况通知离站台最近的人员中转或报行调将信息通知司机。

② 车站发现司机未执行站车联控措施时，及时询问司机。

2. 清客要求

接到行调清客命令后，司机打开车门、站台门，通知车站，播放“清客广播”清客；车站接到行调的通知后，立即派人上车协助清客，并播放广播安抚乘客；清客完毕后，车站显示“好了”信号，并报行调；司机确认车站的“好了”信号关门，报行调；若运营客车在折返车站出现乘客不配合清客的情况，车站工作人员须向乘客做好解释，若其仍不愿下车，车站报行调同时安排人员跟车陪同折返。

原则上不能连续安排 2 列同方向的客车在同一个车站临时清客。接载前方被清下来乘客的后续客车，原则上不能安排清客。

《运营时刻表》中无规定又未得到行调命令，司机不得驾驶客车通过车站，发生错误开门上客时原则上不清客并投入载客服务；当运营客车通过车站或清客时，司机应及时广播通知乘客。

三、人工排列进路

信号联锁功能故障时，列车运行进路需要车站人员现场人工排列。一般由车站值班站长或值班员带领站台站务员进入区间进行人工排列进路，值班站长对该项作业负责，站务员起协助、互控的作用，因此站务员也需掌握人工排列进路的技能。站务员进入轨行区人工排列进路时，要事先准备好相关工具和器具并设置好相应防护，按照规范的操作程序操作。下面以轨道交通常用的 60 kg/m 轨 9#道岔为例介绍人工排列进路的操作程序。

1. 工具和器具的准备与使用

轨道交通车站人工排列进路一般必须携带的工器具有信号灯（旗）、红闪灯、手摇把、道岔盖孔板锁钥匙、道岔断电钥匙、钩锁器、扳手、锁头、无线电台、手电筒等，并应穿荧光衣、戴手套。其中信号灯（旗）用于向司机显示行车信号，红闪灯用于现场安全防护，手摇把、道岔盖孔板钥匙、道岔断电钥匙用于操作转辙机转换道岔，钩锁器、扳手、锁头用于钩锁道岔。

2. 人工排列进路作业程序

下线路前应先通过车站控制室值班员向控制中心行车调度员请点，得到控制中心行车调度员允许后，在所进入的区间可能来车的方向（一般为后方站）设置防护，一般采用闪烁的红闪灯作为防护信号。红闪灯应放在站台端墙外轨道中央方便司机瞭望的位置。

转换道岔时，单转辙机的道岔应一人操作，一人防护、确认，双转辙机的道岔则应双人操作，共同防护、确认。手摇转换道岔按照“六步曲”进行操作。

一看：看道岔开通位置是否正确，是否有钩锁器，是否需要改变位置。人站立于轨道中央，面对尖轨（人距尖轨不超过 1 m）。开通左位时，右侧尖轨密帖基本轨，左侧尖轨与基本轨有空隙，道岔开通左位的情况如图 3.25 所示；开通右位时，左侧尖轨密帖基本轨，右侧尖轨与基本轨有空隙，道岔开通右位的情况如图 3.26 所示。

判断道岔开通位置后，双人确认，手指口呼，标准用语：“W××××道岔，开通左/右位，尖轨（是否）密贴，缝隙有/无异物，已/未加锁，（是否）需改变道岔位置。”

例如：W2401 道岔，开通左位，尖轨密贴，缝隙无异物，已加锁，需改变道岔位置。

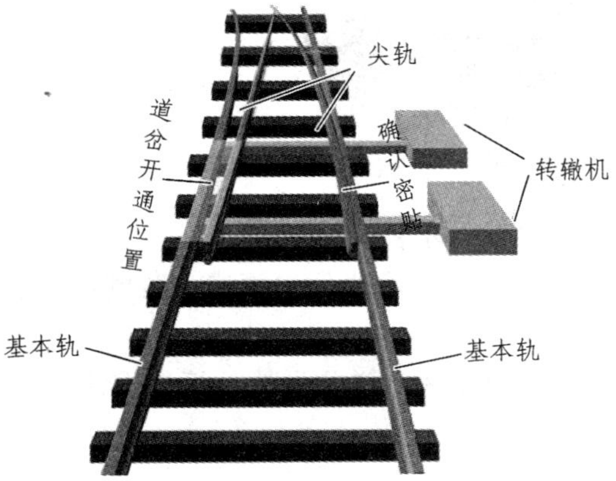

图 3.25　开通左位道岔示意图

工

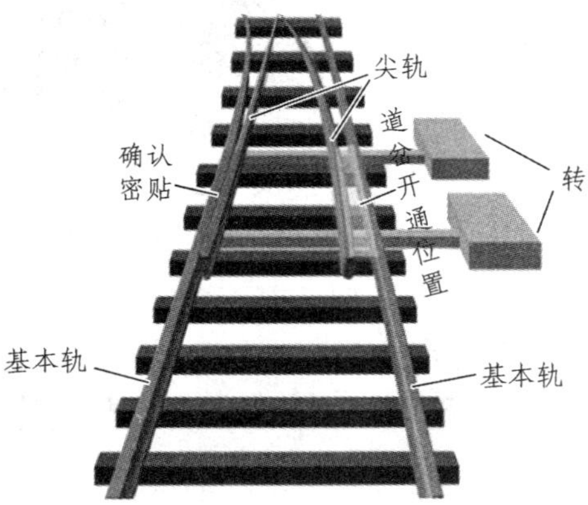

图 3.26　开通右位道岔示意图

二开：若该道岔已加装钩锁器，又需要改变道岔位置，则先将钩锁器拆除并双人确认。标准用语：“钩锁器已拆除。”

使用断电钥匙将 A 机断电开关的锁打开，逆时针转动断电开关约 135°可感觉到电闸被断开，即断电成功；断电成功后，插孔内的隔板会打开，手摇把才能够完全插入插孔内，否则插孔处于关闭状态。

三摇：摇道岔转向所需的位置，在听到转辙机“咔嚓”落槽声后停止，如图 3.27 所示。

图 3.27　摇道岔示意图

四确认：转动到位后，需要确认道岔开通位置是否正确，尖轨是否密贴，缝隙是否有异物。判断方法同“一看”。标准用语：“W××××道岔，开通左/右位，尖轨密贴，缝隙无异物，需加一副钩锁器”手指尖轨呼“开通左（右）位，尖轨密贴”，另一人应答确认，如图3.28所示。

图 3.28　相互确认示意图

若道岔均为双转辙机，需要听到两声“咔嚓”落槽声，才表示道岔已经转到位；一般来说，第一声落槽声响起后需要再摇20圈左右才会听到另一台转辙机发出第二声落槽声。标准用语：“听到两声落槽声。”

五加锁：另一人在确认道岔开通正确位置后，用钩锁器锁定道岔尖轨（折返道岔只挂不锁），如图3.29所示。

图 3.29　加钩锁器示意图

若道岔为双转辙机，道岔需要加两副钩锁器，一般情况下，在现场（钢轨外侧轨腰处）已进行标记。加锁完毕后，再次确认道岔开通及加锁情况。标准用语：“W××××道岔，开通左/右位，尖轨密贴，缝隙无异物，已加两副钩锁器。”

六汇报：向车站控制室值班员汇报该道岔开通位置及钩锁情况。

人员及所有物品出清到安全位置后，向车控室报告道岔开通及人员物品出清情况，并根据行调的指令，执行给司机打道岔开通的“好了”信号等操作。“好了”信号应使用白灯，往车体方向做上弧线转动。标准用语：“车控室，W××××道岔，开通左/右位，尖轨密贴，缝隙无异物，已加两副钩锁器，人员及物品已出清至安全位置。”

手摇道岔时的呼唤应答用语如表 3.18 所示。

表 3.18　呼唤应答用语

时机	人员 1	人员 2	车控室
到达道岔位置		车控室，下线路人员到达W×岔	下线路人员到达 W×道岔，车控室明白
确认道岔位置	车控室，W×道岔开通左/右位需要摇到右/左/位（位置正确尖轨密贴可以加锁）	车控室，W×道岔开通左/右位需要摇到右/左/位（位置正确尖轨密贴可以加锁）	W×道岔开通×位需要摇到×位/（位置正确尖轨密贴可以加锁），车控室明白
对道岔断电时	W×道岔已断电	W×道岔已断电	
开始摇道岔时	开始摇岔	开始摇岔	
听到落槽声时	听到落槽声	听到落槽声	
确认尖轨密贴时	W×道岔开通左/右位，尖轨密贴可以加锁	W×道岔开通左/右位，尖轨密贴可以加锁	
加锁完毕	W×道岔开通左/右位，并已加锁	车控室，W×道岔开通左/右位，并已加锁	W×道岔开通左/右位，并已加锁。车控室明白

人工排列进路的关键是进路内所有道岔均须转到正确位置并用钩锁器钩锁。另外，目前部分轨道交通线路使用的高速道岔使用可动岔心，可消除有害空间，提高列车过岔速度。人工转动可动岔心道岔时，必须确认尖轨和可动心轨均已密贴，并需要对可动心轨和尖轨进行加锁。加锁时，先加锁辙叉心，再加锁尖轨，以避免遗漏辙叉心。

四、非正常情况下联锁工作站的操作

信号故障对运营及乘客出行的影响非常大，故障持续时间越长，影响越大，因此在发生信号故障后，按“先通后复”的原则进行处理的同时，各岗位应尽量为信号人员的抢修创造便利条件，减少故障持续时间。

目前，城市轨道交通常见的信号系统包括西门子系统、阿尔卡特系统、卡斯柯系统、MTC-I 型基于通信技术的列车控制系统（CBTC）等。

1. 西门子系统常见的信号故障及处理流程

（1）发生 ATC 信号系统故障的处理（无显示）：

① 行调应授权给联锁站控制。

② 联锁站值班员确认 LOW 工作站上的 RTU 降级模式是否激活，当“RTU 降级模式激活”时，保持原状态。若“RTU 降级模式未激活”时，联锁站应在确认客车进站停稳后人工在 LOW 上取消运营停车点，当线路各联锁区 RTU 降级模式未激活时，则在 LOW 工作站上设置列车进路。

③ ATS 设备故障时，行调通知司机在显示屏上输入当时车次号，到换向运行时，输入新的目的地码和车次号，直至行调通知停止输入为止。

④ 报点站向行调报告各次列车的到开点，至行调收回控制权时止。

⑤ 行调以报点站为单位铺画客车运行图，至 ATS 设备恢复正常，收回控制权时止。

⑥ 当车站在 LOW 工作站上取消不了运营停车点时，应立即报告行调，由行调转告司机，用 RM 模式驾驶客车出站，直至转换为 ATO 模式；当车站取消运营停车点而客车目标速度仍为零，且超过 30 s 时，车站值班员应报告行调，由行调指示司机开车。ATO 驾驶恢复正常时，应向行调报告。

⑦ 当 ATS 的自动排进路或联锁系统（SICAS）的追踪进路不能自动排列时，应由人工介入，在 MMI 上或在 LOW 工作站上人工排列进路。

⑧ 当地铁线路 ATS 设备功能不具备或发生故障时，行调使用 CLOW 监督全线列车运行状态。

（2）当 SICAS 发生故障时，由值班主任决定采用站间电话联系法组织行车（停在区间的列车由行调组织运行到前方车站）。在执行电话闭塞法组织行车的区段内，中间站原则上不组织列车折返运行；涉及列车站后折返时，行调组织车站按调车方式办理折返。

① 只具备站前折返功能的车站，按照电话联系法组织行车。

② 只具备站后折返功能的车站，正线故障影响区域按照电话联系法组织行车，站后折返车站按调车方式办理。

③ 同时具备站前和站后折返功能的车站，正线故障影响区域按照电话联系法组织行车，站后折返车站按调车方式办理。或者站前折返，按照电话联系法组织行车。

（3）单副道岔故障。

① 折返时非必经的道岔故障：可暂不处理，优先选择其他折返进路进行折返。

② 站前折返，列车必经且必须转动的道岔故障时，按照行调命令或者按照电话闭塞法（电话联系法）组织行车，不同线路的具体组织办法见附件。

③ 站后折返，列车必经且必须转动的道岔故障时，按照调车方式组织行车。

④ 列车必经但不是必须转动的道岔故障时，则电子锁定在正确位置（不能锁定时则人工手摇并钩锁在正确位置），由行调组织列车折返，配合设备抢修可以采用调车方式组织列车折返。如此类道岔需进行操作，要经事故处理主任同意，且动作后需现场重新确认道岔状态。

（4）终点站联锁区全区红光带。参照 SICAS 故障进行处理，但道岔由车站人员在 LOW 上确认安全后强行转岔并电子加锁，不需人工钩锁。

（5）信号机故障。信号能显示时，原则上司机凭信号动车；信号不能正常开放但可以排列进路时，行调授权司机越红灯（或蓝灯）。信号机故障情况下的抢修由行调组织。

（6）道岔故障时维修人员下线路抢修时的组织。

① 原则上谁组织行车由谁组织抢修。行调组织行车时，由行调组织进行抢修；车站按站间电话联系法或电话闭塞法组织行车时，由车站组织进行抢修。

② 在行调组织抢修的情况下，车站下线路钩锁道岔人员应携带可与行调直接通话的手持无线台和与车控室联系的对讲机，优先与行调联系下线路、道岔钩锁及出清线路等情况，与行调不能直接联系时通过车控室中转。

③ 在车站组织抢修的情况下，车站下线路钩锁道岔人员应携带可与车控室联系的对讲机，直接与车控室联系下线路、道岔钩锁及出清线路等情况。

④ 对于折返时必经但非必须要转动的道岔，现场人员进路准备完成到达安全位置后，行调可立即组织列车动车，现场钩锁人员利用行车间隔返回站台。

2. 阿尔卡特系统

采用阿尔卡特移动闭塞信号系统的正线使用 ATC 列车自动控制系统，由 OCC 或车站控制，分为 4 个子系统：

（1）SMC 系统管理中心，执行 ATS 功能。

（2）VCC 车辆控制中心，执行中央 ATP/ATO 功能。

（3）STC 车站控制器，执行 ATC 的安全性轨旁功能和后备联锁功能。

（4）VOBC 车载控制器，执行车载 ATP/ATO 功能。

OCC 调度中心配备 SMC 系统、VCC 系统，中央设备含主机和监控设备：

（1）中央控制室应配备有 SMC 系统的人机接口（HMI）。

（2）行调台模拟显示屏，中央调度员通过模拟显示屏、HMI 监督和控制全线的列车运行及信号设备的工作状态。

（3）SMC 通过远程终端控制单元（LSMC）实现与联锁站信号设备的联系。

（4）车厂派班室、控制台室应配备有 ATS 人机接口（HMI）各一套。通过 HMI 可以输入车组号，计算客车运行里程，监督列车运行情况。

正线线路划分不同联锁区，不同联锁区设立联锁站，联锁站分别设有联锁工作站（以下简称 LSMC）。正线配有联锁设备的车站为联锁站，使用阿尔卡特微机联锁设备（INTERSIG）。

（1）正线不设进、出站信号机，只设进路防护信号机。

（2）LSMC 具有自动进路和自动通过作业功能。

（3）车厂与正线连接站的信号接口，设有相互照查进路电路。

中央信号系统设中央紧急停车按钮（CESB），中央紧急停车按钮按下时，VCC 区域内所有列车全部紧急制动。该功能在信号系统未实现 ATC 功能时不能使用。站控室设有 IBP 控制盘，盘面上的上、下行线路分别有紧急停车、取消紧停，扣车、终止扣车，切断报警及灯泡试验等按钮各一个。当 ATC 设备正常使用时，站务人员根据行车工作的需要按压各按钮。车站每侧站台设有 2 个紧急停车按钮（PESB），ATP 设备正常使用的条件下，站台上的 PESB 被按压时，站控室的 IBP 控制盘将报警。

信号系统 STC 自检时间分别为凌晨 2:15—2:30、2:45—3:00。在 STC 自检过程中，不允许设置/更改轨旁设备的状态，严禁排列 MRR 进路，禁止开关车门、站台门、防淹门、转换道岔等操作，严禁组织列车越过未钩锁道岔。

常见的典型信号故障有 LSMC 故障、联锁 STC 故障、道岔故障、信号机故障等。

（1）LSMC 故障。

① 非设备集中站 LSMC 发生故障不影响行车，车站按故障报告程序报告故障。

② 信号系统采用完全后备模式或 SMC 后备模式行车，设备集中站的 LSMC 故障时，所有信号操作无法进行，车站报告 OCC，值班主任决定执行电话闭塞法组织行车。

③ 信号系统采用 ATC 模式行车，设备集中站的 LSMC 故障时，所有信号操作无法进行，车站报告 OCC，OCC 能操作时，由行调进行操作，否则，执行电话闭塞法组织行车。

（2）终点站 STC 故障。

① 只具备站前折返功能的车站，按照电话闭塞法组织行车。

② 只具备站后折返功能的车站，正线故障影响区域按照电话闭塞法/站间电话联系法组织行车，站后折返车站按调车方式办理。

③ 同时具备站前和站后折返功能的车站，正线故障影响区域按照电话闭塞法组织行车，站后折返车站按调车方式办理。或者站前折返，按照电话闭塞法组织行车。

（3）单副道岔故障。

① 折返时非必经的道岔故障：可暂不处理，优先选择其他折返进路进行折返。

② 站前折返，列车必经且必须转动的道岔故障时，按照行调命令或者按照电话闭塞法组织行车。

③ 站后折返，列车必经且必须转动的道岔故障时，按照调车方式组织行车。

（4）信号机故障。信号能显示时，原则上司机凭信号动车；信号不能正常开放但可以排列进路时，行调授权司机越红灯（或蓝灯）。信号机故障情况下的抢修由行调组织。

（5）道岔故障时维修人员下线路抢修时的组织。

① 原则上谁组织行车由谁组织抢修。行调组织行车时，由行调组织进行抢修；车站按电话闭塞法组织行车时，由车站组织进行抢修。

② 在行调组织抢修的情况下，车站下线路钩锁道岔人员应携带可与行调直接通话的手持无线台和与车控室联系的对讲机，优先与行调联系下线路、道岔钩锁及出清线路等情况，与行调不能直接联系时通过车控室中转。

③ 在车站组织抢修的情况下，车站下线路钩锁道岔人员应携带可与车控室联系的对讲机，直接与车控室联系下线路、道岔钩锁及出清线路等情况。

④ 对于折返时必经但非必须要转动的道岔，现场人员进路准备完成到达安全位置后，行调可立即组织列车动车，现场钩锁人员利用行车间隔返回站台。

3. 卡斯柯公司的基于波导管无线通信的移动闭塞信号系统（CBTC）

卡斯柯公司的基于波导管无线通信的移动闭塞信号系统（CBTC），由 5 个子系统组成：ATC 列车自动控制子系统（包括 ATO 列车自动驾驶及 ATP 列车自动防护）、CBI 计算机联锁子系统、ATS 列车自动监控子系统、DCS 数据传输子系统、MSS 维护支持子系统，可由车站或 OCC 控制。

1）ATC 列车自动控制子系统（包括 ATO/ATP）

（1）轨旁 ATC 设备。

① 包括室内的线路控制器（LC）、区域控制器（ZC）及轨道上的信标等。

② 区域控制器（ZC）：用于执行轨旁 ATP 功能，处理线路占用信息、自动防护和进路等信息。

③ 线路控制器（LC）：在车厂信号设备房设置，用于管理临时限速（TSR）和 ATC 软件版本。

④ 信标：根据连接方式分为无源信标和有源信标。

无源信标主要用于 CBTC 模式下列车定位、精确停车等；有源信标主要用于点式 ATP 模式下（有源信标在 CBTC 模式下也可用作重定位信标），信号机、道岔状态信息由联锁经欧式编码器和有源信标传送给列车，当列车读取到信标时，可得知前方信号机是开放还是关闭。

（2）车载 ATC 设备。包括车载控制器（CC）、司机显示单元（DMI）、编码里程计、信标天线、闭塞模式选择开关（即 CBTC/BM 开关）等。闭塞模式选择有两种："CBTC"模式和"BM"模式（即点式 ATP 模式），在司机室有闭塞模式选择开关，切换该开关时（从 CBTC 切换到 BM，或者从 BM 切换到 CBTC），必须在停车时执行，否则将触发紧急制动。

（3）ATO 的基本功能。包括自动驾驶、车门管理、精确停车、列车调整功能（ATO 子系统能够从 ATS 收到控制发车、扣车、跳停等控制命令，此控制命令通过连续车-地无线通信直接发送到 ATO 子系统执行）等。

2）CBI 计算机联锁子系统

（1）联锁设备主要包括：道岔、信号机、计轴及联锁控制终端等。

（2）信号机设置。

① 正线不设进站信号机，只设进路防护信号机、出站信号机、区间信号机。

② 正线只有进站的进路防护信号机及出入厂线的部分信号机设置了引导功能，对于其他信号机不设置引导功能。

（3）计轴系统。

① 计轴点：为了实现对轨道区域的空闲和占用检查，计轴系统在轨道上设置计轴点，计轴点安装有车轮传感器，用于探测车轮轴数及运行方向。计轴点的设置原则是：一个计轴区段内所有能够通过列车的端头都设置有计轴点（尽头线末端不设计轴点）。

② 计轴区段：相邻计轴点之间（岔区为相邻几个计轴点之间）或计轴点与轨道末端之间的轨道区域为一个计轴区段。在 CBTC 模式下，根据计轴区段长短的不同，一个计轴区段可被虚拟划分为一个或几个 ATP 区段，一个 ATP 区段的长度不少于一列客车的长度。

（4）联锁终端操作设备。各车站均设有 2 套本地 LATS 工作站（与本地联锁工作站合用，称为 HMI），可对管辖内车站实现监控。其中，各联锁站可执行相关 ATS、联锁操作命令，非联锁站则只监不控。

3）ATS 列车自动监控子系统

（1）系统功能：ATS 与联锁、轨旁 ATC 设备、车载 ATC 设备、发车指示器（DTI）等其他信号系统一起工作，实现信号设备的集中监控，并控制列车按照预先制订的运营计划在正线自动运行。

（2）系统接口：ATS 与时钟、广播、乘客资讯、无线、综合监控等其他系统实现接口。

（3）ATS 设备分布描述：设备主要分布于控制中心、联锁站、非联锁站和车辆段、车厂。

① 控制中心大厅 ATS 主要包括以下设备：3 套行调工作站 MMI、1 套 CHMI。

② 联锁站 ATS 主要包括以下设备：2 套本地 ATS 工作站（与本地联锁工作站合用，称为 HMI）、若干发车指示器（DTI）等。

③ 非联锁站 ATS 主要设备有：1 套本地 ATS 工作站（称为 HMI）、若干发车指示器（DTI）等。

④ 车厂 ATS 主要包括以下设备：2 套本地 ATS 工作站（称为 MMI）等。

4）DCS 数据传输子系统

（1）包括有线部分与无线部分，主要有骨干网、轨旁无线接入点（AP）、波导管、车载 DCS 天线、车载无线调制解调器、车载以太网等设备。

① 骨干网：覆盖整条线路，用于保证轨旁设备之间及轨旁设备与车载设备之间的所有通信。

② 轨旁无线接入点（AP）：与骨干网连接并分布在轨道沿线，用于保证与列车之间的无线通信。

③ 车载 DCS 天线：安装在列车两端 A 车的底部（信标天线也安装在两端 A 车的底部），互为备用，用于保证与轨旁无线接入点之间的无线通信。

④ CBTC 模式下依靠车载 DCS 天线与轨旁无线接入点之间不断进行的信息交换实现不间断的车-地通信。

（2）传输 CBI 信息、ATP/ATO 信息、ATS 信息的网络通道均为冗余设计，当一条通道故障时可自动切换到另一通道传输；传输 MSS 信息的网络通道为非冗余设计。

5）联锁区 CBI 或联锁区全部计轴故障处理

联锁区 CBI 或联锁区全部计轴故障时，由值班主任决定采用站间电话联系法组织行车，区间的列车由行调组织运行到前方车站。在执行站间电话联系法组织行车区段内的车站，原则上不组织列车折返运行。故障联锁站正线上的道岔均要开通正线，并使用钩锁器锁定；两端站的折返道岔在确认位置正确后，使用钩锁器但只挂不锁。联锁站全部计轴故障时，能从 HMI 上确认道岔位置正确并锁定，可以不到现场钩锁道岔。

6）ATS 故障

当一个联锁站一套 ATS 设备出现故障时，可由另一备用 ATS 设备接替管理，不影响使用。当一个联锁站双套 ATS 设备出现故障时，OCC 失去该联锁站车站的站场显示，并显示“CATS 服务器与 LATS 服务器连接断开”；该联锁站联锁功能仍正常，转为紧急站控模式，该站时刻表功能不可用。故障发生后具体处理措施为：

（1）行调与故障联锁站相互通报与确认故障，故障联锁站连接 VPI 后，进路由行值设置为自动通过进路、自动折返进路或者由行值人工排列有关进路。

（2）OCC 调度中心及时通报通号部门进行处理。

（3）原则上行调无需铺画列车运行图，各站无需报点，但各站应纪录各次列车的到发时刻并及时填记《行车日志》。

五、报点要求及相关知识

（1）关于运行图记录和报点的规定如下：在未实现信号 ATS 功能前由行调根据《运营时

刻表》规定的时刻，人工铺画计划运行图；根据 ATS 显示或车站报点，铺画实际运行图，控制列车运行方向和间隔。

（2）行调根据车站报点铺画列车实际运行图，特殊情况下各车站均需按行调要求报点。当列车在车站停站时分增晚 30 s 以上时，列车所在站要向行调报点并报告原因。

（3）车站在《行车日志》中记录/办理列车的车次（同一列车）以第一个站记录/办理的为准（第一个站应与司机联系确认），其后的车站在《行车日志》中记录或办理列车时均延续使用该车次。

对各时间点以“××：××′××″”（即××时××分××秒，不同时的小时数第一次出现时必须记录，其后可不记录）的格式记录和通报；秒数四舍五入，取 10 的倍数。

（4）当 SICAS/CBI 故障时，执行站间电话联系法的起止站和报点站须向行调报点（出清点），并同时向前方站报开点。实施站间电话联系法的车站，邻站之间需相互报点，并在《行车日志》上进行相应的记录。

① 到达列车（以某一方向的行车为例，下同）。当本站站台线路空闲后，方可同意后方站的发车请求，并填写“同意后方站发车时分”；接到列车从后方站发出（出清站台）的通知后，本站相应填写“后方站发出时分”；该列车到达本站后，填写“本站到达时分”。

② 出发列车。前方站同意本站的发车请求后，填写“前方站同意发车时分”；列车从本站发出（出清站台）后，填写“本站发出时分”，并立即通知前方站，再通知后方站；当接到该趟列车从前方站发出时分的通知后，填写“前方站发出时分”。

③ 本站接到列车从前方站发出（即“前方站发出时分”）的通知后，方可向前方站请求发车（即本站没有收到列车从前方站发出的通知时，本站不得向前方站请求发车，防止列车没有出清前方站时又向前方站发出列车）。相应的，列车没有从本站发出时，不得同意后方站的发车请求。

（5）终点站。

① 到达的列车（准备折返的列车），当列车出清站台、进行折返时，终点站填写“出发”栏目的“本站发出时分”，同时通知后方站（后方站相应填写“出发”栏目的“前方站发出时分”），后方站才可以请求发下一趟列车（此时，对终到列车终点站不用填写“出发”栏目的“前方站同意发车时分”）。

② 出发列车（折返后准备发出的列车）。“到达”栏目的“同意后方站发车时分”“后方站发出时分”不用填写，当列车折返后进入站台停车时，直接记录“本站到达时分”，然后再根据情况向前方站办理发车。

六、降级行车组织的有关要求

一般情况下，车站信号设备出现故障时的降级行车组织工作有 ATC 故障而联锁正常时的车站组织和联锁故障时的车站组织两大类内容。

1. ATC 出现故障而联锁正常时的组织

目前，各个城市的轨道交通均采用列车自动控制系统（ATC）控制列车运行，且一般在 ATC 之外还后备一套较简易的信号系统，至少具备联锁功能，ATC 出现故障时可全线降级到后备联锁模式组织行车，即车站、联锁站排列行车进路，列车采用人工驾驶模式，按地面信号显示行车。在后备联锁模式下，人员介入的程度增加，列车运行没有 ATP 保护，安全风险大大增加，这种情况下合理安排好人员组织行车、控制好安全关键点、确保行车安全是轨道交通车站值班站长的首要任务。

后备联锁模式下由各车站、联锁站排列行车进路，值班站长须安排操作人员专人排列进路，并指定人员监督其作业。一般情况下操作员由当班行车值班员担任，监督人员由有相应资质的站务员担任。

常见的降级行车组织模式有区段进路行车法。区段进路法是指将列车运行进路划分为若干个固定的区段，区段站与区段站之间确认进路空闲，或确认本区段内进路空闲后，在信号集中设备上排列进路，列车按地面信号显示行车的一种行车组织方法。区段可以由单个或多个信号进路组成。

区段进路行车法适用于信号系统具备联锁功能但不具备点式 ATP 功能时，根据行调命令采用区段进路法组织行车。

区段进路法的启用条件如下：

（1）阿尔卡特信号系统：① VCC 故障，故障初期 10 min 交由信号人员重启设备，设备重启后不能恢复时，启动电话闭塞法组织行车；② 非连续的两个及以上环线故障，且故障在 30 min 内不能恢复；③ 当 VCC 与 SRS 都出现故障时，立即启动完全后备模式。

（2）CBTC 信号系统：① VCC 区域轨道全部关闭且不能开放，行调通知车站、司机启动 SMC 后备模式行车时；② 信号具备联锁功能但不具备点式 ATP 功能时；③ 信号只具备联锁功能时。

在正线上，以相邻两个车站的进路防护信号机之间为一个区段（即每一个车站的进路防护信号机与前一个车站的进路防护信号机为一个区段）。其他未列明的区段进路，以信号进路为区段进路。

进路的办理需遵循以下原则：① 一个区段只允许一列列车占用；② 各区段的进路由相关联锁站或设备站在 LOW/LSMC/HMI 上排列；③ 列车进入区段的凭证：区段分界点进路防护信号机的开放信号；④ 区段分界点进路防护信号机开放的条件：列车运行前方区段空闲；⑤ 各站之间加强联系，严格确认进路空闲后，及时办理进路并开放信号。

当某一区段的信号机均由同一个联锁站控制时，列车出清区段后，该联锁站操作员立即准备该区段的后续列车进路。

当某一区段的信号机分别由两个联锁站控制时：

（1）在列车出清区段后，接车联锁站立即准备该区段在本联锁区范围的后续列车接车进路，并在确认该区段内所有信号均已开放后通知发车联锁站。

（2）发车联锁站必须得到接车联锁站进路准备好的通知并复诵，确认正确后，方可准备该区段在本联锁区范围的相关发车进路并确认信号显示正确。

（3）接车联锁站通知发车联锁站的用语为“××信号机至××信号机进路准备好”，发车站复诵。LSMC 车站为“××站上/下行至××站上/下行进路准备好”。

（4）在列车出清本站后，填写《行车日志》，并向前方站和后方站报开点，并按各线行规向行调报点，行调以上述各站为单位铺画列车运行图，记录列车运行时刻，监控列车运行。

因列车采用全人工驾驶，按地面信号显示行车，行车的风险大大增加，值班站长应安排站台岗与司机做好站车联控工作，提醒司机注意出站信号机的开放情况。因全人工驾驶时需要监督司机安全作业及协助司机开关站台门，进入后备联锁模式时车站需安排人员登乘列车，值班站长应安排好有资质的人员登乘，以确保安全驾驶。

除行车方面人员安排外，后备联锁模式下的行车效率远低于正常水平，通常都将导致行车间隔大大增加、列车晚点较多，因此，大客流车站、联锁站的值班站长可请求就近的小业务量车站人员支援。

2. 联锁出现故障时的组织

信号设备基本联锁功能出现故障时，轨道交通企业通常采用电话闭塞法或电话联系法等人工方法组织行车，该类人工行车方法效率很低，安全性较差，车站人员对行车关键环节做好盯防，在确保安全的基础上尽量提高行车效率。

（1）电话闭塞法。电话闭塞法是在信号系统自动控制（ATP）功能、联锁后备功能均发生故障的情况下，人工通过电话方式与邻站进行联系来确认区间空闲状况，使用路票作为列车行车凭证进入区间的一种行车组织办法。电话闭塞法一般以站间区间作为闭塞分区，属于固定闭塞法的一种，是空间间隔法。

（2）电话联系法。电话闭塞法所使用的行车凭证是路票，因办理手续、填写路票、交接路票等需要时间较多，对轨道交通的列车运行效率影响较大。为了提高效率，在一定的限制条件下，如限制列车驾驶速度等情况下，车站办理好闭塞手续后，司机直接凭车站工作人员的发车手信号动车，不再使用路票。这种在电话闭塞法基础上简化的行车组织办法称为电话联系法。两者比较而言，采用电话闭塞法组织行车时车站作业时间较长，但手续严谨，列车运行速度可较高，较适合郊区站间距长的线路；而采用电话联系法组织行车时车站作业时间较短，但运行速度受限制（一般限制为司机瞭望到异常能随时停车的 25 km/h 左右），较适用于站间距离较短的市内线路上。

3. 联锁站故障应急处理程序

1）降级行车组织原则

（1）发生故障需要组织降级运营时必须贯彻“安全第一”的原则。

（2）当信号设备重启不成功时，行调确认区间列车已在道岔前停稳，安排车站人员下线路，人工钩锁道岔后，由车站按调车方式组织区间列车进站。

（3）在故障发生后，行调遵循“判断—控车—找车—摆车—锁岔—发令—办手续—降速—控间隔”的流程处理。

（4）排列进路原则：效率优先原则（原则上先排发车进路再排接车进路，特殊情况下车站可根据实际情况进行调整）。

2）故障期间组织流程

（1）判断。行调在故障发生后应根据故障现象及时做出准确的判断，当判断联锁区 CBI 故障或非 CTC 模式下联锁区全部计轴故障时，通知车站做好人工排路准备。MTC-I 型国产化信号系统故障现象归纳如下：信号联锁设备全部灰显或联锁区全红；信号联锁设备上有相应的报警信息；相邻联锁区向故障联锁区不能排列进路；列车在故障联锁区会产生紧制。

在故障发生后，值班主任助理立即向通号部门发布抢修令，组织信号人员处理。

（2）控车。故障发生后，行调应及时将故障信息通报全线，并通知非故障区域列车多停，两端终点站晚发，以延缓列车到达故障区域的时间。行调扣停开往故障区域的列车，避免一个区间停有两列及以上列车，导致列车在区间停车时间较长。列车在区间停车超过 2 min，视情况通知环调送风。

（3）找车。

① 行调参考 HMI 上残留的车次位置，通过“全呼 + 逐个区间点名”的方式按顺序核对故障区域内的列车位置。

② 行调核对在线列车数量与时刻表（ATS 运行图和纸质时刻表）一致并与车厂信号楼核对上线列车数量是否正确。

③ 行调向相关车站发布当前列车位置的信息，行调采用“地点 + 方向 + 车次”的呼叫规则通知车站，确认车站复诵全部正确。

（4）摆车。行调确认了故障区域内列车位置后开始摆车，按照“核一台，标一台”的原则执行。

列车在区间停车，行调确认前方站台空闲后，优先组织区间列车以 RM 模式限速 10 km/h 进站。如运行进路中有道岔，司机凭行调命令限速 10 km/h 运行到道岔前 30 m 处停车向行调报告。

当信号重启时间达到 10 min 且故障仍未恢复，行调确认区间列车已在道岔前停稳，安排车站人员下线路，人工钩锁道岔后，由车站按调车方式组织区间列车进站。

在组织故障区间载客列车进站，遇前方站台有列车占用时，行调组织站台列车清客，以 RM 模式运行到下一站，空出站台线路组织区间的列车进站待令（若前方站台空闲或前方站台停站列车可以直接组织往下一站台摆车时，站台停站列车不用清客）。

（5）锁岔。故障区域内所有列车均在站台或辅助线停稳后，行调立即组织车站人员下线路人工钩锁道岔。

防护设置原则：防护采用现场设置原则，排列接发列车进路时红闪灯由现场人员就地（可能来车方向 5 m 处）设置。

出清原则：撤除防护，现场避让出清线路（工具备品出清及人员在安全位置）。

当遇有列车在折返线停车，行调通知车站人员在来车方向设置防护并人工办理列车进路。钩锁完毕后，在安全位置给司机显示“道岔好了”信号，司机凭信号动车（若安全位置无法显示“道岔好了”信号时，现场人员用对讲机通知司机动车，司机听到后必须复诵。车控室做好监听。但此种情况仅限现场无法显示“道岔好了”信号时使用）。

（6）发令。待故障区域内列车全部在站台停稳，故障区域内全部道岔（不含折返站需手摇道岔）已人工钩锁完毕后，OCC 及时与信号人员核对重启及故障处理情况。

如信号设备仍未恢复正常，行调对全线各站和全线列车发布站间电话联系法的命令。

对车站命令格式：因 × × 联锁区联锁设备故障，自发令时起，× × 站 ~ × × 站上下行线采用站间电话联系法组织行车（× × 站按调车方式组织列车站后折返），故障区域内各站安排 NRM 监控人员添乘列车。

对司机命令格式：因××联锁区联锁故障，自发令时起，××站～××站上下行线采用站间电话联系法组织行车，××站～××站上下行列车以 RM 模式限速 25 km/h 运行。

（7）办手续。行调发布降级命令后，车站之间做好联控，及时办理闭塞手续。

区间空闲确认方法如下：第一趟列车，发车站根据行调发布的列车位置，与前方站共同确认运行前方的区间（包括到达站的站台线路，下同）空闲。从第二趟列车开始，发车站根据施工示意图中的标识、《站间电话联系法控制表》及前方站报的前方站列车出清点（同一线路），确认列车运行前方的区间空闲。第一趟列车从发车站发出—到达接车站—出清接车站后，没有其他物品侵入轨行区或影响行车，即可视为发车站（不包括站内线路）至接车站（含站内线路）的线路空闲（只同一线路，且为邻站）。

同意（请求）接（发）车的条件如下：

① 接/发车站在确认本站接/发车进路准备好，列车运行区间空闲，方可同意（请求）接（发）车。

② 对于各方向第一趟列车必须根据行调发布的列车位置、前方站共同确认前方区段空闲后，方可办理相关发车手续。

③ 对于第二趟及以后的列车，发车站必须在收到前方站（接车站）给出前一趟列车的出清点后，方可提出发车请求。

④ 发车站收到接车站报前发列车出清点时，及时向接车站提出后续列车发车请求（终点站还需确认后续列车发车进路已准备好）。未收到接车站报前发列车出清点时需及时询问接车站前发列车是否到达或发出，但不得提出发车请求。

发出列车的规定如下：

① 站台岗（打发车信号人员，下同）在列车前进方向第一节车厢第二个车门处接收发车指令，确认正确并复诵，打“发车”手信号的位置为靠列车前进方向第一节车厢第二个车门处。

② 车控室确认本站发车进路准备好，在前方站（接车站）同意本站发车请求，且本站列车已在站停稳后，使用调度电台分别通知站台岗与目标列车司机：“××方向进路已准备好，××次列车可以发车。”站台岗及司机收到后分别向车控室复诵（站台岗与车控室确认完发车指令后将调度手持台交给司机，司机使用手持台与车控室确认发车指令，司机确认完毕后再交回站台岗）。

③ 正确接收信息，且站台岗与司机确认对该信息理解一致后，方可由站台岗给出“发车”指示手信号。

④ 显示发车信号时需面对司机，用绿色信号灯（地面站采用展开的绿色信号旗）上弧线向列车作圆形转动。若出现特殊情况（信号灯不亮、没有携带信号灯/旗时）要及时以徒手信号代替并通知司机。司机看到发车信号后，方可鸣笛关门动车。

（8）降速。采用降级模式运营时，行调必须及时将降级运行的驾驶模式、对应的限速值通知司机及车站，并确认所有司机及车站均已收到命令。

（9）控间隔。

① 采用降级运营组织行车时，行调必须通知相关车站报点，并铺画运行图，做好列车间隔控制。

② 行调发布站间电话联系法的命令后，严禁组织列车在故障区域相邻的车站折返，避免因多头指挥造成列车追尾、冲突。

3）故障恢复后流程

在收到信号人员故障恢复的信息后，值班主任将信息通知行调，行调遵循“判断—发令—控车—恢复”的流程取消站间电话联系法。

（1）判断。信号系统故障恢复正常的现象：HMI、CLOW、车站现地终端全部恢复正常显示；联锁区可以正常排列进路。

（2）发令。综合调度在收到通号部门设备恢复的通知后，通知值班主任及行调，行调结合设备的现象确认故障已恢复。

行调先向车站发布取消站间电话联系法的命令，再向司机发布。（命令格式：因××联锁区 CBI 故障已恢复，自发令时起，××站～××站上下行线取消站间电话联系法组织行车。）

若司机在车站动车/区间运行时收到行调恢复正常运行的命令，列车原则上凭电话联系法运行至前方站后再行恢复正常运行。

要求各联锁站在现地终端上人工排列进路时，需要求车站控制好列车间隔，确保每一站间区间只有一列车占用。

行调通知折返站利用行车间隔拆除道岔钩锁器时，车站应保证有一条进路可以先组织列车折返。

（3）控车。行调在发布取消站间电话联系法的命令后，及时扣停开往仍在执行电话联系法区域的列车。

折返的道岔恢复后，行调向折返站与相邻站及司机发布取消站间电话联系法命令，恢复正常行车组织方式。

（4）恢复。故障恢复后，行调需逐台组织列车建立通信，原则上严禁组织列车司机同时投入。

行调严格控制好列车间隔，及时调整列车运行，在 HMI 上输入或修改车次，按运营要求恢复信号设备功能，恢复列车正常运行。

4）发布站间电话联系法组织行车的条件

（1）故障区域内所有列车组织在站台或辅助线停稳。

（2）全部道岔已人工钩锁完毕。

（3）信号设备重启不成功的情况下，由值班主任决定实施站间电话联系法。

5）站间联系及报点

（1）车站需填写《站间电话联系法控制表》，记录/办理列车的车次（同一列车）以第一个站记录/办理的为准（第一个站应与司机联系确认），其后的车站在《站间电话联系法控制表》中记录或办理列车时均延续使用该车次。

（2）对各时间点以“××：××′××″”（即××时××分××秒，不同时的小时数第一次出现时必须记录，其后可不记录）的格式记录和通报；秒数四舍五入，取 10 的倍数。

（3）执行站间电话联系法的起止站和报点站须向行调报点（出清点），并同时向前方站报开点。

（4）实施站间电话联系法的车站，邻站之间需相互报点，并在《站间电话联系法控制表》上进行相应的记录。

6）防范措施

（1）车控室办理“双确认”。在行调通知车站发生信号联锁故障后，受令车站的值班站长或客运值班员立即到车控室协助行值摆放施工示意图，并与行值共同确认行调命令并放置相关列车位置标识（放置范围：施工示意图所示各站及辅助线）。

在行调发布采用站间电话联系法组织行车的调度命令后，值班站长或客运值班员负责后续在施工示意图上移动列车标识，在同意（请求）接（发）车前，通过施工示意图确认进路空闲后，才能办理同意（请求）接（发）车。

（2）行车凭证交接“双确认”。站台岗（打发车信号人员需为值班员或以上人员，下同）靠列车前进方向第二个车门处接收发车指令，打“发车”手信号的位置为靠列车前进方向第二个车门处。

由车控室分别向站台岗和司机发布发车指令，站台岗接收车控室发车指令，再由司机与车控室确认列车相关发车指令正确。

正确接收信息，且站台岗与司机确认对该信息理解一致后，方可由站台岗给出“发车”手信号（可以使用信号旗、灯，特殊情况下与司机沟通后可以徒手显示）。

（3）列车驾驶时的“双确认”。在行调发布采用站间电话联系法的调度命令后，各站需安排站务员及以上人员登乘本站首趟列车协助司机进行“双确认”（可在非降级行车法的区段内下车，但须确保此期间降级行车法区段内所有列车均有人员添乘）。若列车除司机外已有监控人员，则车站可不安排人员登乘。

添乘人员主要协助司机确认行车凭证、发车信号、运行速度、道岔位置、空隙安全等关键作业环节，同时与司机共同加强瞭望，必要时配合开关站台门。

各站安排添乘人员时，按“安全第一”的原则，在保证办理接/发车人员充足的情况下，安排添乘人员。

4. 领航员行车法

领航员行车法属于时间间隔法，风险较大。在轨道交通列车运行高峰期发生信号系统故障时，采用人工办理空间闭塞往往不能满足高密度行车间隔的要求，可考虑选用领航员行车法。

具体操作程序为：由车站值班员及以上人员携带对讲机担任领航员，在采用领航员行车法的起始站登乘列车司机室，负责协助司机瞭望及指挥、监控列车限速运行，至领航员行车法的终点站，登乘相反方向列车继续担任领航员。在实施该办法的起始站，由一值班站长担任放行员，每隔一定时间放行列车，可使列车间隔达到 3 min 左右，以最大限度地满足客运服务的要求。

5. 取消发车进路的要求

行调（或行车值班员、乘务值班员）应正确掌握开放（显示）信号时机。当取消发车信号时，应先通知司机，在列车尚未起动时，收回行车凭证，再取消发车进路；在有 ATP 保护的线路需要取消发车进路时，应先通知司机，在列车尚未起动时，要求车站按压紧急停车按钮再取消发车进路（见图 3.30）。

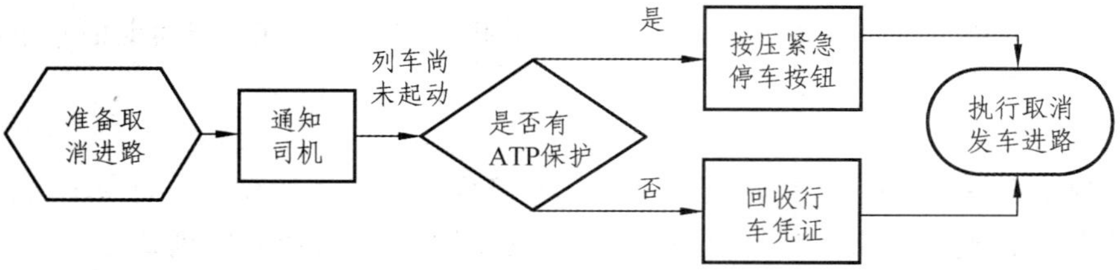

图 3.30　取消发车进路流程图

七、降级行车法实训

1. 实训目的

通过桌面演练的方式，使值班员掌握在信号联锁故障等情况下的降级行车组织方法，具有就地组织接发列车的能力。

2. 工具准备

调度命令本、列车位置确认表、行车日志、红闪灯、下线路钩锁道岔应急包（包含：探照灯、信号灯/旗、手摇把、手电筒、安全路线图、钩锁器锁头及钥匙、钩锁器、扳手、蝶形钥匙、棉纱手套）、对讲机、手持台、荧光衣、绝缘靴。

3. 场地要求

选择一空旷地带，地面模拟正线张贴线路图，尽量相邻两站区间均存在道岔，保证全线尽量不少于 4 个车站，模拟正线线路。在每个车站旁数米背对线路位置，放置一桌子、一凳子，模拟车站控制室。

人员安排：1 个车站 4 个工作人员，其中值班站长 1 名，行车值班员 1 名，客运值班员 1 名，站务员 1 名。

4. 训练时间

训练时间如表 3.19 所示。

表 3.19　训练时间

所属章节	实训项目目标	实训子项目目标	师傅讲解		学员分组练习（4人1组）				现场测试点评		合计实训时间（单人）	实训小组推荐规模	小组实训时间预计
			次数	时间（每次）	初期处理	时间（每次）	降级行车	时间（每次）	次数	时间（每次）			
第二章第七节（范例）	手摇道岔六步曲	站间电话联系法/电话闭塞法	1	40 min	1	10 min	1	30 min	1	10 min	90 min	4 学员/组	

说明：4 人 1 组进行练习，分别模拟扮演值班站长、行车值班员、客运值班员、站务员（其中值班站长总体负责所有作业确认工作，业务知识点与值班员不冲突），师傅讲解 40 min，4 人 1 组联合练习时间为 40 min（其中故障初期处理及道岔钩锁 10 min，降级行车组织 30 min），师傅点评和指导 10 min，预计每组人员花费时间为 90 min。

5. 实训标准

实训标准如表 3.20 所示。

表 3.20　实训标准

实训名称		降级行车组织			
序号	要素	关键点	设定分值	实际得分	备注
1	降级行车准备	值班站长确认调度命令	2		
		相关人员做好个人防护	3		
		确认车站上下行列车	3		
		共同清点进入线路手摇道岔工具（探照灯、信号灯/旗、手摇把、手电筒、安全路线图、钩锁器锁头及钥匙、钩锁器、扳手、蝶形钥匙、棉纱手套）	5		
2	发布列车位置	及时在列车位置确认表记录行调发布各次列车位置	5		
3	钩锁道岔	设置防护（各线路根据自身情况）	15		
		判断道岔开通位置、尖轨密贴			
		打开盖孔锁（口述）			
		摇动道岔（口述）			
		确认道岔位置正确、尖轨密贴			
		加锁（口述）			
		汇报道岔位置			
		撤除防护			
		汇报进路排列情况			
4	降级行车	及时记录行调发令降级行车命令	2		
5	请求发车	通过列车位置表与询问前方站确认前方区段空闲	4		
		请求发车	5		
		填写《行车日志》(电话闭塞法填写路票)	4		
		通知站台发车（电话联系法与电话闭塞法发车凭证不一样）	4		
6	同意发车	确认线路空闲后，同意发车站发车	5		
		填写《行车日志》	5		
7	接车	通知站台接车人员接车	2		
		记录列车到达时间	2		
8	发车	与车控室核对发车信息	4		
		显示发车信号	3		
		记录列车出发时间	2		
9	其他	“双确认”执行情况（安排人员添乘确认采用口述）(未做到的每个环节扣 5 分）	15		
		具备办理条件未及时办理相关手续的每次扣 5 分	10		
		条件确认错误，致使重新确认办理的作业，每次扣 3 分			
		未使用标准行车用语，作业程序不规范，每次扣 3 分			

第四节　施工组织

一、施工管理总体介绍

（一）施工计划的分类

1. 按施工作业地点和性质分类

A 类：指影响正线、辅助线行车的施工。其中：A1 类，开行工程列车、电客车的施工；A2 类，不开行工程列车、电客车的施工；A3 类，车站、主所、控制中心范围内影响行车设备设施的作业。

B 类：指在车厂的施工。其中：B1 类，开行电客车、工程列车的施工（不含电客车、工程车检修作业）；B2 类，不开行电客车、工程列车但在车厂线路限界、影响接触网停电、在车厂线路限界外 3 m 内种植乔木、搭建相关设施及影响车厂行车的施工；B3 类，车厂内除 B1/B2 以外的施工作业（办公室、食堂等生活办公设备设施维修除外）。

C 类：指在车站、主所、控制中心范围内不影响行车的施工。其中：C1 类，大面积影响客运、消防设备正常使用及需动火的作业（含外单位进入变电所、通信设备房、信号设备房、环控电控室、照明配电室、蓄电池室、水泵房、其他气体灭火保护房内作业）；C2 类，其他局部影响客运、消防设备正常使用，但经采取措施影响不大且动用简单设备设施（如动用 220 V 及以下的电力、钻孔等，不违反安全规定）的施工。

2. 按时间分类

按时间分为月计划、周计划、日补充计划、临时补修计划。

月计划应结合月度设备检修计划编制，属于 A1、A2、A3、B1、B2、C1 类作业应纳入月计划。对在月计划里未列入的进行补充或月计划中需调整变更 A1、A2、A3、B1、B2、C1 类作业的计划为周计划。对在月计划和周计划里未列入的进行补充或月计划、周计划中需调整变更 A1、A2、A3、B1、B2、C1 类作业的计划，称为日补充计划。运营时间对设备进行抢修后，须在停运后继续设备维修的 A1、A2、A3、B1、B2、C1 类作业的计划为临时补修计划。

（二）施工管理工作原则

地铁的施工管理工作，以确保运营设备设施维护在有限的时间和空间内能及时、安全、有序、高效地开展，实现运营设备设施正常运转，保证地铁运营安全、顺畅为目标。

1. 施工管理工作的要求

在地铁管辖范围内开展施工，必须严格遵守国家、行业、省、市的相关法律法规和地铁公司的相关安全操作规程和管理规定。施工人员必须牢固树立“安全第一”的思想，认真贯彻“预防为主”的方针，提高自身素质，严格遵守劳动纪律，认真执行规章制度。

2. 施工管理一般规定

为了使施工作业能够安全有序地进行，其组织需按严密的作业流程进行。车站值班员、施工管理人员和施工作业人员均需按照规定的流程来组织和开展维修施工作业。

车站值班员对登记的作业进行审核，确认施工作业内容及作业单位和人员均与计划相符合后，在值班员权限范围内的，直接批准施工；不在值班员权限范围内的（一般为影响正线行车的），报行车调度员审核批准。施工作业人员必须得到车站行车值班员的批准后方可开始作业，并在规定的时间内结束作业，撤离线路，将轨道交通设备和设施恢复到正常的运营状态。

施工作业中，车站值班员主要担负以下职责：

（1）负责查验施工作业人员和施工负责人的相关证件、资质。

（2）负责办理施工作业登记申请和销点手续。

（3）负责在站台端墙处线路设置和撤销区间作业的施工防护。

（4）负责为下线路施工作业人员开启站台门端头门，并将施工作业人员带到相应的端头门。

（5）负责监督施工负责人和配合人员清点进、出作业区域的施工作业人数。

（6）负责监督车站施工作业安全。

（7）负责施工负责人、配合人员确认施工区域线路出清。

3. 施工安全管理

每项属于 A 类、B 类、C 类（B3、C2 类除外）作业需设立 1 名施工负责人，如同一施工项目多站进行时，除主站设施工负责人外，辅站另设施工责任人，两者须经过培训后取得施工负责人证（安全合格证），并实行持证上岗制度。

施工负责人/施工责任人职责包括：

（1）负责作业人员/设备的管理。

（2）办理请销点手续。

（3）作业过程的组织指挥和作业安全的控制。

（4）及时与车站、车厂联系作业有关事项。

（5）组织设置/撤销作业安全防护设施（接触网停电及挂地线由电调负责）。

（6）出清作业区域/设备状态恢复正常。

接触网（轨）检修或需接触网（轨）停电和配合挂地线的作业，必须做好停电或挂地线安全防护措施后才可进行作业。

在同一时间里可能有多项施工，有的区域的施工还需要开行列车，因此，如何保障线路上的施工作业人员和列车的安全尤为重要。为了保障施工作业安全，需要采取一定方式对作业区域进行防护，以免人车冲突。常用的方法就是设置红闪灯。工程车及调试列车作业时，车站原则上须在作业区域两端对应的轨道中央放置一盏红闪灯（防护区域不放置）。施工前，由请点车站负责组织作业区域两端设置红闪灯。施工结束后，销点车站负责组织作业区域两端撤除红闪灯。

人、工程车在同一区域作业时，由施工负责人与车长根据现场情况协调。按施工前进方向，列车在前，人员在后，原则上不得颠倒或列车运行前后皆有作业；非随车施工人员与列车应有 50 m 以上的安全间隔距离，原则上列车不得随便后退，如需要动车时须由施工负责人和车长协商决定，确保人身安全；作业人员应在现场作业区来车方向设置红闪灯防护。开车区域的一端是区间分界点（区间分段标志）时，相邻区域不能安排任何作业（含巡道作业）。

在开行工程车进行作业的封锁作业区前后方必须保证至少有一个站台区或站间区间空闲作为防护区域；在开行高速调试列车的封锁作业区前后方必须保证至少有一个站间区间空闲作为防护区域。

为了保证人身安全，凡进入线路施工的施工作业人员必须按要求穿荧光衣，并根据作业性质及作业要求使用其他安全防护用品。施工作业过程中如要进行动火作业，必须办理动火令。施工作业组织中，车站人员负责做好查验施工作业人员和施工负责人的相关证件、确认施工条件、办理施工作业登记申请和销点手续等工作。外单位施工由主配合部门负责安全管理、安全监督。凡在运营时间内进行作业的，必须做好防护措施，确保地铁乘客的安全，最大限度减少对乘客的影响。

工程车及调试列车作业时，车站原则上须在作业区域两端对应的轨道中央放置一盏红闪灯（防护区域不放置）。施工前，由请点车站负责组织作业区域两端设置红闪灯。施工结束后，销点车站负责组织作业区域两端撤除红闪灯。下列情况除外：

（1）行调组织出/回厂列车、列车转线组织时，运行线路两端可不设置红闪灯。

（2）工程车及调试列车作业的区域，如一端属于尽头线或区间分界点时，车站不需在尽头线端或区间分界点处设置红闪灯。

（3）全线开行工程车（含调试列车）作业时，车站不需在作业区域两端设置红闪灯防护。

（4）非开车作业时，车站和施工作业人员不需在作业区域两端设置红闪灯防护。

二、施工作业请销点原则及流程

城市轨道交通由于其列车密度大，客流量大，运营期间很多施工无法进行，很多施工必须在运营结束后至次日运营开始前组织实施完毕。此外，城市轨道交通施工作业种类繁多，每个车站在同一时间内可能有多项施工同时进行。为了便于对施工的管理和监控，城市轨道交通的施工通常都实行登记注销制度，即施工作业人员在开始施工前，必须到与作业区域相应的车站向车站值班员办理登记手续，申请作业，经行车调度员或车站值班员批准方可进行。

有的施工作业，其作业区域可能包括多个车站，作业人员可能从其中的一个或者多个车站进入作业区域，由多组人员共同完成同一项施工。对于此类施工，通常要求每一组作业人员在进入的车站登记，但指定其中一个车站作为主登记车站，由主登记车站报行车调度员批准。

为了保证第二天的正常运营，施工作业人员必须在规定的时间内结束施工作业。作业人员撤离作业区域，将行车设备恢复到正常运营状态，必须在登记时约定的车站向车站值班员办理注销登记，经批准后，作业方可正式结束。

对于那些涉及区域较广的施工作业，如巡道作业（即轨道巡查作业），施工作业人员往往是从一个站开始，巡查到另一个站结束。为了方便施工作业人员办理施工注销登记，城市轨道交通企业允许施工人员在异地（异站）注销。异地注销时，通常要求施工人员在登记请点时向登记车站的值班员提出，以便登记车站的值班员提前将该施工通知注销站的值班员。

1. 请点相关原则

（1）A类作业须经行调批准，方可进行。

（2）B类施工作业经车厂调度员同意方可进行；如影响正线行车须报行调批准。

（3）C类作业经车站批准方可施工。

2. 销点相关原则

施工结束后必须做好施工区域出清工作，施工负责人确认所有作业有关人员已撤离，有关设备、设施已恢复正常，工器具、物料已撤走等工作后，办理注销施工登记手续。

3. 施工请销点流程

车站、车厂通过查看《施工行车通告》了解本日的施工作业安排。施工负责人到达车站登记请点时，车站人员或车厂调度需审核相关证件后代其填写相关内容，遇作业有多个配合部门配合时，主配合部门的相关信息填在“车站/车厂填写”栏，其他非主配合部门信息填在“配合部门及内容”栏。施工负责人进行请销点的车站，原则上必须是作业区域所关联的车站。施工组织请销点需结合接触网的供电状态判断作业请点的供电安排条件是否达到。

车站/车厂在提交A1/A2/A3/B1/B2类请点时，原则上冲突的作业不能继续提交，如特殊情况需要提交的必须通过调度电话告知行调，点击强制提交，并在提交时的备忘录内填写该作业有冲突。

施工申请销点时，施工负责人以及配合外单位的配合人员在签名时，必须填写线路出清情况，线路巡道作业必须填写“线路设备正常，可以行车”。车站必须确认请点签名人与销点签名人一致才申请销点。车站提交销点时，必须在备忘录内注明“线路出清”，需设置红闪灯防护的A1类应注明“线路出清，红闪灯已撤除”。

4. 主辅站请销点的规定

辅站填写请销点单据时，必须确保作业区域在主站的作业区域范围内。辅站请销点时，必须向主站汇报进出作业人数以及销点情况，由主站将进出作业人数、销点情况记录在“防护设置及撤除时间记录”栏。主站批准请点后，必须通知对应的辅站。主站销点时，必须确认所有辅站已经销点。

三、施工调度管理系统操作

（一）施工调度管理系统功能设置

施工调度管理系统设置了施工计划、请销点、停送电、拆挂地线等模块，在各模块中还设置了冲突检测功能，系统利用系统内当前的数据通过点击“冲突检测”进行冲突检测或在批准时自动进行冲突检测，以作为相关岗位进行施工计划、请销点、停送电、拆挂地线审批的辅助工具。系统根据作业的请销点单、停送电单、拆挂地线单的审批及完成情况，能够实时在图版中展现线路的占用情况、接触网的供电情况、地线布置情况。

（二）施工调度管理系统操作原则

（1）各操作用户操作时必须用自身的账号和密码登录系统，账号和密码不能转借他人使用。

（2）各岗位用户必须及时处理本用户的收件箱信息，下班前必须检查当日需要处理的任务是否已经处理完毕。

（3）每班交接班完毕，行车值班员必须在系统中进行当班登记。

（4）各用户在填写、审核、审批施工计划、请销点、停送电、拆挂地线单时，需认真核对相关内容信息。

（三）施工调度管理系统界面简介

在登录页面输入用户名和密码，点击登录，在用户名和密码正确的情况下可进入系统。不同角色的用户进入的启动中心会由于权限的关系，显示情况不一样。

启动中心大体可以分为系统管理、施工配置、收件箱/任务、施工管理、调度命令等 5 大块。

（1）系统管理：包含数据库配置、人员组成等。

（2）施工配置：包含当班登记、地线管理、供电分区管理、时刻计划表、时刻表规则、时刻表模板、车站定义、用户管理、作业区域管理等。

（3）收件箱/任务：是作为工作流的通知，只要当前用户具有待办事项则显示在收件箱中。

（4）施工管理：包含施工计划、请销点、停电单、送电单、拆挂地线等。

（5）调度命令：包含各条线路的调度命令。

（四）请销点单的建立

1. 有计划的请销点单的查找

（1）在启动中心上直接点击“请销点”或在“转到”中找到“施工管理”点击“请销点”。

（2）在“作业代码/类型”等查找对应的作业并选定；也可在左上角的空白筛选栏，对施工作业进行：“所有记录”“所有书签”“本站作业”“已请点”“已销点”“已申请未批准请点”“已申请未批准销点”的筛选，方便查找。

（3）对于列表项显示的施工作业，都可以根据列出来的小项目进行自定义筛选，如图 3.31 所示。

图 3.31　施工作业请销点单查询

2. 无计划施工作业请销点单的建立

（1）在启动中心上直接点击“请销点”或在“转到”中找到“施工管理”点击“请销点”。

（2）点击新建图标（）。

（3）根据施工要求选择相应的作业类型。

（4）工单要求填写以下“计划单内容”：作业内容、作业时间、作业部门、外单位栏、申请人及联系电话、接触网停电要求、用车性质、行车速度、影响类型、防护措施、供电区域、车辆类型、作业区域，如图 3.32 所示。

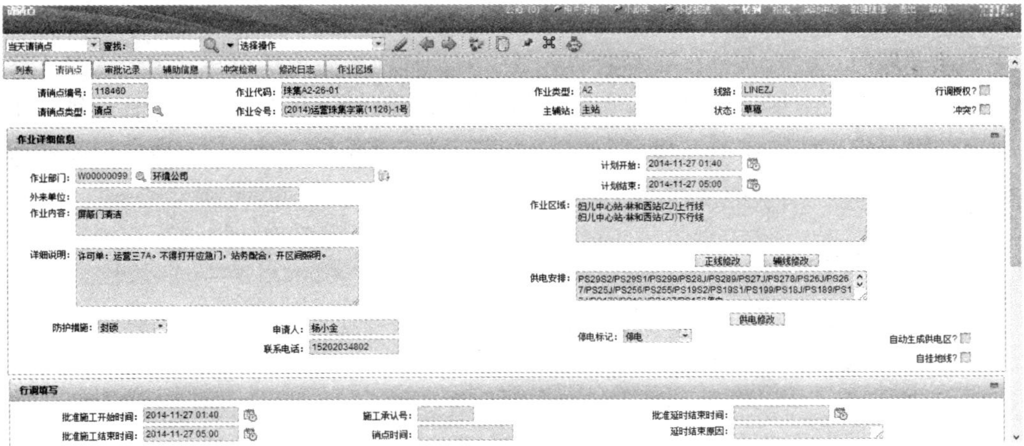

图 3.32　无计划施工作业请销点单

（五）施工请销点办理

1. A 类施工

1）主站请点

（1）进入对应施工的请销点界面。

（2）施工负责人确认对应的信息后，点击“签名”按钮（ ）签名确认，施工负责人需要输入本人用户名和密码（见图 3.33）。

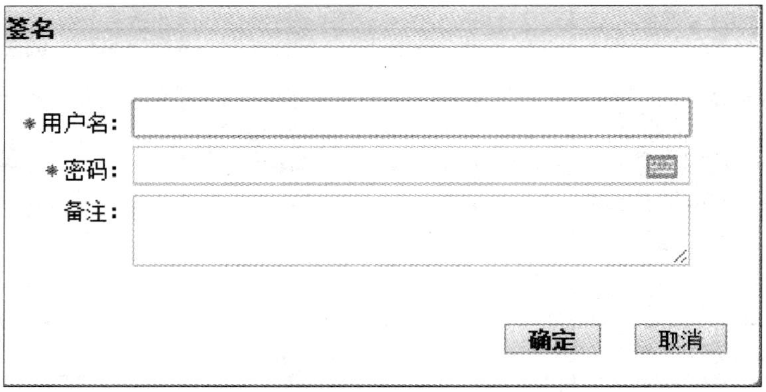

图 3.33　施工负责人签名界面

（3）启动请点工作流。

（4）确认“计划单内容”部分内容与施工负责人的作业令内容一致，确认“作业区域”“供电区域”栏的内容与作业令一致。

（5）填写“车站/车厂填写”部分。灰显部分为系统自动生成内容，白色空格为需填写内容。

（6）“防护放置及撤除时间记录”栏填写内容与原来的《施工登记》本的“备注”填写要求一样。

（7）本作业所属专业：该作业所属的专业；本作业施工人数：只填写施工人员数量；非作业非配合人数：跟岗/学习等人数。

（8）配合部门、配合人员、联系电话：其中配合部门需要选择填写，配合人员、联系电话可直接填写（遇多个部门配合时，主配合部门填写在该栏，其他配合部门在请销点单下方的“配合部门及内容栏”填写，每一名配合人员需在“车站/车厂 配合专业”栏选择相对应的专业以及员工工号），如图 3.34 所示。

图 3.34　施工系统车站车厂填写部分

（9）请点车站：选择填写，如果为 OCC 调度直接请点，不需填写。

（10）销点车站：正常与请点车站一致，如为异地销点，需要重新选择填写；如为 OCC 调度销点，不需填写。

（11）施工负责人：当前施工负责人姓名。

（12）填完请销点单后，点击“冲突检测按钮”进行冲突检测。有冲突，则确认作业条件是否达到，未达到，则等待；无冲突则进行下一步，如图3.35所示。

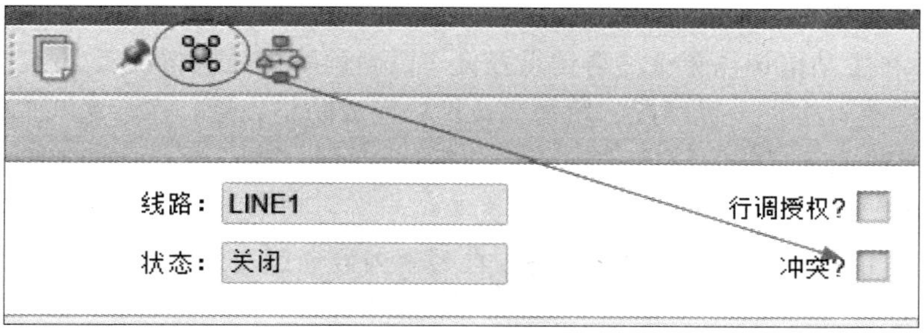

图3.35 冲突检测

（13）确认作业是车站直接审批，检查作业是否行调已授权，车站确认无冲突后，点击工作流，选择“直接批准”，该请点批准；如需要行调批准的，则进入下一步。

（14）点击工作流，出现“提交给行调”，点确定（见图3.36、图3.37）。

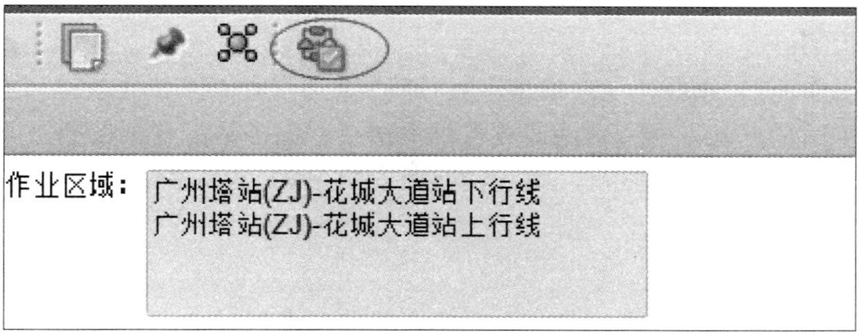

图3.36 点击工作流

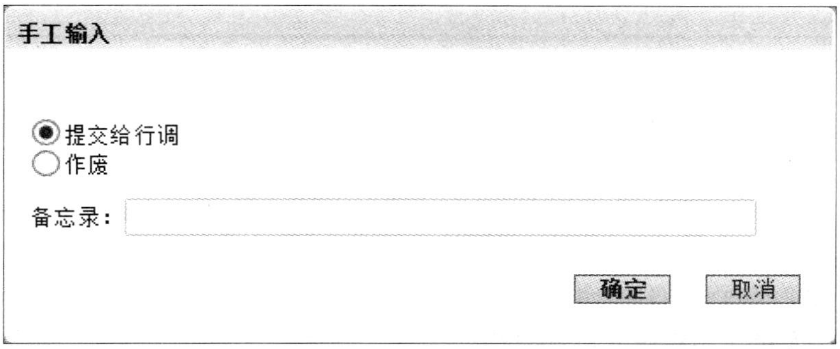

图3.37 提交行调

（15）发送给行调后，即可进行下一个施工申请。点击“启动中心”，会显示行调批准或驳回的申请。

（16）行调批准后，主站通知辅站确认该施工，属于A1类作业时，需通知设防护车站开始设置防护，防护设置好后，在该施工的主站请销点单上点击“签名”按钮，签名确认，并在“备注”栏填写防护设置情况，完成后通知主站。

（17）对施工涉及的人员进出、防护设置车站的操作：车站在请销点列表中，通过输入请销点单号等相关字段找到该作业并打开，点击签名按钮，输入车站人员的用户名和密码，并在备注栏注明：人员进出情况、红闪灯设置情况，确认后，主站就可以看到其他站人员进出情况、红闪灯设置情况。

（18）主站在主站请销点单上“请销点登记”栏确认防护设置情况后，在“防护放置及撤除时间记录”栏填写防护设置情况，填写完成后，完成防护设置，点一次“工作流”，可以开始施工。

2）辅站请点

（1）按照施工负责人申请的作业代码，在列表内或通过查询找到并打开对应主站的请销点单。

（2）在选择操作中点击“生成辅站”。

（3）成功后会弹出一窗口，并显示当前生成的辅站请销点单。

（4）施工负责人签名。

（5）启动请点工作流。

（6）填写“车站/车厂填写”部分。

（7）冲突检测。

（8）按“工作流”，选择“批准结束”后按确定。

（9）如果主站请点已批准，辅站请点将批准结束；如主站请点未批准，辅站请点将不能批准结束，需要等待主站请点批准，再次按照以上第（8）条操作。

3）辅站销点

（1）启动销点流程。

（2）施工责任人签名，并在“备注”栏填写线路出清情况。

（3）再按一次“工作流”，选择“批准结束”。

（4）辅站销点结束。

4）主站销点

（1）回到列表，查找并打开请点站生成的请销点单。

（2）按“工作流”启动销点流程。

（3）施工负责人签名，并在“备注”栏填写线路出清情况。

（4）对施工涉及的人员进出、防护设置车站的操作：车站在请销点列表中，通过输入请销点单号等相关字段找到该作业并打开，点击签名按钮，输入车站人员的用户名和密码，并在备注栏注明：人员进出情况、红闪灯撤除情况，确认后，主站就可以看到其他站人员进出情况、红闪灯撤除情况。

（5）在“防护放置及撤除时间记录”内填写撤除防护情况。

（6）了解辅站的销点情况，打开辅助信息栏，可以查看各辅站的当前状态。

（7）再按一次“工作流”，点击提交给行调，确定后，进入下一步。

（8）行调审批同意销点后，车站回到启动中心，在收件箱上查找并打开该请销点单。

（9）再点击一次“工作流”，销点结束。

2. C 类施工

1）请　点

（1）确认“计划单内容”部分内容与施工负责人的作业令内容一致，确认“作业区域”的内容与作业令一致。

（2）签名，输入施工负责人账户和密码。

（3）启动工作流。

（4）填写“车站/车厂填写”部分。灰显部分为系统自动生成内容，白色空格为需填写内容。“防护放置及撤除时间记录”栏填写内容与原来的《施工登记》本的“备注”填写要求一样。

（5）填写涉及车站，点击“选择”选择作业涉及的车站。

（6）C 类多次请销点记录，点击“新建行”，选择请点车站和销点车站，请点人、请点时间、销点人和销点时间，系统会根据工作流流转自动填写。

（7）再次点击工作流，出现图 3.38，选择“影响供电设备，需电调审核”，将发送到电调审核；选择“影响环控设备，需环调审核”，将发送到环调审核；选择“影响供电设备和环控设备，需电调和环调审核”，将发送到电调和环调审核；选择“不影响供电设备和环控设备，直接批准”，请点将批准。

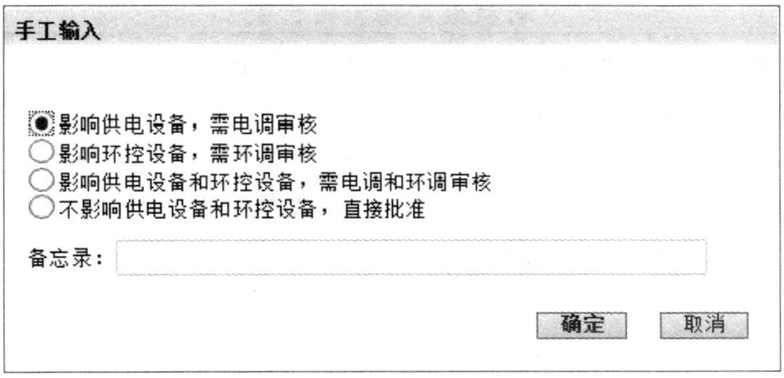

图 3.38　C 类施工请点工作流画面

（8）点击“启动中心”，会显示电调、环调同意或驳回的申请。打开后，在“防护放置及撤除时间记录”填写相关注意事项，如电调、环调同意，点击“工作流”，出现提示框，选择批准，点击“确定”，请点将批准。

2）销　点

（1）点击“工作流”，启动销点工作流。

（2）施工负责人签名，并注明线路出清。

（3）再次点击工作流，出现提示框，选择“影响供电设备，需电调审核”，将发送到电调审核；选择“影响环控设备，需环调审核”，将发送到环调审核；选择“影响供电设备和环控设备，需电调和环调审核”，将发送到电调和环调审核；选择“不影响供电设备和环控设备，直接批准”，销点将批准。

（4）点击“启动中心”，会显示电调、环调审核情况。打开后，点击“工作流”，出现提示框，选择批准，点击“确定”，销点将批准。

第五节　案例分析

一、列车车门夹物动车案例分析

1. 事件经过

2012 年 4 月 10 日 8:36，A 站 0506 次列车关门时，站台岗发现 6 号站台门对应的车门夹到一根拐杖（乘客在列车内，拐杖突出车门约 30 cm，直径约 2 cm，站台门已关闭，对应的车门关上但门头灯闪烁），站台岗立即呼司机车门夹物，司机没有回应，此时，夹物的车门门头灯熄灭。

8:37　值班站长听到呼叫并发现此情况后，立即跑去按压了上行的紧停。按压紧停时（由于客流高峰期乘客较多，员工要穿过候车的乘客才能到达紧停位置），列车已经开动，站台岗与值班站长马上寻找夹物车门。

8:37　0506 次（1920 车）司机驾驶列车到达 A 站上行。司机到点关门，确认车门、站台门关好，缝隙安全（PSL 灯亮）以 ATO 模式驾驶列车出站，列车出站约 20 m 列车产生不明原因紧制，车辆屏显示“红手掌”，司机做广播，报行调。

8:37　行调联系 A 站确认情况，车站回复：暂不清楚，正在了解。行调任命值班站长为事故处理主任，并通知 0506 次司机原地待令。

8:38　由于无法联系到司机，值班站长跑到头端墙通知司机。司机询问夹物情况，值班站长通知司机现在 12 号站台门对应的车门夹物。司机报行调，并询问车站处理完毕没有，值班站长告知司机是车门夹物并建议司机处理，司机询问车门号，值班站长告知在 12 号站台门对应车门，司机表示知道。

8:39　行调询问车站情况。车站报：站台门夹物。行调询问：是否安全，能否动车。车站回复：不行。行调要求向事故处理主任确认动车条件，（8:40—8:44）多次用无线电台与车站联系，均不成功。

8:39　站台对讲机呼叫司机：“司机你能到现场解锁车门取出拐杖吗？”司机回复我先报行调。司机报行调，站台岗需要司机去解锁车门，缝隙夹了一个拐杖。行调问司机车门位置，司机回复在 12 号站台门位置。行调问司机能否判断列车是否能后退处理。司机答复夹物在后端，无法判断。

8:40　行调通知 0506 次司机听从事故处理主任安排配合处理。

8:40　行调同意司机到现场处理，司机播“临时停车”广播，关闭司机台通过车厢前往故障车门位置处理。

8:41　值班站长用对讲机联系车控室，但车控室没有回应，值班站长马上打电话到车控室联系行车值班员设置维修模式，站台岗打开 12 号站台门等待司机到现场切除车门，并尝试将拐杖推动。

8:43　值班站长与站台岗合力将拐杖推回车厢内（乘客在车厢内也用力拉）。

8:43　司机在车厢内到达12号站台门对应的车门，值班站长通知司机异物已处理完毕可以返回司机室，确认“好了”信号动车，司机复诵并跑回司机室，值班站长安排站台岗到头端墙显示“好了”信号，但司机一直无任何应答（期间行调用手持电台多次呼叫值班站长，但是值班站长回复后行调一直没应答）。

8:45　行调向车站了解情况。车站回复：已经处理完毕，司机返回司机室就可以动车了。

8:46　司机从车厢返回司机室开启司机台。

8:47　行调询问司机故障处理完毕没有，司机答复处理完毕。行调通知凭站台“好了”信号动车。

2. 事件分析

1）好的方面

（1）站台岗能够及时发现0506次列车车门夹到乘客的拐杖，初步判断影响行车时，能及时呼叫司机重开车门，值班站长在听到站台岗的呼叫后能够立即按压紧停，安全敏感性较高。

（2）值班站长在事件处理中较为灵活，在发现紧停后车门与站台门能够对上且司机不能及时到达现场时，值班站长打开站台门尝试处理，并成功将车门夹住的拐杖退回车厢内。

（3）列车在区间产生紧急制动，司机能按规定处理并能做好乘客广播服务工作。

（4）车站出现紧停并随即取消，行调发现后询问车站和司机均不清楚的情况下没有盲目通知司机动车，再次与车站确认后发现是异物侵限。

2）存在不足

（1）事件处理中，事故处理主任与车控室、司机联系均不畅通，导致现场信息不能及时报出。

（2）行调在多次使用调度无线电台与事故处理主任联系不上的情况下，没有尝试通过其他方式与现场联系，而是仍通过行车值班员了解情况。

3）关键点指引

（1）故障处理现场事故处理主任作为现场总指挥应加强与各方的沟通联系，确保信息汇报及时、完整、准确。

（2）行调应积极与现场沟通，直接掌握第一手信息。在使用无线电台无法联系上事故处理主任的情况下，应尝试使用其他工具与现场联系，或通过联系行车值班员更换一台无线电台。

二、某站擅自操作道岔断电案例分析

1. 事件经过

2008年7月11日，一号线××站夜班值班站长为郭某，行车值班员为黄某。次日1:18，巡道施工人员到车站请点，行调批准后，值班站长想到近期经常发生道岔故障，且自己调到××站不久，对车站的线路、道岔不太了解，于是在拿红闪灯下线路设置防护的同时自行从行车备品柜应急包内拿了开道岔的钥匙。

1:24　值班站长在下行设好防护后，向行车值班员说要到折返线看看，于是与巡道作业工一起进入折返线，并告知行车值班员已到达折返线。

1:26 值班站长用道岔钥匙打开 W1605 的锁头，打开手摇把插孔盖板，看到插孔后，想把手摇把插孔盖板盖上，但很难恢复到原位，便又拿道岔钥匙打开 W1601 的锁头，同样打开手摇把插孔盖板，但还是很难把手摇把插孔盖板复原，之后，值班站长把两副道岔的手摇把插孔盖板强行复位，并把锁头重新锁上。

1:36 当班值班站长又到 W1607 同样打开手摇把插孔盖板并强行复位后便上到点钞室进行票务工作。

3:50 信号人员到车控室询问车站是否在进行手摇道岔培训，车站答复曾经下去线路开过 3 个道岔的手摇把插孔盖，之后，信号人员便请点下现场把道岔复位，在复位过程中，发现安全节点不能正常复位，使用工具进行处理。

4:40 所有道岔恢复正常。

2. 存在问题

（1）当班值班站长安全意识薄弱，未经行调同意擅自下线路操作道岔。

（2）当班值班站长对道岔操作断电后，对道岔原理不了解，强行对道岔进行复位，对道岔造成损坏。

（3）当班行车值班员未能起到互控作用，未能及时制止值班站长的违章操作。

（4）发生异常情况后值班站长未按信息汇报流程进行汇报。

3. 关键点指引

（1）道岔需进行断电操作，插孔内的隔板才能打开，手摇把才能够完全插入插孔内，否则插孔处于关闭状态。使用断电钥匙将转辙机断电开关的锁打开，逆时针转动断电开关约 135°后向上拔，可感觉到电闸被断开，即断电成功。断电后需由信号人员进行道岔复位操作设备才能恢复正常。

（2）车站应加强人员安全意识教育，落实规章要求，未经行调同意严禁擅自下线路。

（3）车站各岗位员工应严格执行自控、互控，发现违章情况立即制止。

（4）车站发生异常情况严格按信息汇报流程及时汇报。

复习思考题

1. 行车调度员的主要工作职责有哪些？
2. 简述道岔的分类及组成。
3. 乘客物品掉落轨道的处置要求是什么？
4. 行车台账填写的规范是什么？
5. 紧急扣车的操作要求是什么？
6. 手摇道岔“六步曲”内容有哪些？
7. 采用电话闭塞法的原则有哪些？
8. 施工作业中，车站值班员担负的主要职责有哪些？
9. 施工计划按施工作业地点和性质可分为哪三大类？
10. 特殊情况下，列车运行时手信号显示应遵守哪些规范？

第四章　客运服务

【学习目标】

1. 服务理念及标准的建立原则；
2. 城市轨道交通服务员各岗位的服务工作标准；
3. 乘客事务处理的原则和流程；
4. 客运组织原则；
5. 客运信息发布。

【知识要求与技能要求】

1. 掌握服务意识、行为、着装、形体标准；
2. 掌握乘客事务处理的原则和流程；
3. 掌握客运组织方式、常态化、突发客流控制；
4. 掌握车站客运组织预案编制；
5. 掌握客运信息发布的原则及途径。

第一节　服务标准

一、服务理念

城市轨道交通的乘客服务主要是指运输企业为乘客提供的以乘客位移为中心的服务，即乘客的进出站感受、搭乘体验和根植于乘客心中的服务品牌。服务管理是以“乘客至上”为导向，服务理念、服务质量、服务监督协同作用的综合产物。“乘客至上”是城市轨道交通运营单位的服务宗旨，提供“人性化服务”是服务宗旨的实践与落地。要做到“乘客至上”及“人性化服务”，需以乘客需求为导向，充分关注乘客体验，提升服务监督与评价，建立科学的服务管理体系，确保人员与设备服务的统一性和高效性，不断提升服务水平，提高顾客满意度。

运输企业的产品从过去的输出“位移”到现在的提供品质服务已产生质的飞跃，随着社会科技发展，如智能化产品的迅速扩张，无现金服务的全面覆盖，乘客对于服务的需求体验越来越高，对企业的要求也越来越多样化，作为轨道交通行业的运营管理组织，服务理念的不断更新也是保证企业持续发展的基石和风向标，是服务策略、服务体系、服务指标的管控导向。

1. 全流程服务

随着服务的范畴和乘客体验需求的扩大，乘客对城市轨道交通出行质量的评价不仅通过人员服务质量来衡量，还依赖于进出站全流程的搭乘体验。因此，乘客目之所及范围均为服务质量提升的范畴，如设备设施、运输组织、客运组织、服务环境、综治安全、商业资源均在“全流程服务”范畴之内。全流程服务范畴的质量评估作为服务质量评价和提升的重要因素。

2. 智慧出行

智能化社会环境的冲击对服务理念的创新同样提出了新要求，城市轨道交通行业不能停留在传统的“输出位移”的服务思路上，而应该通过创新与智能服务设施的引入，对内提高运作管理效率，对外为乘客提供更加便捷的出行服务，向新的服务管理理念转变。

3. 精准服务

服务管理从过去的粗放式到现今的精细管理，各个服务管理分支的应用越来越成熟，如对服务规章的细分，对评价指标的量化，对服务目标的指标化，从管控源头精准服务，定位乘客真实体验，提供高质量的服务产品。

服务的真谛是用心和创意带给顾客的超值体验，从 100%完成服务标准，到用心思考，提供超值体验是服务的新理念。

二、服务标准的建立

服务标准建立是企业服务管理制度完备、有章可循的前提和基础，地铁服务管理标准的建立主要围绕人员服务标准、导乘服务标准、环境服务标准方面。每个模块的标准对服务管理业务进行详细的规定，从管理层级到执行层级形成纽带和闭环，提升执行效率，提高乘客服务体验。本节重点介绍人员服务标准。

员工职业化形象塑造，既是员工个人综合素质的体现，也是其所在公司企业文化和管理水平的反映。因此，员工塑造职业化形象，既能提升员工个人专业形象，又能提高公司社会形象，提升公司品牌效应。

城市轨道交通站务员工在乘客服务区的服务标准，包含意识标准、着装标准、语言标准、形体标准、乘客事务处理标准等。

员工无论在岗或非在岗期间，均以维护、提升地铁服务形象为己任，全心全意为乘客服务，以此树立、提升地铁服务品牌形象。

三、意识标准

服务意识指城市轨道交通行业的一线服务工作人员能自觉克服各种困难，热情、耐心、细致、周到地为乘客提供服务。

1. 主动式、个体式服务

主动式服务就是指乘客尚未发出求助信号又需要工作人员提供帮助之际，工作人员能超前反应，为乘客提供服务。个体式服务指工作人员能细致入微地对需要帮助的乘客提供个性化服务，如照顾身体不适的乘客等。

2. 主动服务与被动服务

服务意识有强烈与淡漠之分，有主动与被动之分。这是认识程度问题，认识深刻就会有强烈的服务意识；有了强烈的企业文化认知，和强烈的企业荣誉感，就会有时刻维护企业形象的意识，同样就在站务服务工作中有强烈的服务意识。

3. 单一服务、全流程服务

乘客搭乘城市轨道交通所感受的服务是进站到出站的全流程服务，并非割裂的单一式服务。从进站购票、排队进闸、站台候车、搭乘列车、到达出站整个流程中均是服务的体现，每个环节把控好服务质量，严格按服务标准执行是全流程服务的核心。

4. 达标服务与超值服务

服务的真谛是用心和创意带给乘客的超值体验。仅仅达到服务标准是远远不够的，更需要用心思考，提供超出乘客预期的增值服务。用心体现在服务工作中善于思考，同样的事件用更有创意、更贴心的方式回馈乘客，会让乘客感受到意想不到的惊喜。

四、行为规范

服务标准从通用的行为规范到站、坐、走、蹲等具体的形体均有明确要求，好的服务形象和形体标准能充分体现企业的服务风貌。

（一）通用行为规范

（1）自觉遵守《××城市轨道交通运营管理办法》《××市城市轨道交通管理条例》等法律法规的有关规定。

（2）注意形象，进入设备区，及在车站、列车作业期间，站务人员必须佩戴工号牌（如未配发工号牌、工号牌丢失补办期间应佩戴本人胸卡），其他人员须佩戴胸卡，服从车站的统一管理；不得在乘客服务区喧哗、饮食、躺卧。

（3）员工穿着制服（工作服）搭乘地铁时，应注意仪容仪表，着装整齐，不穿污垢、污渍制服（工作服），不得赤膊、赤脚或穿拖鞋，不卷袖或卷裤；上下班途中，如穿着工装，须按标准着装，注意仪态，举止文明。

（4）专心认真工作，不在岗位上聊天、说笑、追逐打闹或做与岗位工作无关的事，如看书、看报、吃东西、私自会客、用电话聊天、发短信等。

（5）员工工作时应尽力为乘客创造舒适的服务区环境，注意保持工作区整洁有序，并尽力减少服务设备设施维修对乘客服务产生的影响。

（6）员工乘车时要注意文明礼让，主动让座给有需要的乘客，不得与乘客争抢座位。

（7）员工回答乘客咨询时，要耐心有礼，面带微笑。不得不理睬，不得边走边回答，不得边工作边回答，也不得以摇头、点头等方式回答乘客，应站立或停下手中工作认真回答（如工作确实无法终止应请乘客稍等，并在工作后第一时间回答）。对自己无法回答的询问，应请教同事或引导乘客咨询其他工作人员，不得给乘客误导，不得互相推诿。

（8）乘车、候车过程中主动维持乘客候车、乘车秩序；对违反地铁有关规定的乘客应采用解释、诱导、委婉的语言，尽量站在乘客的角度解释是从乘客安全、利益的角度出发，严禁对乘客有大声呵斥、推、拉、扯、拽、不文明手势等行为。维护公司利益，主动制止破坏车站、列车秩序，损害公司利益的行为；主动阻止、举报乘客、员工的票务违章行为；在发生列车故障、突发事件时应主动维持秩序，对乘客进行引导。

（9）除特殊情况以外，各区域内工作制服穿着类型应尽量统一（如站厅统一穿长袖或统一穿短袖等）；地面站站台着装须全线统一。

（10）化妆、发型、首饰从简，不能佩戴夸张饰物。

（二）站、坐、走、蹲形体要求

1. 站　姿

身体立直，抬头、挺胸、收腹，下颌微收，双目平视，膝和脚后跟尽量靠拢，两脚尖张开，双手自然放下或交叉。

女士：背脊挺直，收腹夹臀，脚成 V 形，双手交握置于腹前，下颌微收，面带微笑（见图 4.1 ~ 图 4.2）。

图 4.1

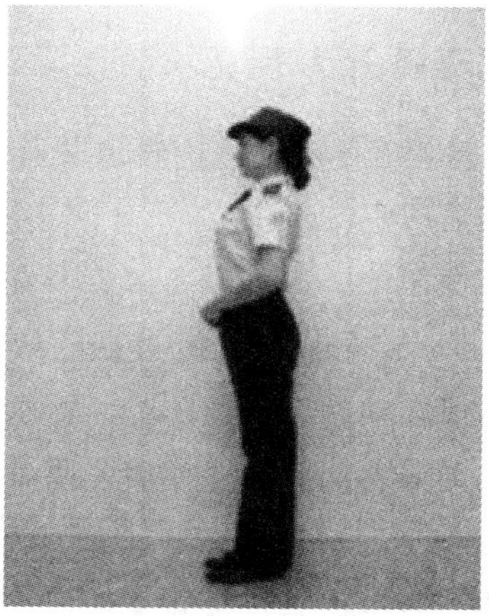

图 4.2

男士：挺腰松肩、脚与肩同宽，五指并拢置于裤两侧，下颌微收，面带微笑（见图 4.3 ~ 图 4.4）。

图 4.3

图 4.4

2. 坐　姿

坐椅子的 2/3 处，背部挺直（见图 4.5 ~ 图 4.6）。

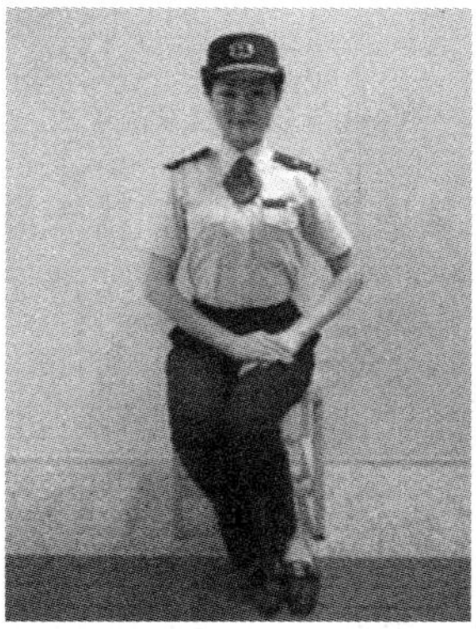

图 4.5

图 4.6

3. 走　姿

行走时，双肩平稳，目光平视，下颌微收，面带微笑。手臂伸直放松，前后自然摆动。注意速度要适中（见图 4.7 ~ 图 4.8）。

图 4.7

图 4.8

4. 蹲　姿

直蹲直起，轻蹲轻起，注意角度（见图 4.9 ~ 图 4.10）。

图 4.9

图 4.10

五、着装标准

地铁的站务人员作为服务在一线的主体工作人员，是地铁的窗口，代表着企业的形象，是广大乘客对地铁公司，乃至一个城市的第一印象，因此站务服务形象塑造尤为重要。而着装标准是形象化塑造的最直观也是最首要的要素。

（1）上班时间应按规定整齐统一穿着工作制服，佩戴领带（除工程车司机外）、领结、肩章、工号牌。

（2）穿工作制服时，应衣装整洁，不缺扣、不立领、不挽袖挽裤；衬衫必须束入腰带；凡着工作制服时，必须按规定穿黑色皮鞋，系黑色皮带，并保持光亮、整洁（见图 4.11 ~ 图 4.12）。

图 4.11

图 4.12

（3）佩戴标志要清洁平整。肩章佩戴于肩上；服务品牌的宣传牌等佩戴于工号牌中上方；党徽、团徽佩戴于宣传牌的中上方；绶带佩挂于左肩上。

（4）头发长度超过肩膀的女员工身着工作制服时，必须佩戴头花，将头发挽于头花网内；男员工不准留长发、大包头、大鬓角和胡须。

（5）原则上只能在工作地点、工作时间穿着工作制服。在公司或车站范围内：当班时间应按规定整齐穿着工作制服，佩戴标志；已下班、但仍穿着工作制服的员工，在车站内行为举止一律按上岗时的规定执行。

（6）除特殊情况以外，各区域内工作制服穿着类型应尽量统一（如站厅统一穿长袖或统一穿短袖等）；地面站站台着装须全线统一。

（7）化妆、发型、首饰从简，不能佩戴夸张饰物。

六、形体标准

形体是职业化形象塑造的另一要素，好的体态能充分体现公司形象气质，给乘客带来专业、亲切的印象。在地铁车站的岗位中，主要涉及以下几个岗位的形体标准，包含厅巡岗、站台岗、车控室值班员岗、票亭岗等。

1. 厅巡岗、站台岗

遇到乘客求助、咨询时：

（1）面向乘客，立定，双脚自然并拢。

（2）双手握手（左手握右手或右手握左手，可根据是否手提扩音器、对讲机而定），放于身前自然下垂。

（3）微笑、点头，并以“您好”开始，询问乘客有什么需要帮忙。

（4）处理完事务后，以“再见”结束，并以单手斜抬起 30°，作送别的礼仪（见图 4.13）。

2. 车控室值班员岗

遇到乘客在窗外需要咨询、帮助时：

（1）根据车控室的实际情况，可站起或端坐原位处理事务。

（2）看到乘客后面向乘客，微笑、点头，并以单手斜抬起，指向对讲处，示意乘客靠近对讲处对话（见图 4.14）。

图 4.13

图 4.14

（3）对话以“您好”开始，与乘客对话时，上身应尽量前倾靠近对讲机，以表示对乘客的尊重。

（4）处理完乘客事务后，以“再见”结束，并以单手斜抬起，作送别的礼仪。

3. 票亭岗

（1）遇到乘客进行兑零、更新等票务事务时，售票员应微笑、点头，单手向上斜抬起，作欢迎的礼仪；按标准完成兑零、更新等票务事务，注意唱票。

（2）当付费区非付费区同时有事务需要处理时，应向一方说明“请稍候”后再处理另一方事务。

（3）处理完乘客事务后，以“再见”结束，并以单手斜抬起，作送别的礼仪。

4. 其他员工

（1）维修、保洁、稽查、安检等员工在乘客服务区工作时遇乘客咨询，应以“您好”开始，询问乘客有什么需要帮忙，尽能力解答乘客疑问，遇不能解决的问题，以“请咨询车站工作人员”引导乘客咨询站务工作人员，并指示工作人员所在区域。

（2）在车站面向乘客的人员，不得有倚靠设备、蹲地、吵闹等不文明行为。

七、各岗位工作标准

（一）巡视岗

巡视岗即通常意义上的厅巡，一般在站厅不断走动，为有需要的乘客提供帮助，如指引乘客购票、进出闸、开边门、回答乘客问询等。巡视岗要在工作中关注设备设施的运作情况、乘客的进出站行为和需求，与乘客对话时要注意使用文明用语，服务过程中要多看、多听、多巡、多引导；注意“四到”“四多”“三勤”服务技巧。

1. 巡视岗站厅服务要求

（1）不断巡视站厅设备、扶梯的运行情况、乘客进出站情况等，及时主动向有需要的乘客提供服务。

（2）根据需要配合送币、处理乘客事务及帮助引导进出闸车票有问题的乘客到售票处。

（3）负责站厅员工通道门的管理，对由通道门进出的人员进行如实汇报和严格登记。

（4）积极疏导乘客，要特别注意突发暴风雨等特殊情况时，乘客涌向出入口，堵塞通道等特殊情况。

（5）及时向上级报告异常情况和问题。

（6）制止并处理乘客违反《××市城市轨道交通管理条例》《××地铁票务规则》的行为，阻止乘客携带“三品”（易燃品、易爆品、危险品）、超长物品进站。

（7）如有特殊乘客进站及时通知有关岗位，对老年乘客、小孩、行动不便者要指引其走楼梯，必要时提供扶助以避免客伤事件发生。

（8）厅巡人员发现乘客排队人数过多，应及时向上级汇报客服中心、临时客服中心和TVM前乘客排队的人数。

（9）积极引导进站乘客到乘客较少的客服中心、TVM、闸机等处购票、进/出站。

（10）负责监督工作区域内的卫生情况，发现问题，立即整改。

（11）遇 TVM、闸机、扶梯故障的情况要及时放置/张贴警示牌（标识）或摆放告示，并及时向车控室报告。

2. 巡视岗站厅服务用语

（1）要求乘客排队购票（高峰期）："各位乘客，请按秩序排队购票，多谢合作！"

（2）需要更换票筒钱箱或故障维修时："××，对不起，这台设备暂停使用，请您稍等。"或"请使用其他设备，谢谢"。

（3）指引乘客购票："请持有×元、×元纸币的乘客直接到自动售票机上购票，需兑换硬币的乘客请直接到客服中心。"

（4）请乘客到站厅人较少的一端购票："各位尊敬的乘客，为了节省您的时间，请到人较少的自动售票机或人工售票处购票。"

（5）某一方向列车服务终止："各位乘客请注意，×号线开往××方向的列车服务已经终止，请乘客停止购票进站，不便之处，敬请原谅。"

（6）有乘客走近时，主动询问："××，您好，请问有什么需要帮助吗？"或"××，您好，请问我能为您做点什么？"

（7）对于小孩和老人："××，您好，为了您的安全，请走楼梯到站台/站厅/出入口。"

（8）当有乘客在站内吸烟时："××，您好，为了您的安全，请不要在地铁站内吸烟。"

（9）当发现乘客携带三品进站时："××，对不起，根据规定，您不能携带××乘坐地铁，谢谢您的合作。"

3. 巡视岗站厅服务技巧

（1）多看、多听、多巡、多引导。

多看：有无异常情况，看有无需要帮助的情况和需要处理的设备故障。

多听：多听乘客对服务的意见、建议。

多巡：即多走动、巡视了解站厅客流情况，留意乘客动态。

多引导：引导乘客到临时客服中心及乘客较少的一端购票乘车。

（2）多名乘客同时求助时，根据实际情况分轻重缓急依次处理，必要时报告车控室，不得对乘客不理不睬。

（3）高峰期巡视岗人员巡视站厅时应统一配手提广播上岗，在客流引导时声音不宜过大。吐词清晰，积极主动，不得拿广播对着乘客喊话；使用广播录音功能时，不得连续播放。

（4）巡视岗要及时提醒车控室查看 AFC 设备中的钱箱、票筒情况，以便在乘客较少时及时更换。

（5）巡视岗能解决的问题要及时、果断处理，避免处理时间过长，不能处理的问题应及时通知值班站长。

（6）在客服中心 BOM 出现故障或封窗查账时，应及时引导乘客到其他客服中心或自动售票机购票。

4. 巡视岗站台服务要求

（1）监视列车运行状态、候车乘客动态，监视是否有乘客跳下轨道、进入隧道、倚靠站台门、抢上抢下或乘客物件掉落轨道，防止列车、站台门夹人夹物或夹人夹物动车，根据情况及时采取正确的处理办法。

（2）引导乘客在黄色安全线以内排队候车，执行候车“三步曲”，维护站台秩序，组织乘客有序候/乘车。

第一步：当列车未到站，站台岗利用行车间隔时间做好站台巡视工作，维持站台候车秩序，阻止乘客倚靠站台门，当有乘客没有按指示标志排队候车时，人工引导乘客排队候车。

第二步：当列车到站开门时，引导乘客先下后上，注意安全；当列车到站车门关闭前，请乘客抓紧时间上车，上车后往车厢中部走。

第三步：当列车灯闪铃响时，采用拦截手势阻止乘客上下车，请乘客留意其衣物，谨防被夹。

（3）若发现异常情况及时采取措施或与车控室联系。

（4）回答乘客询问，在力所能及的范围内，尽量帮助乘客解决问题，特别注意帮助老、弱、病、残等需要帮助的乘客。

（5）当客车车门或站台门故障时，按有关程序要求协助司机处理车门/站台门。

（6）制止并处理乘客违反《××市城市轨道交通管理条例》的行为。

5. 巡视岗站台标准服务用语

出现以下情况，如在列车进站前及进站时，列车将要关车门时，乘客越出黄色安全线时，乘客带气球进站乘车时，小孩在站台上追逐奔跑、打闹时，有乘客走近时，列车服务终止时，乘客有物品掉下轨道时，要使用“您好、谢谢、对不起、请、再见”等文明用语，恰当指引乘客遵守车站秩序，并帮助乘客。

6. 巡视岗站台服务技巧

（1）“四到”。

心到：精神高度集中，随时应变异常；

话到：提醒乘客按排队箭头候车，及时进行安全广播；

眼到：密切监控 CCTV，注意乘客动态、站台门/安全门工作状况；

手到：主动处理问题，如发现地面有水，及时设置“小心地滑”牌，设备故障放“暂停服务”牌，地面有脏物时及时找保洁员工清除。

（2）“四多”。

多监控：密切监控站台乘客情况、站台门工作状况，必要时采取控制措施；

多广播：通过广播提醒乘客看管物品、看好小孩，不得跑闹、追逐，不得推挤站台门，到人少的一端候车等；

多联系：发现异常情况及时与司机、车控室及其他岗位联系；

多巡视：在每次列车到达间隙巡视站台一遍，巡视时“三步一回头”。

（3）“三勤”。

站台发现乘客伤亡事件或其他异常情况时，及时寻找目击证人并记录；

遇蛮横不讲理的乘客及时与公安联系，不与乘客发生正面冲突；

站台客流不均匀时，及时引导控制，防止乘客拥挤。

（二）客服中心岗

客服中心岗主要负责处理票务乘客事务，并配合厅巡岗注意周围乘客事务，售票时做到“一收、二唱、三操作、四找零”，使用文明用语，并注意票亭前乘客排队情况，适时调整服务方式。

1. 岗位服务要求

（1）票亭工作人员出售车票时应按“一收、二唱、三操作、四找零”的程序，售票作业程序如表 4.1 所示。

表 4.1 售票作业程序

步骤	程序	内　　容
1	收	收取乘客购票的票款
2	唱	讲出票款金额，重复乘客要求的购票张数和车票类型，如未听清乘客的要求，应主动礼貌地询问
3	操作	正确、迅速地操作： ① 检验钞票真伪，如钞票为伪钞，则要求乘客重新更换钞票； ② 在半自动售票机上选择相应功能键，处理钞票
4	找零	清楚说出找赎金额和车票张数，将车票和找赎的零钱一起礼貌地交给乘客

（2）当乘客要求分析车票时，应快速正确用半自动售票机分析，并将分析情况耐心告诉乘客，再采取相应的处理车票的方法。为乘客充值前后要主动请乘客确认余值无误后，再做下一步操作。

（3）同时有两位乘客等候服务时，按照先付费区后非付费区的原则为乘客服务。

（4）当客服中心前出现较大客流应电话通知值班站长或巡视岗，加派人手或使用人工广播引导。

（5）售票员主动领取足够车票、报表和硬币，在客流较小时把现金及硬币整理好，或进行开启另一袋硬币等准备工作。

（6）交接班时，接班售票员须提前做好售票、兑零准备工作，交班售票员才可以终止售票、兑零工作，尽可能减少对乘客服务的影响。

2. 标准服务用语

出现以下情况，如乘客需要兑换硬币时，收到残币或假币时，当找不开零钱时，乘客询问地铁票价、乘客出站时发现出不了站（超程、超时）、索要地铁发票等情况时，要使用“您好、谢谢、对不起、请、再见”等文明用语，恰当指引乘客遵守车站秩序，并帮助乘客。

3. 票亭岗位服务技巧

（1）在兑零空余时间尽可能把硬币盘摆满硬币。

（2）所兑硬币不散放在票务凹斗，而是垒成柱形，使乘客取币方便、快捷，不得有丢、抛的动作。

（3）减少客服中心交接班时对乘客服务的影响，如：

① 交接班时间安排在车站非高峰期；

② 交班前做好有关准备；

③ 接班人先准备好一盘硬币。

（4）售票员应优先处理付费区内乘客，并要礼貌地让非付费区内乘客稍等。

（5）售票员应预备充足的零钱和车票，掌握存量，及时追加，保证售票和兑零工作顺畅。

（三）行车值班员岗

行车值班员基本位于车控室，日常处理行车监控、上传下达等各项工作，同时也通过车控室窗口的语音对讲与乘客交流，回答乘客咨询。

1. 岗位服务要求

（1）应公平、公正、合理、及时处理有关乘客问题。

（2）在岗时，应站在公司的立场，遵循公司的方针、政策。

（3）车站出现大客流、乘客排长队现象时应积极采取措施，播放广播疏导客流，让乘客顺利购票和进出车站。

（4）当乘客通过车控室“对讲处”询问时，要礼貌、热情地向乘客解释。

2. 标准服务用语

行车值班员与乘客对话一是通过对讲按钮，二是通过语音播放广播，如提醒、寻人等。出现以下情况，如乘客走近对讲处时，要使用“您好、谢谢、对不起、请、再见”等文明用语，恰当指引乘客遵守车站秩序，并帮助乘客。通过监控电视发现有乘客超越黄色安全线时，站台乘客较多或倚靠站台门/安全门时，要通过广播用清晰标准的语言提醒乘客。

（四）客运值班员岗

客运值班员主要负责对票亭岗结账、配票等工作，也经常与乘客正面接触，需要适时做好各票亭岗的监控与协助。

1. 岗位要求

（1）监控设备状况和客服中心情况，确保设备正常和售票处零钱、票、发票充足。

（2）应公平、公正、合理、及时处理有关乘客问题。

（3）在岗时，应站在公司的立场，遵循公司的方针、政策。

（4）大客流时及时积极采取措施，加开兑零窗口，安排员工疏导乘客。

（5）在大客流前做好准备工作，如提前配票，准备充足钱、票，确保设备状态良好等。

（6）处理乘客事务时要及时到达现场。

2. 服务标准用语

服务用语参考各岗位用语标准。

第二节　乘客事务

乘客从进站、乘车、出站的过程中会发生一系列与服务提供者之间的交流活动，对地铁的客运服务、票务事务、设备设施、运输服务、安全及综治、环境卫生、商业资源等通过车站现场、服务热线、官方微博、官方微信、信访等途径提出相关的投诉、建议、咨询、表扬等的事务，称为乘客事务。

一、乘客事务的分类

1. 按事务性质分类

按事务性质分为投诉、建议、咨询、表扬等。

（1）投诉：从车站现场、服务热线、官方微博、官方微信、信访等渠道收集的，关于乘客对地铁范围内的客运服务、票务事务、设备设施、运输服务、安全及综治、环境卫生、商业资源等运营相关事项的不满意见。

（2）建议：从车站现场、服务热线、官方微博、官方微信、信访等渠道收集的，关于乘客对地铁范围内的客运服务、票务事务、设备设施、运输服务、安全及综治、环境卫生、商业资源等运营相关事项的建设性提议。

（3）咨询：从车站现场、服务热线、官方微博、官方微信、信访等渠道收集的，关于乘客对地铁范围内的客运服务、票务事务、设备设施、运输服务、安全及综治、环境卫生、商业资源等运营相关事项的疑问。

（4）表扬：从车站现场、服务热线、官方微博、官方微信、信访等渠道收集的，关于乘客对地铁范围内的客运服务、票务事务、设备设施、运输服务、安全及综治、环境卫生、商业资源等运营相关事项的认同或赞赏。

2. 按事务主体分类

按事务主体分为客运服务、票务事务、设备设施、运输服务、安全及综治、环境卫生、新线建设及商业资源等。

（1）客运服务：与车站客流走向、客流组织、车站人员是否有效引导客流、客流流线组织是否顺畅有序相关的服务事务。

（2）票务事务：与车站售票、补票、验票、免票处理及开边门通行等环节相关的服务事务。

（3）设备设施：与站内乘客自助终端、乘客电子显示屏、客服中心、临时售票亭、取阅架、扶梯护栏、意见箱、各类不锈钢牌、移动栏杆、站台座椅、垃圾桶等服务设施，车站天花、地面、墙壁等设施在颜色纹理上统一均匀，无明显裂缝、破损、凹凸、漏水、腐蚀痕迹等装修装饰，站内导向、站外导向等导向系统，盲道、盲文导向牌、轮椅坡道、残疾人楼梯升降机等无障碍系统，及车站乘客界面服务用品等相关的服务事务。

（4）运输服务：与列车行车间隔、列车车门夹人夹物、列车行驶交路、列车飞站、列车停运及服务时间等运输组织有关的服务事务。

（5）安全及综治：与车站范围（站台、站厅、换乘平台、换乘通道、出入口通道、出入口 5 m 范围内）综治安全相关的服务事务。

.（6）环境卫生：与车站范围（站台、站厅、换乘平台、换乘通道、出入口通道、出入口 5 m 范围内）流浪、乞讨、卖艺、乘凉、派传单、小贩、五类车（电动车、摩托车、三轮车、残疾人机动轮椅车、改装车）等问题相关的服务事务。

（7）新线建设及商业资源：与新线规划、建设，地铁范围内具有商业盈利（收费）性质的设备设施（灯箱、自助设备），地铁站内的商铺及其他商业资源相关的服务事务。

3. 按事务提交形式分类

按事务提交形式分为来访、来电、来信、乘客车站留言、网站留言、电子邮件、媒体及政府部门、媒体及其他外部单位转发/交办等。

二、乘客事务处理原则

乘客事务受理单位在接到乘客事务后，应遵循一定的处理原则，以确保乘客事务的妥当处理。

（1）首问责任制原则。首位接待乘客的员工负责全程跟进乘客需求，超出职责范围内或因工作原因无法及时处理的乘客需求，需根据流程及时逐级上报。

（2）投诉无申辩原则。在处理乘客投诉时，首先要为给乘客带来的不便表示歉意，处理过程中要关心乘客的需求，做到耐心、有礼，态度友善、语气温和，不能出现顶撞、推诿行为。

（3）现场处理原则。受理乘客事务的个人或部门要尽量在现场处理完毕，确保事务处理的有效性。

（4）满意原则。在处理乘客事务时，需迅速响应乘客的需求，尽量满足乘客的需要，做好服务补救措施，并及时将无法处理或乘客对回复不满意的投诉向上级反映，尽量使乘客满意。

（5）及时原则。乘客事务必须及时处理，不能让乘客长时间等待。如当事人第一时间不能处理，应立即通知上级，相关人员接到信息后，须及时到场为乘客处理相关事务。

（6）百分百回复原则。对于车站受理的乘客事务，受理部门必须百分百回复乘客，并做好跟踪和台账记录。

（7）投诉事务调查原则。事务调查遵循“四不放过”的原则，即投诉原因分析不清不放过，责任人和其他员工没有受到教育不放过，没有制订防范整改措施不放过，责任者没有受到严肃处理不放过。

三、乘客事务处理程序

车站收到乘客投诉服务事务时，需及时组织调查，及时将调查结果回复受理单位。

对于社会关注热点、敏感问题，可能引发负面舆论、具有公关危机苗头倾向等较严重的乘客投诉，或短时间内接到多宗同类投诉事件，立即按流程逐级上报。

1. 车站乘客事务处理流程

（1）车站人员现场收到受理单位转发或现场乘客投诉时，应立即判断投诉性质。如属于敏感事件，需立即上报相关单位。

（2）车站人员判断乘客投诉属于一般事件，则需立即组织调查，并在回复乘客时注意安抚情绪，避免投诉升级。

（3）在调查过程中，如确定事件不涉及有效投诉，可直接回复受理单位或乘客。

（4）在调查过程中，如确定事件涉及有效投诉，需谨慎回复处理。

2. 乘客意见卡事务处理流程

乘客意见卡是设置在每个车站站内，用于记录乘客关于地铁运营或服务信息的载体，由各车站归属的责任单位负责统筹管理。

责任单位收到意见卡事务要及时将处理结果邮件知会乘客意见卡受理单位。

（1）车站收集到乘客意见卡时，应立即判断事务归属。如属于本车站归属责任单位的，由责任单位组织调查，核实后回复乘客。

（2）如判断不属于本车站归属责任单位的，转发至相关责任单位，由其组织调查，核实后回复乘客。

四、有效乘客投诉

在乘客服务事务中，由于运营服务的不足或设备设施、安全及综治、服务环境（卫生、噪声、温度）、商业资源等原因引起的投诉，造成一定程度负面影响或乘客利益损害，相关部门或人员负有责任的，称为有效乘客投诉。

按事务主体主要分为客运服务、票务事务、设备设施、运输服务、安全及综治、环境卫生、新线建设及商业资源类的投诉。由相关部门根据业务管辖内容对乘客投诉事务是否有效配合进行研判和处理。

1. 服务环境

（1）车站环境卫生（地铁管辖出入口范围、洗手间等）脏、乱、差未有效处置，造成乘客多人或重复投诉的。

（2）保洁员工作业时影响乘客安全引起的投诉。

（3）空调、通风设备故障或梅雨、潮湿等季节性原因未按要求开启等导致温度不适引起乘客投诉。

（4）未按标准对轨道、车轮进行打磨导致噪声超标引起乘客投诉。

2. 设备管理

因车站、列车客运设备设施、便民设施损坏或故障，未及时有效处置造成乘客多人或重复投诉的。

3. 行车运输

（1）非安全、紧急（上级部门“越站”“关站”等命令及火灾、毒气等）情况下发生的清客、越站等行车调整，对乘客出行造成影响。

（2）因列车延误（非运营原因导致除外），导致乘客出行受阻。

4. 商业资源

广告发布、文化产品、营销活动等经营活动造成多人投诉或影响地铁对外服务形象的。

5. 客运安全

（1）发生有责客伤被乘客投诉。

（2）发生非有责客伤但善后处理不当被乘客投诉。

（3）未按要求开展安全宣传活动、安全宣传资料有误等引起投诉。

6. 综治安全

（1）对于发生在属地范围内（出入口滴水檐以内或出入口平台台阶以内）的违规现象，车站具备及时发现处理的条件，但没有采取措施的且摆卖时间不在车站两小时巡视的间歇期（以巡视记录为准）。

（2）某类现象虽然车站不具备及时发现处理的条件（如车厢内乞讨、派传单），但同一地点多次被乘客投诉，且车站没有开展专项整治，没有建立违规人员台账，没有对违规人员进行处罚或移交公安处理。

7. 消防安全

（1）城市轨道交通范围内，发生有责冒火冒烟事件，对客运服务造成较大影响。

（2）城市轨道交通范围内，发生无责冒火冒烟事件，但因工作人员处置不当造成事件影响扩大。

（3）运营期间自动消防系统误启动火灾模式、灭火器或防火卷帘误动作等火警事件，对客运、行车工作造成影响的。

第三节 客流组织

城市轨道交通具有速度快、安全舒适的特点，客流吸引范围较大，在现代城市交通中承担着大量的运输任务。

而地铁站具有空间狭小、密闭的特点，在客流量大的车站，若无合理的客运组织，可能导致站内拥堵，不同行走方向的客流相互冲突，乘客在车站内将形成无序、混乱的状态，客运安全风险大大增加。

客运服务质量的高低直接反映出城市轨道交通运营的管理水平，城市轨道交通客运组织管理工作是城市轨道交通运营生产的重要组成部分，客流组织就是通过合理布置客运有关设施，对客流采取有效分流或引导，完成安全、有效的客流运送任务，为乘客提供优质的服务。

一、客流规律

城市轨道交通线路由各个车站连接而成，车站的分布一般都靠近人员活动密集的区域，客流与车站周边的环境、人员活动等因素紧密相连，乘客通过车站这一节点进入并在线路上流动。

（一）单站客流规律

单站客流中对车站客运组织影响较大的为进站客流及换乘客流，此两种客流需在车站内流动、等候，当客流不能及时疏导而不断集聚时，有限的车站空间内客流密度将不断增大，客运组织存在安全风险。

1. 进出站客流规律

不同类型的地铁车站，其客流量大小和客流规律主要受周边城市景观布局、人口构成等因素影响，进而呈现出不同的高峰期和大客流特点。因此，可根据车站的周边环境分析客流规律。

（1）邻近社区。

① 客流构成。邻近大型社区的地铁站，进出站客流以居民为主，其出行习惯、目的、规律等相对比较稳定，主要以上下班为主。

② 客流特点。早高峰期间以进站为主，晚高峰期间以出站为主，市民从城市各处返回车站，时间集中度相对不高。从全天来看，车站受通勤客流的影响，客流压力集中于早高峰时段。此外，因客流来源相对稳定，随着社区、居民区的发展，客流量持续上涨的可能性较大。

（2）邻近写字楼、学校。

① 客流构成。邻近写字楼、工厂及学校的车站，客流主要来源为通勤客流，其搭乘地铁的时间、规律、人群相对比较平稳。

② 客流特点。车站在早高峰期间，出站客流大而进站相对小；晚高峰期间，早高峰出站的乘客陆续返回地铁站，导致进站客流较大。在该车站进出的客流，以通勤人员、学生为主。

（3）邻近商业区、购物圈。

① 客流构成。因站外有大型商场、购物街等影响，车站的主要客流来源为逛街、购物的市民。

② 客流特点。车站客流很大程度上受商场、店铺的营业时间影响，早高峰出站高峰时间稍晚于邻近写字楼、学校等的车站，而晚高峰时间早于邻近写字楼、学校等的车站，且高峰的持续时间较长，峰值不明显，进出站客流量相对较为平缓。

（4）邻近娱乐、休闲场所。

① 客流构成。车站因邻近游乐场、公园、大型体育场等，导致周末及节假日期间，有较多市民前往，由此增加了这类车站的进出站客流量。

② 客流特点。车站高峰期通常出现在周末及节假日期间，邻近场所举办群体性的活动时，如跨年倒数、比赛及演唱会等，散场期间将有短时集聚性大客流。

（5）邻近客运枢纽。

① 客流构成。客流主要受客运枢纽的影响，携带行李的乘客比例相对较高，且异地乘客较多，在进站乘车、购票、入闸、乘车等环节耗时较长。

② 客流特点。车站高峰通常出现在客运枢纽旅客较多的时期，如春运、寒暑假、节假日期间，大量旅客返乡、出游、探亲等，造成车站的客流高峰。

以上为各类型进出站客流的规律，但实际上，一个车站的客流有时会受两个或多个因素共同作用，如珠江新城站，工作日期间主要受通勤客流影响，而周末和节假日期间叠加了大量观光、游玩的乘客。因此，在不同时期、不同时段呈现出的客流规律有所不同。

2. 换乘客流规律

不同的换乘站所处的地理位置及换乘线路不同，由此产生换乘规律的不同。一天之内的不同时段中，换乘站的换乘客流存在一定的方向性。

早高峰期间，换乘站的换乘客流倾向于流向市区的线路、而晚高峰流向远离市区的线路；对于处于市区的换乘站，早晚高峰时的换乘规律则视两条线路的周边对客流的吸引情况来定。

（二）单线客流规律分析

每条地铁线路所处的区域和地理位置的不同，导致线路所经过的城市景观、规划布局、人口构成等存在差异，反映在线路客流呈现出不同的规律和特性。

1. 市区与郊区线路

地处市区的地铁站，客流多以通勤、购物、游玩等为主，而处于郊区的线路，客流多以前往居民住地、客运枢纽、大学城等地为主。一般来说工作日早高峰期间，郊区线路的客流流向市区线路，晚高峰反之；周末及节假日期间，客流集中于流向客运枢纽、逛街购物中心等所在线路。

2. 方向和断面客流的不均衡

（1）客流在方向上的不均衡。由于上班、上学通勤客流出行的来源主要为居住和就业所在地，其分布情况较大程度上影响了地铁线路高峰期的特征，线路呈现出的潮汐规律较为明显，由此展现出高峰期不同线路不同方向之间客流量的不对称性。

（2）客流在断面上的不均衡。断面客流量指一段时间内，在同一方向通过地铁线路某一区间的乘客数量。对于不同线路及不同区段，断面客流通常是不同的，但存在一定的规律。

断面客流的差异性主要体现在同一时段不同区段的断面客流差异化，和同一区段在不同时段的断面客流差异化。

对于同一时段来说，各线路或区段受站外环境、人口构成等因素影响，断面客流有所不同，这一特性在高峰时段尤为明显。部分重点线路和区段在高峰期间客流压力大，反映在断面客流量较大。

对于同一区段来说，在不同时间段内市民出行的目的和需求不同，断面客流量也有所不同，一般区段在高峰期间的断面客流量较大，而其他时间相对较为平稳。

二、客运组织原则

1. 基本原则

客运组织的基本原则为安全、及时、有效，现场遵循“安全第一，疏控结合”的原则。

车站制订相应客流组织方案时，应根据本站客流特点及设备设施的设置情况，在确保客运安全的前提下，合理实行客流疏导，避免客流交叉，确保客流顺畅。

2. 单站级客运组织原则

（1）标准站客运组织遵循“由下至上，由内至外”的原则，一般采取三级客流控制措施。发生突发大客流时可根据现场需求同时采取多种客流控制措施，以达到客流“有序、可控”。

（2）换乘站客运组织同时遵循“由下至上，由内至外”和“先控制入闸客流，再控制换乘客流”的原则，力求“安全、可控、统一”，确保站台安全，避免客流失控。大客流组织时，由客运压力较大线路的值班站长担任整个换乘站客流组织的指挥者。

（3）超大客流情况下，车站客运组织应遵循“站外优先”的原则，避免乘客大量积压在车站面积有限的狭小空间内，保障乘客安全。

（4）各车站制订并落实车站公共区综合管理区域负责制，根据实际情况在站内划分客流控制区域。各区域负责人将所在区域情况互相通报，并向总负责人汇报，由总负责人指挥“控、放”工作。采取客流控制措施需通报中心站长、控制中心，并及时请求公安的协助。

3. 线网联控原则

（1）线网分级联控是在线控、网控基础上，增设辅控站，逐步强化控制力度，提高客流控制的灵活性。

（2）线网联控的实施以优先满足主控站的客流疏导，缓解高满载率区段的客流压力为原则。

三、通过能力及客流瓶颈分析

车站某一部位的通过能力，是指在车站整体设备正常的情况下，该部位所能通过的最大客流量。

地铁为人流密集的公众场所，当站内发生突发大客流时若未及时疏导，不仅会危及乘客的人身安全，也可能造成较大的社会影响。因此，计算车站通过能力，并筛选出客流瓶颈，可以对车站客运组织提供数据指导，有效提升现场客运组织管理成效。

1. 数据收集

收集车站公共区的设备设施、客流组成及规律、客流流动路径及乘客出行特点等作为计算背景。

车站内各设备设施数据，应包括各楼/扶梯的宽度、走行通道宽度、进出闸机数量、自动售票机数量等。

2. 标准站通过能力计算

车站的通过能力，主要考虑出入口、站厅通道、进出闸机、乘降设备（站厅至站台）4个部位。

以任一标准站的数据进行计算，选取 1 h 为计算周期，各部位的通过能力参考《地铁设计规范（GB 50157—2013）》。

（1）出入口。车站的出入口通过能力（S_1），为各出入口楼梯和自动扶梯通过能力之和。每米净宽的楼梯/自动扶梯通过能力如表 4.2 所示。

表 4.2　每米净宽的楼梯/自动扶梯通过能力

位置	通过能力/（人/60 min）
楼梯	3 200
自动扶梯	9 600

（2）通道。通道通过能力（S_2），意指站厅售票机前的通道，此处忽略购票排队客流取理想值。每米净宽的通道通过能力如表 4.3 所示。

表 4.3　每米净宽的通道通过能力

位置	通过能力/（人/60 min）
站厅通道（售票机前）	4 000

（3）进出闸机。进出闸机通过能力（S_3），为站厅的各台进出闸机通过能力之和。单台进/出闸机通过能力如表 4.4 所示。

表 4.4　单台进/出闸机通过能力

位置	通过能力/（人/60 min）
进闸机	2 100
出闸机	2 100

（4）乘降设备。乘降设备通过能力（S_4），意指站厅至站台的楼梯及自动扶梯通过能力之和，见表 4.5。

表 4.5　每米净宽的楼梯/自动扶梯通过能力

位置	通过能力/（人/60 min）
楼梯	3 200
自动扶梯	9 600

3. 客流瓶颈

最小通过能力 $M = \min\{S_1, S_2, S_3, S_4\}$，即客流瓶颈。

四、客运组织安全关键点

在车站日常客运组织中，站台、扶梯、站厅等处由于地形、人流密度等因素，存在较高的客运安全风险，是车站的客运组织安全关键点，在日常客运组织中，对于这些关键部位应重点予以关注，及时加派人手。

1. 站　厅

（1）站厅 TVM/预制票亭前需提供足够的购票区域，客流较大的站点，可利用伸缩栏杆或铁马等备品设置购票隔离区。

（2）大客流时，应根据车站布局合理增设预制票点，并安排人员在 TVM 前协助乘客购票，避免购票客流长时间滞留。

（3）客流组织需合理利用车站空间，扩大乘客等候区域，尽量减少客流交叉、对流，确保客流顺畅。

2. 扶　梯

（1）扶梯客流控制点的选取应距扶梯/楼梯口有一定的缓冲空间，控制口宽度不得大于扶梯/楼梯口宽度。在特别拥挤的扶梯/楼梯口应安排人员引导乘客有序进入。

（2）关注扶梯的运行情况，在实施客流控制需关停扶梯时，应提前进行广播宣传，确保扶梯上乘客疏散后，方可关停。

（3）关注扶梯/楼梯口乘客上下车动态，灯闪铃响时阻止乘客上下车，防止乘客抢上抢下。

（4）控制点的铁马使用扎带固定，应遵循“渐进缩小”原则，摆成喇叭口或斜口，不宜垂直控制，有条件及必要时应设置多道控制点以减少冲击力。

（5）设置扶梯延长线时，铁马应避免影响乘客正常行走或排队候车。

（6）对于长大扶梯，车站应予以重点关注，在大客流时段应设专人值守引导。

3. 站　台

（1）注意对站台门处维持上下车秩序用的伸缩带、铁马的安全监护。客流组织结束时，必须“物随人走”，及时撤除相关客运备品。

（2）维持乘客排队候车秩序，做好乘客候车引导，尽可能多留出下车通道。

（3）关注乘客上下车动态，防止乘客抢上抢下，确保乘客安全。

五、客运组织方式

根据现场客流组织开展单站控、线网联控客运组织工作。

（一）单站控

1. 第一级客流控制

（1）在站厅与站台的楼梯/扶梯连接处设置控制点。

（2）改变扶梯走向。

（3）引导乘客走楼梯。

（4）在付费区设置回形线路等。

2. 第二级客流控制

（1）关闭部分进闸机限流。

（2）在进闸机口设置铁马等分批进闸。

（3）在非付费区设置回形线路等。

3. 第三级客流控制

（1）在出入口用铁马等备品限制乘客进站。

（2）在出入口外设置回形线路等。

（二）线网联控

1. 单线级客流联控

单线级客流联控指主控站本站出现大客流或本线连续多个区段满载率偏高时，采取客流控制措施限制主控站及本线辅控站进站乘客人数，均衡各站进站客流，缓解主控站或高满载率区段客流压力的客运组织行为。单线级客流联控可分为一级、二级、三级线控。

2. 线网级客流联控

线网级客流联控指实施单线级客流联控仍无法缓解客流压力时，邻线辅控站采取客流控制措施限制进站乘客人数，缓解主控站客流压力的客运组织行为。线网级客流联控可分为一级、二级、三级网控。

六、常态化客流组织

常态化客流控制是指根据车站、本线或线网的客流情况，在日常或节假日固定时间内启动客流控制。

（一）分　类

1. 工作日常态化客流控制

工作日早晚高峰客流潮汐现象明显，存在明显的单向性和向心性，早晚高峰走向不一致，早高峰主要客流走向为由郊区流向市区，晚高峰主要客流走向为由市区流向郊区。在大型社区、客运站等居民聚集地居民需求大且属于刚性需求。附近地铁车站工作日客流规律显著，早高峰以进站客流为主，晚高峰以出站客流为主，客流量大，变化幅度较小。

2. 节假日常态化客流控制

在大型节假日，受市区休闲购物大型商圈的固定性及出行客流往返的相对稳定等原因影响，客流高峰聚集在大型商圈附近的地铁站，客流趋向性明显。城市轨道交通应总结不同节假日客流规律，在节假日前确定大客流站点以及时间段，在高峰期实施常态化客流控制，并通过多种信息发布渠道提前告知市民，以此让市民关注地铁各站的客流高峰时段，合理安排时间，提早出门，尽量避免高峰出行。

城市轨道交通可通过分析客流数据、查找客流规律，在工作日和节假日固定高峰时段内在大客流站实施常态化客流控制措施，采取“主动计划性控制”取代“被动应急性控制”，掌握控制先机，确保整个线网客流组织的安全、有序。

（二）实施前宣传要求

1. 工作日常态化客流控制实施前宣传要求

（1）提前在微博、交通电台等媒介，预告新增/调整常态化客流控制的站点、时间以及具体原因、措施等信息。

（2）自新增/调整常态化客流控制实施前以及实施一段时间内，在新增/调整常态化客流控制车站播放宣传广播、摆放宣传告示以及在全线网 PIDS 上发布客流控制宣传信息，并向乘客派发客流控制宣传单，提前告知乘客本站实施客流控制的日期、时段等信息。

2. 节假日常态化客流控制实施前宣传要求

（1）提前通过微博、PIDS（乘客信息显示系统）、纸质传媒、交通电台等媒介预告。

（2）新增工作日常态化客流控制的车站，在开始实施的一段时间内，在站厅使用 PIDS 全屏发布高峰客流控制信息，稳定后在站厅、站台 PIDS 以应急滚动方式发布客流控制信息。

（3）调整工作日常态化客流控制的车站，自实施日起，在站厅、站台 PIDS 以应急滚动方式发布客流控制信息。

（三）启动流程

1. 单站级

（1）车站向控制中心、中心站长汇报启动本站常态化客流控制。

（2）车站立即按照常态化客流控制方案采取客流控制措施，将进站客流限制在规定数值之内，保证进站、购票、出入闸以及站台上下车客流组织的安全、有序，并通知地铁公安到场协助。

（3）车站向控制中心、中心站长汇报取消本站常态化客流控制。

（4）单站级常态化客流控制原则上按计划时段执行，车站可结合现场情况，适度调整启动及取消时间。

2. 单线级

（1）主控站上报本线控制中心启动单线级常态化客流控制，控制中心根据常态化客流联控方案向辅控站发布命令。

（2）接到启动客流控制命令时，辅控站立即按常态化客流联控方案，实施现场的客流组织，将进站客流限制在规定数值之内，保证乘客进站、购票、候车、乘车等环节的安全有序，并通知地铁公安到场协助。

（3）主控站上报本线控制中心取消客流控制，本线控制中心根据方案向辅控站发布命令。

（4）单线级常态化客流控制原则上按计划时段执行，主控站可结合现场情况，适度调整启动及取消时间。

3. 线网级

（1）主控站上报本线控制中心启动线网级常态化客流控制，本线控制中心上报线网指挥中心，邻线控制中心在接到线网指挥中心通知后，根据常态化客流联控方案向辅控站发布命令。

（2）接到启动客流控制命令时，辅控站立即按常态化客流联控方案，实施现场的客流组织，将进站客流限制在规定数值之内，保证乘客进站、购票、候车、乘车等环节的安全有序，并通知地铁公安到场协助。

（3）主控站上报本线控制中心取消客流控制，本线控制中心上报线网指挥中心，邻线控制中心在接到线网指挥中心通知后，根据常态化客流联控方案向辅控站发布取消命令。

（4）线网级常态化客流控制原则上按计划时段执行，主控站可结合现场情况，适度调整启动及取消时间。

（四）实施要求

（1）严格按照预告信息中的车站、日期、时段启动客流控制。使用铁马栏杆设置回形阵的车站，不能提前设置致使乘客在实施前就在出入口或站厅内绕行。

（2）客流控制时每组进闸机需保证至少开放 2 台，可采取进闸机前设置回形阵（宽度够一人通行即可）或在进闸机前拦截、分批放行的客流控制方式，尽量不采用直接关闭进闸机的客流控制方式。

（3）客流控制时需关注老幼病残孕等特殊乘客，开辟绿色通道主动引导其快速入站。

（4）当通过常态化客流控制无法缓解车站客流组织压力时，车站需按照突发客流控制办法执行客流控制。

（5）车站实施常态化客流控制期间，现场应通过 PIDS、广播、告示等途径，告知乘客客流控制相关信息。

七、突发性客流组织

突发大客流是指受地铁车站周边大型活动或地铁出现应急事件等情况影响，在短时间内车站聚集大量客流，对车站客流秩序造成较大冲击。突发大客流控制是指为应对突发大客流，有效分流和引导短时间聚集的乘客，保障客流组织安全、有序，所采取的客流控制措施。

城市轨道交通单位要根据本车站的土建结构、AFC 设备布局、客流特点及设备能力等情况，制订车站突发大客流预案，确保客流顺畅，尽量使进、出站客流不交叉，车站设备和设施得到充分利用。车站大客流组织预案分为自然站大客流组织预案和换乘站大客流组织预案。预案包括车站周边环境及客流走向分析、车站设备设施分析、正常情况下的客流组织、非正常情况下的客流组织等内容。

（一）单站控

1. 启动条件

单站级客流控制的启动及取消条件如表 4.6 所示。

表 4.6　单站级客流控制的启动及取消条件

<table>
<tr><th>客流控制类型</th><th colspan="2">启动条件</th><th>取消条件</th></tr>
<tr><td rowspan="3">单站控</td><td rowspan="3">当发生大客流，或由于车站站厅、站台设备设施故障（如扶梯故障、TVM 故障、BOM 故障），引发车站输送能力下降，客流无法缓解且有增大趋势时，启动本站客流控制</td><td>第一级客流控制：当站台候车乘客超过整个站台面积的 2/3 时</td><td rowspan="3">客流得到有效缓解，车站恢复正常客流组织</td></tr>
<tr><td>第二级客流控制：当付费区乘客超过整个付费区面积的 2/3 时</td></tr>
<tr><td>第三级客流控制：当非付费区乘客超过整个非付费区面积的 2/3 时</td></tr>
</table>

2. 启动流程

（1）第一级客流控制。由车站当班负责人决定实施，并通报控制中心、中心站长，请求本站保安协助。

（2）第二级客流控制。由车站当班负责人决定实施，并通报控制中心、中心站长，请求本站保安协助。

（3）第三级客流控制。由中心站长决定实施，并通报控制中心，请求公安协助。

3. 实施要求

（1）当站台客流量到达容量临界点，大部分乘客无法上车时，车站做好广播宣传，提醒乘客注意安全、均匀候车，同时加强站台门工作的监控。

（2）采取第三级客流控制时，原则上不关闭车站出入口闸门，应用铁马进行控制，视客流增加情况分批组织乘客进站，组织好乘客排队，做好宣传及解释工作。

（3）组织乘客分批进入时，需增加人手，关键点要专人把守，“控、放”要由专人指挥。“控”前做足准备工作，“放”时提醒乘客不要抢行，避免群伤事件。“控、放”时的铁马、告示摆放要合理，避免绊倒乘客。

（4）换乘站按三级客流控制要求进行客流组织，同时做好换乘平台和换乘通道的客流控制工作。

（二）分级线网联控

1. 启动原则

遵循“梯度递增、灵活启动”原则，按“先线控、后网控”的顺序启动，同一梯度内的客控级别可根据现场客流情况越级启动，梯度间不能越级启动。

（1）需启动一、二级线控时，可视现场实际情况，越级开展二级线控。

（2）需启动一、二级网控时，可视现场实际情况，越级开展二级网控。

（3）当同梯度内越级启动客控时，OCC 需同时通知一、二级线控（/网控）站点启动客控。

2. 启动顺序

分级线网联控实施顺序如表 4.7 所示。

表 4.7　分级线网联控实施顺序

梯度	客流控制级别	客流控制措施
梯度一	一级线控、二级线控	将本线车站对主控站影响较大的站点（原则上不含换乘站）作为辅控站，实施联控
梯度二	一级网控、二级网控	将邻线车站对主控站影响较大的站点（含换乘站）作为辅控站，实施联控
梯度三	三级线控	本线全线车站（含换乘站）停止进站 5（/10/15）min
梯度四	三级网控	邻线全线车站（含换乘站）停止进站 5（/10/15）min

3. 启动流程

（1）主控站上报控制中心启动一级（/二级）线控，控制中心根据线控、网控分级方案向辅控站发布命令。

（2）新增辅控站接到启动客流控制命令后，应在 10 min 内实施现场的客流组织，将进站客流限制在规定数值之内，保证乘客进站、购票、候车、乘车等环节的安全有序，必要时通知地铁公安到场协助。

（3）当启动二级线控后不能有效缓解大客流时，受影响主控站经报分管负责人以上人员同意后申请启动一级（/二级）网控。本线控制中心上报线网指挥中心，由线网指挥中心通报邻线控制中心根据线控、网控分级方案向辅控站发布命令。

（4）当客流压力达到启动三级线控（/网控）的条件时，经主控站所在部门分管（值班）领导报中心分管（值班）领导审批后，上报控制中心。涉及邻线辅控站时，由线网指挥中心通报邻线控制中心按照方案要求发布命令。

（5）主控站需密切关注现场客流情况上报控制中心逐级取消客流控制，控制中心根据方案向辅控站发布命令。

（6）当实施三级线控（/网控）时，OCC 需统一明确启动时间（按预留 10 min 计）。

4. 实施要求

突发客流控制时，在站厅、站台 PIDS 发布客流控制信息。

八、突发、应急情况下大客流组织疏散对策

大型活动往往给周边车站带来短时客流冲击，车站在短时间内站内外客流密度显著增大，客运组织难度升高。此时可能存在实施客流控制后客流压力仍无法疏导的情况，因此除轨道交通自身疏导外，需寻求外单位的帮助共同疏导客流。

相较于日常客流及普通大客流，车站在周边有大型活动期间，客流呈现出时间更为集中、客流构成高度一致等特点，短时间内对车站的冲击较大。此类情况下，对行车组织、车站设备能力、客流疏导等提出了更高的要求。

（一）站内大客流的风险及其疏导

1. 站内大客流的风险

轨道交通日均客流量迅猛上涨，瞬时客流的日益增大带来了极大的发生踩踏事件的风险。

通过研究发现，踩踏事件主要原因为：拥挤、有恐慌事件导致人群突然失控、扶梯楼梯疏散不畅等；踩踏事故的一个重要特征就是发生突然、危害巨大，此类事故一旦发生就难以控制，造成巨大伤亡，因而对付该类事故，重点在于预防，加强安全管理和控制，同时，人群的移动速度又与人群的密度有关，总体上密度越大移动速度越小。

2. 站内大客流的疏导

当发生站内大客流，短时间不足以通过其他管理组织措施有效缓解，值班站长判断可能影响到正常客运秩序或导致踩踏事故时，需及时向上级汇报，采取进一步的控制措施，并在

本站内统筹，尽快将客流疏导到站外；车站可通过设置伸缩栏杆、铁马等分流出站人群与进站人群，以达到减少客流交叉、降低人群密度的目的；疏导过程中由值班站长统筹各岗位工作，特别注意需安排操作关停扶梯，车控室开广播安抚乘客，如果本站属于下车乘客较多的车站，需申请双向列车在本站不停站通过，以避免客流的持续增加；向 OCC 申请关站，工作人员迅速前往各出入口、站台、站厅引导乘客，指引乘客按照疏散指示标志的方向有序离场。当疏导后站内人数达到正常状态，恢复运营。

当发生踩踏事件，车站需启动踩踏事件处置流程，注意及时疏导乘客至站外并救助伤员。具体有关踩踏事件的处置介绍见本书第六章第三节内容。

（二）站外突发大客流情况下的应对策略

1. 针对大客流的客运及行车组织

1）客运组织

大客流到来时，按照“能控制在站外就不放在站内、能控制在站厅就不放在站台、能控制在站台就不放在列车”的原则实施客运组织，根据现场情况按照车站客运组织细化方案启动客流控制，保障客流有序、可控。

大客流组织中，车站值班站长须保持与驻站公安、护卫的密切联系，第一时间取得公安、护卫的支持与协助。

2）行车组织

为保障客流疏散，大型活动期间，行车组织方面也将做出相应调整。根据大型活动具体情况，增加正线上线列车及备用车数量。当大客流来临时，根据现场情况调整行车组织，通过加开列车、调整列车间隔等方式配合大客流疏导。

3）市交委、交警的客流联控

大客流疏散期间，客流过大时，地铁有限运力难以迅速疏导客流，因此需要市交委及公安交警从大交通角度增大地面运力，缓解车站客流压力。

公交方面：优化运营调度组织，灵活线路调度，在人员密集区域周边提前囤积应急运力，保障第一时间相应应急需求。此外，对大型活动周边的公交线路进行统筹，利用车辆在线路中实施短线运作方式储备应急运力，提高人员密集场所的公交疏运能力。

出租方面：加强对出租车辆的运营监控，合理引导出租车辆到客流密集区域进行疏运，提高出租车辆的运载效率。

公交宣传方面：电视、报纸、网络、微博等多种宣传方式，提前告知乘客大型活动区域的公交路线情况，引导市民合理出行、安排出行计划。

2. 邻近景点、商业区等车站大客流应对策略

1）与客流来源单位开展客流疏散联控

景点、商业区乘客集中返回地铁站时，车站将受到短时突发性大客流冲击。此类客流来源于相对集中的外部单位，与相关单位沟通共建，建立客流联控疏散机制，操作流程如下：

（1）与对方单位开共建沟通会，获取站外开展大型活动的信息（活动形式、规模、预期参加人数、进散场时间、主办单位等），协商客流疏导事宜。

（2）现场踩点，对地铁站至外单位的路径进行勘察。

（3）活动前开展大客流联控演练，检验联合控制的可行性并完善细节。

（4）实际进行联合客流疏散控制时，地铁方面安排员工到对方客控区域，负责与车站出入口负责人进行信息沟通和联动。

2）与周边街道及派出所制订客流联控疏散机制

景点、商业区的客流集中返回时，站内外客流密度较大，除车站员工积极引导外，应与地铁站相关街道、派出所做好沟通协调。通过街道的协助引导，及派出所民警在出入口共同维持秩序，确保大客流情况下车站客流组织的安全有序。操作流程如下：

（1）与周边街道、派出所开共建沟通会，协商客流疏导事宜，建立客流组织联控机制。

（2）现场踩点，对地面疏散路径进行勘察。

（3）活动前开展大客流演练，检验地面客流疏导的可行性并完善细节。

（4）客流控制时，街道、民警在出入口、路面关键处进行指引，共同维持客流秩序。

（三）应急情况下的应对策略

应急情况下引发的大客流往往具有突发性强、客流集聚量大的特点，对车站客流组织造成较大的压力，车站需以有限的人力，迅速采取有效的措施应对。若组织不力或措施不当，则会出现拥挤、踩踏等客流安全事件。

当发生信号联锁设备故障采用降级人工组织列车运行，出现大面积晚点导致运力严重不足、列车救援等情况下需要立即疏散大批滞留车站乘客时，应根据现场情况立即启动应急疏散预案。

启动应急公交接驳疏散应对策略：

（1）启动应急公交接驳方式时，车站工作人员根据车站滞留乘客的情况灵活组织现场的客流，将站台、站厅乘客疏散引导到相应的公交接驳口。

（2）安排人员在公交接驳口引导和指引乘客有序等候，对赶时间需要换乘其他交通工具的乘客给以指引，避免乘客大量滞留在等候区域。

（3）根据现场乘客的滞留情况，要求增加接驳公交车的数量以保证滞留乘客能全部疏散。

（4）通知街道、民警在出入口、路面关键处进行指引，共同维持秩序。

（5）通过官方媒体途径发布信息，引导乘客合理出行，避开应急故障路段。

应急公交接驳的组织具体详见第六章。

九、客运组织方案的编制

（一）编制原则

客运组织的核心是保证客流运送安全畅通，减少乘客出行等待时间，避免拥挤，并确保在紧急情况时可以及时疏散。客运组织预案在编制过程中，应遵循以下原则：

（1）合理安排售检票、楼扶梯、出入口，使行人流动路线简单明确，尽量减少客流交叉对流。

（2）完善车站内外乘客导向系统的设置，使得客流量较大时可以让乘客快速分流。

（3）满足乘客方便、安全、舒适的要求。如适宜的换乘步行距离，能够顺利换乘其他交通工具。

（4）涉及客流控制方面，应遵循以下原则：

① 客运组织的基本原则为安全、及时、有效，现场遵循“能疏导，不控制”的原则。车站应根据本站的客流特点，充分利用车站设备设施，尽量使进、出站客流不交叉，确保客流顺畅。

② 单站级客运组织遵循“由下至上，由内至外”的原则，一般采取三级客流控制措施，发生突发大客流时可根据现场需求灵活采取多种客流控制措施。

③ 换乘站客运组织以“安全、可控、统一”为原则，同时遵循“由下至上，由内至外”和“先控制入闸客流，再控制换乘客流”的原则，确保站台安全性，避免客流失控。

（二）编制内容

客运组织预案的编制应包括以下部分：

1. 车站周边环境及客流走向

车站的客流量及客流规律主要受周边环境及所处时段的影响，而车站自身的结构也在一定程度上影响着客流走向。在分析车站周边环境时，应选取如社区、学校、商圈、客运枢纽等具有代表性的建筑（群）。

2. 设备设施能力及客流瓶颈

收集车站相关数据，计算车站通过能力（各部位通过能力、进/出站通过能力等）并分析排序，筛选出车站客流瓶颈。

3. 客运安全关键点

车站客运安全关键点主要为站台、扶梯、站厅。应结合车站客流瓶颈及所处时段、外界大型活动等因素综合分析。

4. 正常情况下的客运组织

包括正常情况下客流走向分析、岗位设置及客流瓶颈应对措施等，对于换乘站，还应加入换乘的客流组织措施。

5. 大客流情况下的客运组织

包括三级客控的启动条件及流程、客流控制负责人及事故处理主任职责、大客流情况下各岗位人员职责说明及所需备品、常态化高峰客流控制细化方案、配合线网客流控制时的要求等方面。

6. 应急情况下的客运组织

包括行车组织变更、设备故障、晚点等各种情况下的客运组织应对措施。

当站厅、站台大客流超出承受能力时，车站应通过广播或告示等引导乘客退票出站或换乘其他交通工具，及时疏导积聚客流，确保客运安全。

故障情况下，车站应做好人员调配工作，如有关人力无法及时到达换乘站时，由事发线路 OCC 向邻线 OCC 提出申请，邻线 OCC 就近安排人力前往换乘站支援。

十、客运信息发布

信息发布作为车站宣传客流控制信息、引导客流的重要方式，是车站日常客运组织管理不可或缺的一部分。

信息发布遵循“统一管理，逐级负责”和“准确、及时、规范、有效”的原则。信息发布分为日常信息发布及应急信息发布，主要途径为广播、告示、PIDS。

1. 发布途径

（1）广播。主要以有线广播系统为主，日常特殊情况下增加手提广播、挂腰式广播的使用，用于地铁运营时对乘客进行公告信息广播、宣传、引导，以保证地铁运营的服务管理质量。

（2）告示。是指通过规范的版式、相对固定的内容告知乘客相关地铁运营信息的纸质媒介。

（3）PIDS。包括车站范围内的地铁电视系统（含电视墙）以及列车内地铁电视系统，主要用来发布日常信息内容，在应急情况下发布应急信息内容。

2. 日常信息发布

1）发布途径

主要为广播和告示两大途径。

（1）日常广播内容主要包括：特殊关爱广播、人性化广播、候车安全广播、运营结束广播、尾班车广播等。

（2）日常告示内容主要包括：警示/提醒、节假日延长服务时间、客流引导等。

2）发布管理

建立日常信息数据库，安排专人负责信息数据库的日常管理和内容更新。

对日常信息车站、列车各类信息发布媒介设备设施的巡查、信息发布情况的检查。

客运服务信息的新增/撤销/更改必须经职能室审核同意，中心站不能擅自操作。

3. 应急信息发布

主要通过广播、告示、PIDS 三大途径发布应急信息。

1）应急广播

（1）发布内容。应包括车站险情疏散、车站设备故障、客流控制、列车应急、列车晚点、行车组织变更等各种应急情况（见表 4.8）。

表 4.8 应急广播

信息名称	播放地点	车站广播词内容	播放要求		
			播放时机	区域	次数
客流控制广播	客流控制车站	各位尊敬的乘客：由于客流过大，现在实行高峰客流控制，请配合我们的工作，按指引分批乘车。感谢您的谅解与合作。 Attention，please：The station is very crowded now，and we're conducting passenger flow control. Please follow our directions to get on the train，group by group. Thank you for your cooperation.	客流控制时	站厅、站台	客流控制时，定期播放

（2）发布流程。应急广播的发布流程，可根据预计延误的影响划分不同的等级。

（3）发布形式。应急广播信息发布为预制形式，车站根据调度命令查找信息数据库发布相应的应急广播，不允许随意更改或临时增加。

2）应急告示

（1）发布内容。晚点告示、关站告示、停运告示、应急公交接驳告示等。

（2）发布时机。OCC 发布调度命令预计列车延误达一定程度，且 PIDS 发布相关应急信息。

（3）停止发布时机。OCC 发布故障排除，恢复正常运营的信息时，或当 PIDS 发布行车调整信息或故障修复时。

（4）发布范围。在故障各站及与线路连接的换乘站发布。但当某站因故关站或线（段）停运且停运时间预计超过 2 h 时，在全线网所有车站发布。

3）PIDS

（1）发布内容。PIDS 发布的应急信息必须是对乘客影响较大的、必要的、紧急的，并以全屏覆盖日常 PIDS 内容形式实现（见表 4.9）。

表 4.9 PIDS 发布应急信息

信息名称	发布原因	发布区域	显示区域	显示内容
大客流分批乘车预案	车站大客流导致需分批乘车	线网各站	站厅、站台	各位尊敬的乘客，由于车站客流较大，现在需实施客流控制，请乘客听从车站工作人员指挥，分批乘车，有急事的乘客请改乘其他交通工具，感谢您的谅解与合作

（2）发布原则。PIDS 应急信息发布采取动态发布故障应急信息的原则。发布信息时需双人确认，信息发布成功后，应核对信息发布准确性。

（3）发布流程。当 PIDS 发布应急信息后，OCC 向各车站发布命令，要求各车站对现场的 PIDS 应急信息发布内容进行监控，当紧急情况解除或运营恢复，取消 PIDS 应急信息发布时，OCC 负责将取消的信息通知车站，车站负责确认。

第四节 案例分析

一、客服中心案例

案例描述：

2016 年 2 月 9 日上午，某站票亭岗李某因忙于给 1 名乘客补票，此时，有 4 名乘客在付费区边门处按压求助门铃，要求开边门将婴儿车推出，李某没有及时向这 4 名乘客做出“请稍等”的解释，继续处理补票业务。随后，4 名乘客见李某没有反应，便自行将婴儿车从边门处抬出，其中一名乘客站在边门处指责李某。李某听到后回应：“我刚刚在给这位女士补票，你没看见吗？”该乘客继续责骂李某并索要其工号，现场表示要投诉。

存在问题：

（1）李某服务意识薄弱，服务技巧不足，当同时有两个及以上乘客事务需要处理时，未及时响应乘客需求，也没有运用服务技巧礼貌地请乘客稍候，且没有控制自己的情绪。

（2）李某缺乏乘客服务的敏感性，在乘客现场表示投诉索要工号时，直接将自己的工号给予乘客，没有及时采取服务补救措施。

关键点指引：

（1）当两个及以上乘客事务同时需要办理时，车站工作人员须向乘客及时做出解释说明：“对不起，先生/小姐，请您稍等一下，我处理完这个业务后马上为您办理。”如乘客事务较多，无法及时应对，需及时报告车控室，安排其他岗位员工到场进行协助。

（2）当乘客出现情绪异常或现场表示投诉的时候，现场人员需控制自己的情绪，耐心、有礼地向乘客解释，做好服务补救措施，并及时报告车控室，不得出现质问、顶撞乘客的情况，避免事态进一步恶化。

二、求助门铃案例

案例描述：

2016 年 1 月 5 日，收到一名记者来函，反映某站对乘客的响应不及时。经调查，当日晚上 21:08，1 名男乘客手推婴儿车来到该站 A 端出闸机旁按压求助门铃希望车站开边门，同行的有另一名男乘客和 1 名怀抱幼儿的女乘客。行值当时正在通过电话向车站管理人员汇报夜间施工情况，在未确认乘客需求的情况下，通过车控室对讲器指引乘客前往 B 端。男乘客随即推着婴儿车走往 B 端站厅。行值关闭通话器后继续电话汇报施工情况。

21:09，男乘客在站厅中部将婴儿车递给了非付费区同行乘客，并折返 A 端出闸机验票出闸，随后走向车控室对行值说：“要我兜个圈走那么远。”此举并未引起行值警觉而挽留乘客做出解释，乘客随后自行离开。

存在问题：

（1）该站行值违背了乘客服务的“及时原则”，未在 3 min 内安排人员到现场处理乘客需求。

（2）行值服务意识不足，在乘客提出服务需求时，未能处理好外部乘客服务及内部工作的关系，没有优先处理好乘客的服务需求，进行充分沟通和帮助，以致乘客求助需求未能得到响应。

（3）行值服务敏感度欠缺，当乘客出闸后到车控室前反映情况时，未产生警觉及时留住乘客，进行有效沟通，以致乘客在对地铁服务存在不满的情况下自行离去。

关键点指引：

（1）员工在收到乘客求助时，必须及时响应。对于按压边门求助按钮、专用电梯求助及残疾人牵引梯求助按钮的情况，需在 3 min 内赶赴现场。

（2）遵循乘客事务处理的“满意原则”，加强主动沟通意识，提高服务敏感性。对于情绪异常或表示不满的乘客，应及时与乘客沟通，主动为其解决问题，做好服务补救措施。

复习思考题

1. “投诉无申辩原则”的内容有哪些？
2. 乘客事务调查应遵循哪些原则？
3. 选取客控站点时，需考虑的因素主要有哪些？

第五章　票务运作

【学习目标】

1. 掌握设备的基本功能及车票的发售、使用范围；
2. 熟悉车站票务运营操作；
3. 熟悉票务系统功能。

【知识要求与技能要求】

1. 掌握现金保管、交接、解行流程；
2. 掌握车票售卖、充值及使用方法；
3. 掌握乘客事务处理要求；
4. 了解自动售检票设备功能；
5. 掌握车站日常票务业务在票务系统的操作；
6. 车站发生 AFC 系统设备故障、运营故障或紧急等特殊情况下，能够迅速响应，有序、高效开展票务组织和票务服务工作。

票务运作管理主要以实现车站运作总体顺畅及收益安全可控为最终目标，本章明确了现金和车票管理、乘客事务办理、银行解行、设备使用、应急处理等方面的操作要求，指引现场员工规范作业。具体运作方面，各家地铁公司的差异性较大，为详细、透彻地阐述票务运作，本章以广州地铁相关操作方法、设备名称、台账格式为例进行说明。

第一节　现金、车票管理

一、现金管理

车站现金安全区域包含点钞室、客服中心、TVM。车站现金只能存放在现金安全区域。车站发现站存现金不符时，应将情况逐级上报并调查。

1. 现金保管

客服中心：

（1）客服中心应随时保持锁闭状态。

（2）客服中心有当值人员时，除当班票务工作人员、站长、票务管理人员外，其他人员必须得到值班站长或以上级别人员的许可后方可进入；无当值人员时，任何人员进入必须得到值班站长或以上级别人员的许可，并由一名值班员或以上级别的人员陪同方可进入。运营结束后客服中心现金车票已清空，且客服中心监控设备可正常监控的情况下，设备维修人员进入客服中心可无须陪同。

（3）售票员在保管现金时，应将现金放在乘客接触不到的地方，并做好现金的保管和防盗工作。

点钞室：

（1）点钞室应随时保持锁闭状态。

（2）点钞室有当值人员时，除当班票务工作人员、站长、票务管理人员、设备维修人员外，其他人员必须得到值班站长或以上级别人员的许可，方可进入点钞室。当值人员离开点钞室时，点钞室内所有人员必须随同离开，不得逗留。

（3）除现金交接、钱箱清点外，其他时间点钞室内所有现金只能存放在锁闭的保险柜、票柜（仅限存放硬币）、待清点钱箱或已锁闭尾箱、补币箱内。用于 TVM 补币的硬币，清点完后应及时补充到 TVM 中。因特殊情况无法及时补币，硬币需放在点钞室监控仪安全区域，特殊情况处理完毕后应及时完成补币。

2. 现金运送

（1）现金运送必须放入锁闭的钱箱、票盒或手推车中。原则上由两名车站工作人员负责运送工作，并密切留意周围环境的安全性。

（2）在非运营时间，且出入口已安全锁闭时或运送的纸钞金额较小时，可由单人运送。

3. 现金交接

（1）原则上现金必须当面交接，现金发生差额，车站需及时组织调查，并将情况逐级上报，差额情况即时在台账记录。

（2）客运值班员交班，发现交接现金与台账不一致时，需立即通知值班站长共同清点票款和备用金。原则上短款由交班人员即时补缴、长款上交。

4. 现金加封

（1）所有现金的加封由参与清点的人员负责。对银行兑零硬币、售票员剩余的已开封硬币及点钞室内散币的规整，均需在监控仪监控下清点、读数和加封。

（2）现金可用钱袋、信封、砂纸加封，加封效果必须保证一经破封无法复原。

（3）钱袋加封：封条上需注明加封金额、加封车站、加封人和加封日期。车站需确保钱袋口用绳子缠绕扎紧后再用封条缠绕加封。纸币用钱袋加封应先用砂纸加封或信封加封后再放入钱袋内加封。

（4）信封加封：信封的正面需注明加封金额、加封车站、加封人和加封日期。信封口需封紧，接缝处用封条或透明胶封住，骑缝处及封面上由加封人盖章。信封加封仅限对同一面额不足 100 张的纸币加封，加封需按面额大小归整后放入。

（5）砂纸加封：加封封条上注明加封金额、加封车站、加封人和加封日期。加封时，用封条缠绕纸币中部加封。

5. 现金开封

银行兑零的硬币需车站工作人员双人在监控仪监控状态下逐袋开封、清点。

6. 现金解行

（1）车站应将票款尽可能多地存入银行，尽量减少留存车站的隔夜票款，以保证现金安全。

（2）车站需跟踪银行返还的加盖银行收讫章的《现金交款单》与实际送行金额是否一致。

（3）车站解行发生长款时，长款金额由财务部直接入账；发生短款时，车站需核对《错款通知书》，并在规定时间内完成补款。

二、车票管理

1. 车票安全管理

原则上车票只能存放于点钞室、客服中心、TVM、闸机、车票回收箱。车站发现站存车票（闸机回收票除外）账实不符或车票信息不符时，应将情况逐级上报。

2. 车票保管

售票员在处理车票时，应将车票放在乘客接触不到的地方，并做好防盗和保管工作。点钞室的有值车票应存放于保险柜或锁闭的票柜中。

3. 车票运送

（1）车票运送，一律放在锁闭的售票盒、票箱或手推车中。

（2）原则上赋值车票由两名车站工作人员负责运送及安全。

4. 车票加封

（1）所有车票的加封均需由参与清点的人员负责。有值车票及与售票员结算相关车票、临时测试借用归还的车票、乘客弃票、回收箱的储值票等需由当班客运值班员与另一名员工共同清点加封，其他车票可单人清点加封。

（2）车票可用钱袋、信封、砂纸、票盒加封，加封效果必须保证一经破封无法复原。

（3）钱袋加封：将钱袋口用绳子缠绕扎紧后用封条缠绕加封，封条上注明加封内容、加封车站、加封人和加封日期。

（4）信封加封：车站需确保信封口封紧，接缝处有封条或透明胶封住。信封的正面注明加封内容、加封车站、加封人和加封日期，骑缝处及封面上有加封人盖章。

（5）砂纸加封：车站需确保车票用砂纸十字形缠绕后加封牢固，封条上注明加封内容、加封车站、加封人和加封日期。

（6）票盒加封：车站需确保砂纸在票盒中间部位一字形缠绕后加封牢固，封条上注明加封内容、加封车站、加封人和加封日期。

（7）开封后发现车票数量或信息有误，待核查清楚后方可使用。

（8）对申请离司人员加封的车票（闸机回收单程票除外），车站在收到离司人员信息后，需及时安排客运值班员和另一名车站员工在监控仪点币状态下开封清点并确认车票信息。

5. 车票盘点

（1）原则上盘点工作在每月最后一天运营结束后进行。

（2）车站需对站存各票种车票，分票种、票价进行全面盘点。

（3）盘点时发现车票加封人已调离本中心站的，对调离人员加封的闸机回收票无须开封清点，其他车票需开封清点。

6. 车票交接

（1）车站进行车票交接时，需做好交接记录。交接赋值羊城通，赋值日票时可通过确认车票信息或确认车票 ID 的方式进行，若通过确认车票 ID 方式进行交接时，需设置台账，并做好记录。

（2）交接时若发现车票数量或信息有误，按实际数量进行签收。车站需及时组织调查，同时将情况逐级上报。

三、车票售卖、充值及使用

1. 车票售卖要求

（1）售卖地点为各车站的客服中心或临时票亭。

（2）售卖时间为车站最早一列载客列车到达前 10 min 至最后一列载客列车开出前 5 min。

（3）当班期间售票员必须保证现金、车票、备品以及设备的安全。

（4）严禁售票员收取乘客拾获、维修人员或车站员工上交的现金。

（5）严禁携带私款、私人车票（工作证件除外）进入售票地点。

（6）客运值班员或以上级别人员应根据客服中心的售卖情况收取预收票款，确保现金安全。

2. 售卖操作程序

（1）售票前的准备工作。售票员在点钞室领取各种车票、备用金，并当面确认数量是否账实相符，无误后签名确认。

（2）开窗售票。

① 车票交给乘客之前需请乘客通过显示屏或打印单据确认车票有效性。

② 售票员在接收其他人员拾获上交的车票后，须即时将车票投入回收箱，不得摆放在客服中心内。

③ 售票员离开客服中心应尽量注销 BOM。若因短时间的离开不注销 BOM 时，必须确保 BOM 不被他人使用且随时监控客服中心情况。

④ 顶岗时若需在 BOM 上进行操作，必须使用本人的密码登录 BOM。

（3）售票结束。

① 在 BOM 上签退。

② 售票员售票结束后，立即携带本班所有现金、车票及各类报表回点钞室，并按照结账程序进行结账。

③ 售票员与客运值班员一起清点所有的现金、车票，并完成相关报表。

3. TOKEN 的售卖

（1）乘客可在车站 TVM 上直接购买或通过网络预支付后到选定的起始站取票等方式购买单程票。

（2）一般情况下，BOM 不发售普通单程票；当车站出现大客流或特殊情况时，值班站长可根据实际情况决定在 BOM 上发售普通单程票。

（3）预制票在大客流、设备故障等特殊情况下售卖。车站严禁发售已过期的预制票。

（4）当天售出且在规定时间内，卡内信息可以读取、未曾使用的单程票可在购票车站按车票余值办理退票。

4. 储值票的售卖

（1）储值票可在车站办理售卖、充值、延期等业务。

（2）购买学生储值票的乘客需持本人有效证件及复印件（有照片、姓名和证件号的页面）方可购买，每人仅限购买一张。

（3）每张储值票需收取押金，并设定初始面值及充值最高余额值。

（4）储值票设有效期限，到期需到车站办理延期手续。

（5）储值票的发售、充值操作。

① 发售和充值时，售票员均需在操作前后分析车票，请乘客通过显示屏确认，确保发售和充值的每一张车票有效、余值正确。对于储值票发售后 BOM 分析异常或充值不成功的车票需回收并上交相关制票部门。

② 储值票售卖必须赋上初始充值金额，严禁将余值为零的车票售卖给乘客。对于发售不成功的车票，需给乘客办理退票并重新发售一张车票。

③ 车站需提供交易凭证给乘客。BOM 打印机故障时，由售票员按发售/充值打印的小单格式开具加盖车站站名章的手工凭证给乘客。

5. 日票的售卖

（1）日票按票种不同给予预赋不同的金额值。日票均不设押金。

（2）仅限一人一票使用，使用后不可退票或充值。

（3）日票的发售、退票等操作。

① 售卖赋值日票，或在 BOM 上发售和充值编码日票，车站均需分析车票，请乘客确认，确保发售和充值的每一张车票有效、余值正确。对于编码日票发售后 BOM 分析异常或充值不成功的车票需回收并上交相关制票部门。

② 售卖时必须赋上初始充值金额，严禁将余值为零的车票售卖给乘客。对于发售不成功的车票，需给乘客办理退票并重新发售一张车票。

③ 即时退票。

a. 即时退票只能在 BOM 非付费区模式下办理。操作人员通过 BOM 分析确定日票未使用过的，可按售卖价给乘客办理即时退票，无须判断票面是否折损。

b. 车站分析车票，确定可以退款后，点击“退款”键，确认车票已退款且余额为零。

c. 车站需提供凭证给乘客。若车票退款不成功或 BOM 无法操作退款时，则人工办理退款，填写相关报表。回收已办理退款的车票。

④ 非即时退票。

a. 对于无法分析信息的车票或BOM分析提示数据错误的车票需办理非即时退票。

b. 办理非即时退款时，可以通过票面或BOM查询到ID的车票，售票员在BOM上办理退款申请；无法查询到车票ID或BOM无法操作非即时退款时，需填写相关报表人工办理。

c. 操作人员回收故障车票，并请乘客签名确认车票状况。

⑤ 退款办理及退还车票的处理。

a. 车站根据BOM非即时退款“查询结果”界面显示的退款金额给乘客发售车票，如乘客要求退款，方可按显示金额退款。

b. 退款金额显示0元，退回已办理的日票，车票退还乘客。

6. 公交卡的售卖

每张车票需收取押金，并设定初始面值，发售时需在BOM上分析车票余值给乘客确认后，将车票交给乘客。

7. 纪念票的售卖

（1）纪念票一经售出，不退不换。

（2）纪念票不可充值，需在票面上印制的有效期之前使用，过期不再具备乘车功能。

（3）从首次进闸时间算起，在一定时间内，可以乘坐规定的次数。

（4）只能一票一人，一张票不可多人同时使用。

（5）纪念票故障无法出站时，无须收取本次车程费，车站发放免费出站票放行。

第二节　车站日常票务事务

一、乘客事务处理

乘客事务处理是指车站BOM、TVM或GATE/AGM在提供正常服务过程中，因乘客自身或其他特殊原因造成乘客无法正常进出闸机时引起的事务处理。

（1）乘客持普通单程票无法正常进出闸机时，车站依据乘客所处的位置和车票进行相应处理（见表5.1）。

表5.1　持普通单程票无法正常进出闸机时的处理

车票分析结果	非付费区	付费区
进出次序错误	若该票显示可以更新，则更新处理车票；若无法更新，则回收单程票并向乘客说明原因，请乘客重新购票乘车	1. 本站TVM、BOM发售的单程票，原则上不允许进行更新操作，确有特殊情况时，需由客运值班员或以上级别人员确认处理。 2. 非本站TVM、BOM发售的单程票，车站按BOM分析显示的发售车站输入进站码及根据BOM显示收费金额收取费用后更新车票

续表

车票分析结果	非付费区	付费区
车票过期	车站判断为非当日的车票，则回收车票并向乘客说明原因，请乘客重新购票乘车	车站判断为非当日的车票，则回收车票并向乘客说明原因，请乘客购买付费出站票
车票超程	—	收取超程费后更新车票
车票超时	—	车站判断为当日的车票，收取超时费后更新车票
车票故障	1. 若车票人为折损，回收车票并向乘客说明原因，请乘客重新购票乘车。 2. 若为 TVM 发售的故障票，回收车票，在 BOM 非付费区模式的相应界面按车票面额办理退款手续	查看是否人为折损，是，回收车票，给乘客发售付费出站票；否，回收车票，再给乘客发售免费出站票出站

（2）乘客持 SVT 无法正常进出闸机时，车站依据乘客所处的位置和车票进行相应处理（见表 5.2）。

表 5.2　持 SVT 无法正常进出闸机时的处理

车票分析结果	非付费区	付费区
进出次序错误	1. 显示需更新收费时，向乘客说明原因后更新车票，更新费用从卡上扣除。 2. 显示无须更新收费时直接更新车票	询问乘客进站车站，输入进站码更新车票，乘客持票出站
车票过期	为乘客办理车票的延期手续	转到非付费区模式下为乘客办理车票的延期手续后，询问乘客进站车站，输入进站码更新车票，乘客持票出站
车票余额不足或付费区超程	提醒乘客办理车票充值，若不愿意充值时指引乘客购买其他车票	提醒乘客办理车票充值，不愿意充值时请乘客补交超程费后更新车票、出站
车票超时	—	1. 车票显示进站日期为当天的，办理补交超时费后更新车票、出闸。 2. 车票显示进站日期非当天的，先转到非付费区模式更新车票，再转回付费区模式，询问乘客进站车站，输入进站码更新车票、出闸
车票故障	1. 车站为乘客办理非即时退款。 2. 给特殊免费优待的乘客开边门进站乘车，给半价优惠的乘客发售半价纸票乘车。其他乘客请其另行购票进站	1. 车站为乘客办理非即时退款，发售免费出站票给乘客出站。并指引乘客重新购票。 2. 若乘客暂不愿意办理非即时退款，车站收取本次应付车程费，填写相应报表，发售免费出站票给乘客出站

（3）乘客持日票无法正常进出闸机时的处理（见表 5.3）。

表 5.3　持日票无法正常进出闸机时的处理

车票分析结果	非付费区	付费区
进出次序错误	更新车票，乘客持票进站	更新车票，乘客持票出站
车票过期	请乘客另行购票乘车	请乘客补付费出站票出站
车票故障	车站为乘客办理非即时退款，回收故障车票，请乘客重新购买其他车票	1. 车站为乘客办理非即时退票，回收故障车票。 2. 给乘客发放免费出站票出站
乘客持非本站更新的车票要求出站	—	1. 在 BOM 非付费区模式下进行“进出站码更新”操作。 2. 再转到付费区模式下进行“进出站码更新”操作，售票员询问乘客的进站车站，输入进站码后更新车票，乘客持票出站
同一车站进站无法出站	—	车站给乘客发售免费出站票出站，并在 BOM 非付费区模式下更新车票

（4）乘客持公交卡无法正常进出闸机时的处理（见表 5.4）。

表 5.4　持公交卡无法正常进出闸机时的处理

车票分析结果	非付费区	付费区
进出次序错误	1. 显示无须更新收费时直接更新车票。 2. 显示需更新收费时，向乘客说明原因后收费更新车票。 3. 显示需更新收费但乘客表示上次出闸有扣费时，经查询后若确认上次使用记录为出闸且已扣费，为乘客免费更新	1. 询问乘客的进站车站，输入进站码更新车票，乘客持票出站。 2. 乘客所持车票为特殊免费优待票时，为车票更新后乘客持票出站或发放免费出站票给乘客出站。 3. 乘客所持车票为特殊半价优待票时，为车票更新后乘客持票出站或按优惠折扣收取本次车程费发放免费出站票给乘客出站
车票过期	1. 对特殊免费优待的乘客开边门进站乘车。 2. 其他乘客请其另行购票进站	1. 对特殊免费优待的乘客，车站开边门让乘客出站。 2. 其他乘客车站发售付费出站票
车票余额不足或付费区超程	指引乘客对车票进行充值或另行购票进站	请乘客补交超程车费后更新车票、出站
车票超时	—	1. 车票显示进站日期为当天的，补交超时费后更新车票、出闸。 2. 车票显示进站日期非当天的，向乘客解释说明需补收上次车程费，按 BOM 非付费区模式显示的更新费用现金收取后更新车票，再转回付费区模式，询问乘客进站车站，输入进站码更新车票、出闸
车票故障	1. 对特殊免费优待的乘客开边门进站乘车。 2. 其他乘客请其另行购票进站	对不同类型车票作相应办理，对应票种折扣向乘客收取本次车程费后发售免费出站票给乘客出站。或开边门让乘客出站

（5）乘客反映 TVM 少出票、卡币或少找零的处理。

① 对于 TVM 可以打印《乘客事务记录》的车站，车站可根据单据记录情况办理：单据显示内容与乘客反映相符，依据单据记录情况在 BOM 行政事务界面办理退款，对卡币、少出票的乘客，以多退少补的原则给乘客发售相应面值的车票，对少找零的乘客退还相应现金。

② TVM 无与乘客反映情况一致的打印单据，或不能打印单据的车站的处理：车站工作人员检查 TVM 投币口是否有硬币/纸币堵塞或乘客显示屏是否显示卡币/卡票/找零不足故障代码。若是，则在 BOM 相应界面办理，对卡币、卡票的乘客，以多退少补的原则给乘客发售相应面值的车票或退款，对找零不足的乘客退还相应现金，同时报维修人员进行处理，否则，通过 TVM 维修面板查看最近 10 条故障记录：若可查询与乘客所述相对应卡币/卡票/少找零的故障代码时，在 BOM 行政事务界面办理，按多退少补的原则给乘客发售相应面值的车票或退款；若无与乘客所述相对应的卡币/卡票/少找零故障代码，则在维修面板上查询最近 10 笔交易记录，并根据以下情况进行处理：

a. 若交易记录与乘客反映相符且交易情况完整，显示已正确发售车票且实际找零数量与应找零数量一致，则由车站人员负责向乘客解释。

b. 若交易记录显示交易情况不完整，显示实际找零数量与应找零数量不一致，在 BOM 相应界面办理，给乘客退还剩余现金，同时通知维修人员进行处理；未发售车票或发售车票与乘客购买数量不一致时，查看找零情况，根据情况请乘客重新购票或在 BOM 发售相应面值车票，以多退少补的原则收取/退还乘客现金。

c. 若 TVM 既没有显示任何故障也没有与乘客反映购票情况一致的交易记录，则由车站人员负责向乘客解释，请乘客重新购票。

（6）乘客反映扣费异常的处理。乘客反映 SVT 多扣费，车站确认情况属实后为乘客办理。在 BOM 非付费区模式下相应界面输入实际退还乘客的金额后打印小单。

（7）乘客闸机扇门被误用时的处理。车站询问乘客使用车票、进站车站、出闸闸机等情况。若确认乘客反映属实，在 BOM 相应界面发售免费出站票。若认为乘客反映可疑，报车站通过 SC 查询相符后办理。

（8）乘客弃钱/弃置车票的处理。

① 车站出现乘客弃钱时，车站工作人员应立即填写报表并签章确认。

② 车站出现乘客弃票时，车站工作人员需确认车票信息并在台账上做好交接记录，注明票种、车票 ID、车票余值后上交相关制票部门。

二、钱箱更换、清点

（一）TVM 补币

1. 补充找零硬币

（1）车站需确保运营期间 TVM 内找零硬币充足，且保障储币箱内硬币数量不超过储币箱限定的补入数量。

（2）车站将用于补充找零的一元硬币清点到补币箱或钱袋。

（3）运营期间每台 TVM 的补币数量可根据客流情况确定。用于补币的硬币必须在点钞室监控系统点币状态下，由车站工作人员双人共同清点和上锁或加封钱袋。在清点过程中，每台 TVM 的补币清点数量必须在点钞室监控系统下进行读数。

（4）补币操作由车站工作人员双人共同操作，且必须“谁清点谁补入”。

2. 补充找零纸币

（1）车站需确保运营期间 TVM 内找零纸币充足。对接近运营结束时间出现纸币找零模块故障或纸币找零箱已空情况，车站可根据现场实际服务需要确定是否继续提供纸币找零。

（2）纸币找零箱装钞操作必须在点钞室点币区域内由车站工作人员双人共同清点，确认面额、数量正确后立即装入纸币找零箱并上锁。不得遮挡点币监控摄像枪对纸币清点金额的监控。

① 纸币找零箱补入的纸币需完好、七成新以上，并整齐摆放，每箱装入的数量尽量为10 的整数倍。

② 补入纸币金额需在票务管理系统中录入。

③ 车站错误输入补纸币金额，需在 TVM 补币清单空白处注明实际补币金额及错误输入的金额，操作补币的所有人员共同签章确认。

（二）TVM 补票

（1）TVM 的补票工作由客运值班员或以上级别人员操作。

（2）车站需确保实际补入 TVM 的车票数量与输入补充的机器数量一致。

（三）钱箱更换要求

（1）客运值班员和一名车站员工同时负责钱箱更换工作。更换完毕后立即将钱箱送回点钞室。

（2）车站操作 TVM 取出钱箱后，需双人共同确认 TVM 内是否有留存或散落现金，若有则立即取出。取出的现金在相应报表上做好记录。

（四）钱箱更换时间

（1）通过 SC 查询 TVM 钱箱将满/已满时。

（2）TVM 出现钱箱将满的故障代码时。

（3）结合本站具体情况制订的固定时间（尽量降低隔夜票款）。

（4）结账列印操作时。

（5）清空储币箱前需更换硬币钱箱时。

（五）结账列印操作

每月不少于两次对所有车站的 TVM 进行结账列印操作，其中一次必须为月末最后一天运营结束后，结账时需打印结账单据备查。

（六）清点要求

（1）硬币钱箱清点可由客运值班员单人清点；纸币钱箱清点必须由客运值班员和另一名车站人员共同清点，并共同确认清点结果。

（2）钱箱必须逐一清点，每清点完一个钱箱，需确保钱箱已倒空并锁闭。

（七）硬币钱箱清点

（1）清点前需检查点币机内有无遗留硬币，若有则对遗留硬币进行清点，数量在报表上记录。

（2）硬币钱箱在监控仪“点币”状态下清点完毕后，并确保监控仪能清楚显示“读数”。

（3）在清点完钱箱所有硬币后需确认点币机内无遗留硬币。若点币机内有遗留硬币，则继续清点遗留硬币。遗留硬币无法通过点币机，则人工清点，人工清点数计入实点数。

（八）纸币钱箱清点

（1）清点人员将纸币钱箱打开，由另一清点人员将纸币钱箱内全部纸币取出，放在监控仪安全区域后，立即将钱箱上锁。

（2）每个钱箱清点后需及时在票务报表系统中录入。

（九）注意事项

（1）清点钱箱过程中，非紧急情况清点人员不得离开点钞室或点钞区域。

（2）车站当天更换的 TVM 钱箱应及时清点。清点钱箱时，相应的钱箱、钱袋、点币机和点钞机必须放在监控仪安全区域，整个清点过程中，任何人不得遮挡监控仪。

（3）在清点中若发现非标准币，需在台账上做好记录，相关非标准币由清点人员共同用票务专用信封加封后上交。

三、闸机票箱的更换

1. 更换时间

（1）出闸机票箱将满时。

（2）出闸机票箱已满时。

（3）每月最后一天运营结束后。

（4）车站根据各站实际情况进行更换。

2. 更换要求

（1）车站工作人员携带布袋或票盒到现场回收闸机回收单程票。

（2）打开闸机登录密码，将票箱拿出回收单程票后再重新放入，并确认闸机服务正常。

（3）回收单程票需立即交回点钞室保管。

四、打包返纳

1. 车站与银行兑零

（1）兑零方式：根据银行的服务方式不同，车站日常兑零分为自主兑零和财务日常配发形式。

（2）兑零计划的提报：自主兑零的车站根据实际兑零需求直接填写《硬币兑换清单》给银行。财务日常配发的车站由票务管理人员根据车站的硬币流失量、结存量定期上报车站的兑零需求至财务部。

2. 自主兑零的操作规定

（1）车站必须提前一天将兑换所需的纸币放入尾箱，填写《硬币兑换清单》（一式五联）。

（2）《硬币兑换清单》应由客运值班员及以上级别员工共同签章；一联车站留存，另四联《硬币兑换清单》连同需兑零的纸币放入尾箱。

（3）银行将兑零纸币的清点情况及硬币兑换金额填写在《硬币兑换清单》上，加盖银行业务章后将三联《硬币兑换清单》及兑零硬币一并交付车站。若银行清点纸币金额与车站兑零金额不符，则按以下程序办理：

① 银行按实际清点纸币的金额兑换硬币和填写《硬币兑换清单》《错款通知书》，同时电话通知车站，并随尾箱将银行填写的三联《硬币兑换清单》和《错款通知书》送达车站。

② 车站收到《错款通知书》后应及时予以确认并加盖车站公章返还银行，一联车站留存，一联随尾箱返还银行。若当事人对差错有疑义，可在差错发生一定时间内到银行查看录像。

（4）车站在收到兑零硬币后，应检查硬币袋上的封签或封捆硬币的纱纸条是否完好，同时按封签或封捆硬币的纱纸条上的累加金额在双方的《尾箱运送交接登记簿》上办理交接；若交接时发现封签破损，处理办法如下：

① 在不影响车站硬币使用的前提下，车站拒收该硬币，并在双方的《尾箱运送交接登记簿》上注明情况。

② 车站当场进行该袋硬币的清点，若出现少币等情况车站在双方的《尾箱运送交接登记簿》上注明情况，并由押运人员签名确认，差额由银行补还。

③ 兑零硬币实际清点有差错时填写《硬币兑换清单》（一式五联）中的“硬币清点情况”栏。《硬币兑换清单》应由参与清点人员签章和加盖车站票务专用章。

④ 兑零的车站硬币需在规定时间内清点，特殊情况无法清点时需提前向财务部报备。硬币清点原则上可由客运值班员或以上人员单人在监控仪下清点。清点时若发现差额，应保留该批硬币袋上的封签或封捆硬币的纱纸条（有名章部分），同时将封签或封捆硬币的纱纸条（有名章部分）用信封加封，并注明××个封签或纱纸条，于规定周期放入尾箱内连同《硬币兑换清单》一起送交银行。如为长款，将长款硬币加封后随尾箱返还银行；如为短款（即出现机币、假币、残币、外币、少币等情况），由银行补还并随尾箱返还车站。同时车站在《硬币兑换清单》上的“硬币清点情况”栏内填写清点情况。

⑤ 银行需查看车站录像的，按照轨道交通要求办理相关手续后给予查看。

3. 车站与银行交接解行票款

（1）车站当日需解行的票款由客运值班员在监控仪“点币”状态下清点，清点完毕后由客运值班员以上级别人员复核。票款按不同面额、新旧版分别整理，每100张为1把，整把钞票用纱纸捆扎后由清点人员加封盖章；未够100张的按面值类别整理后由清点人员用票务信封加封并盖章，信封接缝处用封条或透明胶封住，骑缝处及封面上由加封人盖章。信封面上注明车站、加封人员、金额、日期。

（2）原则上，一元硬币不得解行（当日应送行票款大于车站站存纸币时除外）。

（3）客运值班员填写《现金交款单》交银行，并在《现金交款单》注明交款车站及交款人姓名，放入尾箱。

（4）银行在规定周期内清点完，收到的票款后，在《现金交款单》上加盖公章并将其中一联返还车站（节假日顺延）。若清点票款发现长款、短款及假钞，车站及银行按以下程序办理：

① 错款金额在允许数量内，银行按实际清点金额入账，车站须将短款单独解行补交差额，银行另填《现金交款单》且加盖公章，与《错款通知书》和车站填写有误的《现金交款单》放入尾箱送达车站。车站补交票款短款时需单独填写一张《现金交款单》。

② 车站收到银行的《错款通知书》签名确认后，一联车站留存，一联返还银行。

③ 错款金额超出既定数量时，银行通知车站及财务部，车站自查或到银行查看录像，核实后由财务部向银行确认最终入账金额。

（5）车站收到银行返还的《现金交款单》时，应确认金额是否正确，银行是否已盖业务章。若有错误及遗漏，应及时通知银行及财务部，同时，将金额有误或未盖银行业务章的《现金交款单》随尾箱退回银行。

4. 尾箱的加封、交接和开启

（1）由客运值班员及以上级别人员分别加封尾箱的两把锁（即双封双锁），填写《尾箱运送交接登记簿》。锁头加封要求：用纱纸十字加封，锁孔处由加封员签章，用透明胶加固。此工作应在银行收款人员上门收款前完成。

（2）收款人员到达车站后，车站工作人员应及时确认收款人员的身份，并由客运值班员在点钞室录像下核对银行收款人员证件及相片，无误后进行尾箱交接。

（3）银行收款人员接受车站移交的尾箱后，需在车站的《尾箱运送交接登记簿》上签章办理接收手续，同时在银行收款人员的《尾箱运送交接登记簿》上签章确认移交手续。

（4）对于尾箱装有现金或现金等价物时，当银行收款人员将尾箱押送至车站点钞室时，客运值班员确认尾箱和锁头状态良好及封签完整无损后，在银行收款人员的《尾箱运送交接登记簿》上签章办理接收手续，同时要求银行收款人员也应在车站的《尾箱运送交接登记簿》上签章确认移交手续。

（5）银行交付的尾箱必须当天由客运值班员及以上级别人员在监控仪“点币”状态下开启。核对尾箱内票据或现金是否与实际相符，如有误应于当天或次日通知银行及财务部。

5. 尾箱钥匙管理规定

（1）每个尾箱的尾箱钥匙分为尾箱钥匙A和尾箱钥匙B。A、B锁的钥匙需由双人保管。

钥匙实行单线交接，严禁交叉使用。交接时需当面交接，并共同在《票务钥匙清单》上做好交接记录。

（2）尾箱钥匙在无须使用时需做好保管，谨防遗失。

五、票务钥匙、备品管理

（一）票务钥匙

1. 分　类

（1）AFC 设备钥匙：包括钱箱钥匙、TVM 门钥匙、补票箱钥匙、钱箱支架钥匙、补币箱钥匙、补币支架钥匙、TVM 找零箱钥匙、TVM 找零箱支架钥匙、补票支架钥匙、硬币模块钥匙、闸机门钥匙、验票机门钥匙、回收箱钥匙。

（2）非 AFC 设备钥匙：包括客服中心门钥匙、挂锁钥匙、票柜钥匙、点钞室门钥匙、防盗门钥匙、保险柜钥匙、尾箱钥匙（包含 A 和 B）、AFC 监控系统专用柜钥匙。

2. 保　管

（1）AFC 系统设备钥匙的采购部门和使用部门需指定专人负责钥匙的保管，统一配发，统一管理，不得复制、私自接收票务钥匙。需制订安全保管措施，防止遗失或被违规使用。

（2）票务钥匙保管、交接及增减情况均需设立台账记录，并定期对钥匙的保管情况进行盘点。

（3）日常使用的票务钥匙由客运值班员或以上级别人员保管，其他备用钥匙由站长加封后保管。

3. 交　接

（1）钥匙交接需建立交接凭证及统计台账。

（2）交接人员需根据交接凭证当面清点钥匙种类、数量，确认无误后办理交接手续。

（3）交接时若发现钥匙有误，应及时核查处理，同时需将情况逐级上报。

4. 使　用

（1）钱箱钥匙、纸币找零箱钥匙、纸币回收箱钥匙必须在监控仪点币状态下加封及拆封，加封、拆封及使用过程需在监控仪可视范围内。

（2）客服中心门钥匙供售票员在运营售票期间使用。

（3）钥匙使用后的归还遵循“从哪借到哪还”的原则，钥匙使用完应立即归还。

（4）运营结束后保管人需对保管钥匙进行清点，确认全部归还。

（二）票务备品

包括钱箱、补币箱、闸机票箱（补票箱）、点钞机、验钞机、纸币清分机、点币机、点票机、尾箱、票柜、保险柜、售票盒、车票回收箱、票务手推车等。

（三）管理和使用

（1）车站需将票务备品的数量、状态等相关情况录入票务管理系统，备品交接需做好记录，故障时及时报修和跟进维修情况。

（2）车站人员在使用票务备品时，需轻取、轻放，正确使用票务备品，保持票务备品清洁，避免损坏备品、伤及自己和他人。

（3）车站使用点币机、点票机、纸币清分机前后，均需检查是否有遗留现金、车票。遗留现金和遗留预制单程票的情况车站要及时上报，并将遗留现金金额在票务报表系统中记录。

（4）使用票务专用手推车前要确认状态良好后方可使用。使用时不要碰伤自己或乘客，同时要注意保护好车站其他的服务设备设施，避免损坏。

第三节 票务设备及操作

一、自动售检票系统设备

1．系统组成

自动售检票系统设备一般分为车站终端设备、车站计算机系统、线路中央计算机系统、综合中央计算机系统 4 个层级。自动售检票系统设备架构如图 5.1 所示。

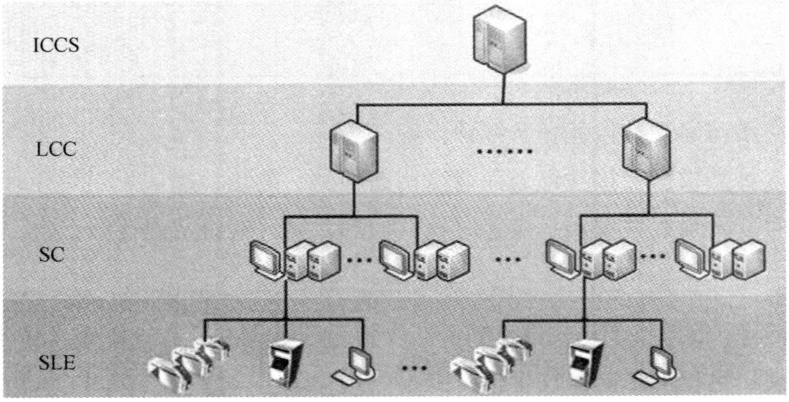

图 5.1 自动售检票系统设备架构图

第一层：车站终端设备，安装在各车站的站厅，直接为乘客提供售检票服务，包括自动售票机（TVM）、半自动售票机（BOM）、闸机（GATE）和验票机（TCM）。

第二层：车站计算机系统，其主要功能是对第二层车站终端设备进行状态监控以及收集本站产生的交易和审计数据。

第三层：线路中央计算机系统，其主要功能是收集本线路 AFC 系统产生的交易和审计数据，并将此数据传送给城市轨道交通清分系统，以及与其进行对账。

第四层：综合中央计算机系统，其主要功能是统一城市轨道交通 AFC 系统内部的各种运行参数，收集城市轨道交通 AFC 系统产生的交易和审计数据并进行数据清分和对账，同时负责连接城市轨道交通 AFC 系统和城市一卡通清分。

2. AFC 系统操作管理要求

（1）不得利用 AFC 设备做与 AFC 设备无关的操作。

（2）不得私自将任何电子设备（如 U 盘、移动硬盘、电脑、手机等）与 AFC 设备的任何端口连接，避免病毒入侵。

（3）不得私自分拆 AFC 系统电脑配件（如打印机、键盘、鼠标等）挪作他用。

（4）车站人员操作设备和使用相关设备配件过程（如运送钱箱和票箱、更换钱箱和票箱等），需注意自身和乘客的安全，避免损伤或伤及他人。

（5）只能由当班值班站长、行车值班员负责 SC 的操作管理。

（6）正常情况下，SC 应全日开启。在运营开始前，车站确认站级设备是否处于正常服务模式。

（7）运营过程中实时监测车站各种设备的状态，当设备出现故障或报警状态时，给出报警信息后，行车值班员应及时确认报警设备号和报警原因，根据不同原因安排处理。

（8）每日车站打印 SC 报表的时间为次日 02:30 后。

二、半自动售票机（BOM）

半自动售票机设置在车站客服中心，具有对车票进行分析、无效更新、发售、赋值、充值、延期、退款、交易查询等处理功能。

半自动售票机能记录所有人员的登录及退出数据，包括登录及退出时间、车票处理统计数据、现金处理统计数据等。在操作退出后，应可以在 SC 即时生成其班次报告。

半自动售票机功能详细菜单如图 5.2 所示。

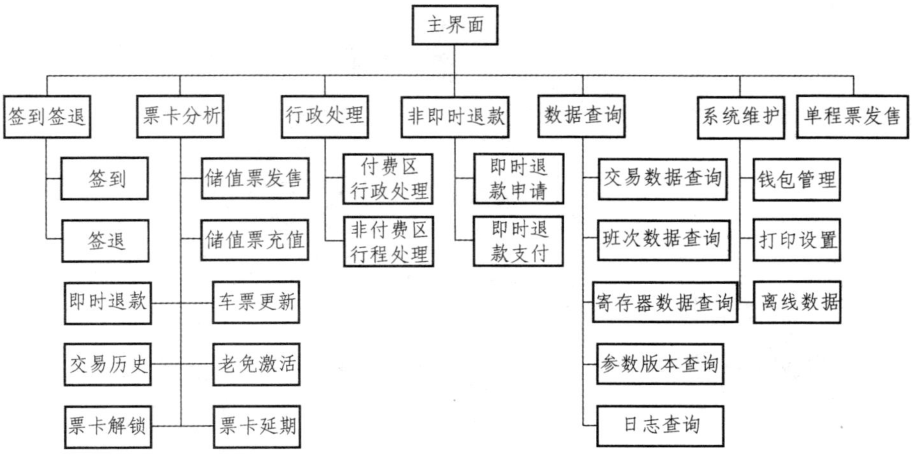

图 5.2　半自动售票机功能详细菜单

半自动售票机主界面如图 5.3 所示。

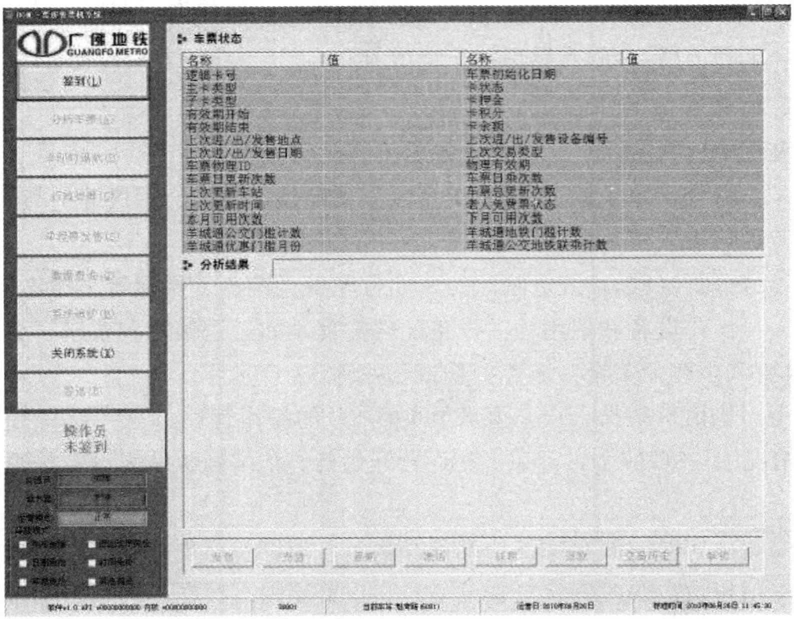

图 5.3　半自动售票机主界面

（一）设备登录、退出

每个站务人员都配置有操作 ID 及密码。处理票务业务时必须使用自己的 ID 登录，下班时即时退出，避免被误用后造成收益结算不清。半自动售票机登录界面如图 5.4 所示。

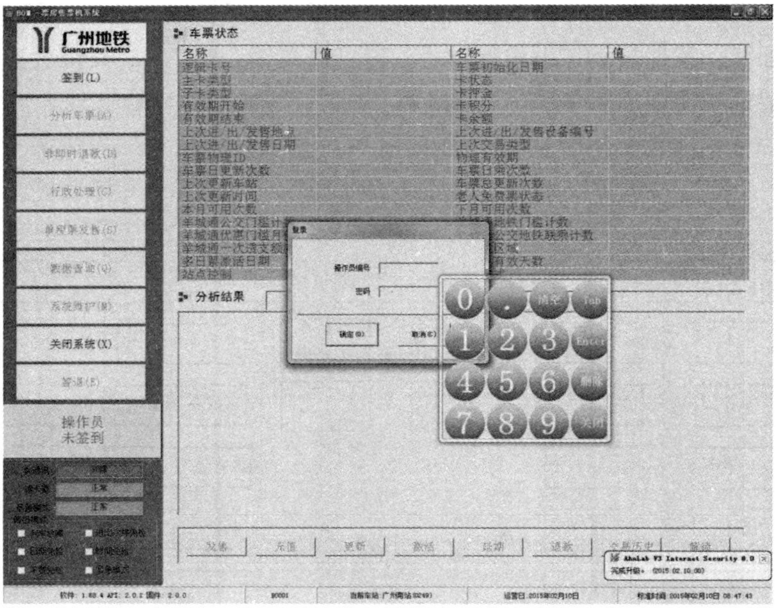

图 5.4　半自动售票机登录界面

（二）分　析

对车票操作前首先要对车票进行分析，分析结果栏显示根据票务规则，该车票当前所处的状态，例如：当前车票就是车票没有经过进闸机直接进入了付费区，在出站的时候系统没法收费，需要对票卡做无进站码出站更新，同时车票也可以充值和查看交易历史。半自动售票机车票分析界面如图 5.5 所示。

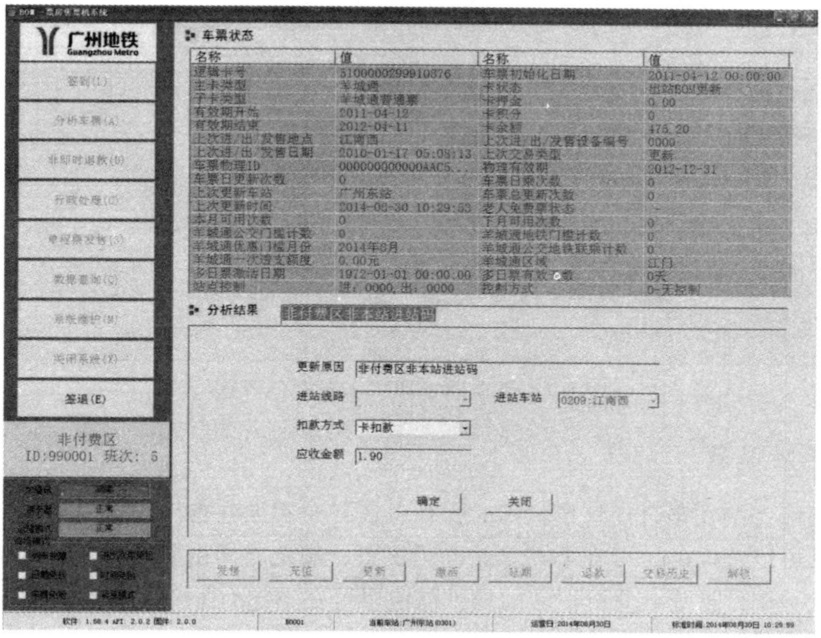

图 5.5　半自动售票机车票分析界面

（三）车票发售、充值

地铁发行的车票可以通过半自动售票机发售、充值。发售、充值须按“分析—发售—分析”步骤操作，确保售卖给乘客的车票信息正常、余值正确。以储值票为例，半自动售票机车票发售和充值界面分别如图 5.6、图 5.7 所示。

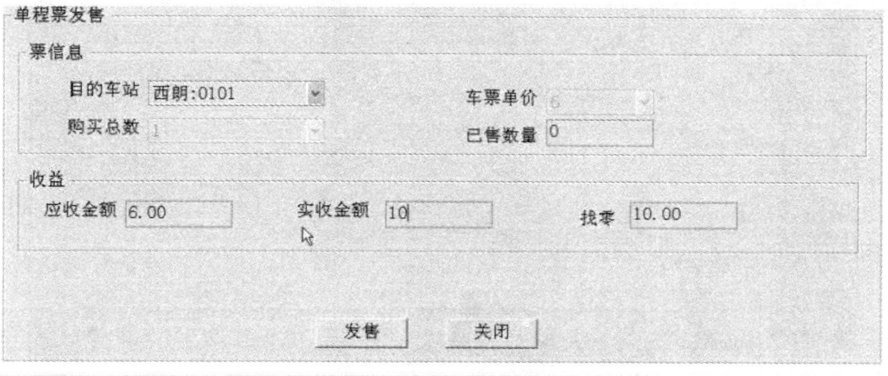

图 5.6　半自动售票机车票发售界面

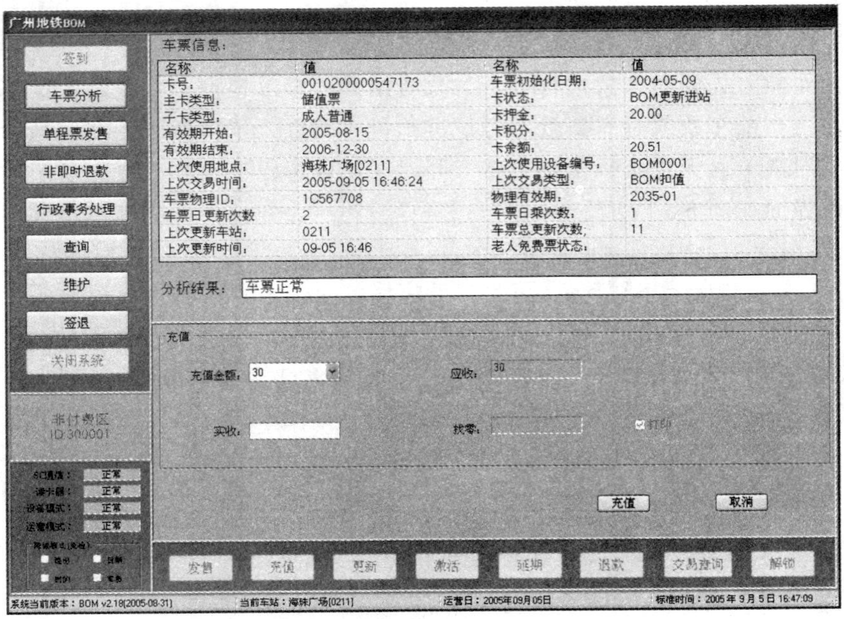

图 5.7 半自动售票机车票充值界面

（四）车票退款

以下车票可直接在半自动售票机即时操作退款：单程票在售出规定时间内、没有进闸记录且票内信息可以读取的，可在购票车站办理退票，规定时间由参数设置；未使用过的乘次票可在线网任一车站退票；分析正常的地铁储值票可在 BOM 直接操作退款。以储值票为例，半自动售票机车票退款界面如图 5.8 所示。

图 5.8 半自动售票机车票退款界面

无法分析的地铁储值票、乘次票可在半自动售票机办理非即时退款申请，可退款余值由工作人员在后台查询，确认后下发至半自动售票机，一般需要 5 个工作日左右。半自动售票机非即时退款申请界面如图 5.9 所示。

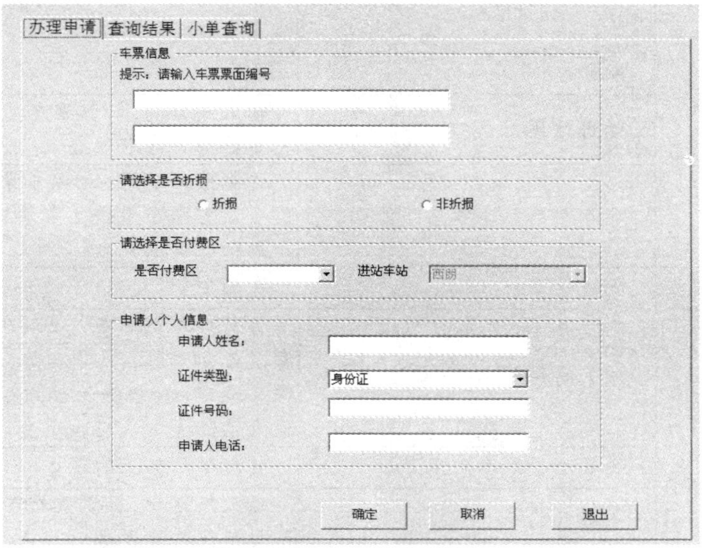

图 5.9　半自动售票机非即时退款申请界面

（五）票卡更新

乘客持票无法正常进出闸时，售票员应依据乘客所处的位置（付费区或非付费区）和车票分析结果更新处理，票卡具体更新详情如表 5.5 所示。

表 5.5　票卡更新

乘客区域	票卡类型	具体条件	操作
非付费区	单程票	本站进站后规定时间内	免费更新
		本站进站后超过规定时间	回收单程票
		上次交易是非本站	回收单程票
		在其他车站进站	回收单程票
		车票过期	回收单程票
		无进站记录，车票信息正确读取	发售站办理退票
	免费类车票	有进站码	激活
		已做出站更新	激活
	非免费类储值车票/羊城通	本站进站后规定时间内	免费更新
		本站进站后超过规定时间	收取该票种最低票价。对于储值票余额足够，从卡扣款，否则收取现金
		非本站进站	收取该票种最低票价
		上次交易是出站更新	收取上次更新车站到本站的乘车费用
	乘次票	有进站码	免费更新

续表

乘客区域	票卡类型	具体条件	操作
付费区	单程票	从入闸到出闸超出规定的时间	计算应补交车费，收取现金。如果又超乘，则根据参数判断两种应补交车费的最大值作为本次应收现金
		超乘	收取不足部分的现金
		无进站码	输入进站码，计算乘车费用，如果余额不足，不足的部分收取现金
		非本站更新，本站不能出	计算乘车费用，如果车票余额与更新已支付的金额之和小于进站车站到本站的乘车费用，不足部分收取现金
	免费类车票	无进站码	免费更新
	非免费类储值车票/羊城通	从入闸到出闸超出规定的时间	计算应补交车费，收取现金。对于储值票余额足以支付时，从卡扣除，否则收取现金。如果又超乘，则根据参数判断 2 种应补交车费的最大值作为本次应收现金
		余额小于乘车费用	收取不足部分的现金
		无进站码	输入进站码，计算乘车费用，如果余额不足，不足部分收取现金
		非本站更新	收取上次更新车站到本站的乘车费用
	乘次票	无进站码	免费更新
		车票过期	补付费出站票，收取现金
		非本站更新	免费更新

备注：收取的应补交车费由参数设置。

半自动售票机车票更新界面如图 5.10 所示。

图 5.10　半自动售票机车票更新界面

（六）行政事务处理规定

行政事务处理分付费区行政事务处理和非付费区行政事务处理两种情况。

1. 付费区行政事务处理

付费区行政事务处理包括：闸门被误用、无票乘车、闸机吞票等。半自动售票机付费区行政处理界面如图 5.11 所示。

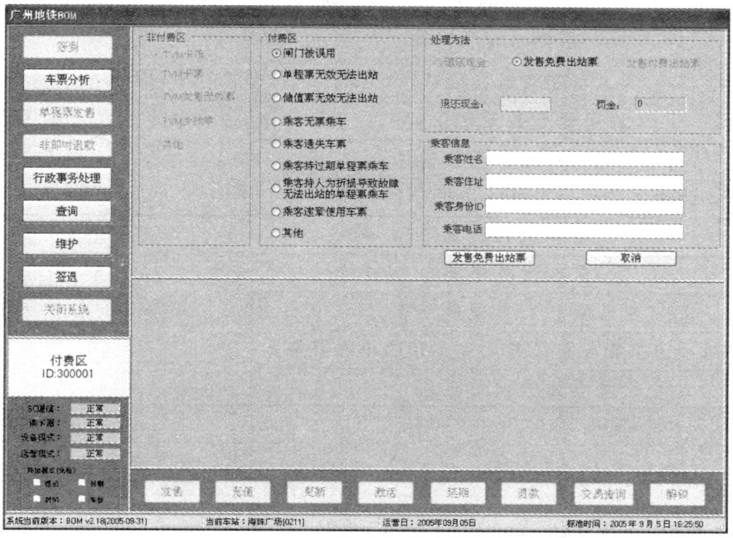

图 5.11　半自动售票机付费区行政处理界面

2. 非付费区行政事务处理

非付费区行政事务处理主要是处理乘客投诉，主要是 TVM 卡票、TVM 卡币、TVM 少找零、TVM 发售无效票等。半自动售票机非付费区行政处理界面如图 5.12 所示。

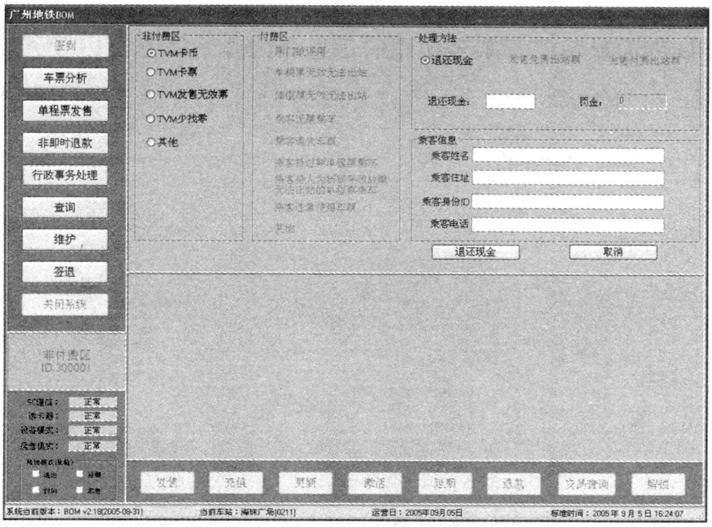

图 5.12　半自动售票机非付费区行政处理界面

行政事务处理类型如表 5.6 所示。

表 5.6　行政事务处理类型

乘客区域	行政事务处理类型	处理方法
非付费区	TVM 卡币	以多退少补原则发售相应面值的车票或退款
	TVM 卡票	
	TVM 发售无效票	回收车票，发售相应面值车票
	TVM 少找零	退还相应现金
付费区	闸门被误用	发售免费出站票
	闸机吞票	
	单程票无效无法出站	
	其他车票无效无法出站	
	设备故障或其他特殊情况乘客导致无法出站	
	乘客无票乘车	发售付费出站票
	乘客遗失车票	
	乘客持过期单程票乘车	
	乘客持人为折损导致故障无法出站的单程票乘车	
	乘客违章使用车票	
	储值票卡出站多扣费	退还多扣的车费
	其他	退款或发售免费出站票或发售付费出站票

三、自动售票机（TVM）

自动售票机提供单程票售卖及地铁储值票充值功能。自动售票机能记录所有人员的开关门、登录、补币、补票、更换钱箱、结账列印操作并打印小单，记录售票、充值及故障详情。可以按结账列印周期打印收益结账单，可以在 SC 按运营日生成统计报表。

（一）乘客界面

TVM 正面 LCD 界面显示便于乘客使用的信息和内容，如图 5.13 所示。

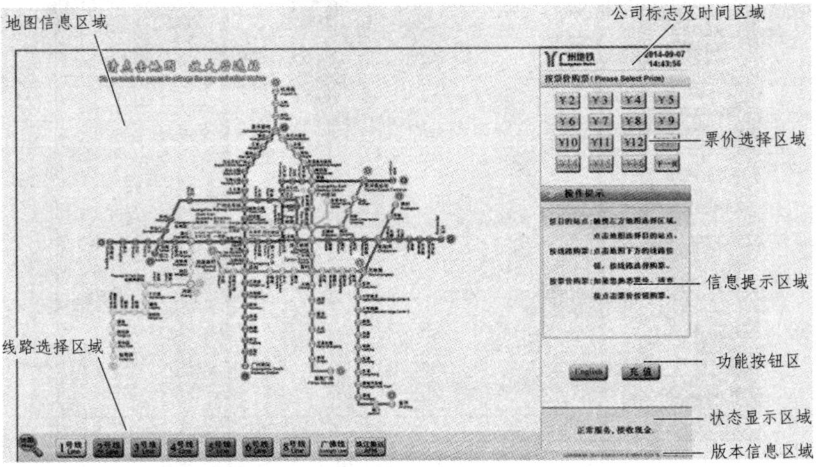

图 5.13　乘客显示器界面设计

（二）乘客购票

乘客可以通过选择地图购票和选择票价购票两种方式。

1. 通过选择地图购票

步骤 1，通过地图区选择目的地车站。乘客通过主界面点击 TVM 地图区时，即可放大显示相应地图区。此时，乘客直接选择准备抵达的目的地，或者利用上下左右箭头移动显示区，选择抵达站。

步骤 2，车票购买张数选择。在选择目的地之后，显示目的车站的名称、车费、数量（默认为 1 张）、需要支付的金额等信息。此时，当用户需要变更购买车票的数量，应直接按动购票数量键，进行变更。如果直接使用默认值“1 张”，本步骤可省略。

步骤 3，支付购票总金额。在选择目的车站、购买数量之后，用户可投入相应购票金额。此时，通过设备状态显示器，确认所提示的费用支付方式，将适当的金额投入到相应的投币口。投入金额之后，即可显示所投入的总金额，此时，除取消键以外，其他选择键（车票数量键、车费键、线路键、地图键等）均处于未激活状态。

步骤 4，出票、找零。如果投入费用足够，TVM 将自动发售车票、找零。此时，在完成乘客车票发行之前，需要等候片刻。TVM 将提示乘客领取车票和找零，并返回购票待机界面，等候下一个乘客的操作。

2. 通过票价购票

对了解车票费用的乘客，购票可通过更加便捷的选择票价。当乘客通过主界面选择目的区的费用时，与所选费用有关的所有车站列表将显示在地图区。其他的步骤与在前述一致。

3. 取消购票

乘客在购票过程中，从 TVM 操作开始到支付票款之前的任何时候都可以执行取消交易操作。如果要取消交易，可以点击取消键，或者在一定时间内不进行任何操作时，即退还乘客投入的所有钱币，恢复初始画面。

（三）储值票充值

乘客可在 TVM 上利用纸币方式，对所持有的充值卡进行充值，TVM 将提供操作方法提示作为参考，在进行充值时，可支付的纸币种类有 50 元、100 元等面额纸币。

1. 充　值

步骤 1，选择“充值”按钮。点击在界面上显示的充值键，此时，TVM 将跳转为充值界面，并提示乘客插入储值卡。此时，车票数量键、票价键、线路键以及地图键等选项操作将消失。

步骤 2，插入充值卡。乘客插入充值卡之后，显示插入的卡类型、余额等信息，并提示乘客投入指定面额的纸币。如果插入的卡无效，将被退还给乘客，并恢复到初始画面。

步骤 3，支付充值金额。如果所投入的是可充值的卡，可以支付金额。如支付方式为纸币支付，乘客可按窗口提示，插入 50 元或者 100 元面额纸币。

步骤 4，定额充值。如果乘客投入纸币为 50 元或者 100 元时，充值自动启动。

步骤 5，返还充值卡。充值结束后，显示充值之后的余额，并将插入的卡片退还给乘客，恢复初始画面。

2. 取消卡充值

乘客在进行卡充值交易的过程中，从 TVM 操作开始到支付金额之前的任何时候都可以执行取消交易操作。如果要取消交易，可以点击取消键，或者在一定时间内不做任何操作时，乘客插入的充值卡即退还给乘客，系统恢复初始画面。

（四）运营时间设置

TVM 的开机时间在系统统一设置；也可对单台 TVM 在本地离线状态下设置运营时间。

（五）运行状态设置

TVM 所有硬件处于正常状态时，TVM 为正常服务状态。当 TVM 某模块故障或者无法提供服务但 TVM 整机可提供部分乘客服务时，TVM 自动进入以下运行状态。也可根据运营需要，通过 SC 或本地将 TVM 设置为暂停服务。

（1）只接收硬币：当 TVM 纸币模块故障时，只接收硬币模式。

（2）只接收纸币：当 TVM 硬币模块故障时或已无找零硬币时，只接收纸币模式，由于 TVM 也无法找零，因此停止单程票售卖服务，只提供充值。

（六）车站日常运营操作

1. 登录及菜单功能

打开 TVM 维修门，在维修面板输入用户名和密码，TVM 自动进入相应权限的操作菜单界面。进行操作只需在后台维护终端的键盘上按下相应的数字键就可进入相应的菜单功能。

一级菜单包含运营操作、维护操作和管理操作。与运营服务操作有关的菜单功能如表 5.7 所示。

表 5.7　与运营服务操作有关的菜单功能

二级功能菜单	三级功能菜单
1. 结账	—
2. 补币	1. 硬币储币箱 1；2. 硬币储币箱 2；3. 纸币储币箱 1；4. 纸币储币箱 2
3. 补票	1. 储票箱 1；2. 储票箱 2
4. 更换钱箱	1. 硬币钱箱；2. 纸币钱箱；3. 纸币储币箱；4. 所有钱箱
5. 更换票箱	1. 回收箱；2. 废票箱；3. 所有票箱
6. 清空硬币	1. 储币箱 1；2. 储币箱 2；3. 所有储票箱
7. 清空车票	1. 储票箱 1；2. 储票箱 2；3. 所有储票箱
8. 查询	1. 交易记录；2. 操作记录；3. 异常记录；4. 当前现金；5. 纸币找零金额；6. 当前车票；7. 寄存器计数；8. 当前运营全状态

2. 补充硬币

（1）将清点好的硬币装入补币箱、上锁。

（2）开维修门、登录。

（3）操作功能菜单：1 运营操作→2 补币→1 硬币储币箱 1（或 2 硬币储币箱 2）。

（4）输入补币金额。

（5）把币箱对准孔位插入放好，如图 5.14 所示。注意：加币箱一旦插入，禁止将加币箱拉出，直到加币完成。

（6）打开硬币处理模块门，将挡片抽出，会听到硬币掉入硬币出币器里的声音。直到声音停止才把挡片复位，如图 5.15 所示。

（7）锁上硬币处理模块门，并取出补币箱，如图 5.16 所示。

图 5.14　补充硬币操作（一）

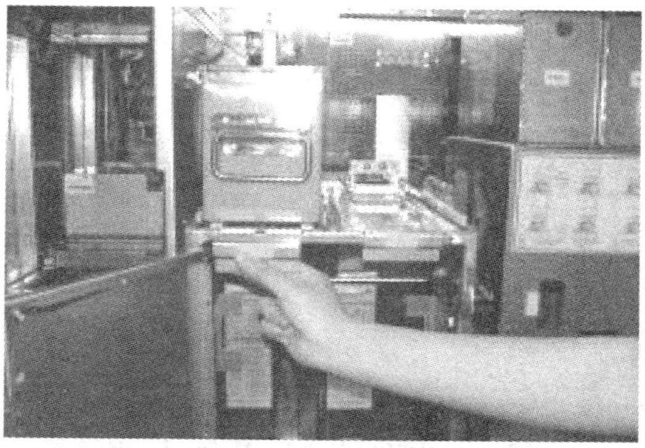

图 5.15　补充硬币操作（二）

3. 补充纸币

（1）将清点好的纸币装入纸币找零箱并锁闭。

（2）开维修门、登录。

（3）操作功能菜单：1 运营操作→2 补币→3 纸币储币箱 1（或 4 纸币储币箱 2）。

（4）输入补币张数。

（5）将纸币找零箱放进对应位置，如图 5.17 所示。

图 5.16　补充硬币操作（三）

图 5.17　补充纸币操作（一）

（6）将纸币储币箱放回纸币找零模块原位，轻缓推回卡槽，锁上安全门，如图 5.18 所示。

注意事项：纸币找零模块总共有 3 个钱箱，由上到下顺序分别为：废钞箱、纸币找零钱箱 1、纸币找零钱箱 2。加钞时注意避免放错位置，纸币模块上标有“纸币找零箱—1”“纸币找零箱—2”的标贴，将纸币储币箱推回相应的位置。

4. 补充单程票

（1）将清点好的单程票装入补票箱、上锁。

（2）开维修门、登录。

（3）操作功能菜单：1 运营操作→3 补充车票→1 储票箱 1（或 2 储票箱 2）。

（4）输入补票数量。

（5）把补票箱对准孔位插入放好，如图 5.19 所示。注：加票箱一旦插入，禁止将补票箱拉出，直到加票完成。

图 5.18　补充纸币操作（二）

图 5.19　补充单程票操作（一）

（6）打开补票箱和挡板上的锁，将挡片抽出，会听到单程票掉入出票器里的声音，直到声音停止才把挡片复位，如图 5.20 所示。

（7）锁上挡板和票箱，取出补票箱，如图 5.21 所示。

图 5.20　补充单程票操作（二）

图 5.21　补充单程票操作（三）

5. 清空硬币储币箱

（1）开维修门、登录。

（2）操作功能菜单：1 运营操作→6 清空硬币→1 储币箱 1（或 2 储币箱 2 或 3 所有储币箱），硬币模块便会自动清硬币，清出硬币进入硬币钱箱。

（3）清币完毕后，打印机打印小单，后台界面返回选择票箱菜单。

6. 清空单程票储票箱

（1）开维修门、登录。

（2）操作功能菜单：1 运营操作→7 清空车票→1 储票箱 1（或 2 储票箱 2 或 3 所有储票箱），单程票模块便会自动清票，清出的单程票将进入回收箱中。

（3）拉出回收箱拖架，从票箱中取出车票，如图 5.22 所示。

7. 更换硬币钱箱

（1）开维修门、登录。

（2）操作功能菜单：1 运营操作→4 更换钱箱→1 硬币钱箱。

（3）插入并旋转钥匙，拉出支架，如图 5.23 所示。

图 5.22　清空单程票储票箱操作

图 5.23　更换硬币钱箱操作（一）

（4）双手拿着硬币钱箱的把手，并向上提出钱箱，如图 5.24 所示。

（5）放入准备好的空硬币钱箱，并将拖架往里推同时旋转钥匙，锁好，如图 5.25 所示。

图 5.24　更换硬币钱箱操作（二）

图 5.25　更换硬币钱箱操作（三）

8. 更换纸币钱箱

（1）开维修门、登录。

（2）操作功能菜单：1 运营操作→4 更换钱箱→2 纸币钱箱。

（3）将纸币钱箱支架压杆拨到左边，插入并旋转钥匙，打开纸币钱箱固定锁（图中的圆形部分），开锁后并拉出钱箱，如图 5.26 所示。

（4）放回准备好的空纸币钱箱，锁好纸币钱箱固定锁，如图 5.27 所示。

图 5.26　更换纸币钱箱操作（一）

图 5.27　更换纸币钱箱操作（二）

9. 结　账

在一定周期内要对 TVM 内进行结账列印操作，将设备内剩余车票、剩余找零现金、钱箱全部清出、更换，以结算本周期内 TVM 收益情况。结账列印完毕后 TVM 自动打印结账列印单，显示结账周期起始时间、补票、补币、钱箱更换详情及数据统计。

（1）开维修门、登录。

（2）操作功能菜单：1 运营操作→1 结账。点击确认。

（3）选择是否清空硬币和车票，设备根据选择项执行清出硬币或车票。

（4）根据提示进行更换硬币钱箱、更换纸币钱箱、取出纸币找零箱操作。

（5）操作完成后，设备自动打印结账列印单。

四、闸机（AGM）

闸机通过读取和验证非接触性智能卡和单程票来控制闸门的开合，从而达到控制乘客进出的目的。当乘客通过闸机时，将车票放在闸机读写器上，读写器验证车票信息、判断是否放行。根据通行方向，闸机可分为进闸机、出闸机、双向闸机。

1. 乘客显示器

乘客显示器置于闸机的上端表面，如图 5.28 所示。通过图形及文字显示的引导信息，向乘客及车站工作人员提供运行状态和车票处理结果。双向闸机的两端安装了两个同样的乘客显示器供两个方向的乘客查看。

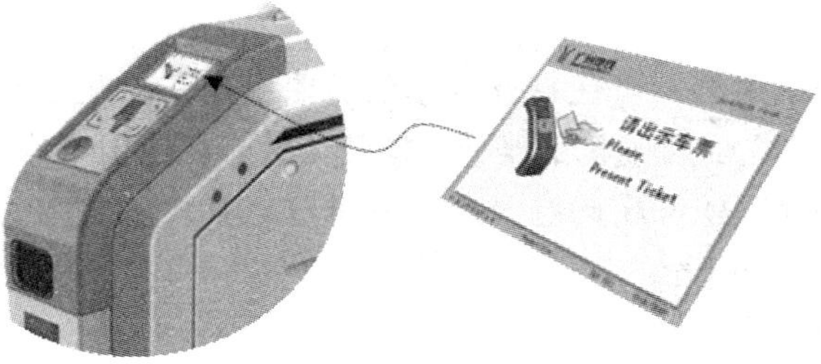

图 5.28　乘客显示器示意图

闸机自动检查、判断乘客使用的车票是否符合规则要求，若符合则放行和扣费，若不符合则拒绝放行并提示、指引乘客到车站客服中心处理。闸机常见代码及意义如表 5.8 所示。

表 5.8　闸机常见代码及意义

代码	意　义	备　注
09	单程票出闸时放在验票区	
21	黑名单	不上传黑名单交易
24	其他站更新，本站不能出	
25	余额不足	需更新或者充值
31	物理有效期到期	停止使用
32	进出站次序错误	
34	超时	
83	票卡超出逻辑截止日期	需延期或者充值
95	单程票非本站发售	

2. 方向指示器

方向指示器安装在闸机的两端，如图 5.29 所示，用来指示乘客通道的状态和特定车票的提示，为远距离乘客指示闸机是否可以使用。

3. 警示灯

警示灯分绿、红、黄色，安装在闸机的顶部，如图 5.30 所示。可独立或组合显示绿、红色或橘黄色，可设置闪烁或不闪烁，给乘客和工作人员传达闸机状态信息。

图 5.29　闸机方向指示器

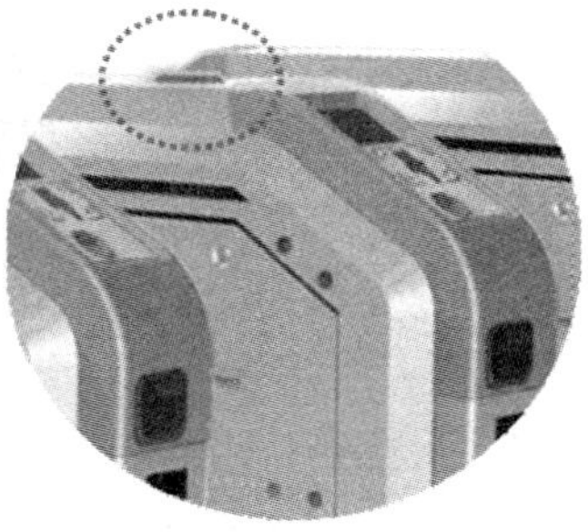

图 5.30　闸机警示灯

4. 维修面板

维修键盘安装在闸机内部，可在打开维修门后取出操作，配合使用乘客显示器作为维修操作显示屏，操作人员可完成对闸机的维修、诊断工作。在使用维修面板进行维修工作之前，操作/维修人员需要输入其 ID 和密码登录后，方可进行其权限之内的工作。通过维修面板，可以操作的站务相关功能如下：

（1）完成更换票箱操作。

（2）查询警报及事件记录。

（3）查询闸机和 SC 之间的通信状态。

（4）在双向闸机中更改运行模式。

（5）查询最近处理的 100 件交易记录信息。

5. 运营时间设置

每日闸机的开关时间由 SC 系统统一设置。也可根据运营需要，通过 SC 或本地将闸机设置为暂停服务。

6. 日常运营操作

对双向闸机，可以根据运营需要在 SC 上设置为“双向”“单进”或“单出”。对出闸机，票箱“将满”或“已满”时更换票箱，否则闸机将不处理单程票。

更换票箱操作流程如下：

（1）打开闸机付费区本地端的维修门。

（2）拿出维修键盘，键入“8”，进入维护模式的显示屏幕。

（3）键入操作员的 ID 和密码，进入维护模式和维护菜单。

（4）选择功能菜单：1 运营服务→1 更换票箱 1（或 2 更换票箱 2），操作维修键盘的 Enter。

（5）取出闸机的票箱，放入准备好的空票箱。

五、验票机（TCM）

验票机用于乘客自助查询车票余值及使用记录。待机主界面如图 5.31 所示。

图 5.31　TCM 主界面

当票卡信息可以读取到时，程序界面主动切换到票卡分析界面，可分析到储存在票卡芯片上的交易记录。以羊城通分析界面为例，如图 5.32 所示。

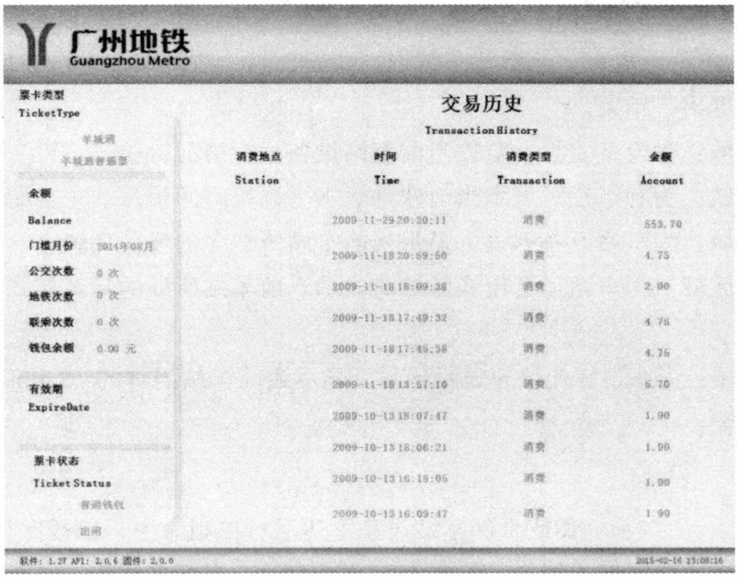

图 5.32　羊城通票卡分析界面

六、车站计算机（SC）

SC 主要功能是监控、控制站级 AFC 设备，收集、生成、汇总站级 AFC 设备客流数据、收益数据和统计报表，供车站运营使用。

1. 设备监控

SC 模拟车站设备的布置、实时监控车站设备的运行状态，界面如图 5.33 所示。

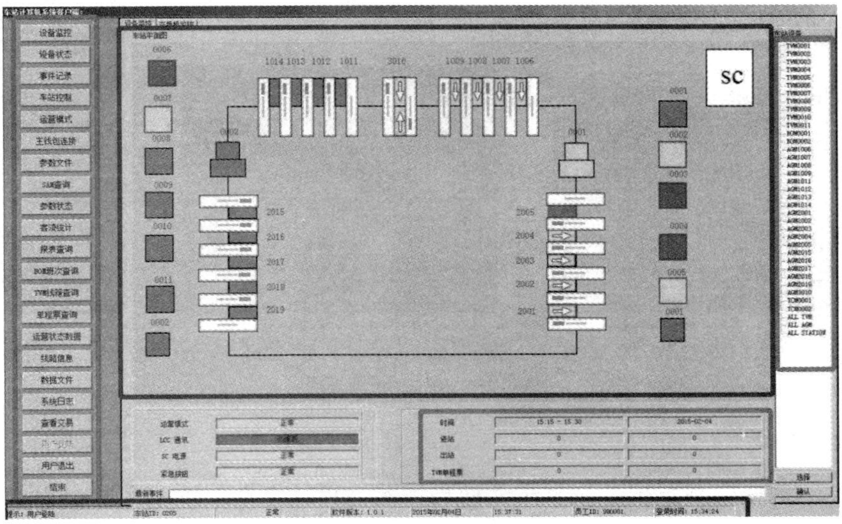

图 5.33　SC 监控主界面

（1）红色区域：为菜单以及常用按钮。把常用的操作以按钮简洁标出，其余不太常用的操作以菜单形式表现。常用按钮包括：设备监控、设备状态、事件记录、车站控制、运营模式、主钱包连接、参数文件、SAM 查询、参数状态、客流统计、报表查询、BOM 班次查询、TVM 钱箱查询、单程票查询、运营状态数据、线路信息、数据文件、系统日志、查看交易、用户登录、用户退出、结束。

（2）蓝色区域：为设备监控。监控当前车站设备运行情况。

（3）黑色区域：为状态栏。显示当前软件版本、系统时间信息。

（4）橙色区域：为车站设备列表。显示当前车站所包含的设备列表。

（5）浅蓝色区域：为车站运营模式区域。显示当前车站所处的运营模式，以及后备电池的供电状态。

（6）紫色区域：为车站客流快速显示区域。显示当前车站当日的 15 min 和累计的进、出和单程票发售客流。

2. 设备控制

SC 可向单台、一组、一类或全部车站设备下达运行控制命令，包括：车站 AFC 设备各种运营模式的切换及关闭模式切换；车站 AFC 设备状态，内部重要部件运行状态及寄存器数据的查询；向双向闸机下达进、出模式命令；能设置闸机“专用通道”以及“普通通道”；可以控制闸机进入自由通行模式及退出自由通行模式。

当鼠标移动到设备上时，自动显示与该设备相关的简要信息。左击鼠标键时显示弹出菜单，可通过弹出菜单操作控制设备。BOM、AGM、TVM 组弹出菜单如图 5.34 所示。

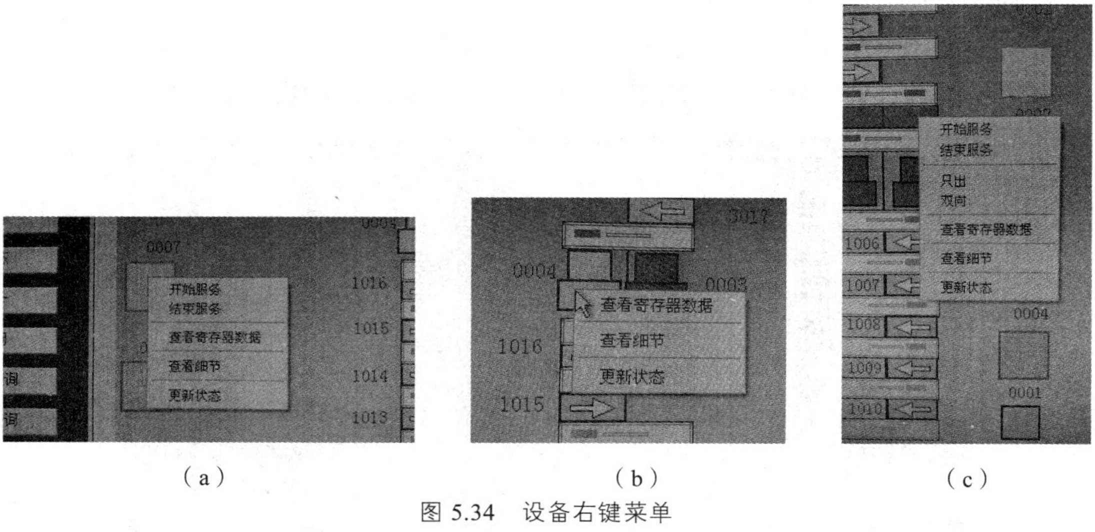

（a）　　　　（b）　　　　（c）

图 5.34　设备右键菜单

3. 客流监测

SC 可集中统一监测系统客流及车票处理情况。可按日期、频率间隔、设备类型、设备 ID、票卡类型等条件进行客流查询。以查询当天客流为例，界面如图 5.35 所示。

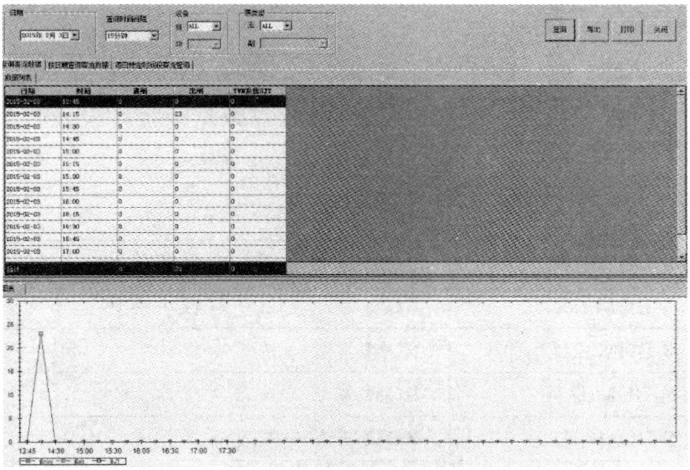

图 5.35 客流查询界面

4. 紧急按钮

SC 外接紧急按钮。紧急按钮设在站务室的 IBP 盘（综合后备盘，由综合监控系统提供）上，由综合监控系统提供一个双回路、单常开无源干触点按钮。当按下紧急按钮后，车站全部闸机能在 2 s 内进入紧急模式；释放紧急按钮，闸机恢复正常模式。紧急按钮的操作不依赖于 SC，采用硬线直接在底层设备上控制，SC 能记录紧急按钮的操作情况和设备的动作响应情况，并将车站进入紧急模式的信息传送到线路中央计算机。

当车站发生紧急情况时，设置紧急放行模式。可通过 SC、在车站控制室的紧急按钮将车站设备设置为紧急模式。紧急模式下各类站级设备的表现及对车票的处理如表 5.9 所示。

表 5.9 紧急模式下各类站级设备的表现及对车票的处理

模式	本站—模式作用期间	其他车站—模式作用期间 所有车站—后果敏感期
闸机	所有闸机（包括进、出闸机）： ☆ 不处理车票 ☆ 扇门为打开状态，转杆可自由转动 ☆ 乘客显示器显示紧急放行信息 ☆ 所有面向付费区的末端指示器闪烁显示“通行”标志 ☆ 所有面向非付费区的末端指示器闪烁显示“禁止通行”标志	1. 进闸机： ☆ 对已进站的车票，如果上次进站时间在模式结束之前，且在模式发生的运营日，允许正常进闸 ☆ 对有效期为紧急模式设置日之后的未进站的 ES 预制单程票不判断有效期和预置站点 ☆ 对于状态为发售（非付费区更新）的单程票，如果发售（更新）的站点与模式站点相同，且发售时间在模式结束之前，且在模式发生的运营日，允许正常进闸 2. 出闸机：正常处理
BOM	☆设备表现：显示当前模式为紧急放行模式，提示操作员完成最后一笔交易后退出服务。如操作员没有签退，BOM 将在收到命令起计时 5 min 后自动签退	☆对已进站的车票，如果上次进站时间在模式结束之前，且在模式发生的运营日，显示车票正常，单程票可以进行正常退款（非授权） ☆对有效期为紧急模式设置日之后的 ES 预制票不判断有效期和预置站点，可以进行正常退款（非授权） ☆对于状态为发售的单程票，如果发售的站点与模式站点相同，且发售时间在模式结束之前，且在模式发生的运营日，显示车票正常，可以进行正常退款（非授权）
TVM	该站 TVM 将自动关闭	正常服务

5. 车站收益统计

自动对车站设备车票、现金数据进行统计。在运营结束时，SC 能自动生成当天车站设备运营报表，操作员应可查询最近 30 日的报表。各收益数据和统计报表类型如表 5.10 所示。

表 5.10　各收益数据和统计报表类型

序号	英文数字编码	中文名称
01	S-BOM01D	BOM 票卡充值—按设备统计
02	S-BOM01S	BOM 票卡充值—按班次统计
03	S-BOM02D	BOM 发售—按设备统计
04	S-BOM02S	BOM 发售—按班次统计
05	S-BOM03D	BOM 更新—按设备统计（现金）
06	S-BOM03S	BOM 更新—按班次统计（现金）
07	S-BOM04D	BOM 更新—按设备统计（非现金）
08	S-BOM04S	BOM 更新—按班次统计（非现金）
09	S-BOM05T	BOM 退款交易单日统计
10	S-BOM05O	BOM 退款交易单日明细统计
11	S-BOM06D	BOM 行政处理—按设备统计
12	S-BOM06S	BOM 行政处理—按班次统计
13	S-BOM07D	BOM 汇总统计—按设备统计（现金）
14	S-BOM07S	BOM 汇总统计—按班次（现金）
15	S-BOM08O	BOM 行政处理明细
16	S-TVM001	TVM 收益综合统计
17	S-TVM002	TVM 钱箱更换统计
18	S-TVM003	TVM 补币统计
19	S-TVM004	TVM 票箱补票统计
20	S-TVM005	TVM SJT 区段发售—按设备统计（成人普通票）
21	S-TVM006	TVM SJT 区段发售—按设备统计（优惠票）
22	S-TVM007	TVM 纸币找零金额平衡统计
23	S-TVM008	TVM 单日现金收益综合汇总
24	S-AGM001	AGM 进站统计—按设备统计
25	S-AGM002	AGM 出站扣款统计—按设备统计
26	S-AGM003	AGM 出站数量统计—按设备统计
27	S-AGM004	AGM 票箱更换—按设备统计
28	S-AGM005	AGM 出站数量统计—按进入车站统计
29	S-STN001	车站现金收益汇总
30	S-STN002	车站车票发售汇总

七、多元支付票务设备和技术应用

随着多元支付技术在轨道交通的应用，近年来各城市地铁增加了支持非现金支付的票务设备和过闸技术，如云购票机、信用卡闪付过闸、手机闪付过闸、乘车码过闸、自助客服中心等，多元支付应用大大方便了乘客，同时也提高了地铁的票务工作效率。多元支付票务设备系统包含车站终端设备和中央控制系统两个层级，比传统 AFC 系统设备架构简单得多。

1. 云购票机

云购票机支持手机客户端预购后到现场设备取票和现场直接手机支付购票，系统可接入支付宝、微信、银联闪付等各种支付渠道。与传统自动售票机比较，云购票机没有了找零现金的补币、钱箱更换、钱箱清点等工作，有效提高了地铁票务工作效率。

2. 银行卡、手机闪付过闸

直接用银行卡或绑定了银行卡的手机在闸机刷卡（手机）过闸，中央控制系统根据闸机上传的过闸记录计费和在银行卡扣收车费。乘客无须购票、即取即用，十分方便。

3. 乘车码过闸

乘客通过下载、开通对应城市地铁的乘车码后，每次搭乘地铁前即可打开乘车码刷码过闸，中央控制系统根据乘车码用户端上传的过闸记录从用户绑定的支付渠道扣收车费。

4. 自助客服中心

对超时、超程、进出站码错误等无法正常进、出闸的车票，乘客可到自助客服中心自助处理，采用非现金方式支付需缴费用，可有效替代人工处理乘客票务事务工作。

第四节　票务系统及报表

一、票务系统操作

1. 系统介绍

票务系统收录票务工作人员处理的票务业务、收益数据，替代传统的纸质报表、记录，并与 AFC 系统数据集合在一起，进行更高效的收益核对和结算的信息化系统。以广州地铁为例，票务系统包含以下功能模块：

（1）车站收益管理：车站车票、备用金、票款等业务数据的收录，自动生成车站每日售存日报、营收日报、车票上交单、售票员长短款等。

（2）票务物品管理：对票务钥匙、票务备品、发票、备用金和车票稽查等进行实时录入、动态统计、跟踪使用管理。

（3）票库管理：自动生产线网所有车站车票发放、回收、调配、站存情况，用于制票中心动态跟踪车票运作，监控线网各站车票的合理存量。

（4）收益安全管理：自动收益核对、结算功能；收录票务运作和设备运作问题信息，提供问题处理、跟踪功能；收益管理指标预警功能。

（5）待办事项：需人工介入处理业务列表，提醒业务人员介入处理。

2. 登录、注销

员工只允许使用本人的用户名和密码，不得借用他人用户名登录系统，不得企图获取他人的密码。票务管理系统操作完毕需及时退出登录状态。

密码使用要求：

（1）员工在接到票务管理系统初始密码后，需在 5 个工作日内重新设置新密码（日常也可以根据需要重新修改密码），新密码要妥善保管，避免泄露他人。

（2）密码长度设置不少于 6 位。

（3）不宜使用规律的数字模式或个人信息，如 123321、666888、个人纪念日、个人电话号码等。

3. 系统操作、录入基本要求

票务系统录入视同报表填写，必须真实、准确、完整、及时。录入报表时必须使用自己的员工号及密码操作。

（1）真实：必须如实反映票务情况，不得捏造事实，弄虚作假。

（2）准确：需确保数据正确。

（3）完整：必须按所列事项录入，不得遗漏。

（4）及时：必须在规定期限内录入完毕，并按规定时间提交，不得故意拖延。

车站收益管理功能模块菜单界面如图 5.36 所示。

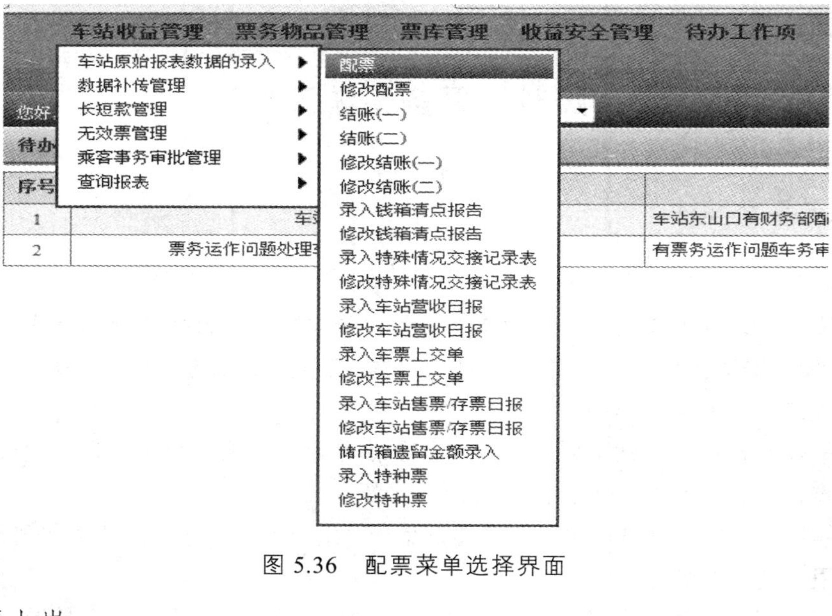

图 5.36　配票菜单选择界面

4. 售票上岗

客运值班员登录系统，进入“配票”界面，录入配给售票员的各票种的票价、开窗张数、

BOM 的设备号、备用金金额。售票员当面确认客运值班员录入的内容与实际配发是否相符，无误时录入员工号及密码进行确认，并保存。配票录入界面如图 5.37 所示。

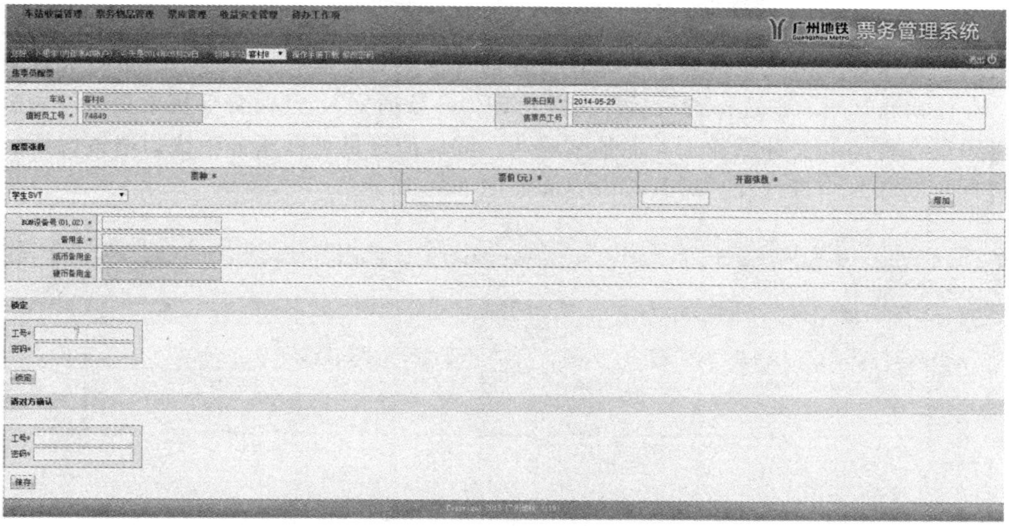

图 5.37　配票录入界面

5. 售票结束

（1）售票员与客运值班员在“结账（一）”界面录入车票关窗张数、现金清点总额，共同确认录入数据与实际一致后保存。售票结束后结账（一）录入界面如图 5.38 所示。

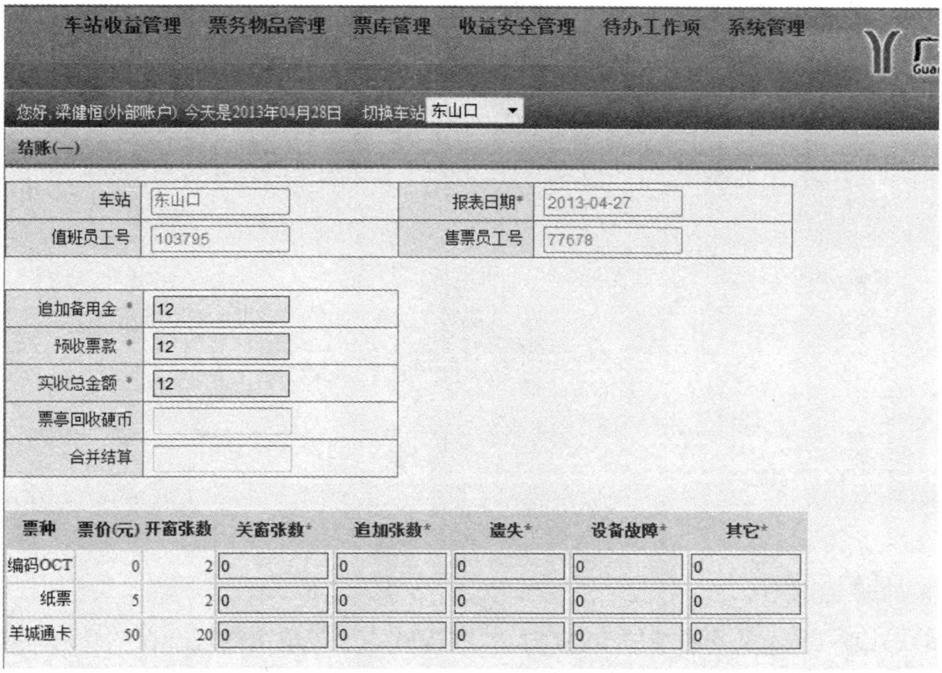

图 5.38　售票结束后结账（一）录入界面

（2）由客运值班员在“结账（二）”界面录入退款车票情况、追加备用金、预收票款、需上交的车票情况等。

6. 售票员结算长短款

进入“查看短款情况统计表”界面，可查询售票员短款情况。客运值班员每天查询短款情况，有补款通知时，则选择查看后导出并打印《补款通知》，及时督促售票员补交短款。补交后售票员在打印的《补款通知》上签名确认，客运值班员可在票务系统勾选该售票员已补款，短款自动计入当日营收。短款查询界面如图 5.39 所示。

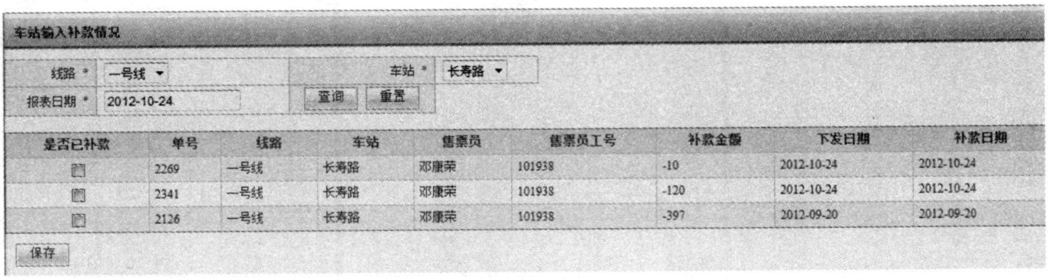
车站输入补款情况

线路 * 一号线　车站 * 长寿路

报表日期 * 2012-10-24　查询　重置

是否已补款	单号	线路	车站	售票员	售票员工号	补款金额	下发日期	补款日期
	2269	一号线	长寿路	邓康荣	101938	-10	2012-10-24	2012-10-24
	2341	一号线	长寿路	邓康荣	101938	-120	2012-10-24	2012-10-24
	2126	一号线	长寿路	邓康荣	101938	-397	2012-09-20	2012-09-20

保存

图 5.39　短款查询界面

7. 钱箱清点

一般情况下每清点一批钱箱开具一张电子钱箱清点报告，必要时可分开多张录入。进入“录入钱箱清点报告”界面，录入报表日期、清点金额，清点时间默认为电子报表开具时间，对一天内同一台 TVM 两次及以上使用相同钱箱的情况，则需录入除第一次钱箱外其他钱箱的取出时间。钱箱清点录入界面如图 5.40 所示。

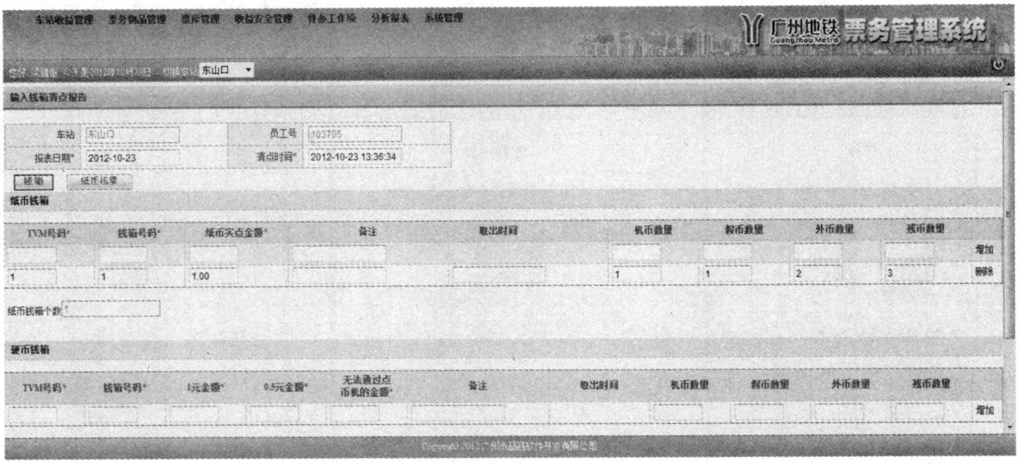

图 5.40　钱箱清点录入界面

8. 特殊情况票款

车站在处理 TVM 事务或维护 TVM 时，从 TVM 内、外取出的现金在“录入特殊情况交接记录表”里录入。TVM 内是指需开维修门才能取出；TVM 外是指无需开维修门取出，如进币口、退币口等。特殊情况票款录入界面如图 5.41 所示。

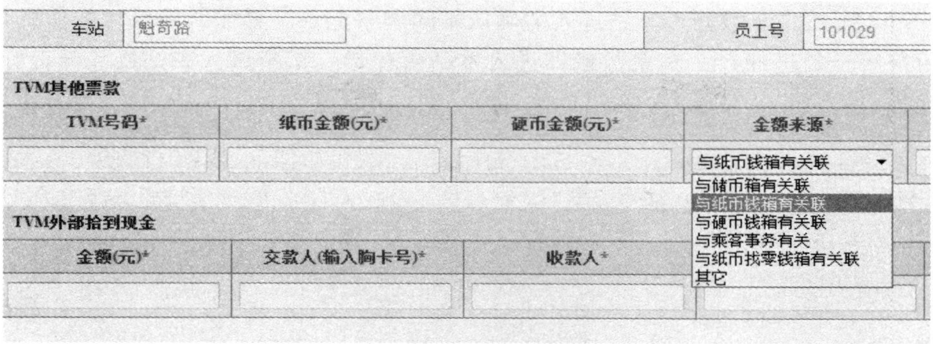

图 5.41　特殊情况票款录入界面

9. 车票上交

车站需上交收益核对部门的车票，在“录入车票上交单”界面录入，录入要素包括车票类型、车票上交类型、张数、ID、金额及备注说明等。车票上交录入界面如图 5.42 所示。

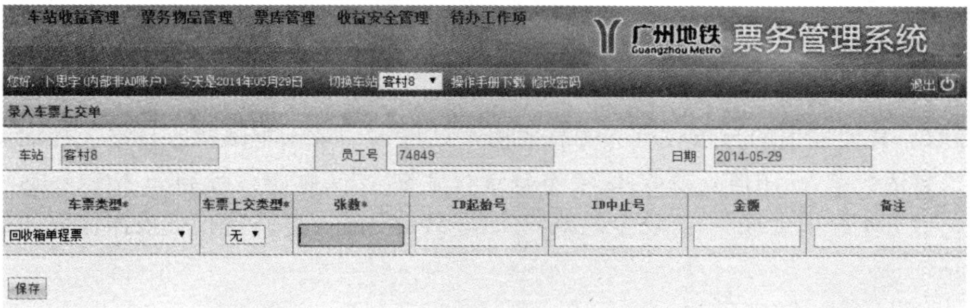

图 5.42　车票上交录入界面

10. 站间调票

车站间有车票调配时，调出、调入车站均须在“站间调配”录入和操作。

（1）调出车站。车票调出车站进入“票库管理”的“录入站间调票记录”界面，根据实际情况录入“调入线路”“车站”“办理时间”“车票类型”“票价”“张数”“ID 起止号”“ID 终止号”等相关信息（其中“ID 起止号”“ID 终止号”为非必输项）。提交后调入车站系统自动生成“确认站间调票记录”。车票调出车站操作界面如图 5.43 所示。

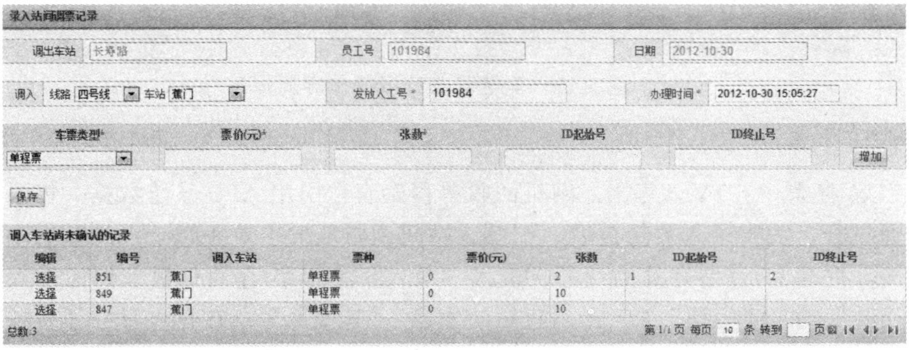

图 5.43　车票调出车站操作界面

（2）调入车站。车票调入车站进入“确认站间调票记录”界面，确认相关信息与实际交付车票相符后，勾选保存，车票数量即进入本站售存量。车票调入车站操作界面如图 5.44 所示。

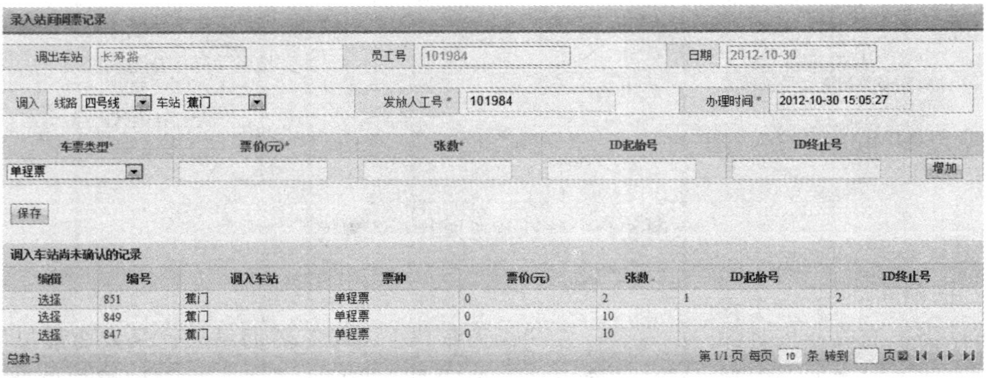

图 5.44　车票调出车站操作界面

11. 车站营收

车站营收中的钱箱清点收入和售票员票款收入，票务系统直接在售票结束和清点时录入数据中提取，其他发生的与营收有关的款额由车站进入“录入车站营收日报”界面录入，具体包括：“交接长款”“团体发票收入”“本日送行金额”“实际解行金额”（指银行返单的收款单金额）、“TVM 补币金额”“非现金票款收入”“其他”等。车站营收日报操作界面如图 5.45 所示。

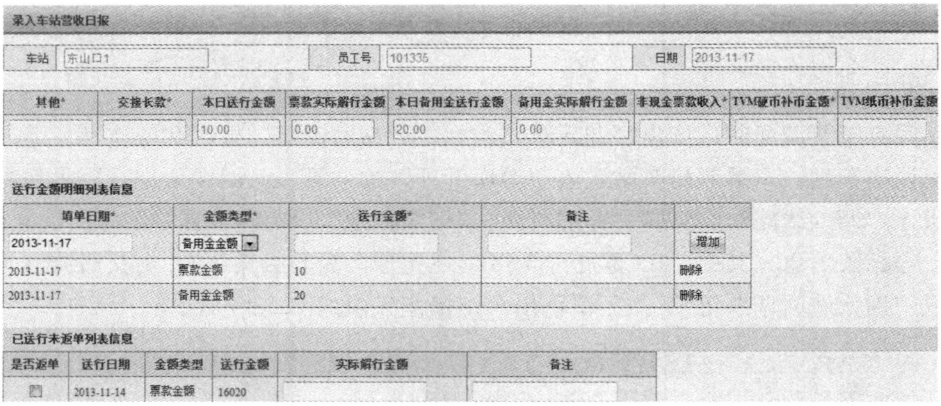

图 5.45　车站营收日报操作界面

12. 车站售票/存票

车站售票/存票中，TVM 售出、闸机回收单程票直接引用 AFC 系统数据，售票员售卖的车票直接通过开、关窗录入数量提取，配票、站间调票从发生业务时录入的数据中提取，其他发生的与车站售票/存票有关的业务，进入“录入车站售票/存票日报”界面录入，具体包含“边门回收”“TVM 废票”“弃票/回收箱储值票”“其他”等。在盘点日，须将各票种车票的实际数量录入到该票种对应的“实点”栏。售票/存票操作界面如图 5.46 所示。

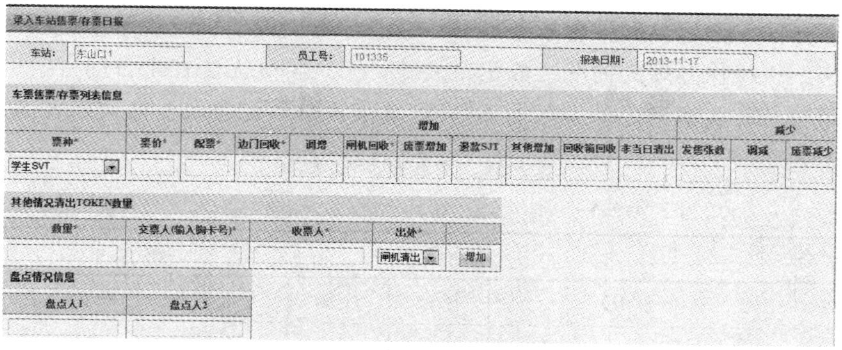

图 5.46　售票/存票操作界面

13. 电子报表提交

报表录入结束后，车站根据台账、报表、车票等原始信息核对所有报表后，提交当日所有车站报表。报表提交的时间为次日 2:30—8:30。车站报表提交后，车站将无法修改相关报表数据。车站提交报表操作界面如图 5.47 所示。

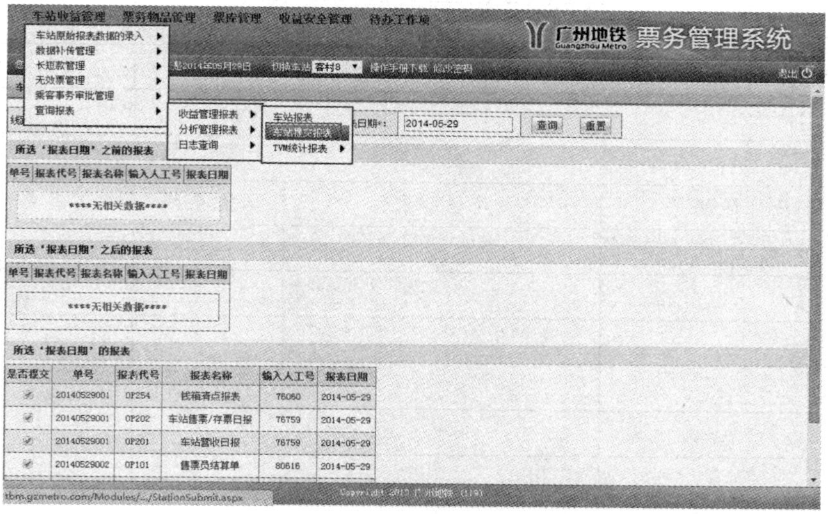

图 5.47　车站提交报表操作界面

14. 注意事项

车站在票务管理系统各界面录入数据完毕，需及时进行保存并确认系统提示“保存成功”。车站员工由于其他事项需离开点钞室，需保存并锁定录入界面，操作人员操作完票务管理系统后，需及时注销。

二、票务报表填写

1. 票务系统正常时

票务系统正常时，除售票员在客服中心办理的个别业务外，其他涉及的票务业务数据和信息直接在票务系统操作。因此，日常需要填写及上交的报表主要为《乘客事务记录表》。

车站大部分的车票退款和乘客事务都可以通过半自动售票机设备操作办理，对个别无法通过半自动售票机操作办理的情况，如车票故障、个别特殊无法在半自动售票机设备办理的事务，通过填写《乘客事务记录表》手工办理。《乘客事务记录表》格式如表 5.11 所示。

表 5.11　乘客事务记录表

站　　　　　　　　　　　　　　　　　　　　　　　　　　年　　月　　日

退票事务							
序号	票种	车票 ID	押金	余值	办理时间	乘客签名	确认人
合计							

其他事务					
序号	事件详情	处理结果	涉及金额	乘客签名	确认人
合计					

备注：							
售票员		员工号		值班员		员工号	

报表各项目按实际办理情况填写。其中：办理“其他事务”时，无法在 BOM 体现的收款事务，“涉及金额”按正数记录；无法在 BOM 体现的退款事务，或 BOM 显示要收费但实际按特殊办理未收费的事务，“涉及金额”按负数记录。

2. 票务系统故障时

票务管理系统故障超过 1 天无法修复时，售票开、关窗的现金、车票交接数量采用临时台账记录，待票务系统恢复正常后补录。反映车站车票售卖、收入处理情况，填写纸质《车站售/存票日报》，上交票务收益核对单位。《车站售票/存票日报》如表 5.12 所示。

表 5.12　车站售票/存票日报

站　　　　　　　　　　　　　　　　　　　　　　　　年　　月　　日

票种	本日结存	票种	本日结存
其他备注： 1. 闸机回收单程票本日结存________张；本日设备发售单程票________张。 2. 上交现金送款单、支票等单据情况：			
值班员		复核人	

报表各项目按实际清点情况填写。其中：预赋值单程票需按票价填写；“闸机回收单程票本日结存”包含点钞室、TVM、出闸机内留存总数；“本日设备发售单程票”包含 TVM、BOM 等设备发售数量，不包含售卖的预赋值单程票数量；有现金送款单、支票等单据上交时，分单据类别备注份数。

第五节　应急情况下的票务处理

一、AFC 设备故障时的票务处理

1. BOM 全部故障

车站全部半自动售票机故障时，主要影响是对持票无法正常进闸或出站的乘客，无法通

过半自动售票机进行车票处理。对此类乘客，开边门进出、站，出闸乘客车票下次处理，进闸乘客车票在出站车站处理。BOM 全部故障的票务处理流程如图 5.48 所示。

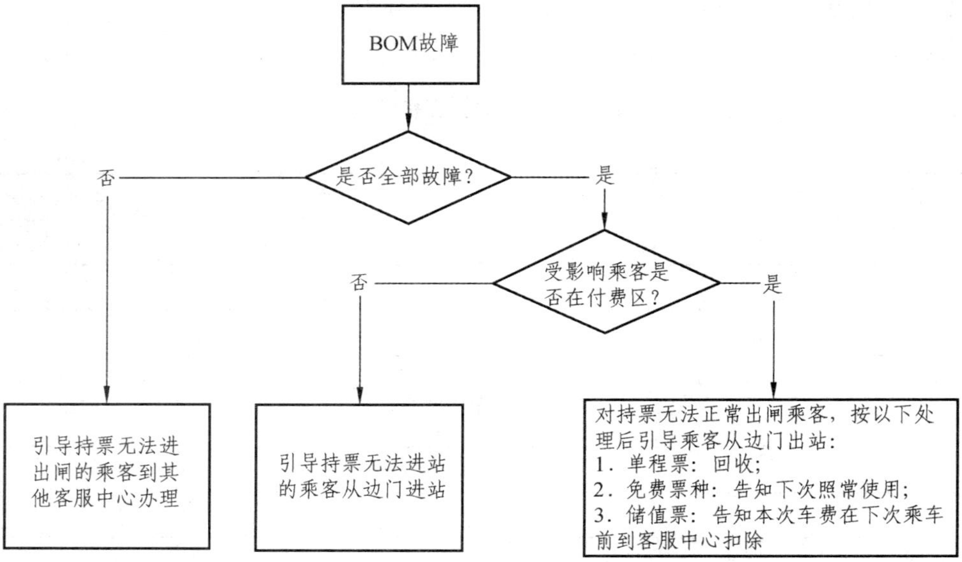

图 5.48　BOM 全部故障的票务处理流程

2. TVM 全部故障

车站全部自动售票机全部故障时，主要影响是使用单程票乘客无法购买到单程票。车站应及时安排售卖预制单程票和在 BOM 售卖单程票，仍无法满足单程票购买需求时，车站安排售卖纸票，并报告调度，由调度通知所有车站做好纸票检票工作。TVM 全部故障的票务处理流程如图 5.49 所示。

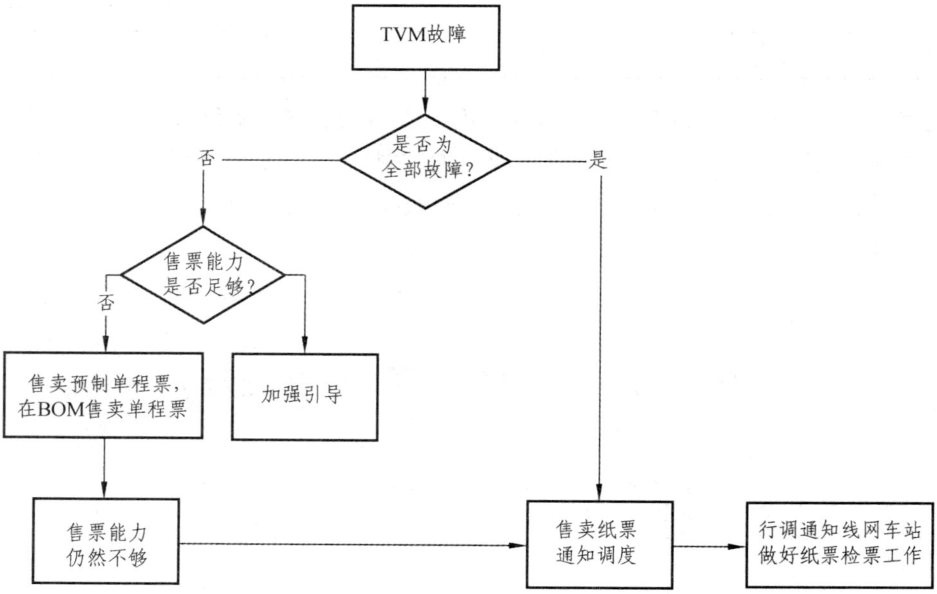

图 5.49　TVM 全部故障的票务处理流程

3. 全部进闸机故障

车站全部进闸机故障时，主要影响进站乘车的乘客。故障车站引导乘客从边门进站，乘客车票在出站车站处理。全部进闸机故障的票务处理流程如图 5.50 所示。

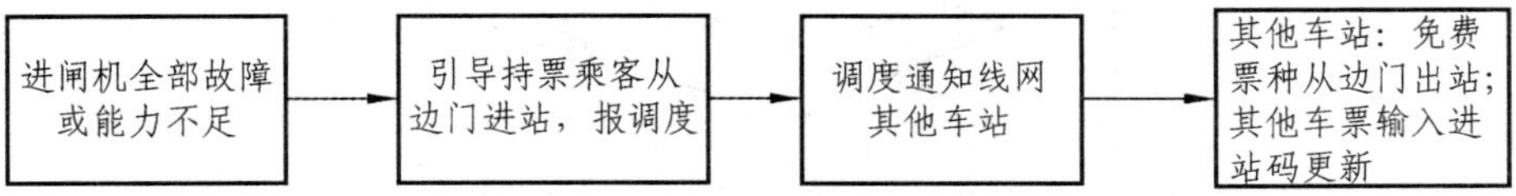

图 5.50　全部进闸机故障的票务处理流程

4. 全部出闸机故障

车站全部出闸机故障时，引导乘客从边门出站，单程票回收，告知储值票乘客在下次乘车前补收最低车程费。

二、运营故障

1. 列车晚点

列车晚点时，可能导致车票超时无法出闸。对列车晚点造成的超时，无需收取超时费用。单程票回收，开边门或发放免费出站票出闸；储值票进行超时更新后持票出闸，无须收取超时更新费用。列车晚点票务处理流程如图 5.51 所示。

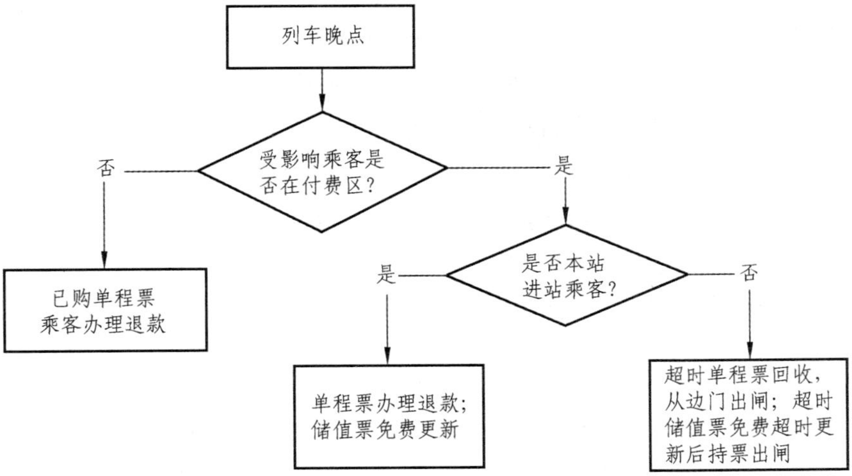

图 5.51　列车晚点票务处理流程

2. 列车清客

列车清客导致乘客无法到达目的车站的，不收取本次车程费。单程票办理退票或换票，储值票予以免费更新。列车清客票务处理流程如图 5.52 所示。

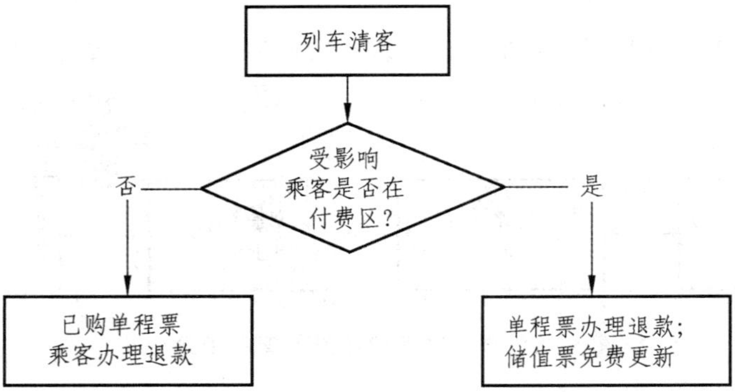

图 5.52　列车清客票务处理流程

3. 列车越站

列车越站导致单程票超程或储值票多扣车费时，单程票回收，开边门或发放免费出站票出闸，储值票免费超程更新后持票出闸。

4. 紧急情况

当车站发生火灾、毒气、爆炸等危机乘客人身安全的紧急情况时，为确保人员安全，必须尽快将乘客疏散到站外，避免造成人员伤亡，故要第一时间开放闸机、边门等通道，引导乘客有序、高效疏散。开放闸机的方式有 3 种：

（1）通过按压车控室 AFC 紧急按钮，车站 AFC 设备全部进入紧急模式，全部进、出闸机开放，可无票通行，车站自动售票机、半自动售票机全部暂停服务。

（2）通过 SC 上设置紧急模式，车站 AFC 设备全部进入紧急模式，全部进、出闸机开放，可无票通行，车站自动售票机、半自动售票机全部暂停服务。

（3）通过关闭 AFC 设备总电源，进、出闸机失电后闸门全部打开。

受紧急情况影响的乘客，事后所持单程票可办理退款，储值票给予免费更新。

三、应急和紧急情况的车票办理及报表填写

1. 车票办理

受影响车票的退款或更新可在线网任一车站办理，可选择当日，也可在应急发生的次日起计 7 天内办理。站务人员办理时，需查看车票日期与应急发生日期是否一致。

2. 报表填写要求

应急和紧急情况办理的退款和更新需通过填写人工报表反映涉及金额。应急发生车站当日办理的退款和更新可汇总一笔填写办理情况；非应急发生站以及非当日办理的退款和更新，需逐笔填写办理记录。

第六节　案例分析

案例：带走车票，铸成事故

1. 案例描述

某站售票员在点钞室结账时，将抄完车票 ID 的 3 张有值车票放入自己的裤袋并带出了点钞室。

客运值班员在交接班清点车票及现金时，发现车票实际数比票务系统报表的账面数少了 3 张。车站立即组织调查，客运值班员想到当天结账的售票员只回收了 3 张有值车票，经该员工同意后打开其更衣柜，在制服裤口袋内找到了该 3 张有值车票。

2. 存在问题

（1）结账时，交接工作流于形式，客运值班员未确认回收的有值车票 ID 与台账是否一致；在清点车票时对车票监控力度不足、对有值车票保管不善。

（2）售票员刻意带走车票并占为己有。

3. 关键点指引

（1）结账时，车票必须当面清点并做好台账记录。

（2）任何时候不能私自占有车票。

复习思考题

1. 当车站发生火灾、毒气、爆炸等危及乘客人身安全的紧急情况时，有哪几种方式可使车站闸机开放通行？

2. 试述应急和紧急情况的车票办理及报表填写要求。

3. 试述车站客服中心安全管理有哪些控制措施。

第六章　应急管理

【学习目标】

1. 了解应急处理的定义；

2. 了解各种应急情况下的处理。

【技能要求】

1. 掌握应急处理相关原则；

2. 掌握应急信息通报的内容与方式；

3. 掌握恐怖袭击、职业危害、应急公交接驳、大面积停电、接触网（轨）停电、各站设备设施故障、外部环境、特殊气象及自然灾害的处理要点。

安全运营是城市轨道交通运输实现顺畅、高效运营的前提和保证，对于几乎全封闭的地下铁道而言，一旦发生较大的灾害事故，将给城市轨道交通运营设备和人员生命财产造成重大损失和巨大的社会影响，使城市轨道交通运营系统功能难以在短时间内恢复，所以，城市轨道交通运营单位必须在已有的运营安全保障系统基础上建立应急管理体系，对城市轨道交通运营过程中发生的突发事件能够快速进行处置，减少人员伤亡，尽快恢复城市轨道交通正常运营。

应急管理是指相关部门在突发事件的事前预防、事发应对、事中处置和善后恢复过程中，通过建立相关所需要的应对机制，实施对应的必要措施，应用科学、技术、规划与管理等手段，保护公众生命、健康和财产安全，促进企业和谐健康发展的相关行动。而危险，包含人的危险、物的危险和责任危险三大类。首先，人的危险可分为生命危险和健康危险；物的危险指威胁财产安全的火灾、雷电、台风、洪水等事故灾难；责任危险是产生于法律上的损害赔偿责任，一般又称为第三者责任险。其中，危险是由意外事故、意外事故发生的可能性及蕴藏意外事故发生可能性的危险状态构成。

应急管理即企业在公共危机事件发生前，发展过程之中和后期，为减少和消除危险造成的损失与危害，根据应急管理计划和程序而对危险直接采取的对策及管理措施。企业应急管理是在企业常态危机管理基础上的紧急状态的管理，各种信息资源、物资资源、人力资源如何高效配置与有效运筹，如何防止灾害的蔓延与次生灾害的扩大等，均是企业应急管理在紧急状态下需要解决的关键问题。高度重视应急管理，建立应急情况的预警机制和企业参与应急管理体系尤为重要。应急管理的基础是常规性企业危机的管理，只有基础性工作常抓不懈，才能在紧急情况下临危不乱。

第一节　应急处理的相关定义及发布程序

一、应急处理的相关定义

（一）应急处理的相关定义

1. 应急事件

应急事件是指地铁运营管辖范围内突然发生，造成或可能造成影响地铁运营或员工人身、地铁财产、地铁形象受损或乘客人身财产、健康严重损害、环境严重污染的事件。

2. 地铁应急信息

地铁应急信息是指在地铁运营管辖范围内，造成或者可能造成影响地铁运营或地铁形象、乘客或员工人身伤害、财产损失等突发事件的信息。包括运营服务信息、车站应急信息、应急公交接驳信息、治安消防信息、职工伤亡信息、天气预警信息、事故事件信息、建设工程事故信息等。

3. 应急预案

应急预案是指针对可能发生的应急事件，为保证迅速、有序、有效地开展应急救援行动，控制、减轻和消除应急事件引起的危害，规范各类应对活动预先制订的方案，包括总体应急预案、专项应急预案及现场处置预案。

4. 预　警

预警是指在应急事件发生之前预先发出的警示，以便采取相应的对策或措施，预防、防止、制止或减缓事件发生造成的影响。

5. OCC

OCC 是线路（区域）运营控制中心的简称，是指集中地铁一条或多条线路监控设备，具备指挥行车、客运、施工组织、信息收发及应急指挥处置等功能的运营指挥中心。

（二）应急管理体系

应急管理是对应急事件的全过程管理，应建立完整的应急组织架构，根据应急事件的预防、预警、发生和善后 4 个发展阶段，建立突发应急事件的事前预防、事发应对、事中处置和善后管理的运作及保障机制，建立完整的预案体系。

1. 总　则

（1）管理思想：安全第一。

（2）管理方针：预防为主、常备不懈。

（3）管理原则：统一指挥，分级负责；各司其职，分工协作。

2. 应急预案

（1）应急预案是应急管理的核心，应遵循“统一规划、分类指导、归口管理、分级实施”的原则，适用于应急预案编制、审批、发布、备案、修订、培训和演练等相关管理工作。

（2）在危险源辨识、评价及隐患排查的基础上，确定可能发生应急事件的危险源、事件类型和后果，形成分析报告，分析结果作为应急预案的编制依据。

（3）建立健全事故监测与预警制度，对可能发生应急事件的区域和设备进行监测，通过多种途径收集监测数据，对发生应急事件的可能性及影响进行评估，对可能发生的应急事件进行预警，通过预警对潜在的应急事件起到预防的作用，并及时采取措施减少、消除应急事件发生的后果。

3. 应急处置

（1）原则：高度集中，统一指挥，逐级负责，先通后复。

（2）处置要求：根据应急事件的性质、特点、危害分级响应，立即按照应急预案开展应急处置与救援工作。

（3）目标：确保抢险救援工作反应及时，措施果断、有序、可控、快速、及时，减少事故影响、尽快恢复生产。

二、应急信息发布程序

（一）应急信息通报原则

（1）迅速、准确、真实的原则。

（2）逐级报告的原则。

（3）内部、上级领导及协作单位并举的原则。

（4）就地、就近报告的原则：发生火灾、爆炸等事故，需要报告 119、120、110 或地铁公安时，由现场负责人或目击者在第一时间内直接报告；如果无法直接报告，则应以尽快报告的原则，向就近的车站、车厂、控制中心或上级报告，接报单位报告 119、120、110 或地铁公安。

（5）优先上报调度信息的原则：事故处理主任及现场指挥到达现场后，必须将现场信息（现场状况、影响程度、已经或拟采取的措施等）第一时间报告 OCC。

（6）结合事件进展、动态报告的原则：突发事件从发生到严重影响（后果）是一个由轻微到严重递进的动态过程，应急信息的通报也是逐步升级的过程，事故处理主任及现场指挥应根据突发事件的进展和影响范围，及时将事件处理的关键信息（最新处置情况及进度、指挥人员变更信息等）报告 OCC。

（二）应急信息通报内容和方式

1. 运营服务类信息

（1）发生时间。

（2）发生地点。

（3）关系人员姓名、职务。

（4）事件概况。

（5）是否影响正线运营及预计恢复时间。

（6）处置情况及措施（处置关键信息及处置进度、指挥人员变更信息）。

2. 应急信息的报送方式

应急信息的报送方式分为即时信息报送、事故（件）速报等 2 种。即时信息可以采用电话、内部网络工具的短信或微信方式进行报送。

（三）应急信息通报规定

（1）突发事件发生在区间时，由司机立即报告 OCC 行车调度。

（2）突发事件发生在车站时，由车站值班站长或值班员立即报告 OCC 行车调度。

（3）司机、车站站务员工、车厂调度员了解事件信息后 1 min 内将现场情况报线路 OCC。

第二节　应急疏散的相关定义及程序

一、应急疏散的相关定义

（1）应急疏散，是指发生突发灾害时，在灾害初期阶段，建筑物内所有人员及时撤离建筑物到达安全地点的过程。

（2）疏散路线，是指逃生时选择离安全出口、疏散楼梯最近的路线，一般是沿疏散指示标志所指的方向疏散。但如果是灾害层，应考虑灾害的位置。灾害层的人，应向灾害相反的方向疏散。安全的疏散路线，是指发生灾害时疏散的路线越来越安全。就是说，人们从灾害部位，跑到公共走道，再由公共走道到达疏散楼梯间，然后由疏散楼梯间到室外或其他安全处，一步比一步安全的逃生线路，不能产生“逆流”。

（3）疏散楼梯，是指为了保证人们在灾害时能顺利疏散，高层建筑至少应设两个疏散楼梯，并且设在两个不同的方向上，最好是在靠近主体建筑标准层或防火分区的两侧设置。这是因为人们在逃生时往往是冲向熟悉的楼梯或出口，但若遇到阻碍就会掉头寻找出路，只有一个疏散路线是不安全的。两个疏散楼梯过于集中也不利于疏散。

（4）疏散顺序，就是指先疏散哪部分人员，后疏散哪部分人员。这是制订疏散预案首先要考虑的。一般原则是先疏散受灾层，然后再到其他楼层。

（5）疏散指挥，指整个疏散过程在统一指挥下，按照预定的顺序、路线进行，否则，就可能造成混乱，影响疏散。总指挥应当在消防控制室，各楼层或防火分区要有现场指挥员，现场指挥员要及时向总指挥报告疏散情况。

二、应急疏散设施

配备应急疏散设施是建筑物发生灾害后确保人员生命财产安全的有效措施。在车站发生灾害时，避免人员受伤，要尽快疏散；消防人员必须迅速赶到灾害现场进行救灾，这些行动都必须借助车站内的应急疏散设施来实施。

疏散设施的种类：疏散楼梯、安全出口、疏散平台、疏散指示标志、疏散指示灯、应急照明灯、应急广播。

（1）安全出口，是指供人员安全疏散的通道门、楼梯或直通室外地平面的门。其作用是在发生灾害时，能迅速安全地疏散人员，减少人员伤亡（见图 6.1、图 6.2）。

图 6.1　安全出口

图 6.2　疏散楼梯

（2）疏散平台，是指在启动隧道区间疏散时，使撤离人员从隧道至车站站台，或从隧道至外部安全出口的疏散走道（见图 6.3）。

图 6.3　隧道疏散平台

（3）应急疏散标志。疏散指示标志是指用于发生灾害人员安全疏散时有指示作用的标志，其具有用于指示疏散方向、指示安全出口位置的作用（见图 6.4、图 6.5）。

图 6.4　疏散指示标志

图 6.5　地面疏散指示标志

（4）应急照明，是指因正常照明的电源失效而启用的照明。当车站发生火灾或其他灾难，电源中断时，应急照明对人员疏散、消防救援工作，对重要的生产、工作的继续运行或必要的操作处置，都有重要的作用（见图 6.6）。

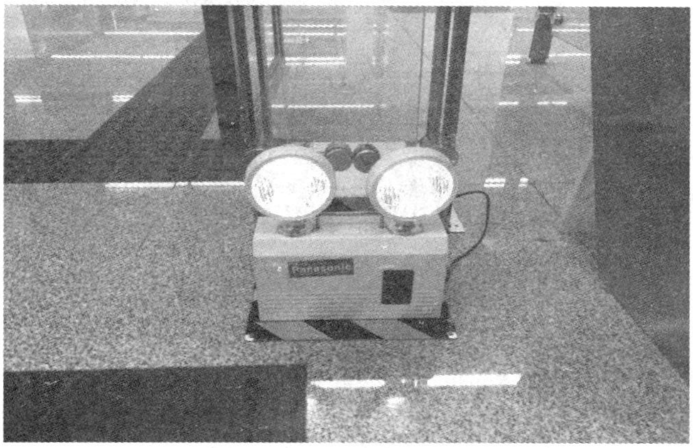

图 6.6　应急照明灯

三、应急疏散的程序

（一）应急疏散要点

（1）沉着冷静，不要慌乱，有序开展疏散工作。
（2）指引乘客从最近安全出口迅速撤离。
（3）提醒乘客注意“安全疏散标志”。
（4）保持撤离秩序，避免拥挤踩踏。
（5）关注老人、小孩，一旦有人员受伤，主动施展救援。
（6）如遇恐怖袭击，注意做好个人防护，引导乘客从安全通道撤离。
（7）如遇起火，提醒乘客用水淋湿衣物等，做好防烟准备。

（8）协助寻找走失乘客，防止乘客重返现场。

（9）灾害恢复后，协助乘客找回失物。

（二）应急疏散分类

对应于城市轨道交通的应急疏散，按区域划分可以分为区间疏散、公共区疏散及设备区疏散三大类别。

1. 区间疏散（见图 6.7）

（1）执行区间疏散的条件。

① 当列车遇到突发情况，被迫停在区间，或长时间无法得到救援。

② 隧道区间接触轨/网已停电。

③ 必须得到行调同意后，在工作人员的组织下执行。

图 6.7 区间疏散

（2）行车值班员职责。

① 接到行调发布列车进行疏散后，立即通知值班站长做好准备，通知巡视岗马上赶到站台，在相应端的站台门端墙门处等候值班站长。

② 接到可以进入隧道疏散乘客的行调命令后，立即报值班站长。

③ 广播安抚疏散的乘客，指引乘客退票、驳运等（按 OCC 组织）。

④ 接值班站长乘客全部疏散、线路出清的通知后，报行调。

（3）客运值班员职责。

① 接到到区间疏散乘客通知后，立即到车控室穿戴好防护用品，带备品，与值班站长到区间列车上疏散乘客。

② 到达区间列车后，负责带领乘客向本站方向疏散。

③ 到达站台后，负责在端墙门处引导乘客疏散出站。

④ 组织好车站退票、公交驳运等客运服务工作（按 OCC 组织）。

（4）巡视岗职责。

① 接到区间疏散乘客的通知后，立即到车控室穿戴好荧光衣等防护用品，带齐手电筒、应急灯等备品，与值班站长到区间疏散乘客。

② 到达现场后，负责到列车疏散方向尾端引导乘客疏散，防止疏散方向错误。

③ 确认列车上乘客疏散完后，跟随最后一名乘客疏散到站台，并确认无乘客遗留在区间。

④ 张贴服务告示，参加车站退票、公交驳运等客运服务工作，做好乘客退票及解释工作。

2. 公共区疏散（见图 6.8）

（1）执行公共区疏散的条件。

① 在车站公共区发生危及人身安全等突发情况。

② 当危害源无法迅速排除，由当班决策人员宣布启动相关疏散预案。

图 6.8　公共区疏散

（2）行车值班员职责。

① 接报警信息后，立即通知值班站长到现场处理，通知车站相关人员到现场协助。

② 确认灾害信息后立即汇报相关调度并拨打相关报警求助电话（119、120、地铁公安等），生产信息及时上报。

③ 接到当班决策人员通知启动相关疏散预案时，立即按环调命令执行对应的环控模式。

④ 按压 AFC 闸机紧急释放按钮及门禁释放按钮，同时反复进行全站广播指引乘客从安全出口出站。

⑤ 安排保洁人员到紧急出入口迎接 120、119 人员。

⑥ 接到车站清客完毕后，报告行调，携带手持台，撤离现场。

（3）客运值班员职责。

① 赶到车控室，协助行车值班员，根据环调命令，确认环控系统运行相关模式。

② 接收疏散的命令后，确认 SC 设置紧急模式、门禁已释放，做好个人防护，带齐应急备品到现场确认人员已全部撤离。

③ 到出入口张贴停止服务的告示，到安全出入口集中。

（4）巡视岗职责。

① 接到启动应急疏散通知后，做好个人防护，带齐应急疏散备品，检查所有闸机扇门是否打开，打开闸机扇门和通道边门。

② 将扶梯全部关停，马上赶到站台协助值班站长清客，组织乘客由站台楼、扶梯上站厅出站，乘客及员工全部疏散到站厅后，向车控室报告站台疏散完毕。

③ 待站台清客完毕后，确认垂直电梯是否有人，到站厅协助站厅清客，组织乘客由安全出口出站。

④ 站内乘客疏散完毕后到紧急出入口集中，听从值班站长指挥。

3. 设备区疏散（见图 6.9）

（1）执行设备区疏散的条件。

① 在车站设备区发生危及人身安全等突发情况。

② 当危害源无法迅速排除，由当班决策人员宣布启动相关疏散预案。

图 6.9　设备区疏散

（2）行车值班员职责。

① 接报警信息后，立即通知值班站长到现场处理，通知车站相关人员到现场协助。

② 确认灾害信息后立即汇报相关调度并拨打相关报警求助电话（119、120、地铁公安等），生产信息及时上报。

③ 接到当班决策人员通知启动相关疏散预案时，立即按环调命令执行对应的环控模式。

④ 按压 AFC 闸机紧急释放按钮及门禁释放按钮，同时反复进行全站广播指引乘客从安全出口出站。

⑤ 安排保洁人员到紧急出入口迎接 120、119 人员。

⑥ 接到车站清客完毕后，报告行调，携带手持台，撤离现场。

（3）客运值班员职责。

① 赶到车控室，协助行车值班员，根据环调命令，确认环控系统运行相关模式。

② 接收疏散的命令后，确认 SC 设置紧急模式、门禁已释放，做好个人防护，带齐应急备品到现场确认人员已全部撤离。

③ 到出入口张贴停止服务的告示，到安全出入口集中。

（4）巡视岗职责。

① 接到启动应急疏散通知后，做好个人防护，带齐应急疏散备品，根据设备区逃生线路，指引设备区人员疏散，设备区人员疏散完毕后及时汇报车控室，并到公共区检查所有闸机扇门是否打开，打开闸机扇门和通道边门。

② 将扶梯全部关停，马上赶到站台协助值班站长清客，组织乘客由站台楼、扶梯上站厅出站，乘客及员工全部疏散到站厅后，向车控室报告站台疏散完毕。

③ 待站台清客完毕后，确认垂直电梯是否有人，到站厅协助站厅清客，组织乘客由安全出口出站。

④ 站内乘客疏散完毕后到紧急出入口集中，听从值班站长指挥。

第三节　乘客事务应急处理

在交通运输中，一切的运输活动，最终都是为人服务的，以人为本的概念应该贯穿到交通发展的全过程。城市轨道交通的运输安全与乘客的自身安全息息相关，因此，要把人对城市轨道交通运输服务的安全、便捷、舒适、智能等的要求加以全面考虑，而从业人员是交通运输服务人民、奉献社会之基，提高从业人员的安全意识及工作能力是保障乘客在使用城市轨道交通过程中安全舒适的重要抓手。

一、可疑物品及恐怖袭击应急处理

（一）发现可疑物品的应急处理要点

1. 车站发现可疑物品的判别方法

（1）观察有危险标识或通过常识判断有危险的（如危险品标识）。

（2）通过听觉，发现有异常响声的（如计时器响声）。

（3）通过嗅觉，发现有异常气味的（如大蒜味、辛辣味、苦杏仁味等）。

（4）通过金属探测仪、液体探测仪等仪器辅助手段，加强对乘客携带物品的检查及识别。

2. 车站发现可疑物品的应急响应

（1）车站应对乘客进行安全检查，要求乘客解释物品的种类、性质等，必要时请其打开展示。

（2）乘客拒绝解释或打开展示及发现其携带了危险物品进站/乘车的，劝其出站，不听从劝阻的，不得放其进站/乘车，立即报公安处理。

（3）司机发现乘客可能携带危险品时，立即通知车站处理；车站应立即请其下车接受安全检查。

（4）非车站工作人员发现乘客可能携带危险物品进站乘车的，应立即通知车站或报控制中心。

（5）车站发现无人认领的不明物品、确认属于可疑物品时，应将不明物品进行隔离并疏散附近乘客，报公安处理，根据公安的要求进行配合处置。

3. 列车上发现可疑物品的应急响应

（1）接到可疑物报警后，司机通知前方车站进行确认。

（2）车站确认为可疑物后，通知司机，疏散现场人员（清客），报车站派出所处理。

（3）根据公安要求执行。

危险品标志如图 6.10 所示。

图 6.10　危险品标志

（二）发生恐吓事件的应急处理

随着地铁的大规模建设和运营，地铁已成为大城市市民出行的重要交通工具，其社会关注度也越来越高，地铁范围内的任何突发事件都可能引发极大的社会关注。近年来，在国内外地铁上发生了多起影响较大的恐吓事件。从相关案例分析可以发现，恐吓事件大多为个别人员发泄对社会不满情绪的报复行为或个人希望在地铁制造公众事件引发社会的关注，也有个别恐吓事件出于政治目的或因个人心理扭曲引发。

恐吓事件中犯罪嫌疑人多通过电话实施恐吓行为，以炸弹、毒气袭击等为威胁。地铁作为公共交通工具，人流密集，在地铁发生的恐吓事件存在信息核实难度大和事件后果非常严重的特点，因此，一旦接到地铁恐吓信息，必须及时、妥善处置，否则可能导致严重的人员伤亡和财产损失。

恐吓事件的处置要点为：报公安部门、巡视查找可疑物、疏散乘客、按公安要求处理。

1. 接听恐吓电话时的应急处理要点

（1）员工接到恐吓电话时，应尽可能留意来电者的口音、语调、背景声音及其他特征，以协助判断来电者的位置。

（2）员工在接听恐吓电话过程中，可采取假装听不清电话等方式，拖延时间以尽可能获取更多信息，并对通话过程做好详细记录。

（3）如有录音设备要及时对通话内容进行录音。

（4）员工接到恐吓电话后应第一时间采用书写、手势、动作等方式知会其他员工。

（5）员工接到恐吓电话时应稳定来电者情绪，严禁使用刺激对方的言语。

2. 接到恐吓信息后的初期应急处理要点

（1）员工接到恐吓电话时，无论真假，必须以假当真，严肃对待，缜密处理。

（2）接到恐吓信息的员工应在第一时间将信息报告控制中心或由车站、司机等转达控制中心，同时报告公安部门。控制中心值班主任应立即报告地铁公安指挥室，在公安人员到达前，维持正常服务，如公安部门有关闭车站的要求，按公安部门指示组织关闭车站（或个别出入口）或全线。

（3）恐吓信息所指向的部门在收到信息后，应立即任命事故处理主任（车站由值班站长、车辆段由车厂调度员、区间由司机担任，当值班站长到达后即由值班站长担任）负责初期处置。

（4）恐吓信息所指向的部门应根据信息内容，在相应区域进行搜索，查找可疑物品。查找可疑物品时可参照以下简要辨别方法：观察有无危险标识或通过常识判断有无危险（如危险品标识）；通过听觉，留意有无异常响声（如计时器响声）；通过嗅觉，是否闻到异常气味（如大蒜味、辛辣味、苦杏仁味等）。

（5）若发现可疑物品，应立即对可疑物品进行隔离，疏散附近乘客，严禁任何人员靠近可疑物品。

（6）在未确认可疑物品的危险性前，不可散播恐吓信息的内容，避免引发乘客的恐慌、踩踏等。

（7）可疑物品必须由专业人员进行排除，严禁任何员工及非专业人员随意触碰、移动可疑物品。

3. 接到恐吓信息且在运营重点区域发现可疑物品的处置措施

（1）当在站台发现可疑物品时，疏散站台乘客，组织列车不停站通过该站。

（2）在站厅发现可疑物品时组织封闭部分站厅区域，采取隔离措施防止人员靠近。

（3）若列车受到“威胁恐吓”，已获知具体车次的，组织该车就近站台清客，不停站运行至前方终点站退出服务，在存车线或折返线等待公安人员检查。未获知具体车次的，列车到达终点站清客后组织人员排查，发现可疑物的列车直接退出服务。

4. 公安介入后

（1）发生恐吓事件，按公安机关的要求对相应区域进行封锁或停止服务。

（2）车站遭遇恐吓威胁时，按照地铁公安的要求对相应区域进行封锁或停止服务，控制中心可根据情况，组织列车不停站通过有恐吓威胁的位置，现场处置人员应服从公安部门的指令和安排。

（3）区间隧道、高架桥梁遭遇恐吓威胁，两端车站先得到信息的及时报告行车调度和公安，并按照公安的要求封锁相应区域（按压紧急停车按钮），疏散乘客出站，通知另一端车站同样操作。

（4）地铁运营范围内其他区域遭遇恐吓威胁时，现场人员及相关单位应及时报告，对相应区域进行封锁控制，服从公安部门的指令和安排进行处置。

（三）车站发生恐怖袭击事件的应急处理

恐怖袭击指恐怖组织极端分子人为制造的针对但不仅限于平民及民用设施的不符合国际道义的攻击方式，包括爆炸、纵火、枪击、持刀砍杀、生化袭击等。

1. 车站发生恐怖袭击时的处理要点

处理要点如图 6.11 所示。

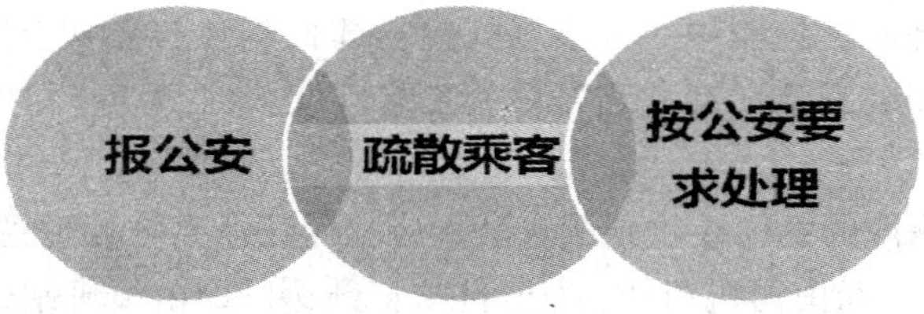

图 6.11　车站受到恐怖袭击应急处置要点

2. 车站发生恐怖袭击的处理程序

（1）巡视员岗位应急处理程序如下：

① 接到执行恐怖袭击应急处理程序后，打开闸机扇门和边门。

② 指引和疏散乘客出站。

③ 携带防暴叉、盾牌，佩戴防暴头盔等防卫器械到站台协助站台清客工作，组织乘客由站台两端楼、扶梯上站厅出站。

④ 待站台清客完毕后，到站厅协助站厅清客。

⑤ 站厅清客完毕后，协助关闭各出入口（除紧急出入口），张贴停止服务的告示，并报告客运值班员。

⑥ 到紧急出入口集中。

⑦ 接到值班站长通知车站恢复正常后，撤除停止服务的告示，打开出入口，引导乘客进站。

（2）售票员岗位应急处理程序如下：

① 接到执行恐怖袭击应急处理程序后，收好票款和车票，锁好票亭。携带防暴叉、盾牌，佩戴防暴头盔等防卫器械有序疏散乘客出站，用手提广播安抚乘客，并协助站厅清客工作。

② 站厅清客完毕后，关闭各出入口（除紧急出入口），张贴停止服务的告示，并报告客运值班员。

③ 到紧急出入口集中。

④ 接到值班站长通知车站恢复正常后，回到票亭准备开窗，并报告车站控制室准备情况。

（3）行车值班员岗位应急处理程序如下：

① 接到车站发生恐怖袭击后，马上通知值班站长到现场。

② 接到值班站长宣布执行恐怖袭击应急处理程序后，立即启动“关站”措施，开启闸机紧急模式，关闭车站民用通信，广播安抚乘客。

③ 组织车站各类人员力量携带防暴叉、盾牌，佩戴防暴头盔等防卫器械有序疏散乘客出站，及时安排人员驻守出入口，引导乘客不要进站。

④ 在出入口引导地面警察到现场处理，配合公安做好后续处理工作。

⑤ 接到车站清客完毕后，报告行车调度。

⑥ 接到值班站长通知车站恢复正常后，检查车站控制室设备设施情况。向行车调度报告车站运营前准备工作，并向行车调度了解行车运行恢复情况并报告值班站长。

⑦ 通知各岗位员工，车站恢复正常运营。

（4）客运值班员岗位应急处理程序如下：

① 接到执行恐怖袭击应急处理程序后，赶到车站控制室，协助行车值班员，开启闸机紧急模式，关闭车站民用通信。

② 接收乘客疏散的信息后，确认厅巡（售票员）已关闭各出入口（除紧急出入口），张贴或摆放停止服务的告示。

③ 到紧急出入口集中。

④ 接到值班站长通知车站恢复正常后，撤除停止服务的告示，打开出入口，引导乘客进站。

3. 车站发生毒气袭击应急处理要点

（1）报行车调度，广播疏散乘客出站，确认 SC 上已设为紧急模式。

（2）根据环调命令，确认环控系统运行停机模式，防止毒气扩散。

（3）报 119、110、120。

（4）车站人员穿好防护用品疏散乘客。

（5）检查垂直电梯是否有人。

4. 车站发生毒气袭击的处理程序

（1）巡视岗岗位应急处理程序如下：

① 闻到有刺激性的气味并发现异常后，马上报告车站控制室，戴上防毒面具做好防护，疏散周围的乘客。

② 查找根源，马上用隔离带封锁现场，同时在附近寻找 2 名以上的目击证人，交给值班站长。

③ 协助值班站长进行清客。

④ 乘客及员工全部疏散、确认垂直电梯是否有人后，向车站控制室报告。

⑤ 站内乘客疏散完毕后到紧急出入口集中。

⑥ 接到值班站长通知车站恢复正常后，到站台检查站台门、扶梯等设备设施情况和线路情况，并向车站控制室报告，准备运营服务。

（2）售票员岗位应急处理程序如下：

① 接到执行毒气袭击应急处理程序后，打开闸机扇门和边门。

② 将扶梯全部关停，指引和疏散乘客出站。

③ 戴上防毒面具做好防护，到站台协助站台清客工作，组织乘客由站台两端楼、扶梯上站厅出站，用手提广播安抚乘客。

④ 待站台清客完毕后，到站厅协助站厅清客。

⑤ 站厅清客完毕后，协助关闭各出入口（除紧急出入口），张贴停止服务的告示，并报告客运值班员。

⑥ 到紧急出入口集中。

⑦ 接到值班站长通知车站恢复正常后，检查 AFC 设备、各种服务设备设施是否正常并向车站控制室报告。

⑧ 撤除停止服务的告示，打开出入口，引导乘客进站。

（3）客运值班员岗位应急处理程序如下：

① 接到执行毒气袭击应急处理程序后，赶到车站控制室，协助行车值班员，确认 SC 上已设为紧急模式；根据环调命令，确认大小系统及水系统运行停机模式。

② 接收乘客疏散的信息后，确认厅巡（售票员）已关闭各出入口（除紧急出入口），张贴或摆放停止服务的告示。

③ 到紧急出入口集中。

④ 接到值班站长通知车站恢复正常后，检查 AFC 设备、各种服务设备设施是否正常并报车站控制室。

⑤ 撤除停止服务的告示，打开出入口，引导乘客进站。

（4）行车值班员岗位应急处理程序如下：

① 接到巡视岗报告后，马上通知值班站长到现场，并及时做好广播安抚乘客，加强 CCTV 监控，并报公安、行车调度，通知邻站扣车和请求人员支援。

② 接到值班站长宣布执行毒气袭击应急处理程序后，马上利用全站广播通知各部门、各岗位疏散，按压 AFC 闸机紧急释放按钮，同时反复进行全站广播指引乘客出站。

③ 报 110、120、119，并向相关上级部门、领导汇报，安排保洁人员到紧急出入口迎接 120、119 人员。

④ 接到车站清客完毕后，报告行车调度。

⑤ 接到值班站长通知车站恢复正常后，检查车站控制室设备设施情况。向行车调度报告车站运营前准备工作，并向行车调度了解行车运行恢复情况并报告值班站长。

⑥ 通知各岗位员工，车站恢复正常运营。

5. 站内民用无线通信的应急处理要点（发生恐怖袭击时）

（1）在发生恐怖袭击事件时，COCC、OCC 接到国家安全保卫机构、公安机关或集团公司安全监察部发出关闭地铁站内民用通信手机信号的指令时，COCC、OCC 立即通知相关部门及相关车站，相关部门和相关车站及时响应，关闭站内的手机通信信号。

（2）处置恐怖袭击事件时，现场公安民警要求车站人员关闭、恢复民用通信的，车站应妥善保留相关人员的警号、姓名、签字等任一证据并与 OCC 确认指令有效后立即执行；无法确认指令是否有效情况下，车站应及时报告 OCC，由 COCC 或 OCC 与分局指挥室确认后执行。

（3）车站内民用通信设备设施的管理部门应根据车站内民用通信设备设施的改造、更新、操作流程改变、维护管理方式变化等因素引起本预案相关应急响应措施（流程）产生变更的，应及时知会 COCC、OCC、车站及相关的预案修订单位。

（4）无线通信的关闭。

① 根据民用无线通信系统结构，包括中国移动运营事业总部设备、中国联通运营事业总

部设备、中国电信（CDMA），关闭无线通信操作需要分别对上述运营事业总部电源设备、拨传输 DDF 架 2 M 接头等进行操作。

② 因无线通信特性，在关闭某一车站无线通信时需同时关闭邻近两车站无线通信，以防止邻站无线通信泄漏过本站（地面站不适用此条款）。

③ 关闭换乘站无线通信时，需要同时屏蔽两条线路、邻近 4 个车站的无线通信以防止邻站无线通信泄漏过本站。

④ 在民用通信机房内进行关闭无线通信操作时，应严格按照现场操作指引操作，尽量避免对民用通信机房内通信设备造成其他不必要的损失。

（5）无线通信的恢复。

① COCC、OCC 根据相关指令通知相关部门和相关车站执行。

② 恐怖袭击事件处理完毕后，地铁车站民用通信设备的管理单位应及时向公安机关申请出具关于处置恐怖袭击等突发事件需要关闭民用通信的相关证明，必要时可报公司协助办理。

6. 车站发生劫持人质事件时的应急处理要点

（1）组织乘客远离劫持现场，迅速报告公安并配合处理。

（2）被劫持人员应不要激怒歹徒，保护自身安全。

（3）在公安人员未到场前，处理人员要注意自身安全。

（4）当司机被劫持时，尽量将歹徒引离驾驶室；当被迫驾驶时，如在站，则可人为设置故障导致不能动车。

（5）公安人员到场后，交公安人员处理，并按公安部门及人员的要求进行配合。

7. 车站发生劫持人质事件时的处理程序

（1）巡视岗岗位应急处理程序如下：

① 接车站控制室安排后，立即赶到现场，疏散乘客远离现场。

② 暂停本站的服务时，在站台加强巡视，确保所有乘客疏散出站台。

③ 当发现司机被劫持时，立即报告行车值班员。

（2）售票员岗位应急处理程序如下：

① 根据需要，停止票亭服务，收好票款，锁好票亭。

② 暂停本站的服务时，打开边门、闸机，疏散乘客。

③ 关闭除紧急出口外的其他出入口，并张贴相应的告示。

④ 在紧急出口外引导公安等人员到现场。

⑤ 在紧急出口，拦截乘客进站并做好解释。

（3）行车值班员岗位应急处理程序如下：

① 立即报告行车调度、地铁公安，简要说明歹徒和被劫持者双方的人数、性别、凶器和初步了解的劫持原因等。

② 向行车调度申请暂停本站的运营服务。

③ 通知各岗位，执行紧急疏散计划，拦截乘客进站，在 SC 上将闸机设为紧急模式。

④ 通过 CCTV 监控现场情况；发生人员伤亡时，及时报 120。

⑤ 将通往车站控制室的房门反锁。

⑥ 配合公安处理。

（4）客运值班员岗位应急处理程序如下：

① 值班站长被劫持时，负责值班站长的应急处理工作。

② 值班站长没有被劫持时，与值班站长到现场处理，服从值班站长的安排。

二、人员危害应急处理

随着城市轨道交通客流的不断攀升，安全事故（件）也有所增长，尤其是运营过程中的乘客安全。为了能更妥善处理突发情况下的乘客受伤事件，就需要加强车站员工对车站的监管力度，加大对一线员工客伤处理的培训力度，提高业务技能和化解冲突的能力。

1. 车站发生踩踏事件应急处理要点

启动条件：初步判断，车站发生 20 人及以上人员摔倒、摔伤时，立即启动车站发生踩踏事件应急预案。

（1）站台区域发生踩踏事件：

① 立即执行站台疏散程序，组织乘客从远离事发地点一端向站厅疏散，防止事态恶化。

② 本线路控制中心组织列车不停站通过本站。

③ 车站组织乘客只出不进（换乘站需防止换乘客流进入事发站台），做好乘客服务解释工作。

④ 了解事发原因，掌握乘客受伤情况，采取措施救助，同时做好证据收集。

⑤ 110、120 人员到场后，配合开展相关工作。

⑥ 现场伤员处理完毕后，视情况逐步组织恢复运营。

⑦ 处理期间，注意加强乘客引导服务和解释工作，避免造成他人围观或拍照。如现场发现有人拍照或采访的，及时报党群相关人员，并礼貌劝阻，车站人员不得擅自接受采访。

（2）站厅、出入口通道发生踩踏事件：

① 立即疏散事发地点周边乘客，围蔽事发地点（出入口通道发生踩踏事件时，封闭该出入口，指引乘客从其他出入口进出站），做好客流引导。

② 了解事发原因，掌握乘客受伤情况，采取措施救助，同时做好证据收集。

③ 110、120 人员到场后，配合开展相关工作。

④ 处理期间，注意加强乘客引导服务和解释工作，避免造成他人围观或拍照。如现场发现有人拍照或采访的，及时报党群相关人员，并礼貌劝阻，车站人员不得擅自接受采访。

2. 车站扶梯群体性或严重性客伤事件应急处理程序

（1）站务员岗位应急处理程序如下：

① 现场发现或接收到扶梯发生人员伤亡事故的信息后，立即到现场处理。

② 大声通知乘客“紧急停止，请抓住扶手”后，按下紧急停止按钮。引导其他乘客安全离开扶梯。

③ 将现场情况报告车站控制室。

④ 挽留至少两名目击者做证人。

⑤ 将目击证人移交给客运值班员处理。

⑥ 听从值班站长指挥，协助安抚伤员。

（2）行车值班员岗位应急处理程序如下：

① 通知值班站长、客运值班员以及离现场较近的岗到现场处理，安排人员到现场维持秩序，封锁现场。

② 报中心站长、地铁公安、120、行车调度、值班主任助理、部门客伤负责人。

③ 安排人员暂停扶梯的使用，并做好防护，未得到事故处理负责人的允许，严禁任何人动用该扶梯。

④ 安排保洁（或其他员工）到车站出入口接应120人员，记录120人员到达车站时间和离开车站时间。

⑤ 记录好整个事件处理经过的时间点。

（3）客运值班员岗位应急处理程序如下：

① 到现场负责专项跟进目击证人工作，并将目击证人带到会议室书写目击经过。

② 对现场扶梯警示标识、地面状态及伤员情况等进行拍照、录音。

③ 对于伤势较重但能自行走动的乘客安排其他员工扶他们到会议室等地进行笔录等工作。

三、应急公交接驳实施组织

1. 应急公交接驳预案实施流程

（1）实施应急公交接驳预案的启动和结束举例条件如表6.1、表6.2所示。

表6.1 启动条件

适用线路	启动条件（达到下列条件之一）
线网各线路	1. 在地铁同一区段双向行车预计可能中断20 min及以上时。 2. 在地铁某一区段单向行车预计可能中断20 min，而且部分区间采用单线双向行车，单向行车间隔20 min以上时。 3. 在地铁发生大面积故障导致某一区段双向行车预计可能晚点40 min以上时；或导致行车能力降低60%及以上时

表6.2 结束条件

适用线路	结束条件（达到下列条件之一）
线网各线路	1. 受影响的区段恢复行车条件。 2. 滞留乘客疏散完毕

（2）应急公交接驳预案启动、结束流程。

① 车站接到OCC启动应急公交接驳命令后立即启动应急公交接驳，上报公安、护卫人员到现场维持秩序，播放广播，摆放告示。

② 车站工作人员将公交接驳箱/包、应急接驳车标志牌（黄色）摆放至接驳口，准备好应急公交接驳备品、排队栏杆等；夜晚执行应急接驳工作时，出入口接驳点车站负责人须穿着荧光衣，必要时在公交接驳立柱牌处放置红闪灯，以便接驳车司机辨别。

③ 引导乘客从边门出站，派发应急公交接驳信息指引卡，并引导乘客到出入口指定应急公交接驳点候车，积极做好乘客解释、安抚工作，当人员不足时须及时申请支援，并维持好候车秩序。

④ 启动应急公交接驳的各站行车值班员做好应急公交接驳车位置的跟踪，并将应急公交接驳车信息通知接驳口负责人。

⑤ 接驳口负责人接到接驳公交车后组织乘客有序上下车，清点乘车人数，当乘客上车后，相关手续办理完毕，接驳点车站负责人应及时通知公交车司机开车；填写应急公交接驳汽车数量确认表，将公交车到、发点及乘车人数、行驶方向报车站控制室，车站控制室工作人员负责通知后续车站。

⑥ 公交接驳车始发站负责交予首次到达地铁站的公交车司机一张“地铁应急公交接驳-应急车辆经行路段及乘客出口示意图”，并在车头放置一块“地铁应急公交接驳车牌”（黄色大塑料牌）、结束公交接驳后，由公交车到达的终点地铁站负责回收。

⑦ 车站接到 OCC 取消应急公交接驳命令后，尽量确保接驳口乘客均可乘坐最后一班接驳车离去，接驳区段两端站接应人员需确认接驳始发站已发出的汽车到达本站后，再撤离现场接驳点。应急公交接驳的各始发站应与终点站核对发出的应急公交接驳车数，并向 OCC 报告。OCC 了解到应急公交接驳车是否全部到达终点后通知各应急公交接驳点。

⑧ 接到 OCC 停止应急公交接驳的指令后，车站要停止播放应急公交接驳的广播、撤除相关告示，组织恢复正常运营。

⑨ 执行点对点直达机场接驳预案时，车站工作人员将公交接驳箱/包、直达国际机场应急接驳车标志牌（椭圆型绿色）摆放至接驳口，安排专人接洽应急接驳快线车辆，准备好应急公交接驳备品、排队栏杆等。

⑩ 执行点对点直达机场接驳预案时，应急接驳快线始发站负责在首次到达地铁站的接驳车车头设置一块“直达国际机场应急接驳车牌”（绿色大塑料牌）。

（3）应急公交接驳汽车数量确认表填写事项。

① 接驳始发站负责填写“应急公交接驳汽车数量确认表”（见表 6.3）左上角站名及右上角日期栏、车牌号、车型、地铁始发站人员签字，公交司机签名后将第二联、第三联交司机，留下第一联。

② 接驳车到达终点站时，终点站将确认表填写完整后将第二联交司机，留下第三联。

应急公交接驳始末站负责将“应急公交接驳汽车数量确认表”用信封加封，随当天文件交所属运营分公司，以便于费用结算。

③ 执行点对点直达机场接驳预案时：

a. 点对点直达机场应急接驳快线汽车数量确认表的填写方法：始发站负责填写表格左上角站名及右上角日期、车牌号、车型、地铁始发站人员签字，并在备注栏注明座位数，公交司机签名后将第二联交予公交司机，始发站保存第一、三联；如果启动快线 11、12 串点接驳时，始发站填写人在“应急公交接驳汽车数量确认表”的“备注”栏注明“快线 11”或“快线 12”。

b. 应急接驳快线到达机场后，车站无须进行终点站确认。

④ 应急公交接驳始发站负责将“应急公交接驳汽车数量确认表”第一联用信封加封，随当天文件交所属相关部门，以便于费用结算。

⑤ 车站收齐“应急公交接驳汽车数量确认表”及相关结算资料后交上级部门，由上级部门与启动应急公交接驳的公交运输企业联系，进行费用结算。

图 6.3 应急公交接驳汽车数量确认表

编号：地运生记 075

地铁__________站　　　　年　　月　　日

车牌号	车型（空调/非空调）	公交司机签字	地铁始发站人员签字	地铁终点站人员签字	其他

第①联

说明：① 此联由地铁公司存查。
② 此表在接驳时，由地铁站工作人员和公交司机共同签字确认。
③ 凭此单结算。

2. 应急公交接驳备品及使用要求

（1）常规接驳应急公交接驳箱及使用要求：应急公交接驳箱是摆放应急公交接驳相关备品的专用箱/包，该箱应加封摆放于车站控制室中，箱/包内存放的各类物品数量应填写清晰，贴于公交接驳箱盖子上，详见表 6.4。

表 6.4 常规应急公交接驳箱物品清单

序号	物品名称	数量
1	应急公交接驳车数量确认表	2 本
2	地铁应急公交接驳车经行路段及乘客出口示意图	6 张
3	地铁应急公交接驳车牌（黄色大塑料牌）	每个方向各 6 块
4	应急公交接驳告示	每款各 4 张
5	油性笔、圆珠笔	各 2 支
6	隔离带	2 卷
7	手提广播	2 个
8	沿线公交信息指引卡	各线路车站结合本站客流情况，明确存放数量
9	车站准备与相邻车站的较详细的地面交通线路图（应急公交接驳时交公交车司机）	20 份
10	应急公交接驳实施预案、车务部门应急公交接驳实施预案、车站应急公交接驳细化预案	各 1 份

（2）地铁应急公交接驳车标志牌及使用要求：地铁应急公交接驳车标志牌（黄色）、“直达国际机场应急接驳点”牌（绿色椭圆形）日常应存放于车站会议室，使用时放于应急公交接驳口路边，牌面面向汽车行驶方向。

第四节 设备故障应急处理

随着城市轨道交通的快速发展，我国在交通运输量、设备和技术水平等方面都走在了世界前列，对城市轨道交通设备的性能和运行可靠性也提出了更高的要求。城市轨道交通设备繁多，其故障类型多样，引起故障的原因复杂，为应对各种故障的发生，作为城市轨道交通行业的工作人员，应具备相应的应急处理能力，保障在设备发生故障的情况下，能有据可依，有法可行，迅速响应。

一、停电应急处理

电力供应，对于现今经济社会的重要性不言而喻，一旦在城市轨道交通运营范围内发生大面积停电事件，有人将会被困在电梯里，造成手机或许无法通话上网，更为严重的是，停电会导致交通信号灯无法开放，身处车站中的乘客可能会陷入黑暗等，正常秩序很可能在停电后被快速打破甚至引起乘客恐慌，维持安全稳定的秩序，此时显得尤为重要。

停电发生后，地铁运营管辖范围内可能发生的问题：

（1）地铁客车停在隧道区间。

（2）排水不畅造成水淹钢轨、隧道。

（3）给水影响，消防用水不足，生活用水不能保证。

（4）乘客受伤事件。

（5）人员被困在升降机中。

（6）突发火灾、治安事件。

（7）通风中断，列车、车站空气质量变差，环境温度升高。

（8）通信中断。

（9）电梯困人。

（10）乘客投诉事件。

（11）其他突发事件。

（一）大面积停电应急处理

1. 应急处理原则

（1）贯彻“先通后复”原则，要积极采取各种措施，控制事态发展，迅速抢修，尽快恢复运营，尽量减少人员伤亡和财产损失。

（2）列车司机负责维持列车到站停车，组织列车上乘客向车站疏散；如果列车在区间停车，必须立即报告行车调度，由行车调度通知相关车站进行支援，组织列车上乘客向车站疏散。

（3）加强客运服务工作，组织乘客和相关人员疏散。加强检查紧急照明的启动情况，巡查各部位如升降电梯中是否有人员被困等，根据控制中心命令清站和关闭车站。加强事故照明装置的检查，保障事故状态下事故照明装置的良好动作。

（4）要确保通信畅通，若通信中断应设法与外界取得联系，并做好自救工作。

（5）严防火灾和注意地下水位，保护好灭火器等消防设施，发生火灾事故时及时报告消防部门。

（6）将站台门锁定在开门状态，闸机在开启状态，保证乘客疏散。

（7）所有环控设备运行模式锁定为停机模式并断开其他所有用电设备。

（8）若因地铁供电设备故障造成的大面积停电，立即组织供电抢修，尽快恢复供电。

2. 停电应急处理要点

（1）报行车调度，广播安抚乘客，不要惊慌、听从工作人员指引，并检查垂直电梯是否困人。

（2）原则上在停电 30 min 内，行车调度维持原有列车运行，车站引导乘客只出不进。若停电超过 30 min 后，行车调度组织列车越站，车站关站并做好乘客服务。

（3）OCC 及线网相关车站做好信息发布。

（4）车站人员在楼梯、扶梯或光线不足等关键处放置应急灯并引导疏散乘客出站。

（5）关站时检查垂直电梯是否有困人。

3. 大面积停电时应急灯的设置要求及客运组织方法

（1）值班站长带应急灯（或手电筒）到站台指挥疏散，确认站台乘客疏散完后到站厅确认疏散情况。

（2）行车值班员播放应急疏散广播。

（3）客运值班员组织巡视岗到出口张贴停止服务的告示，关闭出口。

（4）售票员打开闸机门和边门，带应急灯（或手电筒）和手提广播在楼梯、扶梯或光线不足等关键处引导疏散乘客出站。

（5）站台岗立即赶到站台疏散站台乘客出站。完成疏散、检查垂直电梯是否有困人后，与车站控制室保持联系，负责巡视站台。

4. 大面积停电的等级判断

（1）一级停电事件。一级停电事件是指某一条及以上地铁线路的全部交流电停电，导致地铁停运，严重影响乘客安全的停电事件。

（2）二级停电事件。二级停电事件是指受大面积停电影响，导致正线局部接触网停电、局部中断行车的停电事件。

（3）三级停电事件。三级停电事件是指某一主变电站发生停电，导致一条或多条地铁线路三类负荷必须停电的停电事件。

（4）四级停电事件。四级停电事件是指某一个车辆段或某一个车站（或多个）的全部交流电停电，未导致正线局部中断行车，但影响行车、乘客服务和车辆段运作的停电事件。

（二）接触网（轨）停电应急处理

1. 接触网停电应急处理要点

（1）司机发现列车无网压，报行车调度维持进站对标停车待令。

（2）如列车被迫在区间停车时，播放临时停车广播，听从行车调度指挥。

（3）原则上行车调度预计停电时间超过 20 min 时，行车调度按照 30 min 内无法恢复动车处理，经运营主管安全副总同意后，应组织隧道清客疏散乘客。司机降弓，关蓄电池，在后端司机室设置红闪灯防护。

2. 接触网（轨）停电时的处理程序

（1）行车值班员岗位应急处理程序如下：

① 报行车调度，通知值班站长及车站工作人员、公安部门。

② 向行车调度了解停电的原因及恢复时间。

③ 接到行车调度接触网/轨停电、列车停运的命令后，立即通知值班站长。

④ 广播做好乘客解释工作。

⑤ 有需要时进行站内乘客疏散，确认站内乘客疏散完后报行车调度。

⑥ 接到恢复供电的通知后，通知各岗位做好恢复运营的准备。

⑦ 检查车站控制室设备情况，向行车调度报车站运营准备工作，并向行车调度了解列车运行恢复情况，报值班站长。

（2）客运值班员岗位应急处理程序如下：

① 收到执行接触网/轨停电应急处理程序的通知后，赶到车站控制室，协助行车值班员。

② 组织巡视岗到出口张贴停止服务的告示，关闭出口。

③ 与车站控制室保持联系，负责巡视出入口并做好解释。

④ 收到恢复供电的通知后，检查 AFC 设备、各种服务设备设施是否正常，并报车站控制室。

⑤ 接到恢复运营的通知后，组织撤除告示，开出口。

（3）售票员岗位应急处理程序如下：

① 收到执行接触网/轨停电应急疏散处理程序的通知后，打开闸机门和边门。

② 在楼梯、扶梯等关键处引导疏散乘客出站。

③ 确认站内乘客疏散完后，协助客运值班员关闭各出入口，并张贴停止服务的告示。

④ 与车站控制室保持联系，负责巡视各出入口并做好解释。

⑤ 收到恢复供电的通知后，检查 AFC 设备、各种服务设备设施是否正常，关闭边门，并报车站控制室。

⑥ 接到恢复运营的通知后，撤除停止服务的告示，打开出入口，引导乘客进站。

（4）站台岗/巡视岗岗位应急处理程序如下：

① 收到执行接触网/轨停电应急处理程序的通知后，立即赶到站台疏散站台乘客出站。

② 确认站台疏散完后，报车站控制室，到站厅协助疏散。

③ 完成疏散、检查垂直电梯是否有困人后，与车站控制室保持联系，负责巡视站台。

④ 接到恢复供电的通知后，检查站台扶梯、站台门等设备设施情况和线路情况，报车站控制室。

⑤ 接到恢复运营的通知后，恢复正常运作。

3. 接触网（轨）停电时抢修请销点及防护设置的相关要求

（1）接触轨设备停电甚至是事故停电，在未做好安全措施前，仍视为带电设备。

（2）任何人员及所持物件（经检测合格的绝缘工具除外）与带电接触轨的距离不得小于700 mm。

（3）车站人员、车厂调度或检修调度在办理请点手续时负责检查施工负责人是否持有“施工负责人证”，检查作业人员是否穿绝缘鞋，有制止不具备条件人员进入轨行区的权力和责任。

（4）倒闸操作、验电、挂拆接地线、接触轨附近异物处理时，操作人员必须穿绝缘靴，戴高压绝缘手套。

（5）所有进入接触轨区域的人员必须穿绝缘靴（或绝缘鞋），穿有高可见度的反光背心。上线的客车、工程车司机、车辆监控员必须穿绝缘鞋。

（6）在接触轨区域作业，与带电接触轨距离小于 700 mm 的作业时，接触轨必须停电并挂接地线，接触轨停电挂地线区域不得小于作业区域，作业人员不得超出作业区作业。

除接触网专业人员按规定检修接触轨设备外，其他任何人员，即使在接触轨已经停电挂地线情况下，也不得擅自接触、碰摸接触轨及其附件。

二、车站设备故障的应急处理

（一）扶梯、电梯、残疾人牵引梯故障处理

1. 扶梯、电梯、残疾人牵引梯操作方法

（1）扶梯开启前的检查工作。

① 检查标识。确认扶梯周围的安全设施（三角区的护板、防止进入的围栏）有无破损等情况。

② 检查扶梯上是否有异物。

③ 检查紧停按钮是否凸起。

（2）使用紧急停止按钮操作步骤。

① 在出现异常状况下，必须使用紧急停止按钮时，应大声通知乘客“紧急停止，请抓住扶手”后，再按下紧急停止按钮。

② 放开手后，若红色罩呈向外膨胀凸出状态，表示已恢复正常状态。

③ 放开手后，若红色罩仍保持凹进状态，则用手按动红色罩的周围，使其恢复到正常状态。

2. 扶梯、电梯、残疾人牵引梯故障应急处理要点

（1）扶梯故障应急处理要点。

① 运营时间内所有扶梯停用时，使用铁马把扶梯上、下端围起进行防护。

② 重新开启扶梯时，检查扶梯是否有异常（尤其是扶梯上部及下部），执行开关扶梯规范程序。

③ 进行扶梯维修作业前，值班站长必须到现场确认扶梯上下端均用专业防护工具（黄色防护屏风）隔离，发现违规作业，没有设置规定防护的，应立即制止，并报环调。同时车站在扶梯上下端使用铁马加设防护。

④ 在扶梯维修作业期间，车站也需要做好客流引导工作，避免乘客误上正在进行维修作业的扶梯。电梯、残疾人牵引梯故障时，同样需摆放“暂停服务”牌。

（2）电梯（自动扶梯、垂直电梯、楼梯升降机）事件应急处理要点：

① 报行车调度，安抚好乘客保持镇定。

② 确认当事人的伤势情况，进行紧急救助（简单的包扎等），报 120（视现场情况定）。

③ 如是液压梯困人应等候救援人员到场处理。

④ 暂停相应设备的使用（待相关专业人员检测后才能投入使用）。

3. 车站自动扶梯事故应急处理程序

（1）站务员岗位应急处理程序如下：

① 现场发现或接收到扶梯发生人员伤亡事故的信息后，立即到现场处理。

② 视情况按下紧急停止按钮（按下前大声通知乘客“紧急停止，请站稳抓好”）。

③ 请现场的其他乘客协助救助当事人，将当事人平抬出扶梯，并挽留至少两名目击者做证人。

④ 报告车站控制室。

⑤ 将目击证人移交给客运值班员处理。

⑥ 协助值班站长处理。

⑦ 使用铁马把扶梯上、下端围起进行防护等待维修。

（2）行车值班员岗位应急处理程序如下：

① 通知值班站长、客运值班员到现场处理，安排人员到现场维持秩序，封锁现场。

② 报行车调度、值班主任助理、地铁公安、120（视现场情况定）。

③ 暂停扶梯的使用，并做好防护，未得到事故处理负责人的允许，严禁任何人动用该扶梯。

④ 如维修人员 30 min 未到达现场处理应再次报 OCC。

（3）客运值班员岗位应急处理程序如下：

① 到现场负责专项跟进目击证人工作，并将目击证人带到会议室书写目击经过。

② 必须请目击证人写下个人的真实资料并妥善保管。

③ 需要时移交给公安处理。

4. 车站垂直电梯事故应急处理程序

（1）站务员岗位应急处理程序如下：

① 当在使用中发生事故时，应保持镇定，安抚好乘客，及时利用警铃、对讲设备等报警。

② 发现电梯发生安全事故时，应立即到梯前确认梯内是否有乘客（人数、有无受伤等），并通过对讲电话安抚乘客，使乘客保持镇定，禁止擅自采取行动。

③ 报告车站控制室。

④ 等候救助。

（2）行车值班员岗位应急处理程序如下：

① 立即通知值班站长、客运值班员到现场处理。

② 报告值班主任助理、行车调度、地铁公安、120（根据现场情况）。

③ 安排人员做好现场防护，禁止操作该梯。

④ 保持与现场的联系。

⑤ 如维修人员 30 min 未到达现场处理应再次报 OCC。

（3）客运值班员岗位应急处理程序如下：

① 协助值班站长的处理。

② 安抚电梯内的乘客，防止乘客自行救助，以免事态扩大。

③ 维持好现场秩序。

5. 车站残疾人牵引梯事故应急处理程序

（1）站务员岗位应急处理程序如下：

① 报告车站控制室。

② 安抚乘客保持镇定。

③ 与其他员工一起抬乘客到乘坐终点。

（2）行车值班员岗位应急处理程序如下：

① 通知值班站长到现场处理。

② 报告值班主任助理。

③ 如维修人员 30 min 未到达现场处理应再次报 OCC。

（3）客运值班员岗位应急处理程序如下：

① 协助值班站长的处理。

② 维持好现场秩序。

③ 服从值班站长的安排。

6. 扶梯、电梯、残疾人牵引梯故障时安全防护的设置及告示摆放相关规定

（1）扶梯故障时的防护设置。用铁马挡住扶梯上下两端，并在铁马中部放置“暂停服务”牌。

（2）扶梯检修需开启扶梯盖板时的防护设置。

① 维修现场需用屏风或铁马围蔽，围蔽的铁马或屏风需用扎带固定，做到不易被乘客挪动，摆好“正在维修”牌。

② 对于需要开启扶梯盖板的维修作业，必须要求维修人员安排专人在盖板处进行监控防护。

③ 发现施工作业过程中缺乏人员互控的，应立即制止施工，并按相关信息流程汇报程序上报。

（二）站台门故障应急处理

1. 定　义

（1）站台门是沿站台边缘布置，将车站站台与行车轨道区域隔离开，可以消除乘客误落入轨道的危险因素并能降低能耗的机电一体化设备。站台门系统主要由玻璃门体、控制系统及电源系统组成。滑动门是乘客上下列车的主要通道，由车站电脑系统控制，与地铁车门同步开门或关门。

（2）“联动”是指站台门控制系统接收信号系统的控制命令，与列车门同步开门或关门。

（3）“不能开门故障”是指 OCC 控制中心站台门监控界面、信号系统、PSL 或 IBP 发出开门命令后，站台门不执行开门动作响应的故障。当某一门单元不执行开门动作响应的故障视成为“××门单元不能开门故障”。

（4）“不能关门故障”是指 OCC 控制中心站台门监控界面、信号系统、PSL 或 IBP 发出关门命令后，站台门不执行关门动作响应的故障。当某一门单元不执行关门动作响应的故障视成为“××门单元不能关门故障”。

（5）“关闭且锁紧信号”是指站台门关闭后，由站台门控制系统形成的确认滑动门、应急门处于关闭且锁紧的信号。

（6）“旁路”是指站台门门单元的一种工作模式，将故障门单元的控制回路从控制系统中隔离出来。

（7）“自动”是指站台门门单元的一种工作模式，此时门单元控制回路接受 OCC 控制中心站台门监控界面、信号系统、PSL 或 IBP 控制指令。

（8）“测试”（或“手动”或“就地”或“手关”“手开”）是指站台门门单元的一种工作模式，用于维修情况下测试使用。

（9）“断电”是指站台门单元打开后，可以通过站台门断电操作使站台门保持开门状态，即将模式开关打至“隔离”位。

（10）“LCB”是指就地控制盒，安装在每个站台门单元的门楣上，包含有“隔离”“自动”“手动”等几种模式开关挡位。LCB 用于对单个站台门单元进行手动操作或隔离操作。钥匙只能在“自动”位置才能取出。

（11）“PSL”是指就地控制盘，安装在与列车正常停车时驾驶室门的站台对应位置上，方便司机操作和监视站台门开/关情况。PSL 具有发出“开门”“关门”“互锁解除”命令的功能。

2. 应急处理原则

（1）发生站台门故障时，要按照“先通车后恢复”的原则进行处理，在保证安全的前提下，车站人员要尽快处理，及时向司机或行车调度显示“好了”信号，司机或行车调度在确保安全的情况下按时刻表的要求行车，确保客车准点运行。

（2）当运营中站台门发生异常情况时，司机、车站人员要及时进行处理，做好行车组织的同时做好乘客广播、引导等客运组织工作。

3. 故障处理

（1）发生站台门与车门联动功能故障时处理原则。

① 列车到站（停车标 ± 300 mm）停稳后，发生站台门与车门联动功能故障，司机或站务人员必须按照“开门时先开站台门后开车门，若列车停车后，车门已自动打开，司机应迅速通过 PSL 盘打开站台门；关门时先关站台门后关车门”的顺序，在 PSL 上手动操作站台门打开或关闭，将情况报告行车调度。

② 若列车运行到前方站停稳后，仍发生站台门与车门联动功能故障，可视为车辆原因引起故障，行车调度通知车站派站务人员添乘该列车，负责操作站台门的开关操作，协助司机

瞭望进路，监督客车司机按规定速度运行。

③ 若后续列车到达该站时同样发生站台门与车门联动功能故障，则视为车站原因联动故障，由车站站务人员负责本车站站台门的开关操作，包括在 PSL 上打“站台门互锁解除”开关或办理故障侧线路的“维修模式”，保障列车能够以正常模式进出站。

④ 如故障处理过程中需保持站台门常开可能会对乘客造成危险，车站应做好防护。行车调度可根据站台客流量、站台秩序及车站控制能力要求司机降低列车进出站速度，具体速度由现场提出。

（2）单个/多对站台门不能开门故障处理程序。

① 发现故障或接到故障的通知后，立即安排人员前往协助处理故障站台门，并做好乘客引导工作。

② 报告行车调度：“××站××站台××对站台门不能开启”，并通知后方站转告司机。

③ 报告环调安排检修人员进行故障处理。

④ 发现两对及以下站台门不能正常开启，报告司机，并引导乘客从其他开启的站台门下车，同时旁路该故障门单元（旁路每对门所需操作时间约为 5 s）。确认乘客上下完毕及站台安全后向司机显示“好了”信号。待列车离开站台后，在故障门单元（保持关闭状态）上张贴“此门故障，暂停使用”告示，加强监控，防止在没有客车停站时乘客进入开启的站台门而掉下轨行区。

⑤ 发现 3 对及以上站台门不能开启，报告司机，立即前往故障的站台门单元处采用开门钥匙人工操作开启站台门（操作一道门所需时间约为 10 s），如为相邻的站台门则不能连续关闭两对，并根据站台客流情况，保证每节车厢对应的站台门必须有两对及以上站台门在开启状态（开启的故障门通过断电操作可保持常开状态）。同时旁路所有故障门单元。

⑥ 若故障门未能及时恢复或旁路，将影响发车晚点，第一趟车发车时，如来不及操作互锁开关，车站人员确认乘客上下完毕、站台安全后，可直接向司机显示“好了”信号以 RM 模式发车。后续列车则由车站人员在 PSL 上将“互锁解除开关”打到旁路位，以便接发列车。需要限速进出站的列车以行车调度命令为准。

⑦ 列车离开站台后，在已关闭的故障门单元上张贴“此门故障，暂停使用”告示，加强监控，防止在没有客车停站时乘客进入开启的站台门而掉下轨行区。

⑧ 维修人员到达现场后，根据车站的客流情况，安排维修人员进行抢修。抢修时负责安全监控，在下趟列车到达前 1 min，通知维修人员停止抢修。

⑨ 故障站台门单元恢复正常后，撤除站台门故障告示。

⑩ 抢修完毕，向行车调度、环调汇报，并通知后方站本站站台门恢复正常。

（3）单个/多对站台门不能关门故障处理程序。

① 发现故障或接到故障的通知后，立即安排人员前往协助处理故障站台门，并做好乘客引导工作。

② 报告行车调度：“××站××站台××对站台门不能关闭”，并通知后方站转告司机。

③ 报告环调安排检修人员进行故障处理。

④ 发现两对及以下站台门不能正常关闭，报告司机，确认是否有阻碍物，如有则清除后手动关闭站台门。如站台门还不能正常关闭则立即旁路该故障门单元（旁路每对门所需操作

时间约为 5 s)，确认乘客上下完毕，确认所有车门关闭、站台安全后，向司机显示“好了”信号。

⑤ 发现 3 对及以上站台门不能正常关闭，若故障门未能及时恢复或旁路，将影响发车晚点，第一趟车发车时，如来不及操作互锁解除开关，车站人员确认乘客上下完毕、站台安全后，可直接向司机显示“好了”信号。后续列车则由车站人员立即在 PSL 上将“互锁解除开关”打到旁路位，以便接发列车（需要限速进出站的列车以行车调度命令为准）。广播通知乘客离开故障的站台门，动车前，确认乘客上下完毕、站台安全后，向司机显示“好了”信号。

⑥ 待列车离开站台后，采取人工方式关闭故障门单元（如为相邻的站台门则不能连续关闭两对，并根据站台客流情况，保证每节车厢对应的站台门必须有两对门及以上在开启状态）。故障门单元张贴“此门故障，暂停使用”告示，加强对站台的监控，防止在没有客车停站时乘客进入开启的站台门而掉下轨行区。

⑦ 维修人员到达现场后，根据车站的客流情况，安排维修人员进行抢修。抢修时负责安全监控，在下趟列车到达前 1 min，通知维修人员停止抢修；抢修完毕后向行车值班员报告。

⑧ 故障站台门单元恢复正常后，撤除站台门故障告示。

⑨ 抢修完毕，向行车调度、值班主任助理汇报，并通知后方站本站站台门恢复正常。

（4）某侧站台所有站台门不能开门故障处理程序。

① 接到司机故障通知后，报告行车调度：“××站××站台所有站台门不能开启”，经行车调度同意在 IBP 盘上操作尝试开站台门。如操作开门失败的经行车调度及环调同意后，车站人员采取人工方式开启故障站台门（根据站台客流情况，保证每节车厢对应的站台门必须有两对门及以上在开启状态）。

② 若站台门仍不能开启，则立即派人前往站台协助处理故障站台门和操作 PSL 上“互锁解除开关”打到旁路位，接发列车，加强对站台的监控及广播引导乘客候车。

③ 通知环调，环调通知检修人员处理，如不能处理好，通知值班主任助理组织抢修。

④ 在站台侧利用钥匙人工开启站台门（操作一道门所需时间约为 10 s)，保证每节车厢对应的站台门有两对或两对以上常开，并做好站台安全防护。

⑤ 若故障门未能及时恢复或旁路，将影响发车晚点，第一趟车发车时，如来不及操作互锁解除开关，车站人员确认乘客上下完毕、所有车门关闭、站台安全后，可直接向司机显示“好了”信号。后续列车则由车站在 PSL 上将“互锁解除”开关打到旁路位，接发列车（需要限速进出站的列车以行车调度命令为准）。动车前，站台人员要确认乘客上下完毕、所有车门关闭、站台安全后向司机显示“好了”信号。

⑥ 待列车离开站台后，采取人工方式关闭故障门单元（如为相邻的站台门则不能连续关闭两对，并根据站台客流情况，保证每节车厢对应的站台门必须有两对门及以上在开启状态，开启的故障门通过断电操作可保持常开状态），并在关闭的站台门上张贴“此门故障，暂停使用”告示，加强站台监控，防止在没有客车停站时乘客进入开启的站台门而掉下轨行区。

⑦ 维修人员到达现场后，根据车站的客流情况，安排维修人员进行抢修。并在抢修时负责安全监控，在下趟列车到达前 1 min，通知维修人员停止抢修；抢修完毕后向行车值班员报告。

⑧ 故障站台门单元恢复正常后，撤除站台门故障告示。

⑨ 抢修完毕，向行车调度、值班主任助理汇报，并通知后方站本站站台门恢复正常。

（5）某侧站台所有站台门不能关门故障处理程序。

① 接到站台门故障通知后，尽快到达端门 PSL 操作盘处进行“互锁解除”操作，以便司机以正常模式出站。加强对站台的监控及广播引导乘客候车。

② 报告行车调度：“××站××站台所有站台门不能关闭”。

③ 通知环调，环调通知检修人员处理，如不能处理好，通知值班主任助理组织抢修。

④ 列车客室门关闭时，广播通知站台乘客离开站台门，防止乘客抢上抢下；客室门关闭，确认站台安全后，向司机显示“好了”信号，并密切注意站台乘客的动态，确保乘客安全。

⑤ 客车离开站台后，加强对站台的监控，防止在没有客车停站时乘客进入开启的站台门而掉下轨行区。

⑥ 需要限速进出站的列车以行车调度命令为准。

⑦ 维修人员到达现场后，根据车站的客流情况，安排维修人员进行抢修。

⑧ 故障站台门抢修时负责安全监控，在下趟列车到达前 1 min，通知维修人员停止抢修。

⑨ 抢修完毕后，向行车调度、值班主任助理汇报，并通知后方站本站站台门恢复正常。

（6）列车未收到站台门“关闭且锁紧信号”故障处理程序。

① 站台门关闭后，列车发车时未收到站台门“关闭且锁紧信号”。

a. 当客车在车站关好站台门、车门后，列车发车时未收到站台门“关闭且锁紧信号”，司机确认车辆状态正常后立即报告行车调度，行车调度同意后，司机与车站确认站台门与车门间隙安全和站台安全后以 RM 模式动车。

b. 若故障不能及时排除影响后续列车，则由车站人员按第 3 点操作 PSL 接发后续列车，并负责站台安全防护。

c. 用专用钥匙将 PSL 上“互锁解除”开关打至旁路位，并保持至列车尾部出清站台联动区域。

d. 由车站控制室报告控制中心。

② 列车进站前未收到站台门“关闭且锁紧信号”，发生紧急制动。

a. 司机报告行车调度，并与车站确认运行前方的站台区轨道空闲和站台安全后，以 RM 模式进站对标停车。

b. 站务人员立即到故障站台进行故障应急处理，并引导乘客上下车。

c. 若故障不能及时排除影响发车或影响后续列车，则站务人员用专用钥匙操作 PSL 上“互锁解除”开关，接发列车，并加强站台监控。

d. 由车站控制室报告控制中心。

③ 列车出站过程中突然收不到站台门“关闭且锁紧信号”，发生紧急制动。

a. 司机立即报车站、行车调度，要求车站确认站台安全。

b. 车站站务人员尽快到故障站台确认所有的站台门是否处于关闭状态。

c. 站台岗确认站台安全后显示“好了”信号指示司机动车，如列车头部离开站台较远，司机无法确认车站“好了”信号时，用对讲机通知司机动车。

d. 司机得到行车调度同意后，确认“好了”信号或车站允许开车的通知后以 RM 模式动车。

e. 若故障不能及时排除，车站指派人员用专用钥匙将 PSL 上“互锁解除”开关打至旁路位，接发后续列车。

f. 由车站控制室报告控制中心。

（7）门玻璃破裂或破碎故障的故障处理。

① 如果列车准备进站，站务人员则可按压站台紧急制动按钮，并报告行车调度。

② 站务人员应使将故障门处于旁路状态并保持常开，同时指派站务人员在故障站台站岗监护，以防止乘客或物品掉入轨道。待维修人员到场处理并通知后，方可取消操作“互锁解除”。

③ 列车准备出站时站台岗应确认站台安全后显示“好了”信号指示司机或报告行车调度动车。

④ 若门玻璃破裂，站务人员应立即报行车调度，并及时在破裂玻璃表面粘贴透明胶纸，防止门玻璃突然爆裂。

⑤ 若门玻璃已破碎并掉下，站务人员应在 10 min 内将破碎玻璃清理完毕，防止玻璃碎片掉入轨行区。如果碎玻璃掉进轨道，如影响列车运行，需及时提报行车调度，并及时进行清理。

⑥ 站务人员尽快贴上警示标志，在故障门前用设置好围栏，恢复正常运营（行车调度根据站台门的破损情况，必要时要求司机或自行降低列车进出站速度，具体速度值由现场提出）。

⑦ 车站站务人员应保护好现场，协助维修部门进行维修和事后查看录像。

⑧ 故障站台门修复后，在不影响列车正常进出站的前提下，由维修人员对故障门单元作一次开关门试验，必要时对相应侧的站台门进行一次开关门试验。局部故障恢复后注意观察、检查整体功能情况。

（三）接触网（轨）附近有异物的应急处理

1. 车站区域接触网（轨）附近有异物的应急处理要点

（1）车站发现接触网（轨）附近有异物，行车值班员立即将异物的准确位置报告值班站长、行车调度。

（2）值班站长马上赶赴现场，担任事故处理主任，并通知车站相关专业人员到现场处理。

（3）车站人员根据以下情况处理。

① 若列车在站台停车，且异物不影响列车运行的，待本列车出清站台后再处理。

② 若列车在站台停车，且异物影响列车运行的（在前方进路上或列车顶上等），通知司机停车待令，处理异物。若在列车顶上无法处理的，通知司机限速 5 km/h 动车（必要时降单弓），再处理。

③ 若列车尚未进站的，立即按压紧急停车按钮或采取其他措施，阻止列车进入站台。

（4）事故处理主任到达现场后，若发现异物与接触网（轨）没有缠在一起的，按以下程序处理。

① 报告 OCC 异物的状况。

② 与行车值班员确认已按压紧急停车按钮或采取其他措施，阻止后续列车进入站台。

③ 取走异物，确认线路出清、恢复紧急停车按钮后，报告行车调度，恢复运营。

（5）事故处理主任到达现场后，若发现异物与接触网（轨）缠在一起的，按以下程序处理。

① 如果使用专用绝缘工具能够将异物剥离接触网（轨）的，按“异物与接触网（轨）没有缠在一起”处理。

② 如果使用专用绝缘工具不能将异物剥离接触网（轨）的，按以下程序处理：

a. 报告 OCC，申请接触网（轨）停电（不挂地线）。

b. 停电后，穿戴防护用品（绝缘靴、绝缘手套、荧光衣等）后，使用专用绝缘工具将其取走。

c. 若专业人员在现场的，在事故处理主任的指挥下，由专业人员将异物取走。

d. 取走异物，确认线路出清、恢复紧急停车按钮后，报告 OCC，恢复运营。

③ 如果采取上述措施后还不能取走异物，报告 OCC，申请停电挂地线处理。OCC 通知车站和相关专业人员，做好抢修抢险准备。

2. 区间接触网附近有异物的应急处理程序

（1）车站接到行车调度的通知，落实防护措施（穿荧光衣等）后，迅速组织人员（含供电人员和机电人员）赶往事故现场。

（2）值班站长马上赶赴现场，担任事故处理主任，并通知车站供电或机电人员到现场处理。

（3）行车值班员确认异物取出后，线路出清，及时报行车调度，恢复运营。

3. 区间接触轨附近有异物的应急处理程序

（1）协助行车调度做好扣停后续列车工作。

（2）接行车调度通知，落实防护措施（穿绝缘靴、绝缘手套、荧光衣等）后，迅速组织人员赶往事故现场。

（3）值班站长马上赶赴现场，担任事故处理主任，并通知车站供电或机电人员到现场处理。

（4）行车值班员确认异物取出后，线路出清，及时报行车调度，恢复运营。

4. 应急处理工具的配备

（1）每站至少应配备 2 双绝缘手套、2 双绝缘靴和 1 个订制的专用绝缘工具，由各运营分公司负责配备到位。

（2）绝缘手套、绝缘靴存放在车站固定地点，专用绝缘工具存放在站台监控亭。

（3）L 型电客车上配置 2 双绝缘手套、2 双绝缘靴和 2 个订制的专用绝缘工具，由所属运营分公司负责配备到位。

（4）绝缘手套、绝缘靴和专用绝缘工具由所属运营分公司定期检测。

第五节　环境变化应急处理

当前，我国城市轨道交通正处于加速发展时期，各种环境灾害和人为活动带来的环境风险不断加剧，突发环境事件的诱因更加多样、复杂，突发环境事件仍呈高发态势，加强环境应急管理工作，对贯彻科学发展观、有效防范和妥善应对突发环境事件、保障乘客生命财产安全和城市轨道交通环境安全具有重要意义。

一、站内环境突发事件的应急处理

站内环境突发事件是指在地铁车站内发生火灾、爆炸、可燃气体泄漏等，造成危及乘客人身安全、财产损失及重大社会影响的突发事故（件）。

（一）车站火灾、爆炸事件应急处理

火灾是指在时间或空间上失去控制的灾害性燃烧现象。在各种灾害中，火灾是最经常、最普遍地威胁公众安全和社会发展的主要灾害之一。爆炸是指在极短时间内，释放出大量能量，产生高温，并放出大量气体，在周围介质中造成高压的化学反应或状态变化，破坏性极强。因此，车站运营的防火防爆工作以及发生灾害后的组织逃生工作是生产任务的重中之重。

1. 车站公共区发生火灾的应急处理要点

（1）报行车调度，现场确认，组织疏散乘客同时组织灭火，车站（OCC）确认执行火灾模式。

（2）报 119、110、120。

（3）检查垂直电梯是否有困人，并关闭。

2. 车站设备区房间发生火灾的应急处理要点

（1）报行车调度，现场确认（若该房间是气体保护房间，有设备显示气瓶已喷气时，不再进入相应气体释放房间，气体灭火系统失效时手动操作该设备进行灭火），组织灭火，车站（OCC）确认执行火灾模式。

（2）报 119、110、120。

（3）确认火灾不可控制时，组织疏散乘客。

（4）检查垂直电梯是否有困人，并关闭。

3. 列车在站台发生火灾的应急处理要点

（1）司机打开车门、站台门，第一时间疏散客车内乘客。

（2）报行调，现场确认，组织灭火，车站（OCC）确认执行火灾模式。

（3）疏散车站内乘客，报 119、110、120。

（4）检查垂直电梯是否有困人，并关闭。

4. 列车在区间发生火灾的应急处理要点

（1）司机维持进站，报告行调。

（2）广播安抚乘客，指引乘客进行灭火。

（3）列车进站后按列车站台火灾处理程序处理。

（4）列车被迫停在区间时，司机报告行调，疏散乘客（接触轨区域同时组织停电）。

（5）车站（OCC）确认火灾模式已执行。

（6）车站人员报 119、110、120 并在站台、区间引导疏散乘客。

5. 爆炸的应急处理要点

（1）报行调，119，110，120。

（2）疏散乘客，及时救助受伤人员。

（3）封锁现场，查找可疑人员。

（4）其他比照火灾的应急处理程序进行处理。

6. 火灾情况下的各岗位应急处理程序

1）站厅公共区发生火灾时各岗位的应急处理程序

（1）售票员岗应急处理程序如下：

① 确认并报告车站控制室火灾位置、大小、火灾性质等，进行第一时间的灭火。

② 确认火灾不可扑救后，立即关停非疏散方向扶梯并疏散乘客出站，确认闸机进入紧急模式，打开边门。利用手提广播疏导乘客出站。

③ 确认站厅乘客疏散完毕、垂直电梯是否有困人，并关闭后报车站控制室。

④ 到出口拦截乘客并做好解释工作。

⑤ 听从值班站长安排。

（2）站台岗/巡视岗应急处理程序如下：

① 接到火警通知后赶到现场协助灭火，接到执行火灾应急疏散处理程序的通知后，立即到达站台从远离火灾的一端疏散站台乘客，关停站台扶梯。

② 当站台停有列车时，立即通知司机火灾信息，可将站台乘客疏散到列车上，通知司机立即关门动车。

③ 确认站台乘客疏散完后报车站控制室。

④ 听从值班站长安排。

（3）行车值班员岗位应急处理程序如下：

① 接收到火警信息后，立即通知值班站长到报警点确认。

② 确认发生火灾后，通知巡视岗、保洁等驻站人员协助灭火；报环调、行车调度、119、地铁公安和 120，根据情况向行车调度申请列车在本站通过。

③ 当火灾不可控制时，按压 AFC 紧急按钮，将闸机设为紧急模式。

④ 广播通知所有岗位执行站厅火灾应急疏散处理程序，并反复广播引导乘客疏散。

⑤ 及时将火灾情况报告行车调度，并与行车调度、值班站长保持联系，安排保洁人员到紧急出口外接消防人员。

⑥ 必要时，将相关设备区通道门门禁设置为常开状态（或按压门禁紧急按钮），以方便抢险。

⑦ 需撤退时，随身携带与行车调度联系的无线电台。

（4）客运值班员岗位应急处理程序如下：

① 接到火警通知后，立即赶到车站控制室，协助行车值班员，确认情况并开启相应的火灾模式。

② 确认所有闸机已设为紧急模式。

③ 听从值班站长安排。

2）站台公共区发生火灾时各岗位的应急处理程序

（1）站台岗/巡视岗岗位应急处理程序如下：

① 确认并报告车站控制室火灾位置、大小、火灾性质等，进行第一时间的灭火。

② 确认火灾不可扑救后，立即向站厅疏散乘客，并关停站台非疏散方向扶梯。

③ 确认站台乘客疏散完毕、垂直电梯是否有困人，并关闭后报车站控制室。

④ 听从值班站长安排。

（2）行车值班员岗位应急处理程序如下：

① 接收到火警信息后，立即通知值班站长到报警点确认。

② 确认发生火灾后，通知保洁等驻站人员协助灭火；报环调、行车调度、119、地铁公安和 120，根据情况向行车调度申请列车在本站通过。

③ 当火灾不可控制时，按压 AFC 紧急按钮，将闸机设为紧急模式。

④ 广播通知所有岗位执行站厅火灾应急疏散处理程序，并反复广播引导乘客疏散。

⑤ 及时将火灾情况报告行车调度，并与行车调度、值班站长保持联系，安排保洁人员到紧急出口外接消防人员。

⑥ 必要时，将相关设备区通道门门禁设置为常开状态（或按压门禁紧急按钮），以方便抢险。

⑦ 需撤退时，随身携带与行车调度联系的无线电台。

（3）客运值班员岗位应应急处理程序如下：

① 接到火警通知后，立即赶到车站控制室，协助行车值班员，确认情况并开启相应的火灾模式。

② 确认所有闸机已设为紧急模式。

③ 听从值班站长安排。

（4）售票员岗位应急处理程序如下：

① 接到火警通知后收好钱和票，关闭票亭电源，赶到现场协助灭火，接到执行火灾应急疏散处理程序的通知后，确认闸机进入紧急模式，打开边门。利用手提广播疏导乘客出站。

② 确认已关停电扶梯。

③ 到出口拦截乘客并做好解释工作进站。

④ 听从值班站长安排。

3）列车在站台发生火灾时的应急处理程序（包括列车区间火灾后运行到车站的情形）

（1）站台岗/巡视岗岗位应急处理程序如下：

① 收到列车在站台发生火灾的信息后马上赶到站台确认并报告车站控制室/司机火灾位置、大小、火灾性质等（初步判断），通知司机将该车扣在车站处理。

② 第一时间用灭火器灭火，疏散客车内乘客。

③ 在火灾不可扑救后，停止扑救，疏散列车和站台的乘客出站。

④ 检查确认客车内/站台没有乘客遗留、垂直电梯是否有困人，并关闭后报车站控制室。

⑤ 听从值班站长安排。

（2）行车值班员岗位应急处理程序如下：

① 接收到火警信息后，命令巡视岗到报警点确认火警，并立即通知值班站长到报警点确认。

② 确认发生火灾后，将列车扣在车站处理，报环调、行车调度、119、地铁公安、120。

③ 当火灾不可控制时，确认相应的火灾模式已启动，按压 AFC 紧急按钮，广播宣布执行应急疏散程序，并反复广播引导乘客疏散。

④ 及时将火灾情况报告行车调度，并与行车调度、值班站长保持联系，安排保洁人员到紧急出口外接消防人员。

⑤ 需撤退时，随身携带与行车调度联系的无线电台。

⑥ 当接到区间火灾列车正开往本站时，立即宣布执行列车在站台火灾应急处理程序。

（3）客运值班员岗位应急处理程序如下：

① 接到火警通知后，立即赶到车站控制室，协助行车值班员，确认情况并开启相应的火灾模式。

② 确认所有闸机已设为紧急模式。

③ 听从值班站长安排。

（4）售票员岗位应急处理程序如下：

① 接到执行火灾应急疏散处理程序的通知后收好钱和票，关闭票亭电源，确认闸机进入紧急模式，打开边门。利用手提广播疏导乘客出站。

② 确认已关停电扶梯。

③ 到出口拦截乘客并做好解释工作。

④ 听从值班站长安排。

4）列车在区间发生火灾时各岗位的应急处理程序

（1）行车值班员岗位应急处理程序如下：

① 接到列车停在区间发生火灾的通报后，报值班站长，通知巡视岗马上赶到站台，在相应端的站台门端墙门处等候值班站长。

② 报 119、地铁公安、120。

③ 接到进行区间疏散的通知后，立即通知值班站长执行。

④ 按压 AFC 紧急按钮，将闸机设为紧急模式，关闭广告照明，确认相应的火灾模式已启动。

⑤ 广播宣布执行列车区间火灾应急疏散处理程序，并反复广播引导乘客疏散。

⑥ 及时将乘客疏散和灭火情况报告行车调度，并与行车调度、值班站长保持联系。

（2）站台岗/巡视岗岗位应急处理程序如下：

① 听到疏散指令后立即赶到站台打开事故一侧的端墙门等待值班站长(注意开启隧道风机时站台门会受影响)，穿上荧光衣，戴好防毒面具。和值班站长到现场疏散列车上的乘客，提醒：不要拥挤，听从指挥，照顾老人、小孩，同时进行灭火。

② 与值班站长保持好联系，并听从值班站长的安排。

③ 向车站撤离时，确保乘客完全疏散。

④ 听从值班站长安排。

（3）客运值班员岗位应急处理程序如下：

① 接到信息后赶到车站控制室，协助行车值班员，确认相应的通风排烟模式开启，所有闸机已设为紧急模式。

② 听从值班站长安排。

（4）售票员岗位应急处理程序如下：

① 接到信息后，收好钱和票，关闭票亭电源，关停站台至站厅层的扶梯，穿荧光衣，到站台疏散乘客。

② 打开事故一侧的端墙门并立岗（防止站台门关上），及时传递信息。指引乘客向站厅疏散，确认疏散情况和乘客受伤情况，并将信息及时报告车站控制室。

③ 指引消防队进入火场。

5）车站设备区（包括无气体保护房间）发生火灾时的应急处理程序

（1）站台岗/巡视岗岗位应急处理程序如下：

① 立即赶到现场协助灭火，确认火灾不可控制时，立即关停非疏散方向扶梯，并组织站台乘客向站外疏散。

② 确认站台乘客疏散完毕后报车站控制室。

③ 听从值班站长安排。

（2）行车值班员岗位应急处理程序如下：

① 接收到火警信息后，报行车调度并立即通知值班站长到报警点确认。

② 确认发生火灾后，通知巡视岗、保洁等驻站人员协助灭火。

③ 报环调、119、地铁公安和 120，根据情况向行车调度申请列车在本站通过。

④ 广播通知所有岗位执行设备区火灾应急疏散处理程序，并反复广播引导乘客疏散。按压 AFC 紧急按钮，将闸机设为紧急模式。

⑤ 及时将火灾情况报告行车调度，并与行车调度、值班站长保持联系，确认保洁人员到紧急出口外接消防人员。

⑥ 撤退时，随身携带与行车调度联系的无线电台。

⑦ 必要时，将相关设备区通道门门禁设置为常开状态，以方便抢险。

（3）客运值班员岗位应急处理程序如下：

① 接到火警通知后，立即赶到车站控制室，协助行车值班员，确认相应的火灾模式已开启。

② 确认所有闸机已设为紧急模式，按照环调的指示操作有关设备，确认行车值班员报警情况。

③ 听从值班站长安排。

（4）售票员岗位应急处理程序如下：

① 接到执行火灾应急处理程序的通知后，收好钱和票，关闭票亭电源。

② 确认闸机进入紧急模式，打开边门，利用手提广播疏散乘客出站。

③ 确认站厅乘客全部疏散出站、垂直电梯是否有困人，并关闭后，报车站控制室。

④ 听从值班站长安排。

6）车站设备房（有气体保护）发生火灾时的应急处理程序

（1）站台岗/巡视岗岗位应急处理程序如下：

① 立即赶到现场协助灭火，确认火灾不可控制时，立即关停非疏散方向扶梯，并组织站台乘客向站外疏散。

② 确认站台乘客疏散完毕后报车站控制室。

③ 听从值班站长安排。

（2）行车值班员岗位应急处理程序如下：

① 接收到火警信息后，立即通知值班站长到报警点确认。

② 确认发生火灾后，通知巡视岗、保洁等驻站人员协助灭火；报环调、行车调度、119、

地铁公安和 120，根据情况向行车调度申请列车在本站通过。

③ 按压 AFC 紧急按钮，将闸机设为紧急模式。

④ 广播通知所有岗位执行设备区火灾应急疏散处理程序，并反复广播引导乘客疏散。

⑤ 及时将火灾情况报告行车调度，并与行车调度、值班站长保持联系，安排保洁人员到紧急出口外接消防人员。

⑥ 必要时，将相关设备区通道门门禁设置为常开状态（或按压门禁紧急按钮），以方便抢险。

⑦ 需撤退时，随身携带与行车调度联系的无线电台。

（3）客运值班员岗位应急处理程序如下：

① 接到火警通知后，立即与值班站长赶到现场确认并协助处理。

② 配合值班站长进行现场确认，当值班站长需要进入房间确认时，负责维持房门敞开状态，并及时进行信息传递。

③ 火灾不可控制时，立即赶到车站控制室，协助行车值班员，确认相应的火灾模式已开启（注意确认疏散指示已开启）。

④ 确认所有闸机已设为紧急模式，关闭广告照明，按照环调的指示操作有关设备，确认行车值班员报警情况。

（4）售票员岗位应急处理程序如下：

① 接到执行火灾应急处理程序的通知后，收好钱和票，关闭票亭电源。

② 确认闸机进入紧急模式，打开边门。利用手提广播疏散乘客出站。

③ 确认站厅乘客全部疏散出站、垂直电梯是否有困人，并关闭后报车站控制室。

④ 听从值班站长安排。

（5）注意事项：

① 当进行现场处理时，要注意做好个人防护。

② 当员工需撤离到站外时，需到紧急出口外进行集中，由值班站长点名确认，并向行车调度留下联系人及其电话。

③ 换乘站发生类似紧急情况时，车站要进行联动处理。

④ 有需要时进行门禁紧急释放按钮操作，保障相关人员可以顺利地进出车站设备区。

⑤ FAS、气体控制盘、警笛、门头灯、气瓶压力指示器等显示气体已释放时，原则上不得再进入相应气体释放房间。如必须进入该房间时，应做好防护（如佩戴好空气呼吸器），并安排一名员工在门外将门保持敞开状态后，方可进入。（现场判断气体释放的现象：a. 控制盘释放指示灯亮；b. 气体保护房间门上方“禁止进入”灯长亮；c. 气瓶压力表指针不在绿色区域，且瓶身有冷凝水珠。）

⑥ 若有设备显示气瓶已喷气时，原则上车站人员不得进入气瓶间。如需到气瓶间现场确认气体是否释放，车站必须确认气瓶间内是否有烟雾。如有烟雾，待烟雾散尽且安排一名员工在门外将门保持敞开状态后，方可进入。若有紧急情况必须立即进入有烟雾的气瓶间时（如操作气体灭火机械释放），应佩戴好空气呼吸器后再进入。若出现身体不适时，应立即撤出并及时报告。

⑦ 车站无气体灭火系统保护的供电用房报火警时：若确认为是办公、生活用品、明敷低

压电线着火，车站立即用二氧化碳或干粉灭火器进行灭火并按规定报告。确认火势不可控制时，按前面程序处理。

⑧ 供电用房内设备着火时：

a. 若确认为直流开关柜室内的整流器柜、负极柜，或者制动控制室、制动电阻室内设备着火，进入房间灭火时不得打开柜门，只需用灭火器对准设备外表喷洒。

b. 若整流变压室报火警，只需打开室门确认即可，严禁打开室内的围网。确认确实是火灾时，在围网外用灭火器对准设备外表喷洒。

c. 上述供电用房内的其他设备以及其他供电用房内的设备着火时，可以打开柜门的设备，均可打开柜门灭火，并要注意做好个人防护（戴绝缘手套、穿绝缘靴）。

d. 供电用房内凡张贴了禁止开柜门灭火标志的设备，均严禁开柜门灭火。

（二）可燃气/液体泄漏应急处理

1. 车站内可燃气/液体泄漏的处理要点

（1）行车值班员接报车站发生可燃气/液体泄漏后立即通知值班站长，报告控制中心环调。

（2）值班站长担任“事故处理主任”，到现场了解情况，尽可能切断可燃气源；组织疏散、救助乘客（如不清楚来源则寻找来源）。

（3）客运值班员到站控室协助行车值班员的工作，根据环调命令确认或开启相应环控模式。

（4）广播通知乘客车站发生可燃气/液体泄漏情况和应注意的问题；根据行调命令暂停客运服务，将进出闸机设置为紧急模式状态，引导乘客尽快疏散出站，报地铁公安和119、120。

（5）列车司机接到前方车站发生燃气/液体泄漏通知后，执行行调命令扣车或不停站通过事故车站，同时注意做好乘客广播。

（6）若可燃气体起火燃烧，则按相应的火灾应急处理程序进行处理。

2. 地铁列车上可燃气/液体泄漏的处理要点

（1）行车值班员接报列车发生可燃气/液体泄漏后立即通知值班站长；执行环调、行调命令，开疏散广播；报地铁公安、119、120。

（2）若列车停在隧道内，则靠近列车一侧车站值班站长担任“事故处理主任”，组织车站救援人员进入隧道，组织疏散乘客、救援伤员。

（3）若可燃气体在列车上起火燃烧，则按地铁列车火灾的相应程序进行处理。

3. 地铁隧道内可燃气/液体泄漏的处理要点

（1）行车值班员接报隧道内发生可燃气/液体泄漏后立即通知值班站长。

（2）安排人员查找来源（含地面风亭等）。

（3）向行调汇报现场情况，按行调命令执行。

（4）组织疏散乘客、救援伤员。报地铁公安、119、120；执行环调、行调命令，开疏散广播。

4. 可燃气/液体泄漏应急处理程序

（1）行车值班员应急处理程序。

① 接到现场人员的通知后，马上通知巡视岗和值班站长到现场确认，把现场情况汇报OCC，接收相应命令。

② 报110、120、119，并报相关人员，安排保洁人员到紧急出入口迎接120、119人员。

③ 接到清客命令后，按压AFC闸机紧急释放按钮，利用全站广播疏散，同时反复进行全站广播指引乘客出站。

④ 接到车站清客完毕后，报告行调。

⑤ 接到值班站长通知车站恢复正常后，检查车控室设备设施情况。向行调报告车站运营前准备工作，并向行调了解行车运行恢复情况并报告值班站长。

⑥ 通知各岗位员工，恢复正常运营。

（2）客运值班员应急处理程序。

① 赶到车控室，协助行车值班员，根据环调命令，确认环控系统运行模式。

② 接收清客的命令后，确认SC设置紧急模式、厅巡（售票员）已关闭各出入口（除紧急出入口），张贴停止服务的告示。

③ 到紧急出入口集中。

④ 接到值班站长通知车站恢复正常后，检查AFC设备、各种服务设备设施是否正常并报车控室。

⑤ 撤除停止服务的告示，打开出入口，引导乘客进站。

（3）站务员应急处理程序。

① 接到车控室的通知后，马上赶到现场（如是列车上发生，进入车厢内进行清客）。

② 查找根源后，马上用隔离带封锁现场，同时在附近寻找2名以上的目击证人，交给值班站长。

③ 如列车需退出服务，在列车清客完毕，确认站台安全后，向司机显示“好了”信号。

④ 接到车站清客命令后协助值班站长进行站台清客工作，组织乘客由站台楼、扶梯上站厅出站。

⑤ 乘客及员工全部疏散到站厅后，向车控室报告站台疏散完毕并到站厅协助疏散乘客到地面、确认垂直电梯是否有困人。

⑥ 站内乘客疏散完毕后到紧急出入口集中。

⑦ 接到值班站长通知车站恢复正常后，到站台检查站台门、扶梯等设备设施情况和线路情况，并向车控室报告，准备恢复运营。

二、外部环境突发事件的应急处理

（一）外部环境突发事件的定义、类型

（1）与地铁车站相连接的外部环境：指有通道或出入口与地铁车站相连接的建筑物、场所等（以下简称外部环境）。

（2）外部环境突发事件类型：火灾、爆炸、毒气、可燃气体泄漏、供电故障、水淹、恐怖袭击、有可疑物品等。

（3）危险程度分析：由于地铁车站人群密集、社会影响广泛，当外部环境发生突发事件时，如果处理不当，容易造成地铁站内运营线路中断，甚至发生群死群伤、严重经济损失和恶劣的社会影响。

（二）外部环境发生火灾、爆炸、毒气、可燃气体泄漏事件时的应急处理要点

1. 发生火灾、爆炸时的应急处理程序

（1）当车站发现外部环境发生火灾、爆炸或接到相关信息，立即报告控制中心和地铁公安。

（2）如火灾暂未对车站造成影响时，立即与外部环境负责人了解事件的概况，并安排人员到车站相连接的出入口处密切观察，组织受影响出入口只进不出，引导乘客由其他出入口出站。

（3）如造成大量人员涌入车站，对正常的运营造成影响时，车站做好客流组织工作，引导疏散人员到其他安全位置，同时引导乘客由其他出入口出站。

（4）当蔓延到车站时，按地铁车站火灾应急处理程序执行。如连接口在站台的，按站台火灾处理程序执行；如连接口在站厅，按站厅火灾处理程序执行。车站人员应到相连接的出入口处确认防火卷帘门状态，当系统不能触发卷帘门自动降下时，车站人员应手动操作降下卷帘门；当相连接出入口的防火卷帘门正在降下时，若还有人员正在往地铁方向逃生时，现场人员可手动操作卷帘门，使其保持半开状态，待逃生人员通过卷帘门后，再关闭卷帘门；车站安排专人到车站相连接的出入口处密切观察事态发展，做好现场应急处理。

（5）当外部环境火灾扑灭，事件处理完毕后，组织相关专业人员检查地铁建筑结构及设备设施，确认连接口具备使用条件，恢复正常运作。

2. 发现毒气时的应急处理程序

（1）当车站发现外部环境有毒气或接到相关信息时，立即报告控制中心和地铁公安。

（2）车站与外部环境负责人了解事件情况，并安排人员做好个人防护后到车站相连接的出入口处，组织受影响出入口只进不出，引导乘客由其他出入口出站。

（3）按车站发现生化毒气的应急处理程序执行。车站关闭防火卷帘门，当连接位置的防火卷帘门正在降下时，若还有人员正在往地铁方向逃生时，现场人员可手动操作卷帘门，待逃生人员通过卷帘门后，立即关闭卷帘门。

（4）当外部环境毒气事件处理完毕后，经检测确认车站安全后，恢复车站正常运作。

3. 发生可燃气体泄漏时的应急处理程序

（1）当车站发现外部环境发生可燃气体泄漏或接到相关信息时，立即报告控制中心和地铁公安。

（2）车站与外部环境负责人了解事件情况，并安排人员做好个人防护后到车站相连接的出入口处观察。

（3）如造成大量人员涌入车站，对正常的运营造成影响时，车站做好客流组织工作，引导乘客由其他出入口出站或到其他安全位置。

（4）当可燃气体泄漏到车站范围内时，按可燃气体应急处理程序执行。车站做好客流组织工作，组织受影响出入口只进不出，引导乘客由其他出入口出站。

（5）当外部环境可燃气体泄漏事件处理完毕，确认车站安全后，才能恢复车站正常运作。

4. 发现可疑物品时的应急处理程序

（1）当车站发现外部环境有可疑物品或接到相关信息时，车站人员主动与外部环境负责人了解事件情况，立即报告控制中心及地铁公安。

（2）如造成大量人员涌入车站，对正常的运营造成影响时，车站做好客流组织工作，引导乘客由其他出入口出站或到其他安全位置。

（3）车站做好客流组织工作，引导乘客由其他出入口出站。必要时，可关闭受影响的出入口。

（4）当外部环境可疑物品事件处理完毕后，车站根据公安部门的要求，确认连接口具备使用条件，恢复正常运作。

三、特殊气象及自然灾害应急处理

（一）特殊气象及自然灾害的判断

1. 特殊气象及自然灾害预警信号的定义

（1）特殊气象：根据可能对地铁正常运营、新线建设造成影响的气象条件，本预案的特殊气象包括台风和雷雨大风、暴雨、高温、大雾和灰霾、冰雹和道路结冰及寒冷气象。

（2）自然灾害：根据可能对地铁正常运营造成影响的自然灾害情况，本预案的自然灾害包括台风、暴雨、雷电、高温、山体滑坡、洪水、地震。

（3）水位警戒线：设置在防洪重点车站外部的水位标识线，原则上低于车站出入口地坪110 cm。

2. 特殊气象及自然灾害的分类

1）特殊气象预警信号

（1）台风预警信号分五级，分别以白色、蓝色、黄色、橙色和红色表示。

（2）雷雨大风预警信号分四级，分别以蓝色、黄色、橙色、红色表示。

（3）暴雨预警信号分三级，分别以黄色、橙色、红色表示。

（4）高温预警信号分三级，分别以黄色、橙色、红色表示。

（5）大雾预警信号分三级，分别以黄色、橙色、红色表示。

（6）灰霾天气预警信号，以黄色表示。

（7）寒冷预警信号分三级，分别以黄色、橙色、红色表示。

2）地震预警信号

（1）一级响应：某线市区发生造成300人以上死亡，或直接经济损失占全市上年生产总值1%以上的地震，发生在人口较密集地区7.0级以上地震，可初判为特别重大地震灾害，特别严重影响行车和乘客安全，应启动一级预案。

（2）二级响应：某线市区发生造成 50 人以上、300 人以下死亡，或造成重大经济损失和严重影响的地震；发生在人口较密集地区 4.5 级以上，以及省内地区 6.0 级以上并对本市造成严重影响的地震，可初判为重大地震灾害，严重影响行车和乘客安全，应启动二级预案。

（3）三级响应：某线市区发生造成 20 人以上、50 人以下死亡，或造成较大经济损失和影响的地震；以及省内地区 5.0 级以上并对本市造成较大影响的地震，可初判为较大地震灾害，对行车和乘客安全有较大影响，应启动三级预案。

（4）四级响应：某线市区发生造成 20 人以下死亡，或造成一定经济损失和影响的地震；发生在人口较密集地区 3.5 ~ 4.0 级地震，或其他有感地震，可初判为一般地震灾害，影响行车和乘客安全，应启动四级预案。

3）防洪涝应急响应

防洪涝应急响应分为三级。

三级响应：地区气象台发布暴雨黄色、橙色、红色预警信号。

二级响应：车站出入口、车辆段、区间风亭等外部地面积水且有上涨趋势，影响客运服务或设备运行，不影响地铁列车运行安全；或隧道正线积水漫过钢轨轨底，并有上涨趋势；或地面线路路基轻微下沉，边坡或挡土墙出现较大裂纹等。

一级响应：车站出入口、区间风亭等外部地面积水，水位已越过水位警戒线且上涨趋势较快，存在积水倒灌地下车站或隧道风险；或隧道正线积水漫过钢轨轨面，并有上涨趋势；或地面线路路基严重下沉，边坡坍塌或挡土墙倒塌、高架桥墩倾斜等。

（二）特殊气象及自然灾害应急处理

1. 事故风险分析

1）台风、雷雨大风（含龙卷风）可能造成的危害

（1）外部异物侵入或地铁车辆被强风吹袭危及行车安全，导致车辆脱轨、倾覆等损坏，并造成人员伤亡。或因雨水影响轮轨关系，导致列车空转滑行。

（2）车站站台广告灯箱等悬挂设备设施被强风破坏，车站飞顶（被台风吹落物体砸在飞顶上）、幕墙被强风破坏：顶盖铝板松脱、掉落或钢化玻璃掉落破碎，或车站排水不畅造成水浸出入口，大量乘客长时间滞留车站，影响车站运作。

（3）高架线路出现路基下沉，边坡坍塌或挡土墙倒塌，线路旁的建筑物、树木或其他物品受强风吹袭倒塌，侵入轨行区限界影响行车安全。

（4）排水不畅造成水淹道床、轨道，接触轨防护罩或电缆架受台风吹袭变形损坏而影响接触轨送电。

（5）户外作业人员遭受台风吹袭，导致人员被吹倒摔伤或刮走，危及作业人员的人身安全。

（6）地面车站和高架线路的结构、幕墙、广告灯箱、接触轨、变电所、机电设备等设备设施遭受雷击，导致电缆熔断、引起火灾或设施破坏，或掉下导致人员伤亡。

（7）在高架线路上的客车、工程机车和车辆遭受雷击，导致机车车辆损坏，人员伤亡。

（8）户外施工作业人员遭受雷击，危及作业人员的人身安全。

（9）停靠在开放式停车库的列车被大风刮起的杂物破坏。

2）洪涝、暴雨可能造成的危害

（1）洪涝灌入地下车站，可能造成人员伤害、设备损坏、地铁局部或全线停止运营。

（2）因雨水导致钢轨湿滑，影响轮轨关系，导致列车空转滑行。

（3）车站站台或站厅积水，影响乘客人身安全；大量乘客长时间滞留车站，影响车站运作。

（4）高架线路出现路基下沉，边坡坍塌或挡土墙倒塌、高架桥墩倾斜/倒塌，线路旁的建筑物、树木或其他物品倒塌，侵入轨行区限界影响行车安全。

（5）排水不畅造成水淹道床、轨道，接触轨防护罩或电缆架损坏而影响接触轨送电。

（6）电气设备受潮，影响设备使用。

3）高温、热浪可能造成的危害

（1）高温、热浪导致钢轨出现胀轨跑道现象，或导致接触轨（网）变形，影响集电靴（受电弓）与接触轨（接触网）的关系，导致弓网事故发生。

（2）电线、变压器等电力设备负载过大而引发设备火灾；各种电气设备受高温影响，散热困难导致热量积聚，引起电气火灾。

（3）乘客或工作人员中暑晕倒，危及乘客或工作人员的人身安全。

4）大雾、灰霾可能造成的危害

（1）因大雾影响导致钢轨湿滑，影响轮轨关系，导致列车空转滑行。

（2）因大雾影响导致能见度下降，导致司机的瞭望距离减少，给司机确认线路状况、信号及行车标志等造成困难。

（3）因大雾、灰霾天气引发车厂及地面车站 FAS 系统探头误报火警。

（4）户外施工作业人员受影响，电气设备容易受潮，影响设备使用。

5）冰雹、结冰可能造成的危害

（1）因冰雹、结冰影响导致钢轨湿滑，影响轮轨关系，导致列车空转滑行。

（2）客车或工程机车在运行过程中，冰雹袭击列车的玻璃，导致玻璃破裂，甚至对驾驶室人员造成伤害。

（3）因冰雹袭击，导致车站、区间相关设施破坏。

（4）户外施工作业人员受影响，行走不便，冰雹袭击时，对人员造成伤亡。

6）寒冷可能造成的危害

（1）车站员工、司机和施工作业人员（尤其在户外作业）容易受冷。

（2）温差过大或温度过低影响部分设备使用。

7）地震发生后，地铁管辖范围内除地面桥梁、建筑受损外可能造成的危害

（1）地铁客车脱轨。

（2）洞下结构局部受损，个别隧道错位，出现地下冒水漏水现象。

（3）钢轨及以下部建筑扭曲，供电支架损坏、接触网线脱落。

（4）电缆、上下水管道受损，供电、供水中断。

2. 特殊气象及自然灾害应急处理原则

（1）应急处置遵循“高度集中，统一指挥，逐级负责”的原则。

（2）抓住主要矛盾，先全面后局部，先救人后救物；先抢救通信、供电等要害设备，后一般设施。

3. 预防与预警

1）预防措施

（1）每年防汛期前主要采取“防、排、引、堵”结合的防洪预防措施。

① 加强车站设备设施、周边环境防洪风险识别和隐患排查工作，对发现的问题，及时采取有效措施。

a. 对已加装挡水板车站的出入口设施进行检查，确保不会流入地铁内。

b. 对车站出入口排水沟检查，保障排水畅通。

c. 对周边地势情况检查，防止地势高导致倒灌的隐患。

d. 发现结构严重破损及渗漏水部位要采取措施及时排除，保证穿墙管道封堵良好。

e. 排查隐蔽工程、合建工程的预留孔洞等，保证雨水有效排出。

② 重点检查区间集水泵、洞口雨水泵，保证排水管道的畅通，以及建设预留孔洞和冷站通往隧道的地面管廊情况，确保封堵良好。

③ 对地面线路水沟及地面线路、路基、线路边坡、挡土墙加强检查，防止出现地面线路水沟排水不畅及线路的路基下沉，边坡坍塌，挡土墙倒塌的安全隐患，做好低洼、易受淹地区巡检和排水防涝工作。

④ 检查车站、车辆段、OCC、集中冷站、变电所、区间排水设备设施（水泵、地面压力井），确认现场设备状况，采取措施保护设备，并尽可能地维持设备正常运作，尽快排、堵水，必要时关停设备电源。

⑤ 对运营线路、既有线路接口施工点、合建口等防洪防汛重点部位进行一次水浸黑点排查，发现水浸黑点立即上报，及时排除。

⑥ 对施工区域及生活区域排水、用电等设施进行了全面检查、维修，并对关键地点做好预防措施。

（2）加强对防雷装置（设施）检查和日常的维护，依照国家有关防雷规范要求，定期检测防雷装置（设施），确保防雷装置（设施）完好、功能有效。

① 根据某线地区气象台发布的雷雨气象信息，对安装防雷设施的车站和高架线路的结构、通信网络系统、供电设备、接触网（轨）、易燃易爆仓储场所进行检查，对发现不符合国家有关规定的防雷装置（设施）的问题，明确责任、限时整改。

② 对安装防雷设施的新建、改建、扩建的建（构）筑物及时通过气象（防雷）主管部门审批、检测、验收，发现问题，及时整改。

2）危险源监控

控制中心、线网指挥中心调度人员密切关注政府气象、地震部门的预测、预警信息，并提前做好相应的安全防范措施。

3）预警行动

政府气象、地震等部门发布预警信息后，线网指挥中心立即通过企信通或 PIDS 电视发布相应的预警信息。

4）应急物资、装备保障

各单位负责本单位应急物资及装备的使用、维护等管理，负责建立应急物资管理台账。每季度盘点一次应急物资。

（1）每个月至少进行 1 次对防洪应急物资、地震抢险工器具的检查、保养工作，认真填写检查记录并签名确认。

（2）及时更新、补充超出有效期、状态不良或缺失的防洪应急物资、地震抢险工器具。发现问题，及时进行整改并做好记录。

（3）加强对车站、车辆段等场点防洪应急物资、备品摆放的管理，对抢险物资、工器具，应划分专用区域，妥善存放，方便取用，其他物资不能混放阻碍应急物资、工器具的取用。

（4）对已领用（消耗）、更新、补充的防洪应急物资，3 个工作日内在 GIS 系统更新数据，保证 GIS 系统物资数据库与实际应急物资一致。

（5）根据排查的防洪隐患（黑点）实际情况备足沙包、潜水泵等重要应急物资放于指定地点应急备用。

5）特殊气象及发生自然灾害时的岗位职责

（1）台风、雷雨大风（含龙卷风）应急处置。

① 加强车站出入口设施、站台设备的巡视，及时向控制中心汇报车站、线路的最新情况。

② 根据情况，做好乘客的宣传和组织。

③ 根据情况关闭管辖的地面、站台的广告灯箱电源。

④ 接到行车调度的相关命令后，立刻执行车站紧急程序，落实安全措施，做好宣传、疏散、服务工作。

⑤ 组织地面和高架车站内乘客做好避风预防工作。如当风力达 6 级时，提醒候车的乘客不要靠近站台门，不要在站台悬挂物（如 PIDS、CCTV、DTI 及时钟设备）附近候车等。

⑥ 若发现车站出入口飞顶被强风破坏等险情，及时封锁现场，根据情况关闭受影响的出入口，并报行车调度备案，协助抢险人员处理。

（2）地震应急处置。

① 一旦发生地震，沉着镇静，果断逃生，救护乘客是最重要的对策。

② 车站工作人员应就近选择桌、墙角等较安全的位置紧急避险，并头朝下趴好，之后积极组织乘客疏导。有秩序地将乘客快速撤离到较安全地方（场所）躲避，快速撤离时严禁逆向行进或俯身捡拾物品，防止人群挤倒踩伤，同时开展救护伤员及组织乘客自救互救工作。乘客疏散完毕后，向线路控制中心申请撤离。（较安全位置：室内应躲在室内结构结实、能掩护身体的物体下，易形成三角空间的地方，开间小、有支撑的地方，如桌子下、墙角、厕所、贮藏室等，用手护住头，并远离窗户，避免玻璃被震碎划伤人。室外应选择比较空旷的地方蹲下或趴下，远离高大建筑物、广告牌、加油站等危险地带。注意不要在立交桥、过街桥上停留。）

③ 设备值班人员应关闭正在运行的设备，切断身边的电源，就近选择较安全的位置，紧急避险。

（3）防洪涝应急处置。

① 加强车站水浸黑点、周边施工工地及与外单位合建部位的检查力度。

② 做好防暴雨工作，密切监视车站出入口积水情况、隧道区间的水位状况，将因下雨出现漏水、水浸情况及时报告 OCC 组织相应处理。

③ 组织人员准备好沙包，随时投入抢险。

④ 当出入口有大量雨水飘入时，车站做好警示，并根据对设备的影响情况关闭出入口的扶梯，必要时用沙包围堵出入口，并引导乘客从其他出入口进出车站。

⑤ 将积水情况报市排水中心和线路控制中心。

⑥ 做好聚集在车站及出入口的乘客的疏导工作，必要时疏散站内乘客，向行车调度请求关闭车站及负责关闭车站的工作。

⑦ 协助抢险人员进行处理。

6）防洪涝应急预案启动条件

（1）有梯级的出入口。

① 当水漫至一级警戒线时，车站安排人员将吸水膨胀袋、防洪挡板、薄膜及沙包搬至对应出入口通道处（原则上摆放在出入口与通道联络处，不影响客流进出），并安排专人每 15 min 对该出入口进行监控，密切留意险情。

② 当水漫至二级警戒线时，车站及时安排人员在出入口卷闸门对应下方按一字形摆放防洪沙包等物资，原则上，有挡板的出入口先放置挡板，沙包放在挡板后方，形成密闭的挡水墙，防止出入口外地面积水倒灌进车站。摆放期间，车站需安排专人负责进出客流的引导。当水势漫到出入口沙包处，车站申请关闭出入口。

（2）无梯级的出入口。

① 当水漫至一级警戒线时，车站安排人员将吸水膨胀袋、防洪挡板、薄膜及沙包搬至对应出入口通道处（原则上摆放在出入口与通道联络处，不影响客流进出），并安排专人驻守对该出入口进行监控，密切留意险情。

② 当积水到达出入口红砖或 10 m 范围内时，车站及时安排人员在出入口卷闸门对应下方按一字形摆放防洪沙包等物资，原则上，有挡板的出入口先放置挡板，沙包放在挡板后方，形成密闭的挡水墙，防止出入口外地面积水倒灌进车站。摆放期间，车站需安排专人负责进出客流的引导。当水势漫到出入口沙包处，车站申请关闭出入口。

（3）与物业相连的出入口。

① 密切与物业相应物管部门联系，当物管部门通知该物业现进入防洪抢险状态时，车站安排人员将吸水膨胀袋搬至相应出入口的防洪物资临时存放点，并安排专人在该出入口进行监控，密切留意险情。

② 当水漫至该出入口与物业分界线时，安排人员摆放防洪物资，做好抢险的应对。

7）防洪备品和抢险物资的种类及使用方法

（1）防洪备品和抢险物资的种类：防洪备品和抢险物资包括沙包、防洪薄膜、膨胀袋以及防洪挡板。

（2）使用方法。

① 沙包、防洪薄膜、膨胀袋的使用方法。

第一步：打开防洪薄膜，张铺在地板上，如图 6.12 所示。

第二步：将沙包“一字形”摆放于防洪薄膜上方（高度根据现场需要确定），如图 6.13 所示。

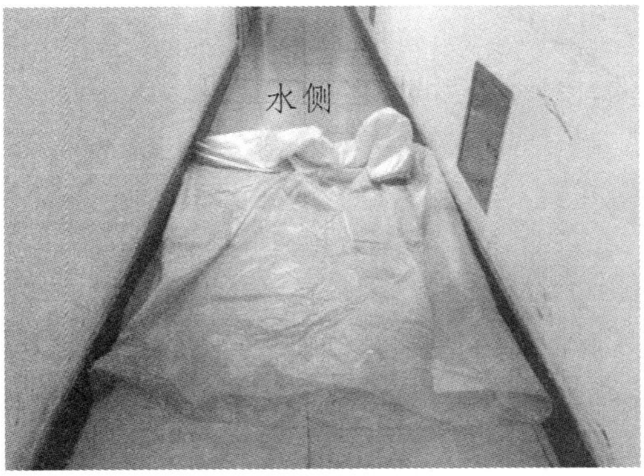

图 6.12　张铺防洪薄膜

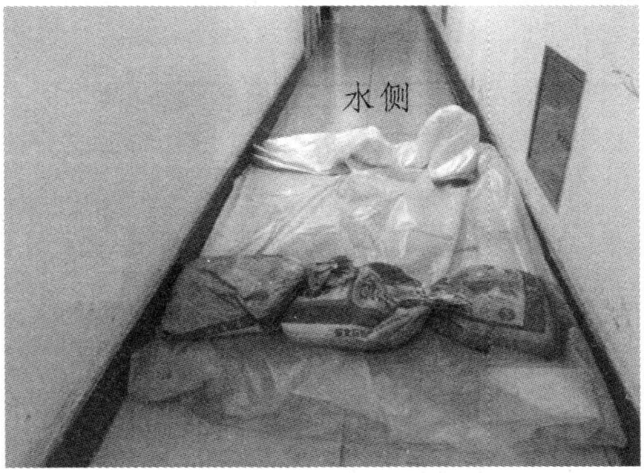

图 6.13　摆放沙包

第三步：用吸水膨胀袋塞在沙包的缝隙处，防止缝隙渗水，如图 6.14 所示。

图 6.14　摆放吸水膨胀袋

第四步：将防洪薄膜拉起，包住砌好的沙包，并在上方用沙压住，防止薄膜掉落（见图 6.15 ~ 图 6.17）。

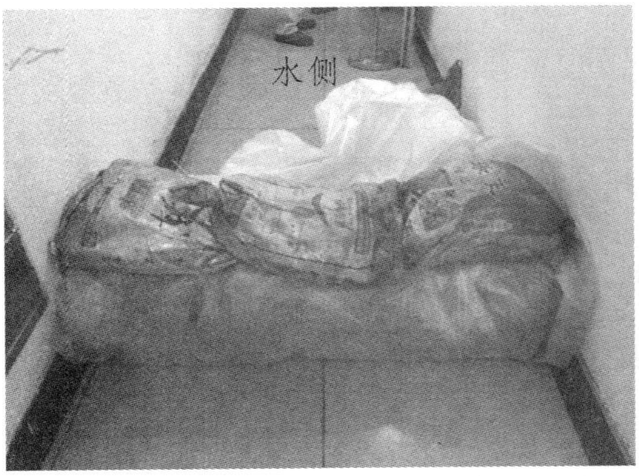

图 6.15　防洪沙包正面

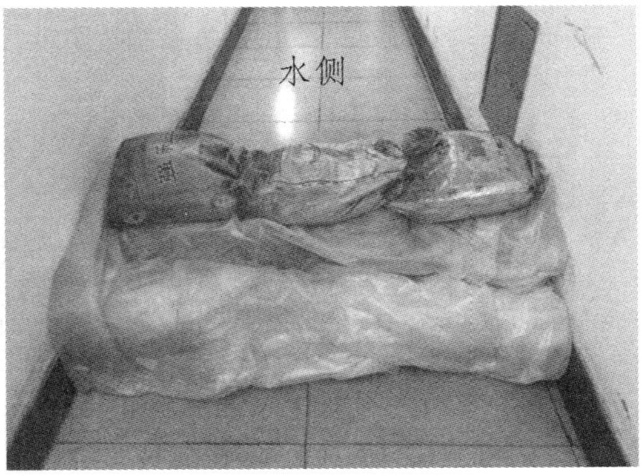

图 6.16　防洪沙包反面

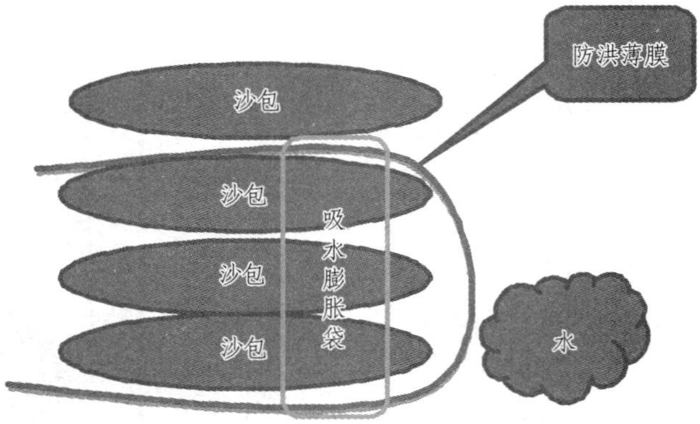

图 6.17　防洪沙包侧面（模拟）

② 防洪挡板的使用方法。

第一步：打开对折式防洪挡板，对锁栓位置进行固定，打开支撑架进行固定，如图 6.18、图 6.19 所示。

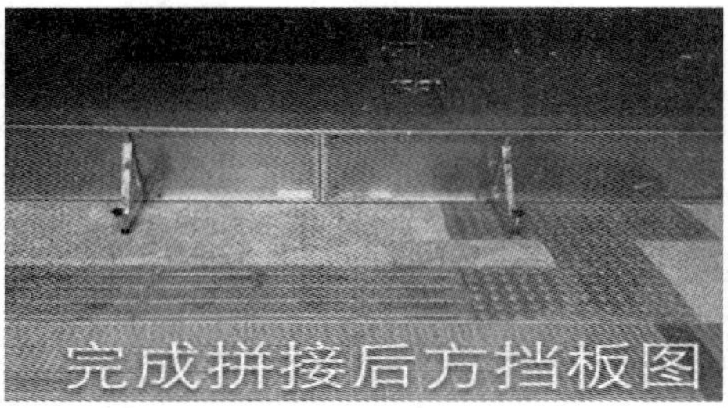

图 6.18　打开对折式防洪挡板

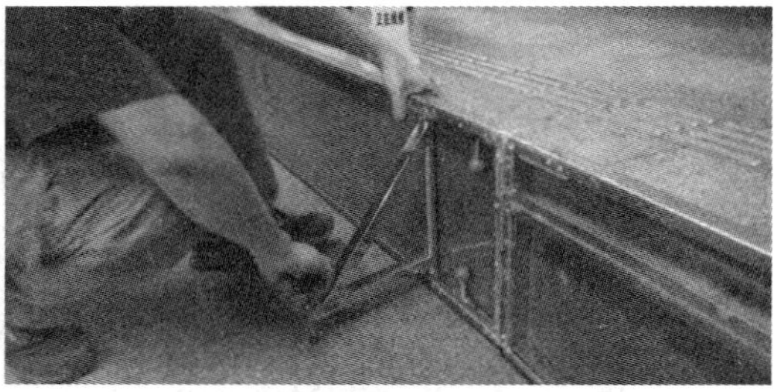
图 6.19　锁栓位置固定，支撑架进行固定

第二步：两端卡槽位置做好支架顶的固定，并旋转支架顶使防洪挡板压至底部，如图 6.20 所示。

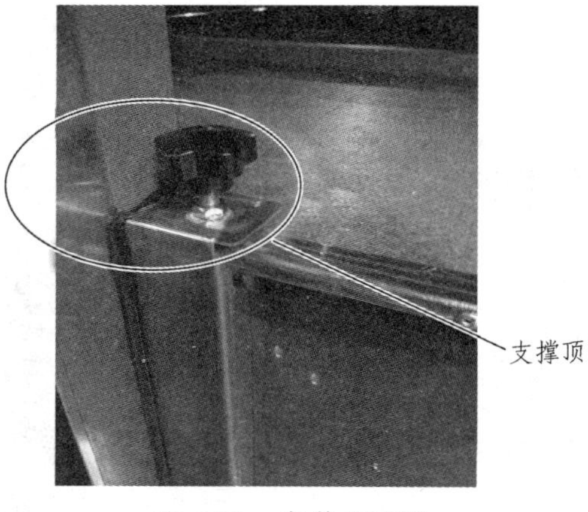

图 6.20　安装支架顶

第三步：安装防洪挡板完毕后，在防洪挡板背部放置沙包增强支撑及防水的效果。

第六节　案例分析

一、某站未确认站台门状态动车事件

（一）案例描述

1. 乘务部分

2015 年 6 月 4 日 6:34，某站下行 11#站台门出现故障，1701 次列车关好车门及站台门后收不到速度码，行车调度组织司机以 RM 模式动车。

6:38，1901 次列车以 ATO 模式在某站下行进站时出现紧制，行车调度组织司机确认安全以 RM 模式进站对标。OCC 组织车站人员操作下行站台门互锁解除。

6:42，2201 次列车在站台中部产生紧急制动，行车调度组织司机确认安全以 RM 模式进站对标。动车后，司机通过对讲机联系车站，得知车站有站台门故障信息。

6:43，司机以 RM 模式驾驶 2201 次在某站下行停稳。司机发现没有开门使能信号，到站台确认后，按压强行开门按钮，并手动打开车门，站台门随即联动开启。司机手指确认车门与站台门开启。此时车站值班站长告知司机需要打互锁解除，司机回复车站待列车关门后再操作。

6:44，司机确认乘客上下完毕后，手动按压关门按钮关闭车门，随后扭头确认车门关好指示灯亮，且 PSL 盘站台门关好指示灯亮（车站已操作互锁解除）；司机确认空隙安全后，返回驾驶室，以 RM 模式动车出站。

2. 车站部分

6:33，1701 次司机报上行方向有站台门故障，客值立即从站厅赶到站台确认，发现 11#站台门不能关闭，并尝试手动关闭无效，便立即将此站台门隔离和给司机“好了”的信号，期间司机反映故障门未处理好，客值便再次确认隔离后给司机“好了”的信号。

6:35，1701 次列车出清。

6:36，值班站长和客值将故障站台门手动拉上，并张贴故障纸。

6:37，1901 次列车进站停在站台中部。司机重新对标停车，开启车门站台门。

6:39，值班站长接行值通知到下行头端司机立岗处操作互锁解除，协助列车进出站，值班站长立即赶往下行头端墙。

6:40，1901 次司机关闭车门、站台门动车，此时值班站长刚到端墙内，该次列车未有操作互锁解除，正常出站。

6:41，值班站长与行值确认是否为环调要求操作互锁解除，同时 2201 次列车进站停稳在站台中部，值班站长在与行值确认后，便操作了互锁解除。

6:43，2201 次列车重启对标停稳，值班站长取消互锁解除，站台门正常联动打开，值班站长告知司机自己需操作互锁解除。

6:44，2201 次司机关门，此时车门关好，站台门未关闭。

6:45，值班站长操作互锁解除，2201 次列车离站。

6:46，值班站长取消互锁解除，并将站台门关闭，同时客值进端墙协助操作互锁解除。

6:47，维修人员到场，后续列车操作互锁解除后正常进出站。

7:45，环调通知取消操作互锁解除，车站人员端墙待令。

7:49，站台门修复，取消待令。

（二）存在问题

（1）查看 PSA 故障记录，从 6:32 到 6:58 下侧站台门 PSA 记录无关闭锁紧信号，可推测站台门安全回路断开，可能原因是 11#站台门未能完全关好，或者站台门隔离锁头存在接触不良。

（2）车站值班站长在 PSL 操作互锁解除前，未确认所有站台门关好状态，客车司机在关门过程中，未能认真确认站台门是否关闭，是造成本次事件发生的主要原因。

（3）客车司机未认真按照《客车司机手册》规定确认车站站台门故障情况下的动车凭证就动车。

（4）值班站长、客值发现站台门未关闭动车后未及时采取措施，阻止列车动车。

（5）值班站长离开车站控制室时没有携带无线调度电台，行车调度无法与其进行联系。

（三）关键点指引

（1）客车司机在站台作业过程中，认真确认站台门、车门的状态，尤其关门后务必认真确认车门与站台门两门关好指示灯亮，且空隙安全后方可动车。

（2）客车司机在站台门出现故障时，必须在车门与站台门关好后，到站台黄线外立岗，手指确认站台门，口呼“站台门关好”，并确认站台显示好了信号后，方可返回驾驶室动车。

（3）即车站人员在设置维修模式或在 PSL 操作互锁解除前，必须确认所有门关好或已对故障门做好防护，站台安全。

（4）即列车进站前 1 min 开始操作 PSL，待列车停稳开门后方可松手，待车门、站台门关好后再开始操作，直至列车驶离出站第一个轨道区段（大约听不到列车声音）。

（5）站台门未关好，车门、站台门夹人、夹物等影响行车人身安全时，应果断拍紧停并及时联系司机，同时强调值班站长必须随身携带无线手持台。

二、某站收到乘客意见卡恐吓信息的学习材料

1. 案例描述

2014 年 12 月 1 日 0:30，某地铁站夜班值班站长在运营结束后按要求从 B 口开始收乘客意见箱内的意见卡，其中 B 口 1 张，A 口 1 张，C 口 3 张（封闭的出入口），值班站长把 5 张意见卡收齐后放在车站控制室待汇总。当天晚上共有 27 个施工，值班站长按各自岗位职责进行施工。

5:15，夜班值班站长汇总时发现其中有一张乘客意见卡内容为“12 月 25 号我要炸地铁站”，意见卡上其他内容包括：姓名：叶××，性别：女，电话：137×××××××××，填

写日期：2014 年 12 月 23 日。夜班值班站长立即对乘客意见卡进行拍照并发到中心站值班站长微信群@站长、副站长以及助理，在微信群汇报后未跟进后续回复情况便按规定发汇总站汇总。

7:03，夜班值班站长致电当地派出所并告知乘客意见卡内容。

7:05，公安人员到现场将该乘客意见卡原件带走，表示需要进一步调查。

7:30，值班员将该乘客意见卡信息汇报给了部门信息接收人。

8:35，夜班值班站长将该乘客意见卡信息补报给 OCC。

2. 问题描述

（1）值班站长在发现乘客意见卡上的恐吓信息后未及时电话告知车站管理人员，而是选择用微信的方式告知，对后续没有进行微信回复后也未采取其他汇报方式，导致管理人员未及时对该敏感信息进行确认。

（2）车站在发现恐吓信息后未及时向公安部门、OCC 进行汇报，导致后续采取控制措施时产生被动。

（3）中心站管理人员在接收该信息后没有及时给出指引，导致车站对敏感信息上报滞后，造成部门工作的被动。

3. 关键点指引

（1）车站在接到危及地铁安全的信息时，要及时将该信息上报公安、中心站管理人员、行车调度。

（2）管理人员在接报危及地铁安全的信息时，应提高对该类信息的敏感度，及时给予车站指引，敦促车站按汇报流程上报。

三、比照学习（关于 1 月 17 日××中心站收到乘客意见卡恐吓事件学习材料）

（一）案例描述

1. 车站方面

1 月 17 日 23:30，××中心站夜班值班站长按规定查看 A 口乘客意见箱内意见卡的情况。打开意见箱后发现里面共有两张意见卡，一张为空白，另一张填写有内容，具体为："地铁塞车，信不信我报复社会，炸烂你"，乘客姓名为崔某某，联系电话为 138××××××××。

23:35，车站将此情况先后向站长、站长助理、部门生产信息接收人、地铁公安、值班主任助理汇报。

23:45，夜班值班站长对车站进行全面巡查，未发现任何可疑物品及人员。

次日 1:30，地铁公安到站进行检查，并对 A 口及乘客意见箱进行拍照取证，经部门同意，车站将相关意见卡交公安部门。

次日 8:45，夜班值班站长到派出所配合录口供。

据车站当天早班值班站长与夜班值班站长反映，当班期间均未发现有异常现象，也未收到相关员工反映有异常或可疑物品及人员。

经车站向相关部门确认，车站无摄像头可监控到 A 口位置。

查看公安录像显示，有一男一女在意见箱前停留，但由于录像故障，非常模糊，无法看清楚当事人面貌。

2. 调度方面

0:10，××站报值班主任助理：车站回收“乘客意见箱”时发现其中一张意见卡上写有“地铁塞车，信不信我报复社会，炸烂你”，卡片上姓名为崔某某，联系电话为 138××××××××。值班主任助理要求车站将信息报地铁公安。

0:12，值班主任助理将信息报值班主任及线网指挥中心。

0:14，值班主任助理致电××站询问该地点的录像情况，车站回复该区域无通号摄像监控。

0:25，值班主任助理将该事件在《运营日报》中填写。

9:00，值班主任助理向车站了解，现车站值班站长仍在公安处录口供。OCC 通知车站查看录像，并通知各站加强巡视。

9:15，值班主任助理向车站了解，该意见卡在 A 口的乘客意见箱回收，车站每日运营结束后均会开启乘客意见箱检查。

11:09，××站报值班主任助理：11:05 车站值班站长已在地铁公安处做完笔录，公安表示监控系统故障，暂时无法查看录像。

3. 信息通报

0:12，值班主任助理将信息报 COCC。

8:54，值班主任助理发布微信信息：“18 日 0:10 ××站报：车站回收“乘客意见箱”时发现其中一张意见卡上写有“地铁塞车，信不信我报复社会，炸烂你”，卡片上姓名为崔某某，联系电话为 138××××××××。OCC 要求车站将信息报地铁公安，并将信息报线网指挥中心。”

9:00，值班主任助理发布微信信息：“补充信息：经向车站了解，现车站值班站长仍在公安处录口供。OCC 已通知各站加强巡视。”

9:22，值班主任助理发布微信信息：“补充信息：经确认，该意见卡在××站 A 口的乘客意见箱回收，车站每日运营结束后均会开启乘客意见箱检查。OCC 已通知车站查看录像。”

11:22，值班主任助理发布微信信息：“补充信息：11:09××站报：11:05 车站值班站长已在地铁公安处做完笔录，公安表示监控系统故障，暂时无法查看录像。”

4. 公安部门后续反馈

1 月 20 日公安部门反馈：经过调查，意见卡上留下的乘客姓名和电话属实。乘客崔某某是一个在校大学生，由于去接朋友车没有接到，一气之下，在车站意见卡写下气话。公安人员也到其学校向其老师调查，学校反映该学生在学校表现良好，此事属于恶作剧。最后由公安人员和学校老师对其进行了教育。

（二）存在问题

（1）好的方面：此次事件车站在发现异常情况后，能够对车站进行全面检查，确保了车站安全。

（2）不足之处：车站将该信息通报给 OCC 后，当值班组没有引起重视，没有按信息通报流程要求发布信息及通报相关领导，仅反映在日报上。由于信息通报延误，导致中心的工作出现被动。

（三）关键点指引

（1）加强对员工应急处理培训，在发生此类事件或接到恐吓电话时，无论真假，必须以假当真，严肃对待，缜密处理。

（2）车站员工在接到恐吓信息时应在第一时间将信息报告控制中心或由车站、司机等转达控制中心，同时报告公安。并在恐吓信息指向车站组织搜索，查找可疑物品，做好安全排查。车务部门在接收到相关信息后要重点关注，及时介入处理。

（3）当发生异常情况较严重事件时，车站员工必须按流程进行汇报，杜绝生产信息迟报、瞒报、谎报的情况出现。

（4）请定期核查车站是否按要求开启意见箱，避免类似信息发现延时。

（5）接报危及地铁安全的信息时，应提高对于信息的敏感度，应按要求及时发布企信通或微信信息，及电话通报相关领导。重温关于信息的交办事项，及时发布运营信息。

总结：比较以上两则案例，案例二比案例一处理更为恰当，发现恐吓信件时，能全面对车站进行安全隐患排查，确保车站没有可疑物品匿藏，车站当班人员能及时把信息汇报给管理人员，并报公安部门。发生此类事件或接到恐吓电话时，无论真假，必须以假当真，严肃对待，缜密处理。

复习思考题

1. 接听恐吓电话时的应急处理要点是什么？
2. 启动公交接驳的条件是什么？
3. 发现毒气时的应急处理程序是什么？

附录　专业术语表

序号	专业术语	解　　释
1	ATC	列车自动控制系统
2	ATP	列车自动保护系统
3	ATO	列车自动驾驶系统
4	ATS	列车自动监视系统
5	AR	列车自动折返模式
6	CCTV	电视监视器（设在站台头端墙、车站控制室、OCC 等处）
7	CLOW	中央联锁工作站
8	DTI	发车时间显示器（倒计时器）
9	DTRO	无人驾驶列车折返运行
10	OCC	运营指挥中心
11	COCC	线网运营指挥中心
12	DCC	车厂控制中心
13	DAB（报警按钮）	为了及时处理意外或临时事故而设置在车厢里的乘客报警按钮
14	FTGS	音频无绝缘轨道电路
15	联锁工作站	微机联锁区域操作员工作站
16	IBP 盘	综合后备盘（IBP）是一种人机接口装置，作为车站主控系统的后备设备。IBP 盘一般分信号、门禁、PSD、AFC、BAS、FAS 等 6 个大盘面
17	LCP 控制盘	设于站控室内墙 LCP 控制盘上，需要扣车或取消时，按压按钮扣车或取消扣车，当站台的紧急停车按钮被按动时，在 LCP 上报警应按取消报警按钮
18	MMI	ATS 的人机接口
19	PSL	站台门就地控制盘
20	PSA	远方报警盘
21	PSC	站台门中央控制盘
22	RM	限速（25 km/h）人工驾驶模式
23	RTU	远程终端单元
24	URM	非限制式人工驾驶模式
25	SM	ATP 保护的人工驾驶模式
26	SICAS	西门子计算机辅助信号联锁系统
27	LSMC	阿尔卡特移动闭塞信号系统

续表

序号	专业术语	解　　释
28	CBTC	有卡斯柯公司的基于波导管无线通信的移动闭塞信号系统及MTC-I型基于通信技术的列车控制系统
29	通信设备	通信无线车载台、无线手持台、无线调度台、无线车站电台、隧道/轨旁电话、站间行车电话、有线调度台、车站广播台、中心广播台、闭路电视控制键盘
30	手信号	借助信号旗、信号灯或直接徒手显示的行车指挥号令
31	站台紧急停车按钮（ESB）	设于站台柱墙上和站台监控亭，与站控室内LCP控制盘上的紧急及切除停车报警按钮相连通，当发现行车不安全时，可立即按压控制客车紧急停车
32	站台门	安装在车站站台，将站台轨行区与站台候车区隔开，设有与列车门相对应，可多级控制开启与关闭的连续屏障
33	刚性接触网	将传统断面的接触网导线镶嵌在铝合金汇流排上，再悬挂于轨道上方给列车传输电能的架空线路
34	柔性接触网	在轨道上方由接触线、承力索、馈线、架空地线组成并向列车传输电能的架空线路
35	联锁进路行车	按始端、终端进路防护信号机构成的一条进路作为行车控制的分隔实施行车组织
36	头端墙	按列车运行方向，列车停在车站时头部对应的车站端墙
37	尾端墙	按列车运行方向，列车停在车站时尾部对应的车站端墙
38	工程领域	将线路某一区间或车厂某一区域交由维修部门施工，由施工负责人直接控制确保施工领域的安全
39	线路出清	线路巡视员巡查完毕或施工完毕时，施工负责人检查所有人员已携带工具及物料撤离行车或转换轨的某段线路，使该段线路可正常行车
40	辅助线	指在正线上与正线连接的渡线、存车线、折返线、联络线及出入厂线
41	三、二、一车距离	指调车作业时，距离停留车或停车地点的距离
42	施工行车通告	汇总每月的施工及工程列车开行计划，临时修改规章手册的通告等，每月出版一期
43	运营时刻表	列车在车站（车厂）出发、到达（或通过）及折返时刻的集合
44	列车运行图	根据《运营时刻表》铺画的运行图
45	推进	在列车尾部驾驶室操纵列车运行，或救援列车在被救援客车尾部推进运行
46	退行	在非正常情况下，列车与原运行方向相反运行为退行，可以推进或牵引运行
47	反向运行	列车运行进路分为上、下行方向运行，如违反常规运行方向的称反方向运行
48	站间电话联系法	信号故障导致降级情况下的行车组织方式。列车凭调度命令和车站的发车手信号占用区间，司机以RM模式驾驶列车运行
49	电话闭塞法（路票）	车厂与正线连接站信号故障时，车厂与车站之间行车组织凭电话记录办理闭塞手续，司机凭路票行车，车站或车厂以地面信号（或引导手信号）接车的一种行车方法
50	过线	指因维修作业或运营所需组织本线列车到邻线运行，如：2号线的列车经联络线到1号线运行或组织1号线的列车经联络线到2号线运行

续表

序号	专业术语	解　　释
51	联锁	指信号系统中的信号机、道岔和进路之间建立一定的相互制约关系。如进路防护信号机在开放前检查进路空闲、道岔位置正确及敌对进路未建立等。信号机开放后，道岔不能动，这种相互制约的关系称为联锁
52	列车	按地铁规定编组的并有车次号的客车车组、工程车、单机。分为客运列车、其他列车两类。客运列车系指以运送乘客为目的按规定编组而成的客车车组，包括专列；其他列车系指除客运列车以外的列车
53	客车	指可载乘客运行的列车，由两组电动车组组成，每组由3节车厢组成
54	机车	指JMY600/380或GK0C型内燃机车，用来调车和牵引车辆的机车
55	车辆	指没有自带动力的车辆，如平板车等
56	轨道车	指有内燃机动力，用来在道轨上施工时，载工具及施工人员用的车辆
57	备用车	准备上线替换故障列车或需要加开列车时使用的列车
58	发车（指示）信号	行车有关人员完成一个工作任务，因距离对方较远给对方显示“好了”信号说明任务完成了。或车站行车人员给司机显示发车信号表示车站已具备发车条件，告知司机可以发车了。司机还要根据列车的准备情况决定是否开车，所给的信号均称为（发车）指示信号。工程车在调车作业和在正线上运行时，调车员和车长给司机的信号或行车有关人员发现安全隐患要求司机立即停车的信号等均属命令式的信号，司机必须马上执行。就不能加“指示”两字
59	调车员	车厂调车作业时由两位司机担任，一名任司机驾驶机车，另一名任调车员指挥调车作业
60	车长	工程车开行时，由两位司机担任，一名任司机驾驶列车，另一名任车长，指挥列车运行及监视装载货物的安全，推进运行时负责引导瞭望
61	司机	驾驶列车运行的专职人员，有客车、工程车司机
62	引导员（或添乘监控员）	指客车故障需要司机在尾部驾驶室驾驶时，在客车前端瞭望，监控列车运行速度及运行安全，与司机随时保持联系，控制列车的运行及停车等
63	值班站长	车站当值的负责人，下设行车、客运值班员及站务员等
64	车站值班员	车站行车及客运值班员，协助值班站长管理行车及客运工作的人员
65	站务员	负责车站某一部分的工作，包括售票员、站台、站厅服务员
66	值班主任	OCC调度指挥当值负责人，负责管理OCC专业调度，下设行车、电力、环控、值班主任助理和综合调度岗位
67	行调	负责行车指挥工作的专职人员
68	电调	负责供电系统的管理和调度的专职人员
69	环调	负责环境控制系统的管理和调度的专职人员
70	值班主任助理	负责指挥涉及地铁车辆专业外的跨专业、跨部门的抢险组织，以及运营信息发布的专职人员
71	综合调度	负责指挥通信、信号、AFC、PIDS、门禁、桥隧线路、房建专业的维修、抢险组织的专职人员
72	工程列车	使用机车作为动力，用于轨道上施工、运输货物的列车（含单机）
73	A型车	主要是按客车车辆的外观尺寸区分。车长22 m（不含司机室）、车宽3 m，轴重≤16 t 的地铁客车。根据生产厂商、采购时间不同，在字母后加数字细分，如A1型、A2型、A3型……

续表

序号	专业术语	解　　释
74	B 型车	主要是按客车车辆的外观尺寸区分。车长 19 m（不含司机室）、车宽 2.8 m，轴重≤14 t 的地铁客车。根据生产厂商、采购时间不同，在字母后加数字细分，如 B1 型、B2 型、B3 型……
75	告示	通过规范的版式、相对固定的内容告知乘客相关地铁运营信息的纸质媒介
76	广播	主要以有线广播系统为主，日常特殊情况下增加手提广播、挂腰式广播的使用，用于地铁运营时对乘客进行公告信息广播、宣传、引导，以保证地铁运营的服务管理质量
77	PIDS	包括车站范围内的地铁电视系统（含电视墙）以及列车内地铁电视系统，主要用来发布日常信息内容，在应急情况下发布应急信息内容
78	进线量	进站客流量的定义为某条城市轨道交通线路进站乘客的总和，计算公式如下：线路进线量=$\sum$各站进站量；进线量反映线路周边环境的乘车需求
79	换乘客流量	换乘客流量指单位时间内不同轨道交通线路之间的换乘乘客数量
80	日均客运量	线路日均客运量的定义为：统计期内，线路运送客运总量的平均值。计算公式如下：线路日均客运量=$\sum$线路客运量/运营天数（单位：人次/每日）。 网络日均客运量的定义为统计期内，网络运送客运总量的平均值。计算公式如下：网络日均客运量=$\sum$线路日均客运量（单位：人次/每日）
81	断面客流量	在单位时间内，在同一方向通过地铁线路某一区间的乘客数量。使用自动售检票系统时，由系统直接计算得出结果（或采用客流调查方式取得）。 通过断面客流量可以看出各区段在不同时间段的变化规律，得出客流压力较大的时段和区段。各时段的断面客流量不同，全天断面客流量变化较大
82	列车满载率	列车满载率：线路某区段单向客流断面的列车载客能力利用情况。计算公式如下： 列车满载率=断面客流量/运能 列车满载率反映列车运能的利用情况及列车内的拥挤程度，也反映了运输能力与客流量的匹配程度。当列车到达某站时满载率较高，说明该站可允许上车的人数较少，若此时站内乘客客流较多，运能不能满足疏散需求，则站内客流堆积，客运风险增大，客运组织难度升高
83	换乘比例	换乘比例是直观体现两条线路间客流交互程度的值，从换乘比例值可知换乘站的主导换乘方向。换乘比例不是一成不变的，它随着线网发展、客流增加等变量而变动；同一换乘站在一段时间内（如 1 天）与 1 h 内的换乘比例通常也有所不同。计算公式如下： 线路换乘比例=其他线路换入本线客运量/本线客运量 网络换乘比例=网络换乘客运量/网络总客运量 由换乘比例可看出换乘客流占本线/网络总客运量的比重，体现换乘客流对本线/线网的影响程度。如，当线路换乘比例较大时，说明该线路换乘客流对线路影响较大，需关注线路换乘站的客运组织情况。 此外，对于单个换乘站也可比较其各方向的换乘客流值。由换乘站内两线路的换乘客流量两两对比，说明两方向换乘客流的均衡度。 “换乘比例”越接近 1，表示换乘客流越均衡，即两条线路之间换乘量比较相当

续表

序号	专业术语	解　　释
84	客运强度	是交通领域表达乘客运输能力的指标，目前是 CoMET、MOPES 的指标。客运强度为日均客运量与运营长度之比，反映单位长度上每日的载客量，在一定程度上体现运营效率，可分为线路客运强度及网络客运强度，计算公式如下： 线路客运强度=线路日均客运量/线路运营长度［单位：万人次/（千米·日）］ 网络客运强度=网络日均客运量/网络运营长度［单位：万人次/（千米·日）］
85	客流控制	车站大客流或区段满载率已达到一定程度时，采取控制站内及区域内乘客数量、保证车站客流组织有序的措施。常态化客流控制：应对可预见、有规律性的现场大客流启动的客流控制方式；突发客流控制：为应对不可预见、突发性的现场大客流启动的客流控制方式
86	主控站	大客流换乘站或连续几个高满载区段中满载率最高、运能严重不匹配的车站，负责向控制中心申请启动及取消单线或线网级客流控制
87	辅控站	主控站的上、下行线路或邻线车站的限流车站。根据 OD 分布对主控站客流贡献较大的车站，通过客流控制能有效缓解主控站客流，并根据 OCC 命令启动及取消客流控制的车站。 通过分析列车满载率、OD、进站客流对主控站的影响程度及距离主控站远近等因素，科学分配车站限流数值，使各站乘客等待时间基本持平
88	单线级客流联控模式（线控）	主控站出现大客流，本线辅控站采取客流控制措施限制进站乘客人数，缓解主控站或高满载率区段客流压力的客运组织方式
89	线网级客流联控模式（网控）	主控站大客流实施单线级客流联控后，无法缓解客流压力时，通过邻线辅控站采取客流控制措施限制进站乘客人数，缓解主控站客流压力的客运组织方式
90	AFC	Automatic Fare Collection　自动售检票
91	SC	Station Computer　车站计算机
92	BOM	Booking Machine　半自动售票机
93	TCM	Ticket Checking Machine　验票机
94	TVM	Ticket Vending Machine　自动售票机
95	GATE/AGM	闸机，包含进闸机、出闸机和双向闸机
96	储值票	针对不同使用对象发行的普通储值票、学生储值票等车票
97	日票	指在一定时间内，可以乘坐一定次数的车票，可分一日票、三日票等
98	纪念票	轨道交通或合作单位在特定时期内发行的具有纪念意义的车票
99	TOKEN	轨道交通专用的非接触式 IC 卡单程票
100	公交卡	合作单位发行的以公交卡芯片为载体的车票
101	优待票	对规定年龄的老年人发售老人优待票；对持《中华人民共和国残疾人证》的残疾乘客发售残疾人票，乘客乘车时享受相应优惠
102	编码票	经过编码分拣机编码且未赋值的车票
103	赋值储值票	经过编码分拣机或 BOM 预先赋值的储值票
104	赋值单程票（预制票）	经过编码分拣机或 BOM 预先赋值的单程票

续表

序号	专业术语	解释
105	闸机回收票	被闸机正常回收的单程票
106	TVM 废票	车站 TVM 发售不成功并掉入废票回收盒的车票
107	BOM 废票	车站 BOM 发售后分析显示不正常的单程票
108	过期票	超过规定的使用有效期的车票
109	故障票	无法正常通过闸机，且无法通过 BOM 处理的车票
110	乘客弃置车票	指在查票过程中乘客放弃的轨道交通公司发行的车票，简称弃票
111	非标准币	主要指机币、假币、残币、外币、停止流通使用的人民币等
112	售票员交接不清	售票员交接班时，交班售票员未及时退出 BOM，接班售票员错误使用交班售票员用户名和密码进行操作；或售票员车票、现金出现混淆不清的情况
113	免费更新	售票员在非付费区模式下进行更新，选择用现金付款更新的方式，车站按照更新金额输入到“实收金额”栏后更新，但不收取乘客更新费用的操作
114	非付费区模式	指半自动售票机对非付费区乘客所采用的服务模式
115	付费区模式	指半自动售票机对付费区乘客所采用的服务模式

复习思考题答案

第二章　安全基础知识

1. 气体灭火系统的操作方式有 3 种：自动控制、手动操作、机械式应急操作。

2.（1）发生客运伤亡事故（事件），由以下人员立即按程序报告：

a. 在线路区间内，司机立即报告行调，由行调通知相关车站，并视情况报 120 及公安。

b. 在车站内，值班站长或值班员报告行调，并视情况报 120 及公安。

c. 在车厂内，司机向车厂调度报告，由车厂调度员报告行调，并视情况报 120 及公安。

（2）具体报告程序执行参照《地铁应急信息管理规则》。

（3）发生责任客运伤亡事故（事件）的，相关部门应在两个工作日内以书面形式上报，情况严重的，应立即以电话方式上报。

（4）发生事故（事件）时，应报告如下内容：

a. 发生时间（月、日、时、分）。

b. 发生地点（车站名；事发具体位置；上、下行线；设备编号；区间公里标、百米标或车厂等）。

c. 事故（事件）概况及原因：事故（事件）伤亡人数、姓名、性别、年龄、受伤原因、受伤情况、所采取的抢救措施、证据收集情况、陪同人员的姓名、部门、职位等。

d. 报告人姓名、所在部门、职位。

e. 其他需要说明内容。

3.（1）认真：巡视人必须以认真负责的态度去巡视所管辖范围的每个角落。

（2）细致：从细微处着手，做到防微杜渐，从看、摸、嗅、听四觉入手。

（3）周全：岗位内的设备、设施、告示牌、安全警示标志乃至螺丝都应检查。

（4）及时：巡视、记录汇报、处理及时。

（5）真实：填写台账必须真实，发现问题及时跟进，完成后签名确认。

4. 根据《生产安全事故报告和调查处理条例》，事故一般划分为特别重大事故、重大事故、较大事故和一般事故 4 个等级。

特别重大事故，是指造成 30 人以上死亡，或者 100 人以上重伤，或者 1 亿元以上直接经济损失的事故。

重大事故，是指造成 10 人以上 30 人以下死亡，或者 50 人以上 100 人以下重伤，或者 5 000 万元以上 1 亿元以下直接经济损失的事故。

较大事故，是指造成 3 人以上 10 人以下死亡，或者 10 人以上 50 人以下重伤，或者 1 000 万元以上 5 000 万元以下直接经济损失的事故。

一般事故，是指造成 3 人以下死亡，或者 10 人以下重伤，或者 1 000 万元以下直接经济损失的事故。

5.（1）营业情况；（2）经营证照；（3）营业人员；（4）商铺形象；（5）消防安全；（6）用电安全。

第三章 行车及施工组织

1. 行车调度员的主要职责如下：

（1）负责运营线路的日常行车组织、指挥工作，按照运营时刻表的要求组织行车，实现安全、准点和优质的运营服务。

（2）协调不同线路之间的客流组织；协调环控和供电系统的运作。

（3）负责组织、实施正线、辅助线范围内的行车设备检修以及各种施工、工程车开行作业；协助维修调度进行维修组织、抢险组织工作。

（4）负责组织各种故障、事件、事故情况下的降级运营，协助现场指挥做好应急处理工作。

2. 道岔按其用途和结构可分为：单开道岔、复式道岔、交分道岔等。

道岔的组成：① 转辙器。转辙器是指引导车轮进入道岔不同方向的设备，其作用是将尖轨置于不同的位置时，使列车沿着直向或侧向运行。② 连接部分。连接部分是指转辙部分和辙叉部分的连接轨道。③ 辙叉部分。辙叉部分是指道岔中两股线路相交处的设备，其作用是使列车能够按确定的行驶方向，跨越线路正常地通过道岔。

3. 轨道交通车站站台常发生乘客携带的物品坠落轨道的事件，可分为物品不影响行车和物品影响行车两种情况。如果物品不影响行车，站务员应立即安抚乘客，报告车站控制室物品不影响行车，告知乘客将在运营结束后下轨道拾回物品，请乘客第二日到车站领回。若物品影响行车，站务员须马上按压紧停按钮或显示紧停信号暂停列车服务。或因特殊原因乘客强烈要求立即拾回时，站务员要报车站控制室值班员，由值班员向行车调度员报告，经行车调度员批准后方可下轨道拾回物品。

4. ① 行车值班员应认真及时填写各类行车台账，做到填记正确，无缺漏，无缩减。② 填记字迹清晰，不得随意涂改。若需修改，在错误处画横线并加盖当班车站值班员印章（红色印泥）以示更改，并在边上填记正确的内容，注意不得用修正液。③ 所有签名的地方均用钢笔或圆珠笔填写，不得使用印章。④ 交接班图章加盖清晰（疏色印泥），在图章内相应空白处填好交接班车站值班员姓名、日期。图章与填记内容、图章与图章之间不得有空格。

5. 采用降级行车法行车，当行调需扣车时，必须通知司机或由车站转达司机执行。行调应使用无线调度电话通知司机扣车待令，必要时，可以使用紧急呼叫功能。对调度无线调度电话的紧急呼叫，司机必须迅速接听。行调直接通知司机执行扣车时，必须同时通知车站。行调使用有线调度电话通知车站扣停列车时，车站可以使用无线电台通知司机、站台人员显示紧急停车手信号或人员口头转达司机的方式扣停列车，并向司机传达行调指令。车站如来不及扣停列车时，必须立即通知行调。扣车后原则上是“谁扣谁放”，只有在 ATP 故障时，对原 HMI 扣停的列车，经行调授权后由相关车站放行。

6. 转换道岔时，单转辙机的道岔应一人操作，一人防护、确认，双转辙机的道岔则应双人操作，共同防护、确认。手摇转换道岔按照“六步曲”进行操作。

一看：看道岔开通位置是否正确，是否有钩锁器，是否需要改变位置。

二开：打开道岔盖孔板锁及钩锁器锁，拆下钩锁器（部分型号转辙机须先断电）。

三摇：摇道岔转向所需的位置，在听到转辙机“咔嚓”落槽声后停止。

四确认：手指尖轨呼“开通左（右）位，尖轨密贴”，另一人应答确认。

五加锁：另一人在确认道岔开通正确位置后，用钩锁器锁定道岔尖轨（折返道岔只挂不锁）。

六汇报：向车站控制室值班员汇报该道岔开通位置及钩锁情况。

7. 采用电话闭塞法时通常需要遵循以下原则：

（1）一个区段（闭塞分区）只允许 1 列列车占用。

（2）列车占用区段的行车凭证为路票，区段内的信号机的显示视为无效。

（3）人工准备进路时，按由远到近（以列车为参照）的顺序依次排列。

（4）车站在准备好列车进路后，方可办理闭塞。

8. 施工作业中，车站值班员主要担负以下职责：

（1）负责查验施工作业人员和施工负责人的相关证件、资质。

（2）负责办理施工作业登记申请和销点手续。

（3）负责在站台端墙处线路设置和撤销区间作业的施工防护。

（4）负责为下线路施工作业人员开启站台门端头门，并将施工作业人员带到相应的端头门。

（5）负责监督施工负责人和配合人员清点进、出作业区域的施工作业人数。

（6）负责监督车站施工作业安全。

（7）负责施工负责人、配合人员确认施工区域线路出清。

9. 影响正线、辅助线行车的施工统称为 A 类；在车辆段进行的施工统称为 B 类；在车站、变电住所、控制中心等场所中不影响行车的施工统称为 C 类。

10. 特殊情况下，列车运行时有关人员应遵守下列手信号的显示（见表）。

序号	类别	作用	显示地点	显示方式	显示方式
				地面站昼间日光较强时	地下站、地面站夜间或昼间日光较弱时
1	停车信号	要求列车停车	停车点的前端驾驶室处	展开的红色信号旗，无红色信号旗时，两臂高举头上，向两侧急剧摇动	红色灯光，无红色灯光时，用白色灯光上、下急剧摇动
2	紧急停车信号	要求司机紧急停车	事发点与来车方向间	展开红旗下压数次，无信号旗时，两臂高举头上，向两侧急剧摇动	红色灯光下压数次，无红色灯光时，用白色灯上下急剧摇动
3	发车（指示）信号	要求司机发车	前进方向第一节车厢第二个车门处	展开的绿色信号旗上弧线向列车方面作圆形转动	绿色灯光上弧线向列车方面作圆形转动

续表

序号	类别	作用	显示地点	显示方式	显示方式
				地面站昼间日光较强时	地下站、地面站夜间或昼间日光较弱时
4	通过信号	准许列车通过车站	须通过的安全地点	展开的绿色信号旗	绿色灯光
5	引导信号	准许列车进入车站或车厂	进站端墙司机立岗处	展开黄色信号旗高举头上左右摇动	黄色灯光高举头上左右摇动
6	好了信号	进路开通、某项作业完成	作业完成点的安全位置	用拢起的信号旗作圆形转动；徒手时，伸直手臂向行车股道划圆	白色灯光作圆形转动
7	减速信号	要求列车降低速度运行	—	展开的黄色信号旗，无黄色信号旗时，用绿色信号旗下压数次	黄色信号灯光，无黄色灯光时，用白色或绿色灯光下压数次
8	降弓信号	要求司机降弓	—	左臂垂直高举，右臂前伸并左右水平重复摇动	白色灯光上下左右重复摇动
9	升弓信号	要求司机升弓	—	左臂垂直高举，右臂前伸上下重复摇动	白色灯光作圆形转动

第四章　客运服务

1. 在处理乘客投诉时，首先要为给乘客带来的不便向乘客表示歉意，处理过程中要关心乘客的需求，做到耐心、有礼、态度友善、语气温和，不能出现顶撞、推诿行为。

2. 乘客服务事务调查应遵循“四不放过”的原则，即投诉原因分析不清不放过、责任人和其他员工没有受到教育不放过、没有制订防范整改措施不放过、责任者没有受到严肃处理不放过。

3. 客流控制方案需分析列车满载率、进站客流对换乘站的影响程度以及距离换乘站远近等因素，选择适当的控制站点、合理分配客流控制数据，使各控制车站乘客等待时间基本持平。

第五章　票务运作

1. ① 通过按压车控室 AFC 紧急按钮；② 通过 SC 上设置紧急模式；③ 通过关闭 AFC 设备总电源，进、出闸机失电后闸门全部打开。

2. 车票办理：受影响车票的退款或更新可在线网任一车站办理，可选择当日，也可在应急发生的次日起计 7 天内办理。站务人员办理时，需查看车票日期与应急发生日期是否一致。报表填写要求：应急和紧急情况办理的退款和更新需通过填写人工报表反映涉及金额。应急发生车站当日办理的退款和更新可汇总一笔填写办理情况；非应急发生站以及非当日办理的退款和更新，需逐笔填写办理记录。

3. ① 客服中心应随时保持锁闭状态。② 售票员当班期间不得私自结账和记数，售票员严禁携带私款、私票（员工票除外）进入客服中心。③ 需注意将现金、车票摆放在乘客手伸不到的位置及压放好，以防个别乘客伸手拿走现金、车票造成大额短款。④ 售票员之间交接时，交班售票员需注意注销 BOM 本班密码，检查抽屉，以免遗留现金造成个人短款。

第六章　应急管理

1. 车站接听到恐吓电话时的应急处理：

（1）员工接到恐吓电话时，应尽可能留意来电者的口音、语调、背景声音及其他特征，以协助判断来电者的位置。

（2）员工在接听恐吓电话过程中，可采取假装听不清电话等方式，拖延来电者时间以尽可能获取更多信息，并对通话过程做好详细记录。

（3）如有录音设备要及时对通话内容进行录音。

（4）员工接到恐吓电话后应第一时间采用书写、手势、动作等方式知会其他员工。

（5）员工接到恐吓电话时应稳定来电者情绪，严禁使用刺激对方的言语。

2. 启动条件（见表）。

适用线路	启动条件（达到下列条件之一）
线网各线路	1. 在地铁同一区段双向行车预计可能中断 20 min 及以上时。 2. 在地铁某一区段单向行车预计可能中断 20 min，而且部分区间采用单线双向行车，单向行车间隔 20 min 以上时。 3. 在地铁发生大面积故障导致某一区段双向行车预计可能晚点 40 min 以上时；或导致行车能力降低 60%及以上时

3. 发现毒气时的应急处理程序：

（1）当车站发现外部环境有毒气或接到相关信息时，立即报告控制中心和地铁公安。

（2）车站与外部环境负责人了解事件情况，并安排人员做好个人防护后到车站相连接的出入口处，组织受影响出入口只进不出，引导乘客由其他出入口出站。

（3）按车站发现生化毒气的应急处理程序执行。车站关闭防火卷帘门，当连接位置的防火卷帘门正在降下时，若还有人员正在往地铁方向逃生时，现场人员可手动操作卷帘门，待逃生人员通过卷帘门后，立即关闭卷帘门。

（4）当外部环境毒气事件处理完毕后，经检测确认车站安全后，恢复车站正常运作。

参考文献

[1] 何霖. 城市轨道交通运营筹备与组织[M]. 北京：中国劳动社会保障出版社，2008.

[2] 张海燕. 城市轨道交通客运组织管理[M]. 北京：中国劳动社会保障出版社，2017.

[3] 何霖. 城市轨道交通概论[M]. 北京：中国劳动社会保障出版社，2010.

[4] 何霖. 城市轨道交通运营安全[M]. 北京：中国劳动社会保障出版社，2010.

[5] 人力资源和社会保障部教材办公室，中国就业培训技术指导中心上海分中心，上海市职业技能鉴定中心，上海申通地铁集团有限公司轨道交通培训中心. 城轨站务员（四级、三级）[M]. 北京：中国劳动社会保障出版社，2016.

[6] 人力资源和社会保障部教材办公室，中国就业培训技术指导中心上海分中心，上海市职业技能鉴定中心，上海申通地铁集团有限公司轨道交通培训中心. 城轨行车值班员（四级、三级、二级）[M]. 北京：中国劳动社会保障出版社，2016.